Groddeck · Sorg · Utz

Robert Walsers ›F

Wolfram Groddeck · Reto Sorg
Peter Utz · Karl Wagner (Hrsg.)

Robert Walsers ›Ferne Nähe‹

Neue Beiträge zur Forschung

Wilhelm Fink

Publiziert mit Unterstützung der Burgergemeinde Bern, des Kantons
Appenzell Ausserrhoden und des Schweizerischen Nationalfonds
zur Förderung der wissenschaftlichen Forschung

Bildnachweis:
S. 153–155, 157, 170: Keystone/Robert Walser-Stiftung Zürich

Bibliografische Information der Deutschen Nationalbibliothek

Die Deutsche Nationalbibliothek verzeichnet diese Publikation in der Deutschen
Nationalbibliografie; detaillierte bibliografische Daten sind im Internet über
http://dnb.d-nb.de abrufbar.

2. Auflage 2008

© 2007 Wilhelm Fink Verlag, München
(Wilhelm Fink GmbH & Co. Verlags-KG, Jühenplatz 1, D-33098 Paderborn)

Internet: www.fink.de

Umschlagfoto und Umschlaggestaltung: Gerhard Blättler
Herstellung: Ferdinand Schöningh GmbH & Co. KG, Paderborn

ISBN 978-3-7705-4517-9

INHALTSVERZEICHNIS

WOLFRAM GRODDECK, RETO SORG, PETER UTZ, KARL WAGNER
Robert Walsers ›Ferne Nähe‹. Zur Einleitung. 9

BRIGITTE KRONAUER
»Wie hat es das Naturschauspiel mir angetan« 15

MATTHIAS ZSCHOKKE
Den Walser spielen 25

PETER VON MATT
Wie weise ist Walsers Weisheit? 35

PETER UTZ
Robert Walser: Stück ohne Titel. 49

RETO SORG
»Doch stimmt bei all dem etwas nicht«.
Robert Walser als Vorleser eigener Texte. 61

MARIANNE SCHULLER
Robert Walsers Poetik des Winzigen. Ein Versuch 75

MARION GEES
»So, so? Verloren?« Zur Poetik des Verschwindens
in Robert Walsers Bieler Prosa 83

KARL WAGNER
»Österreicheleien« 97

KURT IFKOVITS
Robert Walsers Prager Spuren 107

DAVIDE GIURIATO
Robert Walsers Kinder. 125

STEPHAN KAMMER
›Lib/e/ri‹. Walsers poetologisch souveräne Kinder 133

WOLFRAM GRODDECK
»und in der Tat, er schrieb so etwas wie einen Roman«.
Zur Edition des Druckmanuskripts von Robert Walsers
Romandebüt *Geschwister Tanner* 141

MARGIT GIGERL, BARBARA VON REIBNITZ
Sammeln und lesbar machen.
Von der Bewahrung des Zerstreuten in Archiv und Edition 159

JOCHEN GREVEN
Poetik der Abschweifungen. Zu Robert Walsers Prosastück *Die Ruine* 177

LUCAS MARCO GISI
Geschichtsdenken bei Robert Walser am Beispiel von *Der Höhlenmensch* 187

JAN LOOP
»Gott ist das Gegenteil von Rodin.« Walsers *Markt* und
das Phänomen der Vermischung 195

BERNHARD ECHTE
»Bedenkliches«. Überlegungen zur Kulturkritik bei Robert Walser 203

SONJA OSTERWALDER
Das Ich als Stilfigur. Zu Robert Walsers *Schloßgeschichte* 215

ROBERT LEUCHT
»Die Komik ist ein begrenztes Gebiet«.
Robert Walsers früher Theatertext *Mehlmann. Ein Märchen* 223

ALEXANDRA KLEIHUES
Robert Walsers dramatische Szenen der Berner Zeit
im theaterhistorischen Kontext 229

VALERIE HEFFERNAN
Walsers hybrides Subjekt. Zur dramatischen Szene
Die Chinesin/Der Chinese 237

WERNER MORLANG
Zwei Einzige und ihr Eigentum. Robert Walser und Gerhard Meier 243

WALO DEUBER
›Hoffnung auf eine unbekannte Lebendigkeit der Sprache‹.
Die Handkamera des Robert Walser 253

KERSTIN GRÄFIN VON SCHWERIN
»Eine nicht uninteressante kunstgewerbliche Spielerei«. Spinnengewebe
und Teppichweberei im Werk von Robert Walser und Paul Klee 265

IRENE WEBER HENKING
Walser übersetzen. Ein Gespräch mit Susan Bernofsky, Marion Graf,
Fuminari Niimoto und Teresa Vinardell Puig. Mit englischen,
französischen, japanischen und katalanischen Übersetzungsbeispielen
von Robert Walsers Prosastück *Watteau* und einer Darstellung der
Walser-Rezeption in den jeweiligen Sprachräumen durch die Übersetzer 277

LITERATURVERZEICHNIS 303

AUTORENREGISTER 325

ROBERT WALSERS ›FERNE NÄHE‹. ZUR EINLEITUNG

> *So schön nah*
> *und doch weit,*
> *vertraut und wieder,*
> *als wär' ich gefeit,*
> *und die Lider*
> *bewegen ihr Gefieder.*
> *Alles, was ich sah,*
> *lächelt bildlich zu mir nieder,*
> *wie Blumen, gestürzt*
> *aus Füllhorns Reichtum.*
>
> Robert Walser

Fünfzig Jahre nach seinem einsamen Tod im Dezember 1956 scheint uns Robert Walser näher denn je. Denn nie zuvor hat er mehr Leser in den verschiedensten Sprachen erreicht, und noch nie waren Veranstaltungen zu Walser besser besucht. Dies zeigte sich auch an der großen internationalen Robert Walser-Tagung, die im Dezember 2006 in Zürich stattfand und die in diesem Band dokumentiert wird.

Mit ihrem Titel »Ferne Nähe« versuchte diese Tagung jedoch, jenen Gestus der anbiedernden Annäherung und der possessiven Umarmung gleich zu problematisieren, der sich bei Dichterjubiläen unweigerlich einstellt. Dabei konnte sie sich ihrerseits auf Walsers Werk beziehen. Denn ›Ferne Nähe‹ durchzieht es als dialektisches Bild. Schon in *Der Greifensee* (1899), Walsers erstem publizierten Prosastück, erscheint dem Spaziergänger alles, was er erblickt, »lieblich in der schärfsten Nähe, in der unbestimmtesten Ferne« (SW 2, 33). In *Fritz Kochers Aufsätze* (1904) bildet Walser diesen Gegensatz auf die Opposition von »Verstand« und »Traum« ab: »Das Nächstliegende ist für den Verstand, das in der Ferne liegende für den Traum.« (SW 1, 26) Doch Walser nimmt diesen Dualismus, der seinerseits vom »Verstand« diktiert ist, nicht einfach als gegeben hin. Die ästhetische Leistung seines Werks ist es, das Nahe in die Ferne zu rücken und es dabei traumhaft zu verwandeln, und umgekehrt die Ferne des Imaginären so dicht heranzuholen, dass sie als Realität eigenen Rechts greifbar wird. In *Kleist in Thun* (1907) beispielsweise liegt das »Nächstliegende […] wie in weiter, weißer, schleierhafter, träumender Ferne« (SW 2, 76). Im Gegenzug fällt Simon Tanner, dem Helden der *Geschwister Tanner*, der aufgehende Mond so ins Auge, dass ihm

diese ferne Welt gleich hinter dem Gebüsch versteckt zu sein schien, zum Befühlen und daran Fassen nahe. Alles schien ihm nahe zu sein. Was war denn dieser Begriff der Ferne gegen solche Fernen und Nähen. Das Unendliche schien ihm plötzlich das Nächste. (SW 9, 103)

Auch dem *Gehülfen* wird an einem sonnigen Sonntag alles »ebenso groß wie klein
[…], ebenso nah wie fern, ebenso weit wie fein und ebenso zart wie bedeutend«
(SW 10, 129). Damit verrät er einen Grundzug von Walsers Poetik, die in immer
neuen Verschiebungen der Optik die hergebrachten hierarchischen Ordnungen
von ›groß‹ und ›klein‹ subvertiert und gleichzeitig neue ›Bedeutung‹ erzeugt.

Solche Überblendungen kennt auch das Spätwerk, nur sind sie dort härter
gefugt: Im ›*Räuber*‹-Roman (1925/26) gerät der Protagonist zwischen »das Nahe,
das Ferne« (AdB 3, 51), bis er als Figur selbst unfassbar wird. Und im Mikrogramm
Ich will sie ohne langes Überlegen zur Fürstin machen (um 1926) wird es das Merkmal einer unsicheren Liebe, dass »sie immer in einer Art von Ferne [blieb] und […]
in der Nähe die Fremde [war]« (AdB 5, 132). Der späte Text über den Maler *Watteau* (um 1930) schließlich verknotet am Ende Nähe und Ferne, Vertrautheit und
Fremde in der vertrackten Satzschlaufe: »Von weitem guckt dasjenige sanft und diskret in die Nähe herüber, das man gern nahe haben möchte, das fremde und doch
wieder vertraute, bekannte Ferne.« (SW 20, 247) Es ist dieser Satz, mit dem das
Zürcher Symposion die Übersetzer herausforderte und mit dem dieser Band endet.
Er soll uns ein für allemal daran hindern, Walsers Nähe und Walsers Ferne kurz zu
schließen und damit jene Bewegung dazwischen stillzulegen, die seine Texte am
Leben erhalten.

In dieser Wechselbewegung von Nähe und Ferne wird jedoch der Ort des
Autor-Subjekts ungreifbar. Walser verschwindet nicht einfach in der Ferne, wie
es die in der Legende beliebte Rückenfigur will, sondern er verschwindet auch in
der Nähe, in der extremen Auflösung jener Aufmerksamkeit, die das Kleinste zum
Größten macht. Das ist auch die Aufmerksamkeit, die seine Texte verlangen; das
close reading ist deshalb der ihnen angemessene Zugang, wie viele der in diesem
Band versammelten Beiträge produktiv zeigen. Das Oszillieren der Texte zwischen
Ferne und Nähe verlangt jedoch auch vom Leser eine ständige Verschiebung des
Focus des Verstehens. Keine Position, die im nächsten Satz nicht ver-rückt oder
gar dementiert würde. Deshalb bleibt auch der Ort des Autor-Subjekts irritierend
unbestimmt. Das »Ich« des autobiografisch und poetologisch eingefärbten Textes
Die Gedichte (II) (1919) hält fest: »Alles war nah und vertraut und zugleich fremd.
Ich war dieses Eigentümliche, Zwiefache und Übertragene selber.« (SW 16, 258)
Das »Ich«, dominantes Platzhalterpronomen von Walsers Texten, oszilliert mit in
jener Bewegung zwischen Ferne und Nähe, die es selbst ästhetisch induziert.

Die Frage nach dem biografischen Ort von Walsers Schreiben wird deshalb in
vielen Beiträgen dieses Bandes weiterhin gestellt. Dazu zitieren sie häufig aus Walsers Briefen. Doch nirgends hat Walser das Spiel der ›Fernen Nähe‹ so raffiniert
und gelegentlich auch so frivol betrieben wie in seinen Briefen an die unterschiedlichsten Adressaten – eine neue, umfassende Briefausgabe, dringlichstes Desiderat
der Walser-Forschung, könnte dies anschaulich machen. Allerdings macht die literarische Qualität von Walsers Briefen diese zum Teil seines Werks und destabili-
siert sie so als biografische Quelle. Insofern wird eine intensivere Beschäftigung mit
dem Briefwerk die Spannung zwischen den literarhistorisch-biografischen und den
werk- und textbezogenen Deutungsansätzen nicht aufheben können. Auch fünf-

zig Jahre nach seinem Tod scheint die Frage nach der Autorschaft und nach dem
biografischen Grund seines Schreibens, die Walsers Werk sowohl ständig stellt wie
ständig unterläuft, eine Herausforderung der Literaturwissenschaft – und damit
ein Indiz seiner Modernität.

Auch in anderer Beziehung zeigen die Beiträge dieses Bandes die Modernität von
Walsers ›Ferner Nähe‹. Denn Walser rückt mit seiner hochbeweglichen Aufmerk-
samkeitsoptik in den Kontext jenes medialen Wandels, der seine Epoche prägt: Die
Schrift muss sich gegenüber den neuen Medien wie Fotografie, Zeitungen, Plakate,
Grammophon, Telegraf, Telefon, Radio und Film neu positionieren und definieren.
Sie alle haben ihre neuen, eigenen Verhältnisbestimmungen des Fernen, das sie in
die Nähe rücken, und des Einzigartigen, das sie reproduzieren und multiplizieren.
Kein Zufall deshalb, dass Walter Benjamin in seinem Film-Aufsatz *Das Kunstwerk
im Zeitalter seiner technischen Reproduzierbarkeit* die ›Aura‹ in Begriffen beschreibt,
die Walsers dialektischem Bild von ›Ferner Nähe‹ entsprechen. Die »Aura« ist

[e]in sonderbares Gespinst aus Raum und Zeit: einmalige Erscheinung einer Ferne, so nah sie sein mag. An einem Sommernachmittag ruhend einem Gebirgszug
am Horizont oder einem Zweig folgen, der seinen Schatten auf den Ruhenden
wirft – das heißt die Aura dieser Berge, dieses Zweiges atmen.[1]

Benjamin fasst die ›Aura‹, deren ›Verfall‹ er in geschichtsphilosophischer Perspektive begreifen will, in der gleichen Bildlichkeit ›Ferner Nähe‹ wie Walser. Und wie
Walser setzt er dazu bei romantischen Erfahrungsmomenten an, um sie in die
Moderne zu übersetzen. Das ist bei Walser literarische Praxis: Sein Werk ist auch
dort, wo es sich auf sommernachmittägliche Aussichtspunkte begibt, geprägt vom
radikalen Wahrnehmungswandel der Moderne. Dieser irrlichtert im oszillierenden,
unstetigen, beständig beweglichen Blick, den Walser auch in scheinbar romantische
Szenerien einbringt. Darum kann der Filmemacher Walo Deuber in seinem Beitrag
von Walsers »Handkamera« sprechen, um die spezifische Beweglichkeit von Walsers literarischer Perspektivität in der Sprache des Kinos auszudrücken.

Wie nahe sich Benjamin und der vierzehn Jahre ältere Walser in diesem modernen Medienkontext stehen, wird nicht nur in der bereits bekannten Tatsache deutlich, dass Benjamins viel zitierter Aufsatz zu Walser Ende September 1929 in jenem
Tage-Buch erscheint, in dem Walser wenige Jahre zuvor selbst noch publiziert hatte,
und dass er ihn dort als einen jener Feuilletonisten vorstellt, zu denen auch Benjamin selbst zählt.[2] Einen neuen, sensationellen Akzent erhält dieser Walser-Essay
Benjamins durch die Entdeckung von Gregor Ackermann, dass dieser Text, der
das Wort von »Walsers Geschwätzigkeit«[3] prägte, vermutlich einen Monat zuvor
als Rundfunk-Vortrag über den Frankfurter Sender ging, als Vorspann zu einer

---

1 Benjamin: *Das Kunstwerk im Zeitalter seiner technischen Reproduzierbarkeit ›Erste Fassung‹*,
  S. 440.
2 Vgl. *Das Tage-Buch* 10 (1929), Heft 39, 28. 9. 1929, S. 1609–1611.
3 Benjamin: *Robert Walser*, S. 327.

Lesung von Walser-Texten.[4] Das Medium entspricht Walser insofern, als in ihm die Flüchtigkeit des gesprochenen Worts die Schrift neu inspiriert, und als sich in ihm die Ferne der technisch überbrückten Distanz mit der Intimität des Zuhörens verbindet.

Zudem stellt Walser in seinem eigenen literarischen Beitrag zum *Radio* (1928) fest, das Medium erfülle ihn mit einem besonderen »Internationalitätsgefühl« (SW 19, 39). Dieses Gefühl hat er zu Recht, denn er war schon zu Lebzeiten ein Autor mit großer Reichweite. Freigelegt wird diese erst jetzt durch die nun international tätige Walser-Forschung. In diesem Band werden seine Beziehungen nach Wien und Prag, zu Rundfunkanstalten in Deutschland und sogar eine frühe Rezension im *Times Literary Supplement* in neuen Funden vorgestellt. Walser hat also schon zu Lebzeiten in die ›Ferne‹ gewirkt, auch wenn seine Aufmerksamkeit primär auf das ›Nahe‹ gerichtet war.

So wird in den Beiträgen dieses Bandes sichtbar, dass Walsers Bedeutungsradius ebenso gewachsen ist wie sein Werk, das durch die Edition der verstreuten Prosa, die Transkription der Mikrogramme und die Entdeckung weiterer verschollener Texte in den letzten Jahrzehnten neue Dimensionen erhalten hat. Das Zürcher Symposion, fünfzig Jahre nach Walsers Tod, markiert dabei Kontinuität und Neuanfang gleichzeitig: Die im Entstehen begriffene *Kritische Robert Walser-Ausgabe* (KWA) unter der Leitung von Wolfram Groddeck (Universität Zürich) und von Barbara von Reibnitz (Universität Basel) wird neue Maßstäbe setzen, was Vollständigkeit und Texttreue betrifft. Für die zukünftige Forschung wird sie die verbindlichen Grundlagen bereitstellen, in Zusammenarbeit mit dem von der Robert Walser-Stiftung Zürich betriebenen Robert Walser-Archiv – hier entsteht eine breit ausstrahlende Informationsplattform zu Walser (www.robertwalser.ch). Flankiert und ergänzt werden soll die *Kritische Robert Walser-Ausgabe* durch eine neue Leseausgabe, die auf der Ausgabe Jochen Grevens aufbaut und auch dem breiteren Publikum die neu aufgefundenen Walser-Texte zugänglich machen wird. Ferner wird die *Robert Walser-Gesellschaft*, die seit ihrer Gründung vor zehn Jahren zu einer der großen und aktiven literarischen Gesellschaften im deutschsprachigen Raum geworden ist, mit ihren Mitgliedern in der ganzen Welt weiter die Verbreitung von Walsers Werk fördern.

Dieser Band dokumentiert auch, wie vielfältig Walsers Werk heute durch die akademische Forschung verstanden wird, wobei sich gleichzeitig ein Generationswechsel abzeichnet: Die etablierte Walser-Forschung, angeführt von ihrem Doyen Jochen Greven, kann aus dem Fundus eines langjährigen Umgangs mit Walser schöpfen und bereitet damit den Boden für jüngere Walser-Forscherinnen und -Forscher, die sich in diesem Band mit zehn viel versprechenden Beiträgen profilieren. In anderer Weise wird Walsers Werk auch durch jene Autoren produktiv weiterentwickelt, die sich an ihm inspirieren. Exemplarisch dafür die beiden Poetikvorträge von Brigitte Kronauer und Matthias Zschokke, die sich in ihrer ana-

---

4 Vgl. Ackermann: *Walter Benjamin liest Robert Walser* sowie den Beitrag von Reto Sorg in diesem Band.

lytischen und mimetischen Sicht auf Walser ergänzen. Beide stehen in der illusteren Reihe jener Autorinnen und Autoren, die seit Morgenstern, Kafka, Musil und Benjamin eine besondere Nähe zu Walser beansprucht haben, bis hin zu aktuellen Nobelpreisträgern wie J. M. Coetzee und Elfriede Jelinek. Schließlich entwickeln auch die Übersetzer Walsers ihre eigene Nähe zu Walser, indem sie sein Werk Wort für Wort in die Welt hinaustragen. Der von Irene Weber Henking vom Lausanner Centre de Traduction Littéraire koordinierte Beitrag, in dem wichtige Walser-Übersetzerinnen und Übersetzer zu Wort kommen, zeigt, welche ›Walser-Wellen‹ die Übersetzungen in Frankreich und Spanien auslösen konnten und wie seine Ausstrahlung nun bis nach Amerika und Japan reicht. Walser-Forscher, Walser-Autoren und Walser-Übersetzer bestätigen so alle in ihrer Weise, was jeder Walser-Leser für sich schon längst weiß: Walsers Werk ist Weltliteratur.

Am Symposion, das vom 6. bis 9. Dezember 2006 an der Universität Zürich stattfand, erreichte diese Erfahrung eine breitere Öffentlichkeit. Die Tagung sowie die hier vorliegende Publikation der Vorträge wurde nur möglich, weil uns zahlreiche Institutionen und Unternehmen großzügig unterstützt haben: Die Burgergemeinde Bern, Die Mobiliar, der Gemeinderat der Stadt Biel, der Kanton Appenzell Ausserrhoden, der Kanton Bern, der Kanton Zürich, das Migros-Kulturprozent, die Oertli Stiftung, die Pro Helvetia, die Schweizerische Akademie der Geistes- und Sozialwissenschaften, der Schweizerische Nationalfonds, die Stadt Bern, die Stadt Zürich, die UBS Kulturstiftung, die Universität Fribourg, die Universität Lausanne, die Verwaltungs- und Privat-Bank Aktiengesellschaft, die Zürcher Hochschulstiftung und der Zürcher Universitätsverein. Diesen Institutionen und allen Personen, die sich für das Zustandekommen und Gelingen dieser Tagung eingesetzt haben, besonders Josiane Aepli vom Deutschen Seminar der Universität Zürich, gilt an dieser Stelle noch einmal unser herzlichster Dank.

Wolfram Groddeck, Reto Sorg, Peter Utz, Karl Wagner

Brigitte Kronauer (Hamburg)

»WIE HAT ES DAS NATURSCHAUSPIEL MIR ANGETAN«[1]

Wohl weiß ich, daß mich zürcherische und andere gescheite Herrschaften sehr gern als Hirtenknaben, als träumerischen Weltentfremdeten auffassen und nehmen möchten, wogegen aber mir die Ausschließlichkeit einer solchen Dummkopfsrolle keineswegs paßt, zu der die nötigen Grundlagen in mir übrigens absolut fehlen. (Br, 305 f. [Brief an Frieda Mermet vom 20. 9. 1927])

Das schrieb einer der fundamentalen, wenn auch dezenteren Autoren der Moderne 1927 an seine wohl treueste Freundin, sechzehn Monate bevor er sich bekanntlich für vier Jahre in die Heilanstalt Waldau begab, und anschließend in Herisau als Schizophreniepatient bis zu seinem Lebensende in literarisches Schweigen verfiel.

Sich Robert Walser, die gestaltgewordene Nicht-Einfalt und Nicht-Einfältigkeit, der seinen bösen Blick aus Schonungsgründen vor sich und anderen gern zu verbergen suchte, ein paar Momente lang, Walsers gereizten Einspruch berücksichtigend, als jemanden vorzustellen, der mit Inbrunst das Naturkind gibt, bleibt allerdings verführerisch. Gespielt nämlich ist der »Hirtenknabe« ja nur zur Hälfte und sich die Werke dieses Autors ohne deren Hauptwirkstoff Natur zu denken, ganz und gar unmöglich. Obschon es bereits in *Fritz Kochers Aufsätze* (1904), dem ersten Buch des Sechsundzwanzigjährigen heißt, über die Natur zu schreiben, sei schwer (vgl. GW 1, 22). Poetische Sachverständige in dieser Materie wie der sonst ziemlich anders geartete Arno Schmidt hätten ihm ohne Zögern zugestimmt.

Zugleich aber, mit einem Überschwang, der keine Rücksicht nimmt auf den prosaischen Widerstand des Alltags und etwa Metzgereien, Postämter, Bankbeamte, Reklameschilder als Gegner durchaus nicht für satisfaktionsfähig hält, sondern lächelnd vereinnahmt, ist alles Landschaftliche das Lebenselement des zu fünfzig Prozent »träumerischen Weltentfremdeten«. Das heißt, seine Bilder der Natur scheinen ihm mühelos von selbst zu entströmen, aus ihm als fantastische sprachliche Vegetation herauszublühen, nein, allein durch sein schieres Hinsehen ihre originelle, ihre ganz unverwechselbare Form anzunehmen, am schönsten vielleicht in den beiden langen Prosastücken *Naturstudie* (1916) und *Der Spaziergang* (1917), einem Bogenschlag vom Morgen über das schon fast nietzsche-nahe mittägliche »Glühen im glühendsten Augenblick« (GWJ III, 257) zum Abend, vom enthusiastischen Aufschwung mit einem strengen Kurzkatalog darüber, was die »mütterliche, väterliche, kindliche Natur« (GWJ III, 252) dem Dichter jederzeit zu bedeuten habe, der ohne das Elixier ihrer verjüngenden Anschauung »tot« (GWJ III,

---

1 GWJ III, 251 (*Sonntagsspaziergang*).

2 5 1) wäre, bis hin zur hier erst geahnten Lebensermattung am Schluss. Dem freilich, der sich durch das eigennützige Fällen eines majestätischen Baumes an dieser
alle familiären, ästhetischen und ethischen Bedürfnisse erfüllenden Natur vergreift,
wünscht er »tausend Peitschenhiebe« (GWJ III, 261).

Als zeit seines Lebens und übers schriftstellerische Verstummen hinaus passi-
oniertem Spaziergänger ist ihm jedoch nur zu vertraut, dass die landschaftliche
Natur zwar vielfältige Stimmungen erzeugen und vehement Gedanken beflügeln
kann, aber lediglich entsprechend den Abmessungen der Seelen- und Gehirnka-
pazität ihres Durchwanderers, und sein Werk lässt sich, wenn nicht ohne sie, die
Natur, so nicht minder ohne ihren direkten Gegenpol, die bürgerliche Sozietät,
begreifen.

Diese der Natur komplementäre Kraft scheucht Walsers Helden immer wieder
in Wald, Feld, Gebirge. Und doch werden sie an ihrem Zufluchtsort nie lange von
den »Fratzen der Gesellschaft«[2], die sie hergetrieben haben, suspendiert. Sie pressen dem Autor einen im Kopf geführten Dauerdialog ab, der nur für glückliche
Augenblicke aussetzt, wenn er sie zu friedlichen Bestandteilen eines Naturschau-
spiels machen kann.

Um so leidenschaftlicher projiziert Robert Walser all das, was ihm unter den
Menschen fehlt, auf das Außerstädtische, überhäuft, dort eingetroffen, Wald und
Wiese mit den ungewöhnlichsten Zärtlichkeitsbekundungen. Die aber meinen
nicht allein das Gute, Schöne, Edle. Sie huldigen, schlicht und in Übersteige-
rungen, dem Unschuldigen, Kindlichen.

Andersherum gesagt: Es gibt wohl kaum Schriftsteller, vielleicht nur wenige Personen überhaupt, die dermaßen höflich höhnisch, mit grausamer Unaufhörlichkeit
bis in kleinste Details, das Aufgesetzte, das nicht Authentische im menschlichen
Verkehr registriert haben. Wobei das alles den Dichter, typisches Literatenparadox,
als Sujet häufig begeistert.

Walsers extrem ausgeprägtes, extrem nervöses, oft auch amüsiertes Erwittern des
Künstlichen, Automatenhaften im Bereich des Zwischenmenschlichen, seine virtuose Artikulation unserer Unfähigkeit, natürlich, spontan, unverfälscht zu sein, trug
ihm, der nicht zu täuschen war vom treuherzigen Schein des Bürgerlichen, wenn
auch höchst empfänglich für dessen Zauber, allzu früh und vorschnell den Ruf des
verspielt Manierierten, Prätentiösen ein. Es ist ja stets der Bote, der für die schlechte Nachricht büßt, und handelt es sich tatsächlich um Literatur, werden Einsichten
wie die Walsersche vor allem in stilistischen Konsequenzen offenbar.

Man hat dem Autor gelegentlich soziale Kälte vorgeworfen oder zur reizenden
Verschrobenheit verharmlost, wenn er mit verblüffenden Drehungen in Syntax
und Tonfall, mit winzigen spöttischen Nachfragen, absurden adjektivischen Zuord-
nungen das Grimassieren, das Vorgefertigte, die Zwangsverstellung der Gesellschaft
andeutet, deren Nuancen er auch da beäugt und belächelt, wo zwei Leute völlig
wahrhaftig sein wollen und, frisch von der Leber weg, hundertprozentig persön-

---

2 Mörike: *Am Walde*, S. 769.

lich. Unter der Maske liebenswerter Skurrilität, die ihm glauben mag, wer kann, erzeugt er eine ungemütlich zweiflerische Atmosphäre als eine Art zweite Natur des mitmenschlichen Umgangs, in dem keine Selbstverständlichkeit mehr existiert. Das, was wir so gern für ›natürlich‹ halten, stellt er, humorvoll und mit genießerischer Tücke, auf einen gläsernen Boden – und schon verkrampft es sich, ertappt vom eigenen, plötzlich bizarren Spiegelbild. In satirischer Version etwa zu lesen in *Theodor* (1923), wo der Held Leben und Liebelei präpariert, auf dass sich daraus eine ihn inspirierende Romanhandlung ergeben möge.

Walsers Befund ist kein anekdotischer, es ist ein grundsätzlicher. So glaubt der ›Hirtenknabe‹ unter keinen Umständen der suggerierten Naturburschengradlinigkeit imponierender Männer, der Empfindungszartheit ihrer Gattinnen, auch wenn er eine Weile kavaliersmäßig so tut als ob, ohne deshalb armen Serviererinnen und den Tränen alter Mütter, auch wenn sie ihn schmerzen, blinder zu trauen. Nur sehr kleine Kinder, weniger ihren Eltern als noch ganz der Natur angehörig, sind, wie diese, als das Unbürgerliche schlechthin vom Verdacht ausgenommen.

Ihnen gilt seine demütige, uneingeschränkte Liebe wie auch den gefährdeten, allzu vergänglichen Sekunden reiner Wirklichkeit, die er als Wunder geradezu stammelnd, kunstvoll stammelnd feiert, etwa beim Anhören eines von einem jungen Mädchen dargebotenen»Mozart- oder Hirtenlieds«:

Es glich dem Sterben aus Kummer, dem Sterben vielleicht aus übergroßer Freude, einem überglücklichen Lieben und Leben, einem Nichtlebenkönnen aus überreicher, -schöner, -zarter Vorstellung vom Leben derart, daß gewissermaßen der zärtliche, liebe- und glücküberquellende, übermütig in das Dasein drängende Gedanke sich zu überstürzen und über sich selbst zusammenzubrechen schien. (GWJ III, 234)

Kunstgesang, noch fast kindlich und ohne jede Attitüde von Kunst, ausklingend in der Verschmelzung mit einem der Natur entnommenen Bild der Brandungsdynamik.

Geht es ansonsten, von derartigen Ausnahmen abgesehen, in der Walserschen Menschenwelt um die radikale Trennung von einigermaßen echtem Gefühl und missverständlichem Ausdruck? Sicher, beispielsweise, wenn in dem Roman *Geschwister Tanner* (1907) Klara an Kaspar bemerkt:

Seinen Mund sah sie schmerzvoll geöffnet; gewiß dachte er weiter nichts, nein, gar keine Rede; es war eben nur die Stellung der Lippen, die den Eindruck des Schmerzlichen hervorrief. Seine Augen waren kalt und ruhig in die Ferne gerichtet […]. (GWJ IV, 71)

Insgesamt aber ist es leider noch ärger: Ausdruck und Gefühl sind so sehr ineinander verstrickt, dass sich eine pure, ›echte‹ Empfindung gar nicht mehr erkunden lässt. Bevor sie voll ausschlüpfen kann und zur Erscheinung kommt, ist sie den subtilen Korsettierungen der Gesellschaft, dem Gespinst ihrer entindividualisierenden Zurüstungen unauffällig, und üblicherweise auch unbeanstandet, zum Opfer gefallen.

Nur ein Querkopf und Allergiker wie Robert Walser, alles andere als gepanzert gegenüber solchen oft nicht greifbaren Deformierungsvorgängen, reagiert beim geringsten Kontakt alarmiert. Der literarische Dauerspott elegant nachäffender Gestelztheit ist eins seiner Mittel, sich zu rächen. In ihrer Übertreibung ist die Künstlichkeit des Walsertons, Verkehrtes in eine neue Grazie umwandelnd, die exakteste Beschreibung verlorener Unschuld.

Man hat Pflichten, und das ist auch etwas Schwebendes, Fliegendes, Hinreißendes. Man trägt etwas mit sich, daß man nachzählen und abliefern muß, um als zuverlässiger Mensch dastehen zu können, und ich bin gegenwärtig so, daß es mir ein einziges Vergnügen ist, als zuverlässiger Mensch dazustehen. Die Natur? Mag sie sich einstweilen verstecken (GWJ IV, 196),

sagt sich Simon Tanner zur Probe. Er hat viele, um ein zielbewusstes Leben als einschmeichelnde Mimikry bemühte Nachfolger in Walsers Werk, das man auch als große durchgehende Selbstrechtfertigung und Verteidigungsrede eines Individuums vor der seinen Lebenswandel missbilligenden Bourgeoisie lesen kann. Diese wird besonders penetrant, wenn sie ihm mittels Wohlmeinender, ob Damen, Geschwister oder Förderer, mit Aufrufen zu Eheschließung, regelmäßiger Arbeit und Romanwünschen ins Gewissen redet, stets bestrebt, ihm ihre herrischen Zeremonien überzustülpen.

Walsers schüchtern-ungenierte Helden sollen auf das Maß einer rechtschaffenen Bürgergemeinschaft gestutzt werden. Manchmal ducken sie sich in scheinheiliger Fügsamkeit, manchmal wehren sie sich in einem Zornesausbruch. Die Normwelt aber rechnet nicht mit einer so feinen Nase gegenüber gesellschaftlichen Dressurversuchen, deren Kränkungen der Autor schon dort ortet, wo es lediglich um Interpretationen geht.

Bereits das kritiklose Deuten einer Miene, einer Gestalt, eines Lebenslaufs erscheint dann als schwere Freiheitsberaubung. Mit Erbitterung und Feuer folgt auf bürgerlich engherzige Darstellungen des Lebens von Freunden und Sonderlingen nicht selten eine Korrektur jenseits üblicher Leistungsmarken. Die zugefügte Beleidigung kann in einem einzigen Wort bestehen, zum Beispiel, wenn ein Wirtshausgast auf eine Suada Simons erwidert, er rede ja wie ein Dichter! Und Simon sehr wohl und sehr zu recht die distanzierende Absicht eines solchen verbalen Zunahe-Tretens erkennt. Ein Zu-nahe-Treten, das bis auf den heutigen Tag mit gerade dieser Titulierung seitens des gesunden Menschenverstands die wirklichen und vermeintlichen Albatrosse grinsend in die Ecke der, nun, im besten Fall ›Weltentfremdeten‹ schiebt, ohne dabei die Bratwurst aus dem Mund zu nehmen.

Einem wie Jakob von Gunten im gleichnamigen Roman von 1909, dem von seinen divergierenden Möglichkeiten Hin- und Hergeworfenen, dem allerdings kommen sie damit gerade recht! Jakob, der sich im Kontrast zu seinem ausgeprägten Freiheitsdrang der Uniformierung und Beschränktheit der Internatsschüler des Instituts Benjamenta unterzieht, auch, damit ihn der Zwang zu Gehorsam und Dienen daran hindert, in alle Richtungen auszuufern und zu zerspringen, dieser von Gunten besitzt Selbstbewusstsein, Intelligenz und Bosheit genug, um ange-

sichts des Pflichtmenschen Kraus zu sagen: »Nichts ist mir angenehmer, als Menschen, die ich in mein Herz geschlossen habe, ein ganz falsches Bild von mir zu
geben.« (GWJ VI, 26)

Das Institut Benjamenta: eine zum Scheitern verurteilte Vorschule des Lebens
zwecks Abrichtung für die Arbeitswelt. Wenn Jakob hier gelegentlich zu seinem
Vergnügen die ›Dummkopfsrolle‹ annimmt, dann nur, um bald darauf um so dialektischer daraus hervorzuschnellen und, eine Phase aufrichtigen Mitgefühls durch-
spaltend, in herzloser Verhöhnung von Gemütsschlichtheit und Empfindlichkeit
mit dem Institutsleiter und den Kameraden Katz und Maus zu spielen.

Denn man kann es tatsächlich umdrehen. Jakob erlaubt sich die größten Frech-
und Freiheiten, eben weil er sich offiziell den strengen Internatsvorschriften fügt.
Die nämlich sind seine überaus nötige Sicherheitsgarantie, da es diesmal die Zäh-
mung durch Naturanblicke nicht gibt. Er rast, baut sich Selbstbilder auf und
demontiert sie wieder. Eine gelassen die Verhältnisse zurechtrückende Gegenmacht
der Natur hält den Helden diesmal nicht in Schach. Sie bleibt, in konzeptbedingter
Askese, ausgespart. Ihre ostentative Abwesenheit bereitet allerdings etwas vor:

Zum Schluss will sich von Gunten von den reflektierenden Selbstzerstörungen
weg und sich vor ihnen rettend, in die Wildnis, nicht in die sprichwörtliche des
Lebens im so genannten Großstadtdschungel, sondern, eigenen ironischen Einwürfen zum Trotz, in die wörtliche der Natur, in die Wüste stürzen, gemeinsam
mit dem Vorsteher, dessen Institut zugrunde gehen musste, weil er, immer weniger
von dessen Sinn überzeugt, plötzlich wieder an eine undomestizierte Jugend und
Eroberungslust glaubt, die er übermächtig in Jakob spürt.

Walser hatte in diesem dritten uns vorliegenden Roman den Einsatz von Stimmen am weitesten vorangetrieben. Das macht das Werk abstrakt, rigoros, sein
Licht ist grell und absolut. Es sind laut sprechende Stimmen, Echostimmen der
Gesellschaft und deren Widerhall in Jakob. Es sind solche der Selbstaufblähung,
des Selbstvorwurfs, des Selbstentwurfs, der Destruktion, Gespräche, bei denen er
die ihn umgebenden Figuren zum Narren hält, Reden, die ein Einsamer übermütig
an sich selbst richtet, aufsässig gegen die in ihn bereits tief eingesunkenen Vorhal-
tungen der Welt als drohender Instanz außerhalb seines Ichs. Ein Ich, das sich hier
aber noch alle Freiheit nimmt und sie daher besitzt, auch, möchte man sagen, der
persönlichen Identität gegenüber, wenn verwegen und neugierig mit den eigenen
Wesenspolaritäten jongliert wird.

Freiheiten, die sich der Autor in Sprache und Struktur ganz parallel und nicht
minder kühn gestattet.

In Wilhelm Raabes Roman *Die Akten des Vogelsangs* (1896) ist an die recht-
schaffene Existenz des Oberregierungsrats Krumhardt als unlösbarer tiefschwarzer
Schatten deren Abweisung durch den scheiternden Überflieger und Freund Velten
Andres geheftet. Geradezu mörderisch wird die Negation der Krumhardt-Familien-
welt, wenn Velten die für ihn von der Mutter zärtlich gehüteten Möbel unmittelbar
nach deren Tod öffentlich verheizt und verschleudert. Fast bis zum Ende gelingt
es Krumhardt, die Infektion durch den in seinen Augen nihilistischen Freund

abzuwehren und die Bereiche von bürgerlicher Zufriedenheit und antibürgerlicher Sehnsucht exemplarisch getrennt zu halten.

Wie deutlich sich doch in Walsers 1925 veröffentlichtem Essay zu Jean Paul das Interesse an solchen Charakterpolaritäten verrät, dort speziell an der von Vult und Walt in den *Flegeljahren*!

Sechs Jahre vor Raabe hatte der junge Knut Hamsun seinen bahnbrechenden ersten Roman *Hunger* veröffentlicht. Hier sind Zersetzung, Infragestellung eines intakten Bewusstseins, das Hin- und Herflackern der Identität, ihr ständiges Auf und Ab wie bei Walser, der in seinem ›Räuber‹-Roman (geschrieben 1925) die Tendenz noch verstärken wird, von vornherein in die einzige Hauptperson verlegt.

Wobei in Robert Walsers Fall im Laufe der späten zwanziger Jahre die zurechtweisenden, verneinenden Stimmen ihr Terrain in seinem Inneren ausweiteten und von der Bannung in die Literatur zu Walsers Schaden und Schrecken auf das Leben des allmählich an ihnen und der zugemuteten Zerreißprobe erkrankenden Dichters übergriffen. Lautstark. Obschon sich Walser wie sein ›Räuber‹ vor der eigenen hochfahrenden Nicht-Naivität in Kindlichkeit und Kleinheit zu verstecken suchte und zugleich, entschiedener noch als von Gunten, um Façon bemühte in einem stilisierten Reden, das jetzt autobiografische Plaudereien als nur gespielte Geschwätzigkeit, als künstliche Impulsivität kenntlich macht.

Dem in uns wohnenden, üblicherweise geleugneten Widerspruch zu all unseren Regungen, den strikt unterdrückten Gegenstimmen in Hirn und Herz, der Zertrümmerung unserer Gefühlskonsistenz entkommt Walsers ›Räuber‹ noch weniger als es den Protagonisten seiner früheren Romane gelingt.

»Ich bin etwas Mürbes, Verteiltes, Zusammenhangsloses. Ohne das Gefühl irgendeiner Kontinuität. Etwas wie ein Bandwurm: zahllose Glieder und jedes lebt für sich«[3], schrieb Gottfried Benn, der mit Walser nicht nur das Todesjahr teilt, 1911 im Essay *Unter der Großhirnrinde* und fasste im Prosastück *Roman des Phänotyp* von 1944 die formale Konsequenz zusammen: Es gehe um ein zu ertragendes grundsätzliches Einerseits-Andererseits in den wichtigen Belangen der Existenz, salopp verkürzt etwa auf:

> Einerseits archaisch – andererseits aktuell mit dem Hut aus der Bond Street [...].
> Einerseits ohne Ursache hell am Abend – andererseits ohne Grund zerstört am
> nächsten Morgen –: so, halb gespielt und halb gelitten [...].[4]

Es gelte, das unaufhörliche Nebeneinander des Gegensätzlichen in Welt und Ich zum Ausdruck zu bringen.

Robert Walser, der eben *das* zwanzig Jahre zuvor künstlerisch geleistet hatte und von diesem Generalsymptom der Moderne wohl markerschütternder als Benn, ja schließlich dämonisch gepeinigt wurde, obschon er tapfer um die Pose des lächelnden Spötters kämpfte, ruft auch hier die Natur in einer gleichnamigen Skizze beschwörend um Hilfe an:

---

3 Benn: *Künstlerische Prosa*, S. 12.
4 Ebd., S. 160.

Bei ihr wirst du kaum je wieder zerstückelt sein, vielmehr dich als ein Ganzes fühlen und demgemäß leben und denken. Die Kunst hat dich irregemacht, entferne
dich eine Zeitlang von ihr. (GWJ IX, 94)

Aber er war eben nur zur Hälfte Kind, zur anderen Intellektueller und Schriftsteller, vor allem Dichter. Seine Rechnung konnte nicht aufgehen und tat es nicht.
Walsers Schicksal war die Literatur, nur eben nicht als Pflege und kultivierte Wei-
terentwicklung bewährter Erzähltraditionen. Sie war im anspruchsvollsten Sinne
zeitgenössisch, und das heißt nicht weniger als avantgardistisch, was wiederum
meistens bedeutet, dass das Publikum erst mit großer Verzögerung – Zeitgenos-
se wird. Walser ist nicht der erste, der zunächst in kindlichem Selbstbewusstsein
den Menschen sein Werk als etwas, dessen Wert er selbst kennt, anbietet und der
dann, von der Indifferenz der Welt aus eben dieser vertrauensvollen Kindlichkeit
aufgeschreckt, seine Erzeugnisse zerstört oder verstummt, während die ihm feind-
lichen Anlagen seines Wesens, die wohl jedes etwas differenzierte Individuum in
sich trägt, wachsen.

Mit grellen Signalen und fortdauernd hat, im Gegensatz zu Walser, ein anderer
großer Einsamer, der diesen Zustand pries und wie Walser von ihm gequält wurde,
der wie der Schweizer zeitweilig und zumindest theoretisch in die Rolle des Spie-
lers und Narren zu schlüpfen beschloss, das 20. Jahrhundert entscheidend geprägt:
Friedrich Nietzsche, radikaler Umstürzler bürgerlicher Sicherheiten und Hierarchien, inbrünstiger Spaziergänger, der bereits 1866, lange vor seinen Sils-Maria-
Erlebnissen über einen Bergausflug an einen Freund schrieb: »wie wir erst dann
die Natur recht verstehen, wenn wir zu ihr aus unseren Sorgen und Bedrängnissen
heraus flüchten müssen. [...] Was war mir das ewige ›Du sollst‹, ›Du sollst nicht‹«[5],
Nietzsche also, der schon früh durchdrungen war von der eigenen Gedankenkühn-
heit und allein ihr, am Ende seine Kräfte überfordernd, verpflichtet. Bis hierhin ist
die Verwandtschaft mit Walser offensichtlich.

Nur hat Walser nie ein System, erst recht keins mit Zukunftsprojektionen, aus
seinen Erkenntnissen und Empfindungen gebaut, ist nie mondän pathetisch wie
Benn, schmettert nie die Pranke auf die Wirklichkeit wie Nietzsche. Ein allerdings
schwerwiegender Unterschied! Seine Analyse der Gesellschaft und Menschensitu-
ation ist deshalb nicht weniger schneidend. Die Leute merken das nur nicht so
schnell, denn selbst wenn seine Figuren und Ichs sinnieren oder gar philosophisch
werden, setzt Walser das immer in eine herzliche und eisige Imaginationswelt
um. Man ist auf die Ablenkungsmanöver seiner halbechten Demutsgesten ziemlich komplett hereingefallen. Bereits in dem kurzen, höchst ironischen, todern-
sten Prosastück *Kutsch* von 1907 behauptet er, während Kutsch »nur nach Hohem
und Erstklassigem« strebe, gehöre er, der Verfasser des Porträts, »entschieden unter
die Hunderttausend. Ich bin zum Verwechseln einem Hausdiener ähnlich« (GWJ
VIII, 50).

---

5 Nietzsche: *Freundesbriefe*, S. 10 (Brief an Freiherrn von Gersdorff vom 7. 4. 1866).

Auch wenn man es nicht glauben sollte: Man hat es, mit Ausnahme einiger
hellerer Geister seiner Epoche, für bare Münze genommen und ihn entsprechend
abgefertigt.
    Aufschlussreicher noch ist das Bekenntnis, dass Kutsch beständig von dem
Appell: Entwickle dich! gefoltert werde. Dieses stetig Vorwärtsdrängende, die Grenzen der gesellschaftlich definierten Freiheit Überschreitende, der innere Befehl,
die eigenen Denkformen unermüdlich zu erneuern, sein Bewusstsein zu lösen aus
verjährten Hüllen und Häuten zugunsten von Erfrischung, Verjüngung, das also,
was Nietzsche sein ins offene Meer treibende »Genueser Schiff«[6] nannte, erhoffte
Walser, weniger kämpferisch, weniger forciert, aber ebenso begierig und furchtlos
das Fremde, Unbekannte suchend, als Augenmensch von der durch nichts bevor-
mundeten Anschauung, wo alle Dinge und Gestalten nackt für sich selbst einste-
hen: »jeder Schritt ein Gedanke und jeder Atemzug ein Gefühl« (GWJ III, 208).
    Wer sich derart ungeschützt den puren Anblicken aussetzt, muss mit Schwie-
rigkeiten rechnen. Er bewegt sich, wie schon Simon Tanner klar erkennt, bedenk-
lich heraus aus den Zusammenhängen. Damit sind selbstverständlich nicht die
von Verdunstung und Niederschlag gemeint. Gedacht ist an die pragmatischen des
Erwachsenen- und also Arbeits- und Karrierelebens, gemeint sind Pflichten, Ökonomie und Rituale der Mehrheit. Die Wolken begreift Simon, nicht die eherne
Unausweichlichkeit der gesellschaftlichen Abläufe.
    Vorgefundene Zusammenhänge sind nichts als Konstruktionen der anderen.
Für den Schriftsteller Walser bedeutet das die Ablehnung jener sich natürlich
gebärdenden, tatsächlich aber künstlichen Geflechte, die von den überlieferten
Geschichten suggeriert werden und die mit eisernen Ketten die zunächst freien
Einzelheiten der Welt, des Lebens, in festgefügten Dramaturgien aneinander-
schmieden. Statt eines sicheren Transports im ruhigen Erzählfluss offeriert er das
Hüpfen auf Treibeisschollen. Eine vom ›Räuber‹ und von Walser auch außerhalb
des Romans praktizierte Methode ist die, Kolportagegeschichten nach Gusto
umzuschreiben und sarkastisch, belustigt, eingefleischte Romanhandlungen in
einem rüden Schnelldurchlauf der Schicksale mit ungehörigen Abschweifungen ad
absurdum zu führen. Angriff auf epische Grundregeln, Schlachten heiliger Kühe:
Entwickle dich! Nur dann nämlich gelangt man zu dem, was sonst unterdrückt
und nie formuliert würde, nur so auch zu den Formen, deren man sich nicht einfach geschmeidig für das Hineinfüllen seiner jeweiligen Inhalte bedient, an die
man vielmehr, Stück für Stück überprüft und eventuell umgestaltet, als Autor mit
allem, was die eigene Person ausmacht, als gegenwärtig präzisesten Ausdruck glauben kann.
    Es versteht sich, dass spätestens hier von einer künstlerischen Moral die Rede
ist, die sich notfalls gegen Publikumsbedürfnis, Berauschung an Auflagenhöhen,
Kritikererwartung, Buchhändlerbegeisterung und Häufigkeit von Übersetzungen
entscheiden wird, gegen den Erfolg also, der im Zuge so genannter Professionalisie-

6 Nietzsche: *Nach neuen Meeren.*

rung des Schriftstellerberufs zunehmend mit Qualität gleichgesetzt wird. Vielleicht verhält es sich aber einfach so, dass sich Literaten, wenn es zum Schwur kommt, stets und immer zum Karrieremachen entschließen – falls ihre Natur es ihnen erlaubt.

Bei Walser, der für seine Kunst lebte und gewissermaßen starb, ganz Gegentyp zum Bestsellerautor und Staatsdichter, ist das nicht der Fall. Sein Los war, wie das aller zu Unbedingtheit gezwungenen und also stets unzeitgemäßen literarischen Geister, jene ferne Utopie des Kunstwerks, an deren legendärem Glanz noch das bescheidenste Drehständerbuch im Supermarkt bewusstlos oder gerissen partizipiert, mit erneuerter existentieller Würde zu versehen, also an der Seite derer zu stehen und gegebenenfalls zu streiten, die auf scheinbar verlorenem Posten ein vollkommenes Erlöschen dieses orplidischen Schimmers verhindern.

Walser hielt, gelegentlich als wahnhafte Egozentrik missverstanden, sein Ich als Modell den Spannungen zwischen alten Realitätsvorstellungen und den, andere Botschaften vermittelnden, Wahrnehmungen eines unbestechlich argwöhnischen Bewusstseins hin. Ein solcher Verfasser eines »zertrennten Ich-Buchs« (GWJ XII, 323) muss hoffen, dass seine noch ungewohnten Erfahrungen und Experimente vorwegnehmend exemplarische sind. »Vorzufühlen«[7], und zwar dem unterdrückt Abweichenden in uns allen, nicht das Bedienen rechtschaffener Unterhaltungs- und Lebenshilfewünsche macht seine – und zwar hingebungsvolle! – Sozialität aus.

An ihm scheiden sich die Geister. Die einen bewundern, ja lieben ihn, die anderen tun es nicht im Geringsten. Es gilt nicht die übliche Kanonhörigkeit. Und warum sollte, bitte schön, das bei einem derartigen Werk nicht in dieser Schroffheit so bleiben? Er selbst aber zeigt sich auch hier wiederum als Souverän des Nebeneinanders von Gegensätzen. Glaubwürdig freundlich notiert er, schon zurückgezogen aus der Stadt Bern in die Anstalt Waldau, den überaus klugen und generösen Satz, Lektüre habe vielleicht den Zweck, »von Differenziertheiten angenehm abzulenken« (GWJ XII, 314). Das sagt einer, der die Aussicht auf epischen Lorbeer verscherzte, um stattdessen dem Bürgertum und sich selbst verbindlich den Boden unter den Füßen wegzuziehen!

Die brisanteste in Walsers Werk verwurzelte Gleichzeitigkeit von scheinbar Widersprüchlichem sei abschließend und womöglich doch noch zur direkten Hilfe beim schwierigen Leben jedem Zeitgenossen ans Herz gelegt.

Bei Walser nämlich erfährt man, dass die Geistesgegenwart einer oft artistischen, manchmal halsbrecherischen Spottlust, ein allzeit lauernder Zersetzungsblick auf sich, die Gesellschaft und ihre unvermeidlichen Verstellungen, eine aus taktischen Gründen gespielte, teilweise frivole Naivität sowie die heikle Faszination von der Zwiespältigkeit unserer Gefühle und der Zersplitterung unserer Identität, die wir als intellektuelle Lasten der Moderne nicht einfach unterschlagen können, wie all das nicht zwangsläufig unsere Kindlichkeit hinfällig macht.

---

7 Goethe: *Gedichte 1800–1832*, S. 686 (*Vermächtnis*).

Sie, die Kindlichkeit ist es, die ihm neben der Natur zeitlebens als unsere robuste und legitime Zuflucht gilt. Kein Entweder-Oder! Bis hin zu seinen letzten Arbeiten hat er die Kälte einer sezierenden Betrachtungsweise mit emphatischer Innigkeit und liebender Andacht blitzschnell und tänzerisch, ja tänzelnd abgewechselt. Das eine schließt, entgegen einer allzu schlichten Logik, das andere eben nicht aus.

Weg vom Gefühl, hin zur Sprache! verkündete einst diktatorisch die literarische Avantgarde des 20. Jahrhunderts. Dem fügte sich Walser, genuiner Profi auf beiden Klavieren, zu keinem Zeitpunkt. Bis in die Knochen zur Hälfte Städter, zur Hälfte ›Hirtenknabe‹, hat er uns, nur ein Jahr, bevor sein endgültiges Schweigen begann, noch einmal im zu Lebzeiten unveröffentlichten Manuskript *Das Gebirge (II)* beispielhaft die machtvolle Wirkung landschaftlicher Natur vor Augen geführt. Jenes Glück, das unsere offiziell kritischen Geister anscheinend noch immer, wollen sie ihren guten Ruf nicht gefährden, höchstens unter tausend Wenns und Abers ein bisschen oder eher gar nicht zugeben dürfen. Nachdem ihm die Menschen »mit zahlreichen Zumutungen gleichsam Wunden beigebracht« (GWJ XII, 293) haben und er ausgebrannt, sich selbst wertlos und mechanisch geworden ist, zieht es ihn »zu etwas Mütterlichem, in ein Wiedergeboren- und Erzogenwerden hin« (GWJ XII, 294). Zu ihr also, der Natur.

Und, trotz des beträchtlichen Unglücks dieses heimlichen Meisters der Moderne, tröstet ihn, mit Baum, Wiese, Fluss, Wolken, als wäre er nicht ein *halbes* Kind, sondern ein, nur aus Notwehr zynisches, *ganzes*, der untrennbare Zusammenhang: »Er fand«, heißt es, »entdeckte sich und war etwas.« (GWJ XII, 295)

Auch das, stellvertretend, für uns!

Matthias Zschokke (Berlin)

Den Walser spielen

Dem ebenfalls vor fünfzig Jahren verstorbenen Bertolt Brecht wurde vorgeworfen, er hätte seine Sachen abgeschrieben. Das entschuldigte er mit seiner sprichwörtlich gewordenen »Laxheit in Fragen geistigen Eigentums«, womit er den Glauben ans Urheberrecht und an den Autor als eigenständige, nicht austauschbare Instanz empfindlich ins Wanken gebracht hat. Später tauchten dann auch noch die französischen Strukturalisten auf (Foucault, Derrida usw.) und gaben denjenigen den Rest, die so etwas wie Autorschaft, Unverwechselbarkeit oder gar Einzigartigkeit im Schreiben und Denken für sich beanspruchten und von anderen forderten.

Ein Schriftsteller wird heute selbstverständlich als Interpret verstanden, der sich seine Texte aus den Tresoren der großen europäischen Bibliotheken oder aus amerikanischen Archiven besorgt und in seiner eigenen Diktion vorträgt, oder er hat sich, nach neueren Vorstellungen, durch den Internetdschungel zu schlagen, um von solchen Exkursionen mit literarischen Edelsteinen zurückzukehren, die er neu fasst und dann unter eigenem Namen auf dem Markt feilbietet.

Vielleicht werden Verse, Romane und Theaterstücke tatsächlich erst nach mehrmaliger Überschreibung, Bearbeitung, Politur oder Aufrauung wirklich rund und gut. Selbst von Goethe sind die besten Gedichte wahrscheinlich jene, die er nachgedichtet hat. Möglicherweise sind Sätze überhaupt erst dann reif und verdaubar, wenn der erste Frost in sie gefahren ist und einige Stürme über sie hinweggefegt sind. Auf jeden Fall sind mir solche in letzter Zeit lieber als all die grünen Dummheiten, die noch feucht sind hinter den Ohren und die ich nur deswegen willkommen heißen und loben soll, weil sie einem jungen, neuen Kopf oder meinem eigenen, schon etwas älteren entsprungen sind und noch jungfräulich zu sein scheinen.

Trotzdem empört sich in mir bis heute etwas gegen die Methode der Wiederaufbereitung. Vielleicht ist es meine protestantische Erziehung, mein eingebrannter Respekt vor fremdem Eigentum, oder es ist romantische Verklärung: Ich meine, Sätze müssten aus der Tiefe eines Autors ans Tageslicht geschleudert werden, oder höhere Mächte müssten sie ihm einträufeln. Nur dann dürfe einer sich Dichter nennen, wenn er ganz aus sich selbst heraus schaffe. Dieses ›ganz aus sich selbst heraus‹ gibt es nicht, das habe inzwischen auch ich kapiert, aber die Sehnsucht danach, die gibt es sehr wohl.

Damit komme ich zu Walser, mit dem ich es halte wie wohl die meisten: Ich lese ihn nur sporadisch und nehme ihn dann eher zu mir wie Schnaps, in kleinen Schlucken. Und wenn ich dann benebelt bin, lasse ich wieder die Finger von ihm.

Doch im letzten Buch, *Maurice mit Huhn* (2006), sprang ich über meinen Schatten und habe es auch einmal mit dem Paraphrasieren versucht. Ich wählte zwei, drei Walserabschnitte zu diesem Zweck. Bei der Beschäftigung damit fiel mir etwas Entscheidendes auf: Walser lässt sich nicht unterbuttern. Ich bin fest davon überzeugt, dass jeder, der es darauf anlegen würde, die Walserpassagen in meinem Buch verhältnismäßig rasch entdecken würde. Das finde ich bemerkenswert: In einer Zeit, in der alles per Mausklick geklont, überschrieben, kopiert und so lange hin und her geschoben werden kann, bis keiner mehr weiß, woher es stammt und was es ursprünglich meinte, gibt es offenbar nach wie vor Sätze, die nicht zu vereinnahmen sind und sich nicht im großen Strom des allgemeinen Bewusstseins, dem so genannten ›Metatext‹, auflösen lassen. Sätze, die sich wie das gallische Dorf von Asterix und Obelix standhaft weigern, eingemeindet zu werden.

Kein Brecht und kein Derrida werden es jemals schaffen, Walser zum Allgemeingut umzumünzen. Man kann den Walser nicht spielen, man muss Walser sein. Er ist extrem, radikal individuell, unverwechselbar, in keine EU-Norm einzupassen. Und das besonders Erstaunliche: Er schafft das quasi ohne Stoff, ohne Handlung. Weder zeichnet er sich durch große Themen aus noch durch überbordende Fantasie noch durch einen besonders reichen Erfahrungsschatz, aus dem er schöpfen könnte. Es ist allein der Klang, der Rhythmus, die Melodie, was ihn heraushebt. Er transformiert jeden Vorgang, jeden Gedanken mit den dazukommenden Assoziationen in die deutsche Sprache, von der kein einziges i-Tüpfelchen ihm gehört, und schafft allein mit der eigenwilligen Anordnung der Wörter und der Satzzeichen Unverwechselbarkeit.

Ein Beispiel aus dem Bleistiftgebiet: »Seine Gedanken umschwirren ihn, umringen ihn wie klagende, staunende Kinder, die preisgegeben sind und in's Haus hinein möchten, aber er findet stets neue, die sein sein wollen, die er wieder nicht behält.« (AdB 5, 221) Was macht den Satz ›walsersch‹? Es fallen darin kleine Ungereimtheiten auf, Sprünge, Auslassungen, die das Ganze beschleunigen, verdichten und zum Schweben bringen. Zuerst lässt er Gedanken auftreten, die ihn ›wie Kinder umschwirren‹. Nach einem Komma fährt er mit einem »aber« fort. Würde er sich korrekt an die Grammatik und ans Bild halten, müsste es doch eher mit einem »und« weitergehen? Kinder umschwirren ihn, *und* es stoßen immer noch neue dazu. Durch das »aber« kommt eine Irritation ins Spiel; der Satz biegt um die Ecke. Die Bedrohung, die im »klagende« und »preisgegeben« anklingt, wird verstärkt. Die Kinder vor dem Haus werden gewissermaßen ausgeblendet, der Blick wird auf die neuen nach dem »aber« gerichtet, die »sein sein wollen« (was drängender ist als das anfängliche »in's Haus hinein möchten«).

Nach einem weiteren Komma schließt er damit, dass er diese neuen Kinder »wieder nicht behält«. Daraus müssen wir folgern, dass er offenbar auch diejenigen, die ihn anfänglich umschwirrt haben, nicht hinein gelassen und längst vergessen hat. So zappelt, dehnt und windet sich der Satz, während er sich entwickelt, wie ein Ferkel, das man auf der sonnenbeschienen Wiese eingefangen hat und in den dunklen, kalten Stall trägt, wo es nicht hinein will.

Vieles kommt mir so vor von dem, was Walser schreibt. Als ob er seinen Sätzen
zu dicht auf den Fersen gefolgt und dadurch in ihren Sog geraten sei, in ihren
Windschatten, wo er in erster Linie ihren Rücken vor Augen hatte und das Ziel,
auf das sie zusteuerten, immer nur sporadisch mal links, mal rechts an ihnen vorbei
kurz aufleuchten sah. Das machte es für ihn offenbar spannend und abenteuerlich:
Um zu erfahren, wohin seine Gedanken ihn führten, ließ er sich von ihnen leiten.
Hätte er jeweils vorab gewusst, wo sie enden würden, wäre es ihm möglicherweise
unterwegs langweilig geworden, und er hätte sie allein weiterziehen lassen. Das ist
wie mit dem Spazieren, mit dem es aus ist, sobald ein Ziel in Sicht kommt.

Zur Zeit entstehen überall Schreibakademien. Vielleicht versucht man bereits in
einer von ihnen zu unterrichten, wie man ›Walser‹ werden kann.

Es heißt, er habe seine Texte niemals verbessert. Im Detail entspricht das sicher
nicht der Wahrheit – jeder, der schreibt, weiß, dass Korrekturen unerlässlich sind –,
im erweiterten Sinn kann ich es mir aber gut vorstellen.

Ein Schritt auf dem Weg zur ›Walserwerdung‹ könnte also ein selbstauferlegtes
Korrekturverbot sein. Wer in einen Satz einsteigt und sich darin verhaspelt, fängt
normalerweise noch einmal von vorne an. Insbesondere beim Schreiben auf dem
Computer fällt das spielend leicht. Würden nun die Schreibstudenten dazu ange-
halten, ihre irregelaufenen Anfänge am Leben zu lassen und sich zu bemühen,
selbst den verkorkstesten Unsinn noch so hinzubiegen, dass sich auch aus ihm zu
guter Letzt ein Tropfen Sinn keltern ließe, kämen möglicherweise walserähnliche
Sätze zustande. Nicht walsersche, aber immerhin walsernde, solche, die sich im
Entstehen selbst erfinden und nur aus sich selbst heraus verstanden werden können
und also von Anfang bis Ende gelesen werden müssen – was bei Walser unumgäng-
lich ist: Wer ihn kennen lernen will, muss ihn lesen, Satz für Satz.

Es hat keinen Sinn, ihn zusammenzufassen oder nachzuerzählen. Es geht immer
um jedes Wort, um jeden Buchstaben; um die Art, wie da ein Gedanke den anderen ablöst, ihn ergänzt, ihm widerspricht; um die Weise, in der sich ausgedrückt
wird.

Meine Lieblingsschauspielerin in Berlin mümmelt und nölt. Ein Wort von ihr,
hinter den Kulissen gesprochen, und ich weiß, sie wird gleich auftreten – und ich
freue mich. Es gibt gewiss bessere Schauspielerinnen, solche, die perfekt sprechen,
großartig spielen, mich ergreifen – aber es gibt nur ganz wenige, in die ich mich
verliebe, weil sie unmöglich sind, bockig, störrisch. So ergeht es mir auch mit dem
Geschriebenen: Ich kann intelligente, große, geglückte Paraphrasen zwar durchaus erkennen und bewundern, lieben jedoch kann ich nur, was den aberwitzigen
Anspruch erhebt, sich ganz aus sich selbst heraus zu stülpen, und sei es noch so
schlecht, verkehrt, falsch oder verzworgelt – mit etwas Glück erlangt es dafür vielleicht den Status des Eigensinns, wird rätselhaft und uneinnehmbar.

Jahr für Jahr tauchen neue Schauspieler auf, mal einzeln, mal in Gruppen, und
bescheren uns Walserabende. Es sind nie die strahlenden Heldendarsteller, die da

ins Licht treten. Im Gegenteil, es sind immer eher jene, die an sich und am Beruf zweifeln, die Heiseren, die Errötenden; die Linkischen; diejenigen, die sich, kaum haben sie die Bühne betreten, darüber den Kopf zerbrechen, ob sie nicht vielleicht doch besser mit dem anderen Fuß hätten auftreten sollen; die beim Auftreten übers Abtreten nachdenken und beim Abtreten übers Auftreten. Schwankende, die, kaum geraten sie ins Scheinwerferlicht, sofort von der Frage an der Gurgel gepackt werden, was um alles in der Welt bloß in sie gefahren sei, sich in diese exponierte Position zu begeben. Der Hafer, sich rauszuwagen, sticht sie einerseits, und andererseits sind sie in der Regel zu intelligent und zu skrupulös, um draußen auf der Bühne ohne Wenn und Aber so tun zu können, als seien sie jemand anderes und könnten die Zuschauer zum Narren halten.

So sind Walserabende in der Regel eher verrutschte Angelegenheiten. Holprige Nummernrevuen. Merkwürdig aneinander gereihte Monologe, Dialoge, Momentaufnahmen, die aufleuchten und gleich drauf verglimmen. Es riecht nach Kurzschluss und bengalischen Streichhölzern. Es klingt nach Fragen, selten nach Behauptungen, nie nach Antworten. Ein einziger großer V-Effekt. Wobei das Tückische an der Verfremdung hier ist, dass der Darsteller sich, anders als bei Brecht, daran nicht beteiligen darf. Er muss mit Haut und Haar in die Rolle des Autors schlüpfen, der eben gerade eine Figur für ihn erfindet, die Satz für Satz aus dem Ruder zu laufen droht. Wenn der Darsteller dazu nun auch noch seinen eigenen Senf geben will, kippt die Mischung und wird ungenießbar.

Ich habe aus diesem Grund Walsercollagen meistens schon nach Kurzem satt und verfluche die Theaterleute, die sich einmal mehr haben aufs Walser-Eis hinauslocken lassen, wo sie sich einmal mehr nicht trauen, frei herumzutanzen. Irgendwie scheint sie alle, kaum stehen sie draußen auf der spiegelglatten Fläche, der Mut zu verlassen. Sie tappen in der Prosa herum mit winzigen Schrittchen. Keiner nimmt Anlauf und schießt übers Ziel hinaus, keiner lässt sich gleiten und fällt mit Krach hin. Allen kommt die Textfläche, stehen sie erst einmal drauf, so makellos schön und zerbrechlich vor, dass sie den Mut verlieren, darauf Kratzer zu hinterlassen.

Manchmal platzt mir dann der Kragen ob so eines zum x-ten Mal vertanen Abends. Ich gehe nach Hause, nehme einen Walserband zur Hand und überlege, ob man diese Sätze denn wirklich nicht auf die Bühne bringen könne. Sie sind eindeutig sprechbar. Sie verführen sogar zum Sprechen, ja, wahrscheinlich sind sie während der Niederschrift leise mit- oder vorausgemurmelt worden, schließlich träumte Walser ursprünglich davon, Schauspieler zu werden. Sie locken wie der Erlenkönig. *Der Nervöse* zum Beispiel – ein Traumauftritt, mit dem man von jeder großen Bühne Deutschlands herab das Publikum zum Kochen bringen könnte. Oder *Für die Katz*, oder – oder …

Ein bravouröser Monolog nach dem anderen. Einige könnte man auch aufdröseln und daraus Dialoge machen. Es müsste ein fetter, umwerfender Abend werden. Doch kaum lasse ich mich näher darauf ein und überlege, wie er zusammenmontiert werden könnte, entdecke ich Stellen, die stören, die nicht reinpassen, die man wegschneiden müsste. Und schneide ich sie weg, verliert der Text sein Aroma. Also setze ich sie wieder ein – und schon bin ich auf dem Eis gelandet neben allen anderen. Man traut sich nicht mit der Axt reinzuhauen, aus Furcht davor, einzu-brechen.

Wobei man gerade in dieser Furcht den Texten vielleicht besonders nah ist. Ein Grund, warum sie sind, wie sie sind, könnte nämlich durchaus Furchtsamkeit sein. Weswegen sonst hätte Walser jeden Gedanken, der sich in ihnen ans Licht wagt, noch im Entstehen abfedern und relativieren sollen, wenn nicht aus Angst davor, missverstanden, man kann ebenso gut sagen: verstanden zu werden? Selbst kleinste Boshaftigkeiten, Liebesbezeugungen, Unverschämtheiten oder Seitenhiebe werden von ihm fortlaufend verschnörkelt, entschärft, überhöht oder verniedlicht und konsequent mit einem ›Es ist nicht so gemeint‹-Schleifchen versehen. Jeden Ver-such, aus sich auszubrechen, hat er via Schneckenhausspirale in sich selbst zurück-gebogen. Auf dieses notorische Sich-Wegducken, Entziehen und Aus-allem-heraus-Halten reagiert man insbesondere in Deutschland allergisch. Es wird als typisch schweizerisch empfunden, als gewohnheitsneutral, auch als feige, was die Lektüre unter anderem so vertrackt macht.

Doch zurück zur Darstellung. Bestimmt ist das Bild längst auf Walsers Schreiben angewendet worden: das Stolpern. Seine Sätze erleben nicht selten die Beschleuni-gung desjenigen, der stolpert und, um nicht zu fallen, einen Ausfallschritt macht, wobei er nach etwas sucht, an dem er sich festhalten kann, das er aber, wenn er es erwischt, in seinem Ungestüm zusätzlich mit sich reißt, worauf er einen weiteren, noch größeren Schritt macht, um das Gleichgewicht vielleicht doch noch zu fin-den. Zur Überraschung des Lesers fängt er sich in den meisten Fällen am Ende tat-sächlich auf und kommt zur Ruhe, zum Punkt. Dieser atemberaubende Moment des Strauchelns, die kurze Schwerelosigkeit, das wilde Um-sich-Greifen mit den haltsuchenden Händen, das Gefuchtel, die ganze Aktion, die aus der puren Not geboren wird, die nichts zeigen, nichts darstellen, sondern einzig und allein zu einem guten Ende finden will – das ist genau die Art der Bewegung, nach der auch der Schauspieler sucht, gedanklich wie physisch. Er verachtet, was er beherrscht. Er will sich dem Moment ausliefern. Er will nicht wissen, wie sein nächster Ton klingt, wie seine nächste Geste ausschaut, er will von ihnen überrascht werden, in der Überzeugung, nur so wirkliche Glaubwürdigkeit erreichen und den Zuschauer für sich gewinnen zu können. Deswegen fühlen sich Schauspieler so angezogen von Walsers Texten: Weil diese sich selbst fortlaufend den Boden entziehen, um diesen Schwindel des wahrhaftigen Augenblicks immer neu zu erzeugen und zu empfin-den. Walser hat die unheimliche Begabung, Leben nicht abzuschreiben, sondern es schreibend entstehen zu lassen, indem er es in rasendem Wechsel entwirft und verwirft.

Der Beruf des Schauspielers ist es, Emotionen glaubhaft darzustellen. Doch kaum gelingt das, und der Zuschauer glaubt ihm seine Emotionen, reicht es dem Schauspieler nicht mehr aus. Was man ihm abnimmt, kann er sich selbst nicht abnehmen, weil er weiß, dass es viel komplizierter ist. Er möchte nicht darstellen, dass er liebt – er möchte lieben; möchte nicht darstellen, dass er verzweifelt – er möchte verzweifeln; möchte hassen, möchte sterben. Wenn man ihn nach der Vorstellung daran erinnert, dass er ja noch am Leben ist und nur so getan hat, als ob er gestorben sei, dann ist er am Boden zerstört. Natürlich weiß er insgeheim, dass er nicht gestorben ist, doch mit einem Zipfel seiner Unvernunft ist er eben doch davon überzeugt, er sei gestorben.

Walsersätze kommen diesem Zwiespalt entgegen. Sie sind sozusagen im Fallen begriffen. So kann sich, wer Walser spielt, einen ganzen Abend lang wie als Kind auf den zu hohen Stöckelschuhen seiner Mutter bewegen, nach vorne gekippt, dem eigenen Schwerpunkt, der vor ihm in der Luft schwebt, hinterher rennend. Das kann natürlich nicht gut gehen. Entweder tut man nur so, als ob man renne, täuscht dieses niedliche Gestöckel also kokett vor, oder man wird früher oder später tatsächlich fallen. Der Wunsch, im Fallen begriffen zu agieren, also das echte Leben zu verkörpern – das heißt, die Angst, im nächsten Moment hart aufzuschlagen am Boden, wirklich zu empfinden –, das ist das utopische Ziel jeden Schauspielers.

Was ist denn nun aber theatralisch an Walsers Texten? Meistens sind es einfache Grundsituationen, auf kaleidoskopische Art ausgedrückt, mit vielen Facetten und Schichten: Die Figuren sagen etwas, das immer auch gleichzeitig ein Kommentar darüber ist, wie sie es sagen und was sie dazu denken. Ergänzt wird es durch eingeflochtene Regie- und Bühnenbildanweisungen. Als Beispiel nehme ich den Monologanfang einer jungen Frau, die in der Allee eines Parks steht (wieder aus dem Bleistiftgebiet).

> Marta: Meine Schwester ist gestorben. Ein Fieber hat sie hinweggezehrt, und diejenige, die hier in ihrer zagen Bänge in der Allee steht und die der Tod nicht liebt, die vom Leben begehrt wird, soll ihre Hand, die vielleicht die schönste Hand des Erdballes ist, falls mich diese Worte nicht in die Regionen ausgeprägter Eigenliebe hinauftragen, einem Mann zum Ehebund reichen, der ein Roué ist und den es ergötzt, den es aus seinen Gesunkenheiten hebt, an mir hinaufzuschauen. (AdB 6, 516)

Monologe sind szenisch wenig ergiebig. Sie erfordern vom Zuschauer die grundsätzliche Bereitschaft zur Abstraktion, welche die wenigsten gern zeigen. Um es zu vereinfachen, übertrage ich Martas Art zu sprechen in eine dialogische Situation.

Zwei Männer mit Gläsern in den Händen. Der eine hebt seins und sagt:

> Lassen Sie mich mein Glas auf Ihre Gesundheit erheben, was mir, wie ich eben feststelle, einen ans Lächerliche grenzenden Ausdruck verleiht und folglich genau das Gegenteil von dem bewirkt, was ich beabsichtigt hatte mit dieser landesüblichen Geste des Einander-Zugetan-Seins, die mich, wenn wir der Wahrheit die Erlaubnis erteilen wollen, sich für einen Augenblick zu uns zu gesellen, eher in die Nähe des kerzenhaltenden Jünglings rückt, welcher mich am Fuß Ihrer Treppe empfangen hat, wo er in gusseiserner Unerschütterlichkeit steht und den Gästen den Weg nach oben leuchtet, während ich auf Sie doch viel lieber den Eindruck jener die Freiheit verkörpernden Riesin gemacht hätte, die entlaufene Pagen aus aller Welt im Hafen von New York angsteinflößend willkommen heißt.

Walser schreibt selten so umstandskrämerisch wie ich in meinem Beispiel. Bei ihm bleibt vieles von dem, was ich an Querverweisen eingebaut habe (zum Teil sind es Walserzitate), unausgesprochen und versteckt sich zwischen den Zeilen. Wenn er auf seiner dichterischen Höhe ist, vibrieren die Sätze geradezu, so voll sind sie von Über-, Unter- und Nebeninformationen. Aus den Beiseits quellen und tropfen unzählige psychologisch erhellende, oft auch entblößende Details. Ich habe in meinem Beispiel alles ausgeplappert, was bei Walser manchmal auf engstem Raum versteckt wird, um daran die Probleme aufzuzeigen, die diese Art von Sprache dem Schauspieler handwerklich bereitet. Mein Toast fängt konkret in der Situation an und drechselt sich aus dem Stand in sprachlich/gedanklich unmögliche Windungen hinein, aus denen er nur mit knapper Not wieder herab zum Schlusspunkt findet.

Diese Art des Beinahe-im-Text-Ertrinkens kann zum Lachen, manchmal auch zum Davonlaufen sein. Was daran auffällt, sind die vielen theatralischen Hinweise, die enthalten sind. Wenn man solche Prosa auf die Bühne bringen will, muss man sich entscheiden. Entweder lässt man den Schauspieler sagen »Auf Ihr Wohl« und schreibt dazu in Klammer (hebt sein Glas, kommt sich blöde vor mit dem erhobenen Glas in der Hand, bricht die Bewegung ab und – verlässt überstürzt den Raum) oder was weiß ich. Oder man lässt den Schauspieler den ganzen gedrechselten Sermon sprechen (woran er scheitern wird, denn welcher Mensch kann so einen Satz glaubwürdig sprechen, ohne von den anderen für verrückt gehalten zu werden – was wiederum der Inhalt des Satzes in keiner Weise ist). Oder man lässt ihn »Prost« sagen, worauf das Gegenüber antwortet: »Sie sehen aus wie ein Armleuchter, wie Sie dastehen, mit Ihrem gehobenen Glas in der Hand. Lächerlich. Hören Sie sofort auf mit dieser blödsinnigen Zuprosterei« oder so etwas – all diese praktischen Umsetzungsvorschläge sind, wie Sie sehen, armselig und verlustreich.

Zu einem anderen Originalbeispiel. Auch das aus dem Bleistiftgebiet. Ein Herr verabschiedet sich von seiner Geliebten, die er mit einem Jüngling (dem Icherzähler, einem erfolglosen Schriftsteller) zurücklässt. Den Jüngling hält er für einen Faulpelz. Überdies hat er ihn im Verdacht, er wolle ihm seine Geliebte ausspannen. Das klingt bei Walser so:

> Er deutete auf die Schönheit hin, die für ihn im Drange liege, sich im Leben möglichst viel zu tun zu geben, schützte eine Verabredung mit einem Geschäftsfreund vor, grüßte hierauf lediglich mich, den so süßen und schlankgewachsenen Gegenstand seiner Sorge vorsichtshalber oder vielleicht auch anstandshalber vorläufig nicht weiter beachtend, und verließ uns. (AdB 5, 153)

Was sagte der Herr nun wirklich? Sagte er tatsächlich: »Glauben Sie mir, junger Mann, wahre Schönheit liegt im Drange, sich im Leben möglichst viel zu tun zu geben.« – Das zu einem erfolglosen, arbeitslosen Dichter, von dem er glaubt, er wolle ihm seine Geliebte rauben? Was ist das für ein Satz, was ist das für ein Mann? Schauspieler wollen das wissen. Nur die wenigsten beherrschen ein derart virtuoses Oszillieren zwischen Selbstironie und Ironie, Zynismus, Borniertheit und Tollpatschigkeit. – Was ist es genau? Wie ›schützt man eine Verabredung mit einem Geschäftsfreund vor‹? Der Schauspieler muss sich entscheiden, hat er eine Verabredung oder hat er keine. Walser lässt es offen und macht es dadurch spannend. Auch dass der Herr seine Geliebte »vorsichtshalber« oder »anstandshalber« nicht weiter beachtet bei der Verabschiedung – was bedeutet das, und vor allem, wie spielt man beides gleichzeitig?

Es ist ein Vergnügen, wie diese gläsernen Menschen sich um Kopf und Kragen reden und viel zu viel von sich preisgeben, so viel, dass man anfängt, an ihren Aussagen zu zweifeln, wodurch die Figuren zwielichtig werden, ja, vor unseren Augen anfangen zu flirren und sich aufzulösen. Sie öffnen sich uns so weit, dass wir durch sie hindurch in die Leere laufen; sie sind verschwiegen, indem sie zu viel reden. – Da sagt in der bereits zitierten Abschiedsszene der Herr zu seiner Geliebten beispielsweise auch noch Folgendes (in Anwesenheit des vermeintlichen Rivalen, um den es geht):

> »Sei froh, meine Liebe, daß der, den du zu dir einludest und den du hier eigentlich sehr sorglos bewirtest, sich gegenüber mir, wenigstens bis jetzt, noch nicht zum Gegenstand der Unannehmlichkeit auswuchs«. (AdB 5, 153)

Was für eine sonderbar bedrohliche Art zu sprechen, was für eine Komik, was für ein irres Flackern. Ein Traum für jeden Schauspieler, und zugleich ein Alptraum, weil er ahnt, dass er sich aller Voraussicht nach beim Ausloten der Feinheiten verhaspeln wird.

Ich könnte mir vorstellen, dass Walser auf der Bühne genau daran gescheitert ist: Jeder Satz, den er nach außen bringen wollte, öffnete sich ihm nach innen. Wollte er einen konkreten Inhalt vermitteln, fiel ihm beim Sagen die schillernde Form auf, in die der Inhalt verpackt war, und auf die er meinte, ebenfalls aufmerksam machen zu müssen; und wollte er eine hohle Floskel elegant hohl servieren, entdeckte er die Ungeheuerlichkeit, die sich inhaltlich dahinter verbarg und die es mitzutransportieren galt.

Ein Gleichgewicht des Schreckens: Die Stimme soll nach außen, rutscht aber in den Hals; die Wörter sollen sich wie Perlen aneinander reihen, lösen sich aber vom Faden und kullern durcheinander; betont er die eine Silbe, will sofort auch die andere betont werden; spricht er auf Punkt, meldet sich eine gedankliche Ergänzung, die unbedingt noch angehängt sein will; den Körper zieht es an die Rampe, während der Geist sich nach der Gasse sehnt – ein sich selbst fortlaufend in die eigenen Speichen fallendes Perpetuum mobile.

Wenn man sich so einen Schauspieler konkret auf der Bühne vorstellt, ist das ein Anblick zum Erbarmen: Abwechselnd hochrot und totenbleich, mit abgewürgter Stimme und überdrehter Gestik, die unvermittelt in Erstarrung umkippt – eine permanente Selbstdemontage.

Und trotzdem oder gerade deswegen bleibt zu wünschen, dass sich immer wieder welche trauen, den Walser zu spielen, auch wenn es fast immer misslingt und vielleicht sogar misslingen muss. Das Lesen, das Schreiben und das Zuschauen bleiben dadurch spannend. Ohne ›Gewalsertes‹ würde etwas Wesentliches fehlen: Diese unmöglichen Erscheinungen, die sichtbar immer mindestens zwei Herzen auf der Zunge tragen, das der Figur, die spricht, und das des Autors, der sie erfindet, diese labyrinthischen, vielfach zersplitterten Ichs, die uns tröstlich daran erinnern, dass keiner weiß, wer er ist.

Die Norm ist doch leider die, dass sich der Autor dafür entscheidet, seine Figuren als Pappkameraden zu behandeln, die ihm gehorchen und genau das tun und sagen, was er sich ausdenkt. So bringt er sie zu Fall und schafft es, sie zwischen zwei Buchdeckel zu pressen. Hier schmoren sie dann und müssen darauf hoffen, von einem Nachgeborenen wiederentdeckt und als Vorlage für Neuinterpretationen und Paraphrasen herangezogen zu werden.

Walsers Figuren wehren sich erfolgreich dagegen, aufs Blatt niedergerissen zu werden, indem sie sich und dem Autor ständig ins Wort und in den Rücken fallen und sich auf diese Weise ihrer Fixierung entziehen. Es sind Stehaufmännchen, die gegen alle Vernunft taumelnd am Leben bleiben.

… Am Leben, an welchem jeder Lebende immer neu ist und sein muss. Ich habe am Anfang vom Nachdichten und Überschreiben gesprochen und mich gefragt, warum sich Walser dazu so schlecht eignet. Ich denke, es sind die gleichen Gründe, die ihn auch zum Darstellen so schwierig machen. Etwas, das lebt, kann nicht mit zusätzlichem Leben erfüllt werden; es braucht weder eine geliehene Stimme noch einen geliehenen Körper, um sich auszudrücken; man kann es sich nicht wie eine zweite Haut überstülpen, da die Larve nicht hohl ist und man keinen Platz in ihr drin findet. Nicht einmal als Maske kann man es sich vors Gesicht halten um hindurchzusprechen, da es für sich selber spricht.

So bleibt einem Schauspieler im Grunde genommen nur das Nachahmen übrig. In Theaterkreisen genießen sie kein besonders hohes Ansehen: Die Imitatoren.

Nicht besser ergeht es dem Schriftsteller, der zu ›walsern‹ versucht: Er wird aller Voraussicht nach als Plagiator enden und aufgeben. Um dieser Gefahr zu entrinnen, werde ich Walser auch in Zukunft nur in kleinen Schlucken zu mir nehmen, denn – man erlaube mir zum Schluss den Kalauer – wer zuviel Valserwasser[1] trinkt, verliert jeglichen Durst und damit die Lust, nach eigenen Quellen zu bohren.

---

1   »Valser« ist eine in der Schweiz verbreitete Mineralwassermarke.

Peter von Matt (Zürich)

WIE WEISE IST WALSERS WEISHEIT?

> *Denn sobald jemand Miene macht, mir*
> *gegenüber sich zum Meisterlein zu erhe-*
> *ben, fängt etwas in mir an zu lachen, zu*
> *spotten, und dann ist es natürlich mit*
> *dem Respekt vorbei, und im anscheinend*
> *Minderwertigen entsteht der Überlege-*
> *ne, den ich nicht aus mir ausstoße, wenn*
> *er sich in mir meldet.*
>
> Robert Walser: ›Räuber‹-Roman

An Walsers Weisheit ist nicht zu zweifeln. Wie aber steht es mit Walsers Weisheiten? Mit Walsers Weisheiten steht es deutlich anders. Da gibt es Gemeinplätze zuhauf. Da gibt es belehrende Ausführungen, welche die Grenze von der Binsenwahrheit zur Platitüde wohlgemut überschreiten. Wer, wie es im Zuge des Walser-Kults vielfach geschieht, jede Äußerung des Autors über Welt und Menschenleben für eine Offenbarung nimmt, hat seinen kritischen Verstand am Nagel der Verehrung aufgehängt.

Ich denke an Sätze wie die folgenden:

Jugend ist etwas Herrliches, hat aber den Nachteil, dass sie von Tag zu Tag älter wird […]. (GW VII, 10 [*Brief aus Biel*])

Es ist für uns alle von Wichtigkeit, dass wir unser Wesen entdecken und den Grad und die Eigentümlichkeit unserer Kräfte zur Wirkung gelangen lassen. (GW VII, 13 [*Brief aus Biel*])

Sinn für Sauberkeit macht überall einen günstigen Eindruck. (GW VII, 37 [*Sonntag auf dem Land*])

Man soll sich hüten, sich zu ernst zu nehmen. (GW VII, 215 [*Zigarette*])

Eine Gegend ist immer schön, weil sie immer von der Lebendigkeit der Natur und der Baukunst Zeugnis ablegt. (GW IV, 288 [*Geschwister Tanner*])

Sympathien sind seltsam; sie lassen sich mitunter kaum erklären. (GW VI, 299 [*Frau Scheer*])

Mit einem edlen Menschen Freundschaft schließen und Turnen, das sind wohl zwei der schönsten Sachen, die es auf der Welt gibt. (GW IV, 447 [*Jakob von Gunten*])

Wie ich [die Kinder] spielen sah, sagte ich mir, dass das menschliche Leben von jeher nur ein Spiel gewesen sei und dass es auch in alle Zukunft hinein ein – freilich schicksal- und zufallreiches – Spiel bleiben werde. (GW VI, 133 [*Die Untergasse*])

Zu einer gesunden Einsicht zu gelangen ist für den äußern sowohl wie für den innern Menschen stets ein großer Vorteil, der mit Annehmlichkeiten verbunden ist. (GW II, 290 [*Luise*])

Und so fort. Jedem Walser-Leser ist diese Art von Tiefsinn bekannt. Und jeder Walser-Leser kennt seine reflexartigen Versuche, die Stellen zu retten, indem er sie auf angeblich zwingende ästhetische Strukturen zurückführt. Hier steckt ein Problem. Diesem Problem möchte ich nachgehen.

Die Schwierigkeit besteht nicht nur in der Frage nach der intellektuellen Substanz von Walsers Weisheiten, sie besteht ebenso sehr in der Frage, warum diese in so inflationärer Häufung auftreten. Der belehrende Gestus ist in seinem Werk allgegenwärtig. Ein einziger Seitenblick auf Kafka macht dies evident. Wenn bei Walser schon der erste Satz von *Fritz Kochers Aufsätzen* den Ton anschlägt: »Der Mensch ist ein feinfühliges Wesen« (GW I, 8), so ist die Vorstellung, dass ein Kafka-Text so beginnen könnte, absurd. Nun meine ich allerdings nicht, dass Walser schreiben sollte wie Kafka oder dass Kafka die Norm sei für moderne Prosa. Das wäre ebenfalls absurd. Ich will nur verdeutlichen, mit welcher Penetranz der belehrende Gestus in Walsers Schreiben erscheint und wie er dieses prägt. Ich weiß sehr wohl, dass die Grundregel von *Fritz Kochers Aufsätzen* eine hintersinnige Altklugheit ist und dass diese Altklugheit die Kunstfigur Fritz Kocher bestimmt. Aber das besagt nur, dass das Problem bei Walser von Anfang an besteht.

Um die gestellte Frage zu beantworten, muss ich ausgreifen in die Geschichte des vormodernen Erzählens und in die charakteristische Art und Weise, wie der belehrende Gestus in diesem Erzählen 150 Jahre lang inszeniert wurde.

Die deutsche Literatur, deren wir uns als eines lebendigen Kontinuums bewusst sind, beginnt um die Mitte des 18. Jahrhunderts. Das ist ein merkwürdiger Schnitt. Er hängt zusammen mit einem Säkularisationssprung. Die Literatur emanzipiert sich von der theologisch-heilsgeschichtlichen Weltdeutung. Das Ziel des Menschen ist nicht mehr die ewige Seligkeit, sondern das sinnvolle Erdenleben. Darin unterrichten nun die bürgerlichen Autoren ihre Leserinnen und Leser. Die Lehre von der ewigen Seligkeit lag in den Händen der Geistlichen; die Lehre von der irdischen Seligkeit liegt in den Händen der Schriftsteller. Die Pfarrerssöhne werden Autoren. Die Väter sprachen vom jenseitigen Seelenheil; die Söhne reden vom diesseitigen Lebensglück. Prediger sind sie beide. Das prägt die deutsche Literatur bis weit in die Krisenzone der Moderne hinein.

Die bürgerliche Didaxe manifestierte sich einerseits in den Kommentaren der Erzähler zu ihren Geschichten, andererseits gelangte sie zu einer großartigen Verkörperung in den Mentorfiguren. Der Mentor und was er sagt, die Mentorrede, sind unabdingbare Elemente des bürgerlichen Erzählens.

Von Wieland und Goethe bis zur Moderne erscheinen die Mentoren als eine glanzvolle Kette würdevoller Charaktere und hochgemuter Redner, aus deren Mund in prägnanter Form zu vernehmen ist, was gilt. Die jungen Helden, die nun nicht mehr Abenteurer sind, sondern Werdende auf dem Weg zum selbstverantwortlichen Leben, erfahren in der Begegnung mit den Mentoren die Gewalt eines unwiderstehlichen Vorbilds und einer bewegenden Rhetorik. In diesen Personen erscheint ihnen die leibhaftige Inkarnation ihres Ziels. Deren Existenz allein schon beweist es als erreichbar. Ihr Wort erleuchtet den Pfad dahin und warnt vor den Fehltritten.

Der bürgerliche Adept, der Mentor und das Ziel bilden eine Trias, die in vielfachen Abwandlungen wiederkehrt. Reiche erzähldramaturgische Handlungsmuster können sich hier entwickeln, vom Widerstand des Jungen gegen den Lehrer über das krasse Zuwiderhandeln und den Sturz in die lebensgefährliche Krise – den *rite de passage* – bis zur schließlichen Einsicht und zum Erlangen des Ziels, umläutet meistens von Hochzeitsglocken. Die Hochzeit mit der richtigen Frau ist die zeremonielle Metonymie für das erreichte diesseitige Seelenheil.

Zu den spektakulären Teilvarianten gehören die Liebesgeschichten mit falschen Frauen und die Gegenbilder von verkommenen Altersgenossen, gehört aber auch das zeitweilige Verfallensein an einen falschen Mentor. Es ist ein formidabler Mythos des bürgerlichen Zeitalters, was uns in diesen Mentorfiguren begegnet. Dass ihm die höhere Aura noch von den Zeitaltern des Glaubens her anhaftet, zeigt sich an Übergangsfiguren wie Sarastro oder Nathan dem Weisen. Als exemplarischer Vorgänger im noch geschlossen christlichen Raum kann der Einsiedel in Grimmelshausens *Simplizissimus* gelten.

Beispielhaft für den Einklang von körperlicher, seelischer und intellektueller Autorität im Mentor ist Archytas in Wielands *Agathon* von 1766/67, eine der ersten Ausbildungen des Typus im bürgerlichen Zeitalter. Von ihm heißt es:

Stellet euch einen großen stattlichen Mann vor, dessen Ansehen beim ersten Blick ankündiget, daß er dazu gemacht ist, andre zu regieren, und dem ihr ungeachtet seiner silbernen Haare noch ganz wohl ansehen könnt, daß er vor fünfzig Jahren ein schöner Mann gewesen ist. […] Stellet euch vor, daß dieser Mann in dem ganzen Laufe seines Lebens ein tugendhafter Mann gewesen ist; daß eine lange Reihe von Jahren seine Tugend zu Weisheit gereift hat; daß die unbewölkte Heiterkeit seiner Seele, die Ruhe seines Herzens, die allgemeine Güte wovon es beseelt ist, das stille Bewußtsein eines unschuldigen und mit guten Taten erfüllten Lebens, sich in seinen Augen und in seiner ganzen Gesichts-Bildung mit einer Wahrheit, mit einem Ausdruck von stiller Größe und Würdigkeit abmalt, dessen Macht man fühlen muß, man wolle oder nicht – […] Glücklicher Agathon, der in einem solchen Mann einen Beschützer, einen Freund, und einen zweiten Vater fand.[1]

---

1 Wieland: *Agathon*, S. 836 u. 839.

In den späteren Ausgaben des *Agathon* trägt dieser Mann seine Weisheit und Lebenskunde dem jungen Adepten in einer kapitellangen Mentorrede vor.

Die Geschichte der Mentoren in der deutschen Literatur kann hier nur skizziert werden. Erfahrene Leser kennen die großen Exemplare ohnehin. Monumental erscheint der Mentor als Kollektiv in der Turmgesellschaft von Goethes *Wilhelm Meister*, und die Mentorrede verdichtet sich dort lapidar im berühmten »Lehrbrief«[2].

Einen Sonderfall bilden die Mentoren im romantischen Erzählen, bei Novalis und insbesondere E. T. A. Hoffmann. In dessen Erzählsystem nehmen sie nicht nur eine Schlüsselrolle ein, sondern sind auch in ein Zwielicht getaucht, das bereits auf die Moderne voraus weist. Meister Abraham im *Kreisler*-Roman wäre hier zu nennen, Archivarius Lindhorst im *Goldnen Topf* und die Doppelfigur Spalanzani/Coppelius im *Sandmann*.[3]

Der romantische Mentor ist scharf gegenbürgerlich; er betreibt die Initiation ausgewählter Jünglinge in die Geheimlehren der Kunst und lehrt sie die Verachtung der Spießer. Der Gegenzug zur Romantik, man mag ihn Realismus nennen, kehrt dann rasch zur lebenspraktischen Didaxe zurück.

Jetzt treten die hohen Gestalten des 19. Jahrhunderts auf, der Bodenbauer Johannes in Gotthelfs *Uli der Knecht*, der Graf in Kellers *Grünem Heinrich* und sein weibliches Pendant, die Frau Regel Amrain im ersten Teil der *Leute von Seldwyla*, der Freiherr von Risach in Stifters *Nachsommer* und der Chef des Kaufhauses Schröter in Gustav Freytags *Soll und Haben*, dem bürgerlichen Musterroman schlechthin.

Alles, wogegen die Moderne anschreiben wird, ist in *Soll und Haben* exemplarisch gegeben, vom penetrant sprechenden Namen des jungen Helden, Anton Wohlfart, bis zu dessen schließlicher Braut, welche jahrelang still auf ihn wartet. Sie ist die Schwester des Chefs und besiegelt so nahezu inzestuös die Identifikation des Jünglings mit seinem geistigen Vater. Dass einer die Lebensfrau aus den Händen des Mentors erhält, ist ein exquisiter Topos in diesem Feld.

Bezeichnend ist die erste Begegnung von Jüngling und Mentor in *Soll und Haben*. Sie ist fast wortlos und bestätigt so die Macht, die von der Person des Mentors allein schon ausgeht:

> [Da] trat aus dem zweiten Kontor ein großer Mann mit faltigem Gesicht, mit stehendem Hemdkragen, von sehr englischem Ansehen. Anton sah schnell auf das Antlitz, und dieser erste Blick, so ängstlich, so flüchtig, gab ihm einen guten Teil seines Mutes wieder. Er erkannte alles darin, was er in den letzten Wochen ach so oft ersehnt hatte, ein gütiges Herz und einen redlichen Sinn. Und doch sah der Herr streng genug aus, und seine erste Frage klang kurz und entschieden.[4]

---

2 7. Buch, 9. Kap. u. 8. Buch, 5. Kap.

3 Vgl. dazu den Vergleich zwischen den Typen des romantischen und des aufklärerischen Mentors in meinem Aufsatz *Abschied von der Dämonie. Wilhelm Hauffs Weg in die Klarheit*; in: von Matt: *Das Wilde und die Ordnung*, S. 150ff.

4 Freytag: *Soll und Haben*, I, S. 41.

WIE WEISE IST WALSERS WEISHEIT?

Der Säkularisationscharakter des Mentors erscheint sehr schön in Gotthelfs Meister Johannes. Dieser hält seine Mentorrede, als er mit Uli, dem liederlichen Knecht, in der Nacht auf dem Bänklein vor dem Stall sitzt. Die beiden warten auf die Geburt eines Kalbes, und der Meister berichtet in seiner Rede, was der Pfarrer einmal über das richtige Leben eines Knechtes gepredigt habe. Das bewegt Uli tief.

Gotthelf selbst hat ja die Mutation des geistlichen Seelenführers zum bürgerlichen Autor in Personalunion durchgeführt; dieser Vorgang zeigt sich hier sogar in der Struktur der Mentorrede. Der drohenden Betulichkeit des Geschehens aber begegnet der herrliche Erzähler Gotthelf, indem er die Rede durch das Stöhnen der gequälten Kuh unterbrechen lässt und abschließend von der Geburt im Stall berichtet: »Es ging alles gut, und endlich war ein schönes, brandschwarzes Kälbchen da mit einem weißen Stern, wie beide noch nie eins gesehen.«[5] Schöner kann man die Geburt des Guten in der Seele nicht versinnlichen.

Die jungen Helden sind alle auf ihrem Weg. Sie sind alle gefährdet. Die Mentoren kennen das Ziel, sie weisen das Ziel, sie verkörpern leibhaftig das Ziel. Die Jungen wissen nun, was gilt. Sie müssen aber den Weg selber gehen, mit dem Willen zum erkannten Ziel. Noch immer können sie scheitern. Dafür gibt es dann allerdings keinen Freispruch mehr. Die Autoren und ihre Leser sind sich in dieser Sache einig. Gilt doch die Mentorenrede ebenso den Lesern wie den jungen Helden.

Und jetzt? Was hat das alles jetzt mit Robert Walser zu tun?

Robert Walser mischt dieses Modell anarchisch auf. Seine zentrale Figur ist der Jüngling auf dem Weg, also die genaue Kerngestalt des bürgerlichen Erzählens. Der Jüngling, heißt das, der eines Tages auf den Mentor trifft und von diesem in der Mentorrede den rechten Weg gewiesen und das Ziel gesteckt bekommt. Was aber tut der Walser-Jüngling? Er nimmt dem Mentor auf der Stelle das Wort aus dem Mund und hält die Mentorrede selbst, als Gegenrede, rhetorisch so hochgemut wie das Vorbild und gleichermaßen gespickt mit Weisheiten und Lebenslehren.

Oft lässt er dem Mentor kaum Zeit zu einem Satz, wie etwa am Anfang von *Geschwister Tanner*, der unverkennbar als Kontrafaktur zu Freytags *Soll und Haben* angelegt ist. So spärlich Freytags Roman in der Moderne und von den Modernen diskutiert wird, so präsent ist er doch als Inbegriff einer Kunst und Moral, von der man sich weg schreibt. Auch für Thomas Manns *Buddenbrooks* dürfte er in diesem Sinne wichtig gewesen sein. Die Freytagsche Apotheose des Kontors, des kaufmännischen Büros voller fleißig-flinker Schreiber, wirft ihren Schatten sogar noch auf Kafkas Werk. In den ersten drei Sätzen der *Geschwister Tanner* erscheint nun für eine Sekunde der genaue Umriss des bürgerlichen Mentors:

Eines Morgens trat ein junger, knabenhafter Mann bei einem Buchhändler ein und bat, daß man ihn dem Prinzipal vorstellen möge. Man tat, was er wünschte. Der Buchhändler, ein alter Mann von sehr ehrwürdigem Ansehen, sah den etwas schüchtern vor ihm Stehenden scharf an und forderte ihn auf, zu sprechen. (GW IV, 7)

---

5 Gotthelf: *Uli der Knecht*, S. 34.

Die traditionelle Hierarchie erscheint hier völlig intakt, bis hin zur körperlichen Autorität des Chefs und zur gegensätzlichen Beschaffenheit des Jünglings. Niemand käme auf den Gedanken, dass dieser im nächsten Moment zu einer Rede über drei Seiten hin ansetzen könnte, bei der er den verdutzten Prinzipal förmlich in den Senkel stellt. So geschieht es aber in der Tat.

Der Gestus der Gegenrede als solcher ist wichtiger als ihr Inhalt. Der Adept inszeniert sich selbst als Mentor und macht diesen zum Adepten. Dabei überfließt der Walserjüngling von Weisheiten und Einsichten, die er mit der gleichen apodiktischen Schroffheit vorträgt, in der die Mentorrede daherzukommen pflegt. Er duldet sogar noch weniger Widerspruch als die Mentoren, die doch meistens die Unerfahrenheit ihres Gegenübers in Rechnung stellen.

Wo der Walserjüngling die Mentorrede nicht mit einer Gegenrede erledigt, erledigt er sie durch wortloses Ignorieren, durch eine nahezu brutale Kommunikationsverweigerung. In den *Geschwistern Tanner* zeigt sich dies etwa in Simons Verhalten gegenüber seinem ältesten Bruder Klaus, dem bürgerlich erfolgreichen Wissenschaftler, der, wie es heißt, »im Leben einen festen, achtunggebietenden Boden unter die Füße bekommen« (GW IV, 10) hatte. Klaus macht sich Sorgen um Simon, fühlt sich zur Vaterrolle verpflichtet und setzt wiederholt zu langen Belehrungen an. Das erste Mal geschieht dies wenige Tage nach Simons erwähntem Eintritt in das Kontor der Buchhandlung, bei welchem Ereignis dieser, das muss erwähnt werden, den Satz hatte fallen lassen:»Bei Ihnen, Herr Buchhändler, werde ich es sicher jahrelang aushalten können.« (GW IV, 10) Ein Mahn- und Lehrbrief von Klaus trifft nun bei Simon ein, worin es unter anderem heißt:

> Mache doch einmal etwas, das einen berechtigen könnte, an Dich, sei es in dieser oder jener Hinsicht, noch zu glauben. […] Harre aus, füge Dich drei oder vier kurze Jahre unter eine strenge Arbeit, folge Deinem Vorgesetzten, zeige, daß Du etwas leisten kannst, aber auch, daß Du Charakter besitzest, dann wird sich Dir eine Bahn eröffnen […]. Noch ist es Zeit, daß Du ein ganz hervorragend tüchtiger Kaufmann werden kannst, und Du weißt gar nicht, in welchem Maße gerade der Kaufmann Gelegenheit hat, sein Leben zu einem von Grund auf lebensvollen Leben zu gestalten. (GW IV, 13f.)

Simon aber ist am selbigen Tag bereits wieder aus der Buchhandlung ausgetreten, nicht ohne dabei dem ehrwürdigen Buchhändler erneut eine fulminante Rede zu halten, die mit dem kostbaren Satz beginnt:»Sie haben mich enttäuscht, machen Sie nur nicht solch ein verwundertes Gesicht, es lässt sich nicht ändern, ich trete heute aus Ihrem Geschäft wieder aus […].« (GW IV, 15)

In diesem Satz allein schon steckt die ganze Rollenumkehr. Zuhause findet Simon dann den erwähnten Brief. Er beantwortet ihn nicht. Das perlt ganz einfach an ihm ab. Ganz ähnlich reagiert er wieder gegen Ende des Buches auf eine lange Rede dieses Bruders. Er hört zwar zu, geht aber auf kein einziges von dessen Argumenten ein, sondern sagt nur:»Warum bist du sorgenvoll an einem so schönen Tage, wo das Hinschauen in die Ferne einen in Glück zerfließen macht?« (GW IV,

306) Dieser Satz pulverisiert die ganze Erziehungsaktion mitsamt ihrer sittlichen Grundlage.

Das Stichwort vom Glück in Simons Satz ist von zentraler Bedeutung. Es erklärt den Aufwand, den Walser sowohl mit den Mentoren und ihren Reden, wie auch mit den Gegenreden betreibt. Das Glück, und zwar präzise so wie in der zitierten Stelle: das Glück eines einzelnen Tages, wird zum Schlüsselargument der Walserjünglinge. Der Idee dieses Glücks steht in der Mentorrede die ebenso eindeutige Idee des Lebensziels scharf kontrastierend gegenüber.

Das Glückskonzept der Walserjünglinge ist unvereinbar mit dem Zielkonzept der Mentoren. Der bürgerliche Mentor, wir haben es gesagt, weist den jungen Leuten das Ziel in der Zukunft, das erfolgreiche Leben in der bürgerlichen Gesellschaft. Auch die Mentoren operieren dabei mit dem Glück, einem ganz andern allerdings. Wie sich der Christ sein Ziel im Jenseits nicht ohne ein Höchstmaß von Glück denken kann, kann sich der Bürger sein Ziel im Diesseits nicht ohne ein entsprechendes Höchstmaß von Glück denken. Denn nur wenn das erreichte Lebensziel auch ein maximales Glück darstellt, geht das pädagogische Modell auf. Deshalb verbinden die bürgerlichen Erzähler den Moment, in dem das Ziel erreicht wird, stets mit erotischem Jubel und sexueller Belohnung. Das Hochzeitsbett mit der richtigen Frau steht für den irdischen Himmel. So will es die Zeichensprache dieses Erzählens.[6]

Die Walserjünglinge vernehmen das alles aus dem Munde der Mentoren, und auf der Stelle zerschlagen sie genau diese Verbindung von Glück und Ziel. Der zitierte Satz spricht es aus: »Warum bist du sorgenvoll an einem so schönen Tage, wo das Hinschauen in die Ferne einen in Glück zerfließen macht?« Ihr Glück ist völlig anderer Natur als jenes, woran die Mentoren denken. Glück steht damit gegen Glück, unversöhnlich. Das Glück hier und jetzt, an diesem heutigen Tag, die vollkommene Seligkeit, einfach weil der Tag schön ist und die Seele weit, unterscheidet sich radikal vom Glück dereinst, nach harten Jahren der Selbstwerdung in einer bürgerlichen Karriere mit ihrer strengen Askese.

Soviel dürfte einleuchten. Was aber ist nun die Folge für das Konzept des Lebens? Wenn das bürgerliche Glück an das Karriereziel gebunden ist, das Glück des Walserjünglings aber dieses Glück ausschließt, dann muss der Kern jeder Mentorrede, jenes Ziel, das der Mentor schon in seiner leibhaftigen Person verkörpert, von ihnen verworfen werden, ganz grundsätzlich. Die Zielverweigerung wird so zum Herzstück in der vom Autor immer neu unternommenen Inszenierung des Walserjünglings und seiner dramatischen Kollision mit dem Mentor. Das heißt aber, wenn wir logisch weiter schließen, dass in dem Maße, in dem der Mentor das bürgerliche Lebensziel leibhaftig verkörpert, sein Widerpart ebenso leibhaftig dessen Gegensatz verkörpern muss. So wie der Mentor das Ziel bereits *ist*, *ist* der Walserjüngling bereits das Gegenziel.

---

6 Einen in seiner Explizitheit verblüffenden Beleg bilden die Schlusssätze von Gotthelfs *Uli der Knecht*.

Hier kommen wir nun in Sprachschwierigkeiten. Das Wort ›Gegenziel‹ ist im Grunde falsch; denn es meint immer noch etwas Zukünftiges, worum man sich bemüht. In Wahrheit ist das, was der Walserjüngling will, reine Gegenwart. Diese kann nur über Negationen benannt werden. Hier wurzelt der unabsehbare Diskurs der Verneinung in Walsers Werk, des Redens in Negationen, das Insistieren auf dem, was nicht ist und was nichts ist. ›Nichts‹ wird zum dramatischen Schlüsselwort des Autors. Alle diese Negationen, die so oft die Textanfänge prägen und refrainartig wiederkehren, meinen insgeheim nur das eine, das Gegenziel als Nichtziel und damit die Destruktion dessen, was die hohe Botschaft der Mentorrede ausmacht.

Man darf nicht vergessen: Die hohe Botschaft der Mentoren meinte ein diesseitiges Äquivalent zum christlichen Himmel. Also muss auch Walsers Nichtziel oder besser: sein Zielnichts diesen Charakter haben. Sonst wäre die ganze Aktion sinnlos. Und tatsächlich fällt Walsers Zielnichts zusammen mit einem absoluten Glück, einem rasenden Glück im Jetzt, das von keiner Zukunft wissen will, das da ist, *hic et nunc*, als der einzige dem Menschen zugängliche Himmel. Dieser steht unter der Bedingung der Zielverweigerung.

Der geringste Gedanke an ein Ziel im Sinn der Mentoren müsste das Glück im reinen Jetzt zerstören, aus dessen Verkündigung Walsers Werk zu großen Teilen besteht. »So ist es schön. Nur so! Nichts in der Welt ist mein, aber ich sehne mich auch nach nichts mehr. Ich kenne keine Sehnsucht mehr.« (GW IV, 310) Simon Tanner stößt diesen Ruf – mit drei Negationen: nichts, nichts, keine – gegenüber der Vorsteherin des Wirtshauses am Zürichberg aus, mitten in der ergreifendsten Gegenrede von Walsers ganzem Werk. Dem Tasso Goethes gab ein Gott, zu sagen, was er leidet. Dem Walserjüngling gab ein Gott, zu sagen, was er genießt.

Wir können die Logik der zwei Systeme noch weiter führen. Wenn zum Glück im Sinne der Mentoren die Frau gehört, die das erreichte Ziel besiegelt, was geschieht mit der Frau, was geschieht mit Liebe und Erotik im Raum der Zielverweigerung? Die Frau kann nicht mehr Ziel sein. Sie wird nicht mehr erobert. Dennoch ist sie ein Element des Glücks im reinen Jetzt. Darauf beruht die Distanzerotik der Walserjünglinge, die kein Verzicht ist, keine Askese, sondern eine Fülle von Genüssen. Genuss ohne Umarmung. So entsteht ein Don Juan der Vorlust.

Und Walsers Weisheit? Walsers Weisheiten? Die erschütternden Einsichten, die uns treffen können wie ein schwarzer Blitz, und die Platitüden, um die wir uns peinvoll herumdrücken? Ist diese Zielverweigerung Weisheit? Der maßlose Hedonismus der gelebten Stunde, ist er Weisheit? Die Trance des Glücks im reinen Jetzt, die jederzeit umschlagen kann in die Verfinsterung – denn eigentlich gibt es ja nur diese zwei Zustände, das Glück und die Verfinsterung – ist sie eine Form von Erkenntnis? Kann man sie lehren und den Kindern mit auf den Weg geben?

Mit diesen Fragen ist das große Missverständnis verbunden, auf dem nicht zuletzt auch der Walser-Kult beruht. Dieser brach in den späten siebziger Jahren aus und gipfelte im gewaltigen Spektakel von 1978, als die vereinigte deutsche Literatur nach Zürich reiste, um im Schauspielhaus und im Volkshaus Robert Walser vorzulesen. Es war die Zeit, da die revolutionäre Zuversicht der Achtundsechziger in die Krise geriet. Eine Generation verbitterte. Nun dachte man nicht mehr an Barrikaden, wohl aber an eine grimmige Abkehr von dem bekämpften System. Was jetzt aufblühte, war eine Kultur der Aussteiger. Man zog mit drei Ziegen und sieben Hühnern ins Centovalli. Da man den verhassten Kapitalismus nicht vernichten konnte, suchte man eine Gegenexistenz. Man gründete kleine Gemeinschaften ohne Hierarchie und Profit, mit radikaldemokratischer Mitbestimmung. Otto F. Walter schrieb seine Aussteigerromane *Die Verwilderung* und *Wie wird Beton zu Gras?* Das magische Wort war ›alternativ‹; die tödlichen Schimpfwörter waren ›integriert‹, ›etabliert‹ und ›autoritär‹. Was immer einen Sprung aus dem System andeutete, bekam einen eigenen Glanz. Und plötzlich erschien Robert Walser als der Prophet aller Aussteiger, als der Heilige und Märtyrer des alternativen Lebens. Das brauchte gar nicht weiter begründet zu werden. Es war so – mit der Evidenz eines Sonnenaufgangs.

Aus dieser Zeit stammt auch die hartnäckig kolportierte Legende, dass Robert Walser bei seinem Tode völlig unbekannt gewesen und erst in neuerer Zeit wieder entdeckt worden sei. Das stimmt ganz einfach nicht, aber es scheint für einen gewissen Anhänger-Narzissmus unabdingbar zu sein.

Robert Walser hatte kein soziales Programm, und an der Abschaffung dessen, was man damals Spätkapitalismus nannte, war er in keiner Weise interessiert. Er hatte auch keine Botschaft, obwohl der didaktische Gestus sein Werk durchzieht. Was sollte man denn bei ihm lernen? Demut? Bescheidenheit? Oder das Glück, Diener zu sein und auf eine Ohrfeige von der Hand der Hausfrau zu warten? Jeder Versuch, Walser eine Botschaft zu unterstellen, läuft auf das Unternehmen hinaus, Walsers Sabotage des bürgerlichen Wertesystems durch ein neues, nicht minder bürgerliches System und neue Mentorreden zu ersetzen. Denn was ist bürgerlicher, spießbürgerlicher sogar bis zur Penetranz, als die Lehren von Demut, Bescheidenheit und Selbsterniedrigung, die man Walser direkt oder indirekt unterstellt? Sind das nicht genau jene so genannten Tugenden, die man seit dem 18. Jahrhundert den Frauen eingetrichtert hat, bis sie endlich den Aufstand wagten? Die Gegenreden der Walserjünglinge sind destruktiv, und sie Verharren in der Negation. Sie setzen kein Ziel. Ihr Wesen ist die Zielvernichtung. Das rasende Glück der Stunde hier und jetzt, das jederzeit in die Verfinsterung umschlagen kann, ist kein Lebensentwurf, sondern das triumphale Argument gegen jedes Ziel.

Vielleicht ist es gut, wenn man hier kurz zurückblendet in die Geschichte der Mentoren in der deutschen Literatur. Walser ist nicht der einzige, der den bürgerlichen Mentor unterhöhlt. Das geschieht auch bei Thomas Mann. Im Roman *Königliche Hoheit*, der gleichzeitig mit den *Geschwistern Tanner* entsteht, erscheint der Mentor ironisiert, gebrochen, zweideutig. Die Einheit von Idee und Erscheinung, die Gewalt der Person, wie sie Keller noch im herrlichen Schlusssatz seiner *Regel Amrain* feierte,[7] wird aufgelöst. Der Mentor wird skurril, sein Name ebenfalls. Bei Thomas Mann heißt er Doktor Überbein. Darin steckt eine schräge Anspielung

---

7 »Sie selbst streckte sich, als sie starb, im Tode noch stolz aus, und noch nie ward ein so langer Frauensarg in die Kirche getragen und der eine so edle Leiche barg zu Seldwyla.« (Keller: *Die Leute von Seldwyla*, S. 193f.)

PETER VON MATT

auf den Übermenschen, auf Nietzsche also, dessen antiegalitäre, antiliberale Parolen dieser Mentor propagiert. Doktor Überbein ist ein Vorläufer Naphtas im *Zauberberg*. Dort wird der junge Held, Hans Castorp, sogar mit einem Mentoren*paar* konfrontiert, die beide als wütende Ideologen um die Seele Hans Castorps ringen. Settembrini ist der kuriose Überrest des bürgerlichen Liberalen, Naphta der präfaschistische Fundamentalist. Wie wenig aber sowohl Doktor Überbein wie Naphta ein gültiges Neues gegenüber der versinkenden bürgerlichen Welt darstellen, wird schon dadurch deutlich, dass sich beide am Ende sinnlos erschießen.

Der Mentordiskurs mutiert bei Thomas Mann zur Tragikomödie, so wie er ja auch bei den Walserjünglingen, die dem verdutzten Mentor die Rolle stehlen und ihre schallenden Gegenreden halten, zu einem genuin komischen Ereignis wird. In der Gestalt Benjamentas aber aus dem Roman *Jakob von Gunten* findet der bürgerliche Mentor einen so dissonanten Abgesang, dass man ihn nur noch über den Kontrast zum harmonisch dröhnenden Auftakt in der Gestalt Sarastros begreifen kann. Benjamenta ist der Mentor als reine Leerform, das verkörperte Nichts und insofern dem Zielnichts des Walserjünglings tief verwandt. Die Wüste, in die Benjamenta und Jakob von Gunten zuletzt gemeinsam ziehen, der Mentor und sein Adept, ist nicht der Ort einer Neugeburt, nicht die alte Landschaft der Initiation, sondern das gänzlich ziel- und zukunftslose Jetzt.

Woher dann doch die Belehrungen und Weisheiten, die Walsers Texte durchziehen? Sind das denn nicht trotzdem Botschaften, kleine Botschaften vielleicht, scheue Mitteilungen, die uns anhalten möchten, ein richtiges und besseres Leben zu führen? In Wahrheit scheitern alle Versuche, Robert Walser ein ethisches Programm zuzuschreiben, an seinen Paradoxien und Widersprüchen. Das ist nicht eine Frage seiner Sittlichkeit, es ist eine Frage seiner Kunst.

So wie die Walserjünglinge die Dramaturgie der Mentorszene auf den Kopf stellen, so stellen Walsers Texte das Verhältnis von literarischer Form und Botschaft auf den Kopf. In der bürgerlichen Kunst steht der gelungene Text im Dienst einer Wahrheit; sein Sinn und Zweck ist, diese zu vermitteln. In der radikalen Moderne, zu der Walser gehört, stehen alle Wahrheiten im Dienst der literarischen Form. Die Bedeutung eines Textes bemisst sich nicht nach dem Gewicht seiner Idee, sondern die Idee ist nur insofern von Bedeutung, als sie den vollkommenen Text ermöglicht. Um die schwebende Musikalität eines Stücks Prosa zu gewinnen, braucht es zwar ein Sujet, aber dazu genügt tatsächlich das nächstbeste Etwas. Je belangloser der Anlass, umso rascher schreibt sich der Text in seine herrliche Freiheit.

Der Vollzug dieser Freiheit ist Walsers Kunst. Dafür beutet sie ihren Anlass aus bis zur Absurdität. Sie wiederholt, was sie schon mehrfach gesagt hat, variiert es ein drittes, ein fünftes, ein siebtes Mal, bringt immer neue Wendungen für das gleiche und entwickelt jene progressive Redundanz, in der sich die Aussage mehr und mehr verflüchtigt, die Musikalität aber steigern kann bis zur Trance.[8]

---

8 In diesem Zusammenhang gehört das Phänomen des von Peter Utz aufgezeigten ›labyrinthischen Stils‹, insbesondere in Walsers Spätwerk. Ein Schreiben, das nicht mehr im Dienste einer Idee steht, also keine Aufgabe im herkömmlichen Sinn mehr hat, ist konstant mit dem

Anlass kann alles sein, eine Wurst oder Heinrich von Kleist, die Schlacht bei Sempach oder eine Zigarette, ein Nagel in der Wand oder Jesus Christus. Der krassen Differenz der Themen entspricht keine Differenz des künstlerischen Ranges. *Kleist in Thun* und *Die Wurst* sind zwei gleichermaßen unwiderstehliche Kunstwerke, Spitzentexte schlechthin. Sie entspringen im Raum der Zielverweigerung, wo das rasende Glück wohnt und die Weltverfinsterung. Walser verheizt alles, um nur schreiben zu können, Banalitäten und Tragödien, Quatsch und Tiefsinn.

Was wir dabei nicht wissen, eine biografische Blackbox, ist seine innerste Erfahrung im Akt dieses Schreibens. Darüber gibt es von ihm nur Andeutungen. Zu vermuten ist, dass auch sie zwischen den Polen des rasenden Glücks und der Verfinsterung schwebte. Auch Walser muss, wie Kafka, den Akt des Schreibens als Ekstase gekannt haben, als Höhenflug und Intoxikation, aber anders als Kafka, der seine Geliebten darüber schonungslos zu unterrichten pflegte, hat er es nie eingestanden.

So muss man nun auch Walsers Weisheiten sehen. Auch sie ermöglichen den Text, den nächsten Satz vielleicht, der dann den übernächsten zeugt. Deshalb können sie abgründig sein oder trivial. Beides tut den Dienst. Wie er in seinen Texten nur deshalb so gern spazieren geht, weil ihm hier jederzeit etwas begegnet, das eine weitere Prosapassage ermöglicht, kann er auch durch sittliche Landschaften spazieren, moralische Probleme aufrollen und dabei beliebige Themen aus dem pädagogischen Diskurs der Vormoderne streifen.

Fritz Kochers Aufsätze sind der erste Spaziergang dieser Art. Dort ist aber auch das erste offene Bekenntnis zu dieser Ästhetik zu finden:

> Ich schreibe über alles gleich gern. Mich reizt nicht das Suchen eines bestimmten Stoffes, sondern das Aussuchen feiner, schöner Worte. Ich kann aus einer Idee zehn, ja hundert Ideen bilden, aber mir fällt keine Grundidee ein. Was weiß ich, ich schreibe, weil ich es hübsch finde, so die Zeilen mit zierlichen Buchstaben auszufüllen. Das »Was« ist mir vollständig gleichgültig. (GW I, 24)

Diese Passage liquidiert den bürgerlichen Kunstbegriff, den die ernsten Mentoren einst umkränzt haben wie die Sibyllen und Propheten der Sistina. Walser hat wohl nicht gewusst, dass er hier fast wörtlich das ästhetische Konzept Gustave Flauberts formulierte, wie es in dessen Briefen vielfach dokumentiert ist.[9] Flaubert bestritt rabiat die didaktische Pflicht der Literatur, ihren vorgeschriebenen Moralgehalt, und er kämpfte gegen die Hierarchie der Themen, gegen die Meinung also, dass das hohe Kunstwerk den hohen Gegenstand voraussetze und der niedere Gegen-

---

Problem konfrontiert, wie es von einem Satz zum nächsten gelangt. Während der erzählende Progress beim frühen Walser durch die intonierte Musikalität garantiert wird, treten später unterschiedliche Formen der Autopoiesis an deren Stelle; ein Reimwort kann zum Beispiel den nächsten Satz, den nächsten Vers ermöglichen. Utz deckt überzeugend die Verwandtschaft des labyrinthischen Schreibens mit dem Tanz auf. Vgl. Utz: *Tanz auf den Rändern*, Kap. 10.

9 Vgl. dazu Jurt: »*Une manière absolue de voir les choses*«. *Flaubert ou l'art pur.*

stand zu einem niederen Kunstwerk führe. Er suchte gezielt die Banalität, um daran vorzuführen, was ihm das Höchste war, *le style*, die literarische Vollkommenheit. »Bien écrire *le médiocre* […] cela est vraiment diabolique. […] Ça s'achète cher, le style!«[10], schreibt er einmal.

Und einer der berühmtesten literaturtheoretischen Sätze überhaupt ist seine Aussage, dass er am liebsten ein Buch über nichts, »un livre sur rien«, schreiben würde. Das ist inzwischen ein diffuser Gemeinplatz geworden, nicht aber seine Begründung: »un livre sans attache extérieure qui se tiendrait de lui-même par la force interne de son style«[11].

Genau diese innere Gewalt der geformten Sprache, la force interne de son style, die allein den Text trägt und zusammenhält, macht Walsers Kunst aus. Sie ist sein Ehrgeiz. Es gibt kein Sujet, an dem sich diese Gewalt nicht entzünden könnte. In einer unbezahlbaren Passage hat er das selbst dargestellt. Im Text *Der Buchdeckel* erzählt er, wie er einmal ein Buch geschrieben habe, in schrankenloser Hingabe, ohne an Essen und Schlafen zu denken, immer dicker sei es geworden, »die Handschrift wog schon zweieinhalb Pfund«. Und dann erwähnt er auch den Inhalt – so:

> Vertreten waren alle vier Jahreszeiten. Landschaft war genügend vorhanden. Öfters ließ ich es regnen; mit Sonnenschein wurde keineswegs gegeizt. Hie und da sorgte ich für Schnee und hernach für Frühlingswetter. An Wanderungen voll Abwechslungen fehlte es so wenig wie an Stuben voll Visiten, Straßen voll Menschen, Sonntagen mit Glockengeläute, Seeufern mit Mondlicht, Frauen mit Liebschaften und Apenninen mit Banditen. (GW VII, 69f.)

Da kann man nur mit Flaubert sagen: »[C]ela est vraiment diabolique.«

Flauberts neue Ästhetik wird oft unter den Begriff der ›Debalzaciénisation‹[12] gestellt; die Entbalzacisierung. Das meint den Bruch mit der vormodernen Erzähltradition. So könnte man bei Walser von der ›Entkellerung‹ sprechen insofern, als Gottfried Keller zwar Elemente der Moderne vorweggenommen, an der Hierarchie der Gegenstände und an der pädagogischen Sendung des Autors aber streng festgehalten hat. Es ist kein Zufall, dass Walser seinen meistgehassten Zeitgenossen, den rätselhaft heftig verabscheuten Walther Rathenau, als Keller-Leser charakterisiert.[13] Das zielt nicht auf Keller als Menschen und auch nicht auf Keller als Künstler, aber auf Kellers Ästhetik als eine Norm. Diese wurde ja tatsächlich den Modernen immer wieder als das Richtige und Gesunde entgegengehalten, bis hin zu den Nationalsozialisten, die, hätten sie die Schweiz erobert, Gottfried Keller gefeiert, Robert Walser aber aus der Anstalt geholt und umgebracht hätten.

Im belehrenden Gestus, der Walsers Werk durchzieht, operiert der Autor fortwährend mit den Trümmern der Mentorrede. Bald zitiert er sie, bald kehrt er sie um.

---

10 Zit. n. ebd., S. 213.
11 An Louise Colet am 16. 1. 1852; zit. n. ebd., S. 212.
12 Vgl. ebd., S. 207.
13 Vgl. das Prosastück *Zwei Männer* (GW VI, 254) sowie im ›Räuber‹-Roman (AdB 3, 20–25).

Er kann sie ironisieren, dann tut er wieder so, als nehme er sie ernst. Sie ist Material zur Fortentwicklung seiner Texte und zur Konstruktion seiner Walserjünglinge. Die artifizielle Naivität, die einen großen Teil seines Werks bestimmt und aus der auch sein fabelhafter Witz stammt, erinnert an die Naivität des von Walser geliebten Malers Henri Rousseau. Rousseaus durchaus echte Naivität im Sinne des Kindlich-Ahnungslosen wurde vor dem Blick der Moderne, vor dem Blick der Avantgardisten, die ihn entdeckten – Jarry, Apollinaire, Picasso, Gaugin … – zu einem eminent artistischen Phänomen. Walser übersetzt es in die Gestalt seiner Sprache. Im ›Räuber‹-Roman lässt er den Räuber sogar das Henri-Rousseau-Bild betreten, das im Kunsthaus Zürich hängt, und er macht die Frau, die dort im Walde spaziert – im braunen, hochgeschlossenen Kleid, mit Wespentaille und mächtigen Hüften –, zu einer Mentorin, die vom Räuber knallende Gegenreden zu hören bekommt (vgl. AdB 3, 17–20).

Aber die Momente der Erschütterung beim Lesen in Walsers Büchern? Die Momente, die wir alle kennen, wenn unser Fühlen und Erkennen gleichzeitig erfasst und aufgewühlt wird? Es gibt sie, weiß Gott, aber sie lehren uns nicht das richtige Leben oder das ›artige‹ Verhalten, um Walsers vertracktes Lieblingswort zu zitieren. Sie reden immer nur vom rasenden Glück und von der Weltverfinsterung, von den unberechenbaren Umschlägen im Raum der Zielverweigerung, unter denen Robert Walser steht wie Hölderlin unter »Gottes Gewittern«[14].

---

14 »Doch uns gebührt es, unter Gottes Gewittern, / Ihr Dichter! mit entblößtem Haupte zu stehen.« (Hölderlin: *Werke*, I, S. 136 [*Wie wenn am Feiertage …*, Str. 7, V. 3f.])

Peter Utz (Lausanne)

ROBERT WALSER: STÜCK OHNE TITEL

Auf Walsers Texten sitzen die Titel locker. Sie sind nur der Hut, den der Spaziergänger aufsetzt, wenn er aus seinem »Schreib- und Geisterzimmer« (GW III, 209)
in die Straße hinabsteigt. Dort sind die Hüte und die Titel austauschbar, passen
sich den äußeren Witterungsbedingungen und Modetrends an, wissen, dass sie
vergänglich sind. Sie erscheinen vieldeutig, ja beliebig, wie der Hut, den der Ich-
Erzähler des Prosastücks *Würzburg* schwenkt: »Mein Stroh- und Vergnügungs- oder
vornehmer Sommer- und Landaufenthaltshut glich von weitem oder in der Nähe
betrachtet freilich einem Wegknechtshut.« (GW III, 44) Aus der Ferne, aber auch
aus der Nähe verrät der Hut wenig über seinen Träger, und der Titel wenig über
den Text. Um das Zitat zu variieren, das Walo Deuber aus dem Prosastück *Simon,
eine Liebesgeschichte* über seinen Film gesetzt hat: »Er, der Titel, sitzt auf ihm, dem
Text«. Doch wie sitzt der Titel auf dem Text? Und was erfahren wir durch ihn über
Walsers stilistische Kleidergewohnheiten?

Titel und Hüte sind Konfektionsware, auf dem Markt zu kaufen und für den
Markt bestimmt. In *Geschwister Tanner* erzählt uns Walser vom Hutgeschäft einer
Witwe, die den Kunden die unterschiedlichsten Hüte aufsetzt und sie vor den
Spiegel führt (vgl. GW IV, 123). Vorbild ist ein Hutgeschäft in der Nidaugasse
in Biel dicht neben Walsers Elternhaus, die »Chapellerie Walker«[1]. Der Anklang
wirkt wie gewollt – wechseln wir bloß einen Konsonanten und betreten die »Chapellerie Walser«, Walsers Titelgeschäft. Mit welchem Angebot an Titeln empfängt
es uns Leser? Wie lenkt es unsere Aufmerksamkeit? Wie setzt Walser seinen Texten
die Titelhüte auf, und wie stellt er sich dabei im Textspiegel selbst dar? Welche
Aufschlüsse bietet zusätzlich der Blick ins Hinterzimmer der Mikrografie und zum
Lieferanteneingang, in Walsers Korrespondenz?

Diese veräußerlichte, merkantile Metaphorik ist beim Thema des Titels historisch gerechtfertigt. Der Buchtitel ist schon für Rabelais im *Gargantua* »l'ensigne
exterioré«[2], also das Geschäftsschild, unter dem auch allerhand schäbige Ware
verkauft wird. Jean Paul definiert den Titel entsprechend als »den Lorbeerkranz,
unter dessen Schatten sich das kahle Haupt verborgen hält«[3]. Denn »Titel« tragen
in der Neuzeit nicht nur Bücher, sondern auch Menschen. So oder so bezeichnen
sie symbolisches Kapital. Doch während die Französische Revolution die Adelstitel

---

1 Diese Identifikation durch Echte: *Robert Walser: Unsere Stadt. Texte über Biel*, S. 43.
2 Rabelais: *Œuvres complètes*, S. 6; vgl. Rothe: *Der literarische Titel.*
3 Jean Paul: *Groenländische Prozesse oder Satirische Skizzen*, S. 507.

abschaffen will, wird der Titel gleichzeitig zum Markenzeichen des Buchs aufgewertet. Diese Aufwertung des Buchtitels läuft parallel zur Aufwertung des Autor-
subjekts seit dem 18. Jahrhundert. Doch beides zahlt dem Verleger und dem Markt
den Tribut: Die Buchmessen verlangen ständig neue »Titel« und neue »Namen«.
So steht der Buchtitel zusammen mit dem Autornamen in der Spannung zwischen
dem geistigen Eigentum, das man nun zu schützen beginnt, und seiner Enteignung
im fremdbestimmten Markt.

Am Umgang mit dem Titel lässt sich deshalb bei Walser beides verfolgen: Wie er
sein Verhältnis zum Markt und zur eigenen Autorschaft reflektiert, und wie er den
Titel als Teil des Textprozesses versteht und in diesen integriert. Im Titel verknoten
sich merkantile und poetische Logik. Der junge Walser schreckt vor Titeln deshalb
zurück. An Richard Dehmel, der in seinem Kinderbuch *Der Buntscheck* die beiden
Prosastücke *Die Magd* und *Der Mann mit dem Kürbiskopf* mit dem Obertitel *Zwei
sonderbare Geschichten vom Sterben* versieht, schreibt Walser am 26. August 1902:

> Ich bin mit dem Titel einverstanden, mit welchem wäre ich es nicht! Finden Sie
> nicht beinahe einen solchen Titel etwas grausam für Kinder? Aber da er aus den
> gesagten Gründen nötig ist, muß man sich also schon mit einem abfinden, und,
> wie gesagt, ich wüßte absolut keinen treffenderen. Titel treffen überhaupt immer
> zu sehr. Ich habe Angst vor Titeln, namentlich vor Gesamttiteln. (Br, 17)

Walsers Haltung ist hier von erstaunlicher Ambivalenz: Einerseits scheint er gleich-
gültig mit jedem beliebigen Titel einverstanden, weil er gerade keinen ›treffenden‹
Titel wünscht, obwohl er sich als schriftstellerisches Jungtalent doch am Markt
auch mit den Titeln seiner Werke einen Namen machen müsste. Andererseits hat
Walser »Angst« vor Titeln, namentlich vor »Gesamttiteln«. Offenbar eignet dem
Titel auch eine totalisierende, ja totalitäre Tendenz, die den Text ein für alle Mal als
Warenzeichen fixiert. Unter einem solchen »Gesamttitel« ist es mit dem lockeren
Anprobieren von wenig treffenden, aber umso offeneren Feld- Wald- und Wiesen-
titeln vorbei, in denen auch die Autorschaft ihre Bewegungsfreiheit erhalten kann.

Deshalb versucht Walser in seinem ersten Buch, das im Jahr des Briefs an
Dehmel entsteht, unter der doppelten Fixierung von Autorschaft und Titel hinweg-
zutauchen: Mit *Fritz Kochers Aufsätzen* fingiert er einen bereits verstorbenen Autor,
den Schüler Fritz Kocher, dessen Aufsätze er bloß herauszugeben vorgibt. Zudem
erlaubt Walser die Textgattung des Schulaufsatzes, auch die Titelwahl ganz der
Schule und ihren Konventionen zuzuschreiben. Eine *Große deutsche Aufsatzschule*
der Zeit schlägt als Übungsthemen Titel vor, wie sie auch Fritz Kocher ausschreibt:
»Der Wald«, »Der Sommer«, »Der Herbst«, »Der Winter«, »Mein Heimatort« –
alles alte Hüte des Deutschunterrichts.[4] Wie Fritz Kocher diese Titelaufgaben mit
zur Schau getragenem Schülerfleiß subversiv übererfüllt, wäre am einzelnen Text
zu untersuchen.[5] Hier ist nur festhalten, wie praktisch jeder Aufsatz im ersten Satz
das gegebene Titelstichwort aufnimmt. Zum Titel *Der Mensch* fällt Fritz Kocher

---

4 Vgl. *Große deutsche Aufsatzschule.*
5 Vgl. Ehrich-Haefeli: »*Gaukler sein wäre schön«.*

die zarte Banalität ein: »Der Mensch ist ein feinfühliges Wesen« (GW I, 8). Zu *Freundschaft* heißt es in altklügelnder Hyperbolik: »Welch eine kostbare Blume ist die Freundschaft.« (GW I, 14) Doch bereits bei *Der Herbst* strauchelt der Schüler willkürlich an jener Norm, der er im ersten Satz genügt:

> Wenn der Herbst kommt, fallen die Blätter von den Bäumen an den Boden. Ich müßte eigentlich so sagen: Wenn die Blätter fallen, ist es Herbst. Ich habe es nötig, mich im Stil zu verbessern. (GW I, 10)

Fritz Kocher muss hier schon zweimal Anlauf nehmen, um vom Titel-Trampolin richtig abzuspringen. Die stolpernden Einleitungssätze entlarven den Titel als fremdgesteuerte Vorgabe für eine Stilübung, die der Schüler dann aber in der Regel souverän durchturnt. Vom Titel her schreiben, heißt in eine Poetik der Fremdbestimmung eintreten, und sei es auch in einer sie subvertierenden Mimikry.

Darum muss das *Freithema* für Fritz Kocher ein grundsätzliches Problem darstellen. Dazu will ihm nichts einfallen. Er schreibt:

> Ich liebe diese Art von Freiheit nicht. Ich bin gern an einen vorgeschriebenen Stoff gebunden. [...] Ich schreibe über alles gleich gern. Mich reizt nicht das Suchen eines bestimmten Stoffes, sondern das Aussuchen feiner, schöner Worte. (GW I, 24)

Ex negativo plaudert der Schüler hier aus, was Walsers Poetologie bestimmt: Der »vorgeschriebene Stoff«, sprachlich texturiertes Themengewebe, ist die Leinwand, die Walser mit den eigenen »schönen Worten« überschreibt. Auf den vorformatierten »Herbst« malt er den eigenen Herbst – nicht zufällig haben alle Aufsätze Fritz Kochers genau den gleichen Umfang. Der Titel ist also nicht nur der Aufhänger des Bildes, sondern er ist die Etikette jener Leinwand, die Walser als Fremdbestimmung braucht, damit sich sein Schreiben auf ihr um so eigenhändiger gehen lassen kann.

Dies gilt über *Fritz Kochers Aufsätze* hinaus. Auch die Titel jener Essays und Feuilletons, mit denen Walser in Berlin den literarischen Markt unter eigenem Namen erobert, wirken meist nicht besonders originell. Das gilt nicht nur für Berliner Lokalfeuilletons wie *Friedrichstraße*, *Tiergarten* oder *Aschinger*, sondern auch für Walsers Theatertexte mit Titeln wie *Eine Theatervorstellung*, *Berühmter Auftritt* oder *Lustspielabend*. Auch hier scheint Walser wenig Wert auf spektakuläre, vielleicht auch allzu »treffende« Titel zu legen, wenn diese Titel überhaupt von ihm und nicht von den Redakteuren dieser Zeitschriften gesetzt worden sind – für entsprechende genetische Befunde müssen wir auf die kritische Ausgabe warten.

Doch gelegentlich erlaubt sich Walser nun hintersinnige Spiele, welche die Frage der Marktmacht mit derjenigen von Titelgebung und Autorschaft verbinden. So etwa in einer Dialogszene, die unter dem Titel *Was macht mein Stück?* 1907 in der *Schaubühne* erscheint (vgl. GW VI, 37–40). Sie spielt im »Theaterdirektionszimmer«. Ein schüchterner Autor, der zwölf Jahre vergeblich auf eine Antwort auf seine Titelfrage »Was macht mein Stück?« gewartet hat, wagt nun zum Theaterdirektor vorzudringen. Dieser erkundigt sich beim Autor nach seinem Namen und dem

Titel des Stücks. Der Autor antwortet: »Ich habe keinen Namen, und das Stück schämt sich seines Titels.« Konsequent erfährt der Leser diesen Titel ebenso wenig wie den Namen des Autors. Eine Autorschaft ohne Namen und ein Stück ohne Titel, dessen sich dieser namenlose Autor nur schämen kann, fahren hier zur Theaterhölle. Die Verklammerung von Autorschaft und Titelgebung zeigt sich, indem beide gegen Null abstürzen.

Walser erlöst uns auch nicht, indem er über seinen Text einen klärenden Titel setzen würde. *Was macht mein Stück?* ist ja nur Zitat, fremde Rede des hilflosen Theaterautors. Zudem ist Walsers Prosadialog selbst in der *Schaubühne* nur mit »Kutsch« unterschrieben, jenem Pseudonym, unter dem Walser in seinen ersten Berliner Jahren gelegentlich publiziert. Folgt man der gleichnamigen Charakterstudie, die Walser ebenfalls im Sommer 1907 in der *Neuen Rundschau* veröffentlicht, ist »Kutsch« ein erfolgloser Dramatiker, dessen Dramatisierungen von Maupassant schließlich ein anderer Autor erfolgreich auf die Bühne bringt. »Kutsch« ist also die Chiffre enteigneter, entleerter Autorschaft, er ist ein Hut ohne Mann: »wenn Kutsch seinen Hut auf hat, so ist sein Kopf sehr interessant« (GW IV, 48). Mit diesem No-Name, der höchstens kuscht und kitscht, signiert Walser seine Theatersatire, die so in jeder Beziehung zum Stück ohne Titel und ohne Autor wird.

In noch raffinierterer Weise lässt Walser Titel und Autorschaft in *Jakob von Gunten* gegen Null streben. Der Name des Verfassers des fiktiven Tagebuchs ist gleichzeitig der Titel des Buchs. Walser spielt damit auf die archaische Seite des ›Titel‹-Begriffs an, der ja zunächst eine gesellschaftliche Referenz meint: *Jakob von Gunten* gibt sich als Adelstitel, doch steckt in ihm gleichzeitig ein gängiger Berner Eigenname und ein Anklang an das für den Roman programmatische ›von ganz unten‹. In der Figur der »reizenden, kugelrunden Null«, die Jakob werden möchte[6], verbirgt sich, wenn man sie in den Buchtitel erhebt, zudem die paradoxe Funktion des Titels in der Moderne: Er ist einerseits eine gesellschaftliche Auszeichnung, die den Träger unverwechselbar macht, andererseits ist er innerlich leer und damit beliebig besetzbar – der Lorbeerkranz auf dem kahlen Schädel. Ebenso paradox unbesetzt wird dann die Stelle des Autors: als eine »reizende Null« bezeichnet *Jakob von Gunten* nicht nur einen Text, sondern auch einen Tagebuch-Autor ohne Titel.

Trotzdem braucht das Kind einen Namen und der Text einen Titel, wenn er an die Öffentlichkeit treten soll. Am deutlichsten wird dies, wenn Walser seine Kurzprosa auf den Namen der Titelfigur tauft. Seine Texte heißen dann *Germer*, *Schwendimann*, *Helbling*, *Kienast*, *Wladimir* oder *Fräulein Knuchel*. In der Koinzidenz von Figurennamen und Titel kann Walser auch die Willkür von beidem aufdecken. Bei *Fritz* etwa, wie er 1917 in der *Kleinen Prosa* auftaucht, heißen die Einleitungssätze: »Mein Name ist Fritz. Wäre es nicht besser gewesen, wenn man mir einen anderen Namen gegeben hätte?« (GW II, 269) Konsequent hängt Walser deshalb in die Porträtgalerie des gleichen Bandes auch einen paradoxen *Niemand*, den er mit dem ersten Satz vorstellt: »Es war einmal einer, der hieß Niemand.«

---

6 Vgl. Utz: *Walsers »Jakob von Gunten«.*

(GW II, 252) Walser greift hier zur alten homerischen List, mit der sich Odysseus gegenüber dem Zyklopen als »Niemand« tarnt. Nun tarnt Walser seinen Text mit einem »Niemands«-Titel, wenn er ihn den einäugigen Marktmächten ausliefert.

Das ist eine listige Mimikry an der Enteignung der Autorschaft, die sich im Feuilleton in den Bleiwüsten der Zeitungen verliert, und es ist gleichzeitig eine Bestimmung der Gattung, die von allem und von nichts handelt.[7] *Gar nichts* heißt ein anderes Prosastück der Zeit, das darstellt, wie eine Frau ihrem Gatten »gar nichts« zum Nachtessen auftischt, was beiden sogar ausgezeichnet schmeckt (GW II, 239ff.). Auch andere Feuilletonisten naschen von diesem leeren Tisch, schreiben »über nichts«: Oscar Bie, mit Walser bekannt, schreibt 1918 in einem Feuilleton des *Berliner Börsen-Couriers* unter dem Titel: *Ohne Überschrift*: »Der Titel bleibt leer«. Und Salomon Friedländer setzt 1920 im *Berliner Tageblatt* sogar mit Ausrufezeichen den Titel *Garnichts!*[8]

Trotzdem braucht Walser auch in den Prosastücken der späteren Jahre den Titel nicht selten als Trampolin. Erst aus ihm heraus kann er seinen Text entwickeln, indem er die dazu passenden »feinen, zugehörigen Worte« aussucht. Fritz Kocher ist nicht kurz nach dem Schulaustritt gestorben, wie es 1904 noch hieß, sondern er schreibt als Robert Walser weiter, der sich nun jedoch seine Themen saison- und feuilletongerecht selber setzt. Doch noch immer erkennt man die Incipit-Titel äußerlich daran, dass in ihnen der erste Satz das Titelstichwort aufnimmt und zu drehen beginnt. Das alte Schulthema *Herbst* geht Walser 1919 in der Zeitschrift *Saturn* mit dem schönen, schon fast poetologischen Satz an: »Herbst hat etwas Nachdenkliches, wie jemand, der sich besinnt, wie er sich verhalten soll.« (GW VI, 364)

Auch diejenigen Texte der Berner Zeit, die noch unter solchen Schultiteln erscheinen, emanzipieren sich zunehmend von ihnen als einer Vor-Schrift. Bezeichnenderweise führen die *Herbst*-Texte, die Walser in der Berner Zeit publiziert, das Titelstichwort in den ersten Sätzen nicht mehr.[9] Bei einem *Herbst*-Feuilleton, das im Oktober 1927 im *Berliner Tageblatt* erscheint, »wehrt« sich der Herbst im Laufe des Textes sogar »gegen den allzu nahe liegenden Versuch, ihm quasi eine Wehmuts- oder Bettlerverwandtschaft aufzuoktroyieren« (GW IX, 160). Der Text wendet sich gegen das Titelprogramm, er reißt die Leinwand auf, indem er sie bemalt.

Beim Text *Schaufenster (II)*, der 1928 in der Zeitschrift *Sport im Bild* erscheint, lauten die beiden ersten Sätze: »Ich frage mich, ob ich fähig sei, über Schaufenster zu schreiben. Womöglich wird es eine Art Genrebild sein.« (GW IX, 183) Doch das »Genrebild« misslingt, weil sich der Ich-Erzähler eingestehen muss, dass er nicht »Schaufensterfachmann« sei. In provokativer Infragestellung der eigenen Autorschaft bricht er aus: »Vielleicht vermöchte irgendein anderer Schriftsteller das Thema, das mich hier beschäftigt, eleganter, brillanter zu behandeln.« Das überöf-

---

7 Vgl. Utz: *Tanz auf den Rändern*, S. 295ff.
8 *Berliner Börsen Courier*, 25. 12. 1918, u. *Berliner Tageblatt*, 2. 9. 1920; zit. n. Jäger/Schütz: *Städtebilder zwischen Literatur und Journalismus*, S. 284.
9 *Herbst* (II) (GW IX, 158–161); *Der Herbst* (GW VIII, 476–486).

fentliche Schaufensterthema brauchte einen Schriftsteller mit Marketingqualitäten
und einem »Namen«. Dieser tritt denn auch gleich im anschließenden Satz in den
Text ein: »Ein Literat, der gewissermaßen einen Namen hat, kaufte mir einmal,
d. h. eines Tages vor soundso vielen Jahren, in einem Hutladen eine neue Kopf-
bedeckung.« (GW IX, 184) Wer als Literat einen Namen hat, kann dem erfolglosen Feuilletonisten, der vor dem Schaufensterthema versagt, einen Tröstungshut
kaufen. Kutsch, der nur dank seinem Hut zum Autorenkopf wird, lässt grüßen.
Titelproblem und Autorschaft werden so gewissermaßen unter einen Hut gesteckt,
nicht zufällig beim hochmerkantilen Thema *Schaufenster*. Denn die Titel sind
Blickfänger des Textes, die sich gerade bei einer illustrierten Zeitschrift wie *Sport im
Bild* in einer erbarmungslosen visuellen Konkurrenz behaupten müssen.

In dieser Vitrinenwelt scheint die eigentliche Kreation unmöglich. Konsequent
verlagert Walser sie in den Berner Jahren in das höchst private Hinterzimmer der
Mikrografie, in das niemand Einblick erhält. Seine Leinwand sind nun jene Papier-
schnitzel, die er eigenhändig mit der Schere zurechtschneidet, wie um damit allen
fremden Formatierungsvorgaben zu entgehen. Deshalb brauchen die Texte auch
noch keinen Titel; sie erhalten ihn erst, wenn Walser sie für die Publikation mit
Tinte ins Reine schreibt. Zusätzlich hält er den Titel häufig in lateinischer Schrift,
während er den Text selbst in Kurrentschrift schreibt.[10] So entfernt sich der Titel
doppelt vom ursprünglichen Bleistiftentwurf, und Walser amtet, wenn er ihn setzt,
schon mehr als Redakteur, der erst mit der Reinschrift den Text zu einer »kulturellen Angelegenheit« »umstempelt«, wie Walser an Rychner schreibt (Br, 300). Der
Titel ist dieser kulturelle ›Stempel‹, der dem Text eigentlich von den Herausgebern
aufgedrückt wird und insofern ihnen gehört. An Willy Storrer, den Herausgeber
der *Individualität*, schreibt Walser im Oktober 1926 aus Anlass einer »Christusstu-
die«, die »Frage der Betitelung« solle für eine Publikation kein Hindernis bieten,
der Text könnte auch »Essay« oder »Studie«[11] heißen – unter diesem Titel wird er
dann auch publiziert. Wie viele von Walsers Mikrogrammen gar nicht unter einem
von Walser gesetzten Titel erschienen sind, ist beim Fehlen der Druckmanuskripte
kaum mehr zu klären. Das Bleistiftgebiet ist also ein Gebiet ohne Titel.

Doch dies ist nur die halbe Wahrheit. Denn in seinem zweistufigen Schreibverfahren kann Walser nun das Finden eines Titels selbst zum Thema und damit zum
Motor des Textes machen. Statt vom Titel weg, schreibt Walser jetzt nicht selten
auf den Titel zu, so dass man diesen am Schluss des Textes findet. Ein Prosastück
auf dem Mikrogramm-Blatt 213, auf dem auch der Entwurf für den Text *Schaufenster* zu lesen ist, endet mit dem Satz: »Ich fertige, da es zu abenden beginnt,
meine Schreibreise ab, denn ich fand zum Glück in diesem Moment den Titel meiner Geschichte« (AdB 5, 113). Die List des Entwurfs ist allerdings, dass er diesen
gefundenen Titel dem Leser dann doch wieder verschweigt.

In anderen Fällen dagegen fällt dem Text am Schluss das erlösende Titelstichwort auch ganz explizit zu. So entwickelt sich im Text 403/I die Beziehung zwi-

---

10 Vgl. Morlang: *Im Tarnzauber der Mikrografie*, S. 59.
11 Lienhard: *Der Kreis der »Individualität«*, S. 145.

schen einem Knaben und seiner Mutter zu einem »Gnusch« (AdB 4, 37), einem Durcheinander, wie der Text seine eigene labyrinthische Struktur bezeichnet. Er könnte endlos weitergehen, würde nicht schließlich die Mutter dem Autor im Text eine »Aufsatzbetitelungsdenkbarkeit« zuwerfen, indem sie den »wohlwollenden Vorwurf« ausstößt: »Der Schlingel« (AdB 4, 42). Mit diesem Mutterwort kann der Autor den Text schließen.[12] Trotzdem könnte dieser Titel nur bedingt über diesem Text stehen und ihn thematisch zentrieren. Denn als ein »Gnusch« ist er charakterisiert durch eine dezentrierende Dauerbewegung, wie man sie an Texten wie *Der heiße Brei* oder *Minotauros* als poetologische Grundfigur von Walsers Berner Prosa ausgemacht hat. Das ist der innere Grund, weshalb Walser im Bleistiftgebiet vom Titelgeben zurückschreckt: ›Treffende‹ Titel, vor denen sich schon der junge Walser fürchtet, sind tödlich für die Bewegung des Textes. Die Mikrogramme verdanken ihre enorme, ausufernde Bewegungsfreiheit auch der Tatsache, dass sie sich nun nicht mehr an einem Titelprogramm ausrichten müssen, auch wenn sich der Autor dieses selbst vorgegeben hätte.

Darum stammt auch im folgenden Beispiel das erlösende Titelstichwort am Schluss eines Mikrogramms nicht aus dem Munde des textinternen Autors, sondern von einer Figur im Text. Auf dem Mikrogrammblatt 307 liest man am Ende eines Prosastücks, dessen Hauptfigur noch keinen Namen hat:

> »Ich bin Aladin«, sprach er, und der Verfasser ist froh, daß dies seinen Lippen entfloh, denn nun weiß er, wie er diese Treppenhausgeschichte zu betiteln hat. (AdB 4, 144)

Weil sich die Titelfigur hier gewissermaßen selbst tauft, muss das Subjekt der Textrede diesen für den Textprozess tödlichen Taufakt nicht selbst vollziehen. Stattdessen kann es, in der Rolle »des Verfassers«, den Text nun sowohl übertiteln wie auch signieren und ihn in der Vitrine seines »Prosastückligeschäfts« zum Kaufe ausbieten.

Der Titel öffnet also gewissermaßen die Durchreiche zwischen dem mikrografischen Hinterzimmer und dem Verkaufslokal. Das weiß schon die im »Bleistiftgebiet« verborgene »Bleistiftskizze« an ihrem Ende. Dieser viel zitierte, weil für die Mikrografie hoch bedeutsame Text endet im Bleistiftentwurf mit dem Satz:

> Mir schien unter anderem, ich vermöge mit dem Bleistift gewissermaßen träumerischer, ruhiger, bedächtiger, besinnlicher zu arbeiten, ich glaubte, ich könne förmlich an der beschriebenen Arbeitsweise gesunden, und wie ich es mit vielen Versuchen, der Öffentlichkeit etwas zu sagen, machen könnte, seien <diese> vorliegende Äußerungen betitelt, wie sie der Leser überschrieben findet. (Mikrogramm 39/2)

---

12 Ganz analog endet *Der Saubub*: »Ehemals im Elternhaus, wenn ich meiner Schwester nichts Neues vorzuerzählen Lust bekundete, galt ich bei ihr als unartig, d. h. als das, womit ich eine auf Selbsterlebtem fußende, demnach ehrlich erlebte Arbeit vielleicht ein bißchen verblüffend betitele.« (GW IX, 192)

Die Überschrift *Bleistiftskizze* findet sich dann in Walsers eigener Reinschrift, als deren erstes Wort, paradoxerweise natürlich mit Tinte geschrieben.[13] Sie gehört nun jenen realen Lesern und jener Öffentlichkeit, an die sich Walser schon im Bleistiftentwurf adressiert.

Mit dem Titel am Ende kann das Mikrogramm also nicht nur den Vorhang über seine »Treppenhausgeschichten« fallen lassen, sondern ihn gleich wieder aufziehen zu jenem öffentlichen Resonanzraum, auf den sich letztlich auch das hermetisch verriegelte Bleistiftgebiet ausrichtet. In diesem Raum herrschen jedoch andere Gesetze, wie Walser in einem satirischen Text *Das anders betitelte Lustspiel* aufzeigt, dessen Entwurf sich auf dem selben Mikrogramm-Blatt findet wie der Entwurf zur *Bleistiftskizze* – auch in diesem Fall könnte eine kritische Ausgabe sichtbar machen, welche Beziehungen zwischen den Entwurfstexten auf dem selben Mikrogrammblatt bestehen.[14] Von dem »anders betitelten Lustspiel« kennt der Ich-Erzähler des Textes nur den Titel, wie er am Anfang erklärt:

> Ich hörte von diesem Stück nichts wie seinen denkbar unklugen, unüberlegten oder vielleicht nur zu sehr in alle Fraglichkeitslänge und -breite gezogenen Titel, d. h. ich las in einer europäisches Format aufweisenden Zeitung davon. (GW IX, 307)

Der Titel ist Teil der zirkulierenden Zeitungsdiskurse. Walser gibt ihn mit der Publikation seines Textes in der *Prager Presse* vom Juli 1927 den Zeitungen gleich wieder zurück, ohne jedoch den Titel des betreffenden Lustspiels zu verraten. Auch den früheren Titel des Stücks erfährt man als Walser-Leser nicht, obwohl die Veränderung des Titels Walser mächtig zu irritieren scheint:

> Wie mir dieser Theaterstücktitel an sich zu denken gab! Früher hieß er anders; nunmehr heißt er so. Bedeutete die Veränderung auf dem Betitelungsgebiet in der literarischen Welt ein Ereignis? (GW IX, 307)

Mit der »literarischen Welt« zitiert Walser implizit den Titel einer der wichtigsten Literaturzeitschriften seiner Zeit[15], in der er auch selbst publiziert. Sie steht hier für das »Betitelungsgebiet«, in dem allein man Rang und Namen erhält.

Dieses »Betitelungsgebiet« ist das überöffentliche Gegenstück zum höchst privaten »Bleistiftgebiet«. Doch beide sind aufeinander bezogen: Nicht nur, dass Walser im »Bleistiftgebiet« jene Titel suchen und spielerisch ausprobieren kann, unter denen er dann im »Betitelungsgebiet« auftritt. Im »Bleistiftgebiet« kann er sich auch satirisch gehen lassen und sich dabei lachend vom »Betitelungsgebiet« distanzieren. So finden sich im Bleistiftentwurf zu *Das anders betitelte Lustspiel* schärfer zugespitzte Formulierungen, vom »dezenten Kopfnickerfolg« bis zum erfolglosen Ver-

---

13 Groddeck: *Schrift und Textkritik.*
14 Das Blatt ist erstmals vollständig reproduziert und in der französischen Übersetzung transkribiert in: Walser: *L'écriture miniature,* S. 23–36.
15 Herausgeber der *Literarischen Welt* war Willy Haas; vgl. dazu Ungern-Sternberg: *Willy Haas 1891–1973,* S. 81–95.

such des eitlen Autors, sein Stück in »irgendwelchen Urzustand zurückzubetiteln«. Sie verschwinden im Druck ebenso wie ein mimetischer Schlangensatz des Ich-Erzählers. Dieser denkt im Mikrogramm »eine ganze Seite lang« an den »alles alles bei der bisherigen Durchschlagslosigkeit lassenden, also dem Stück, den er beleben sollte, auf's Treuloseste im Stich lassenden, Unzulänglichkeit zum Ausdruck bringenden, gleichsam zu spät ankommenden Titel.« Am Ende gibt der gedruckte Text nur der Enttäuschung Ausdruck, dass die Änderung des Titels nichts am Stück zu ändern vermochte. Im Mikrogramm dagegen tobt das Publikum: »Das ganze Schauspielhaus […] schien ausrufen zu wollen: Titel, Titel. Alle gingen daraufhin still heim.«[16]

So wird das »Bleistiftgebiet« zum Ort, wo sich Walser über die Beliebigkeit des »Betitelungsgebietes«, seinen theatralischen Charakter und seinen ephemeren Applaus satirisch klar werden kann. Wie in *Was macht mein Stück?* ist die Theatersatire, übersetzt in Prosa, jener Ort, an dem Walser die Akteure und Gesetze der literarischen Welt und ihrer Öffentlichkeit demaskiert. Indem er hier wie dort dem Leser die Titel häufig vorenthält, wendet er dem »Betitelungsgebiet« ostentativ den Rücken zu.

Dies ist jedoch nochmals nur die halbe Walser-Wahrheit. Zwar scheint Walser immer weniger an den Titeln interessiert, je länger er für Zeitungen und Zeitschriften schreibt. Das Geschäft der Titel lässt er den Redakteuren, jener Spezies, die Robert Musil in der gleichen Zeit als »Zwischentiteldichter«[17] apostrophiert. Doch gleichzeitig widmet er den Titeln jener Bücher zunehmende Aufmerksamkeit, in denen er seine Prosa gesammelt veröffentlicht. Dafür ist seine Verlagskorrespondenz ebenso aufschlussreich wie die Titel, unter denen die Sammlungen erscheinen. Die ersten heißen noch einfach *Geschichten* oder *Aufsätze*.[18] Der *Vossischen Zeitung* bietet er 1914 eine Auswahl von Prosastücken an, mit der Aufforderung: »Dies sind einstweilen die letzten derartigen Sachen, die Sie bringen können unter welchem beliebigen Titel Sie wollen, als vielleicht ›Kleine Sachen‹ oder ›Kleine Prosa‹.«[19] Ähnlich blass sind auch die nächsten Sammlungen betitelt: *Kleine Dichtungen, Prosastücke, Kleine Prosa* – alles dies Gattungstitel ohne individuelle Handschrift.

Für die folgenden Buchpublikationen jedoch wählt Walser Überschriften, die individuell und spezifisch sind: *Poetenleben* und *Seeland*. Bezeichnend, dass Walser für diese beiden Sammlungen alle Texte sorgfältig neu bearbeitet, ihnen also für die Buchpublikation eine eigene, innere Gestalt gibt. In *Poetenleben* setzt er zudem den Titeltext an den Schluss des biografisch eingetönten Bogens von 25 Texten; offenbar muss auch diese Sammlung bei ihrem Titel ankommen, wenn sie ihr Ende finden soll. Das innere Strukturprinzip der späteren Prosatexte, die ihren Titel am Schluss

16 Vgl. Walser: *L'écriture miniature*, S. 23-36.
17 Musil: *Literat und Literatur. Randbemerkungen dazu.*
18 An Rowohlt schreibt er im Dezember 1912: »Der Titel des Buches soll heißen: ›Aufsätze‹, deutsch und schlicht.« (Br, 57)
19 Brief Walsers an Paul Fechter, Frühjahr 1914, unveröffentl.

finden, regiert so auch die Struktur jener Sammlung, die Walser dem Huber-Verlag als »das beste hellste poesiereichste meiner Bücher« (Br, 102) anpreist.

Auf dem Titel von *Seeland* insistiert Walser wie auf keinem zweiten. Gegenüber dem Huber-Verlag sagt er, dieser klinge »ebenso einfach und unanspruchsvoll wie sinnlich und erdhaft-lebendig. Er scheint mir ebenso sachlich wie farbig und anmutig«, so dass man damit »ruhig vor die Öffentlichkeit« (Br, 119) treten dürfe. Und gegenüber dem Rascher-Verlag, in dem das Buch dann erscheint, beharrt er darauf, *Seeland* sei »sinnlich und einfach und ich möchte sagen europäisch oder rein-weltlich« (Br, 126).

Auch weitere Sammlungen, die Walser erfolglos den Verlagen anträgt, tragen in Walsers Korrespondenz nun Titel: *Mäuschen* oder *Liebe kleine Schwalbe.* 1918 empfiehlt Walser dem Kurt Wolff-Verlag seine Sammlung *Kammermusik* mit: »Der Titel scheint mir sachlich und zugleich angenehm« (Br, 130). Walsers einstige Angst vor »Gesamttiteln« ist offenbar verschwunden.

Auch in der Prosa der Zeit reflektiert sich dieses neue Titelbewusstsein, wenn es um ganze Bücher geht. So kündigt der Ich-Erzähler des Prosastücks *Schneeglöckchen,* das im März 1919 in der *Neuen Zürcher Zeitung* erscheint, einen neuen Roman an, das Manuskript sei fertig gestellt, »der Titel sei bereits aufgesetzt und Packpapier vorhanden, um das Werk einzupacken und abzuschicken.« Wie um diesem neuen Auftritt in der literarischen Welt auch das nötige Selbstbewusstsein zu verleihen, verkündet gleich der nächste Satz: »Ferner habe ich einen neuen Hut gekauft, den ich aber vorläufig nur an Sonntagen tragen will, oder wenn Besuch zu mir kommt« (GW VII, 14). Dann kommt der Text auf Jean Pauls *Leben des vergnügten Schulmeisterlein Maria Wutz* zu sprechen, das er »ich weiß nicht wie oft mit Genuss gelesen habe«[20]. Diese Anspielung führt direkt ins »Betitelungsgebiet«: Wutz schreibt bekanntlich zu den Titeln aus dem Messekatalog, die er sich nicht kaufen kann, die passenden Bücher selbst, von Rousseaus *Bekenntnissen* bis zu Kants *Kritik der reinen Vernunft.*[21] So schafft sich Wutz eine handgeschriebene Privatbibliothek, fast wie Walser sein Bleistiftgebiet.

Walser ist in dieser Hinsicht ein Schüler von Jean Pauls *Schulmeisterlein.* Denn auch er nutzt in der Berner Zeit literarisch etablierte Titel als Ausgangspunkt eigener Prosa und spielt dabei mit der Ambivalenz der Autorschaft, wenn er zum Beispiel als Prosastücktitel setzt: *Der Idiot von Dostojewski* oder: *Ibsens Nora oder die Rösti.* Diese beiden Texte wiederum publiziert er 1925 in seiner letzten Buchsammlung *Die Rose.* Heimlich knüpft dieser Titel an sehr alte Sammlungstitel an, etwa an das alchemistische *Rosarium Philosophorum* oder an die mittelalterlichen Florilegien.[22] Trotzdem will Walser diesen Titel nicht als beliebigen verstehen. So frivol er mit den kanonischen Buchtiteln anderer Autoren umspringt: Dieser Titel soll treffen. Gegenüber Resi Breitbach entsetzt er sich über die ihm von deren Bruder

---

20 Walser rühmt dieses Werk auch in *Jean Paul*; vgl. GW VII, 355.
21 Jean Paul: *Sämtliche Werke*, I,1, S. 425ff.
22 Vgl. Rothe: *Der literarische Titel*, S. 55.

angeblich angetragene Idee, ein nächstes Buch nach »Die Rose« nun »Die Nelke«
zu betiteln. Für Walser wäre dies jedoch »ein dummer, lächerlicher Titel«:

> Wie schlecht, wie komisch würde es lauten, wenn ein Buch von mir auftauchte,
> das sich nennen würde: Die Nelke von Robert Walser. Einfach undenkbar! […]
> Meine Ohren, die entsetzlich zart, fein u.s.w. sind, verbieten mir auf das Ent-
> schiedenste, auch nur von Weitem an einen solchen Buchumschlag zu denken.
> (Br, 284)

Entschieden wie nie zuvor heftet sich hier, *ex negativo*, Walsers Willen zur literarischen Selbstbehauptung an den Titel eines Werks. Autorschaft und Werktitel werden in einem Zug genannt: »Die Nelke von Robert Walser«. Mit dieser Blume am
Revers will Walser niemals auf dem Buchmarkt auftreten – dieses Stück müsste sich
seines Titels schämen. *Die Rose* ist ein Unikat und soll es bleiben. Mit einem unverwechselbaren Buchtitel meldet Walser nun in traditioneller Weise seinen Anspruch
auf Autorschaft an, obwohl er gleichzeitig in seiner feuilletonistischen Serienpro-
duktion mehrfach die gleichen Titel für verschiedene Texte verwendet – so findet
sich in *Die Rose* ein zweiter Text mit dem Titel *Schaufenster*.

In diesem Widerspruch zeigt sich nicht nur der Widerspruch jedes Titels, der
als zweiseitiges Aushängeschild sowohl zum Markt wie zum Text blickt. Es zeigt
sich in ihm auch die historische Schwellensituation, die Walsers Werk aushält und
reflektiert. Denn Walser partizipiert mit seinem dialektischen Verhalten auf dem
»Titelgebiet« an jener Wende zur Moderne, die sich in der bildenden Kunst noch
deutlicher abzeichnet: 1910 wagt Kandinski erstmals ein abstraktes Aquarell *Ohne
Titel* zu nennen.[23] Das macht in der bildenden Kunst Schule, bis heute. Dabei
bedeutet *Ohne Titel* nicht einfach die Abwesenheit des Titels, sondern den bewussten Verzicht darauf, als Einspruch gegen normative Titelkonventionen.[24] Paul Klee
dagegen schafft in der gleichen Zeit mit seinen hoch elaborierten, fast literarischen
Titeln eigene, häufig ironische Kontrapunkte zum Bild. So treibt auch er die Titel-
konvention und das Bild auseinander.

Diese Parallele zur bildenden Kunst zeigt: Wenn sich bei Walser die Titel vom
Text lösen, so entlässt er dadurch seine Texte in die Spielfreude der Moderne.
Gleichzeitig unterläuft er die Machtansprüche, die im Titel stecken, auch wenn
dieser längst nicht mehr ein aristokratischer ist, indem er auch gegen jene Leinwand anschreibt, auf die er seine »schönen Worte« setzt. Und schließlich entwickelt
er am Titel einen neuen, kreativen Umgang mit der eigenen Autorschaft. Sie lässt
sich vom Bedarf des Marktes nach unverwechselbarer Ware und sichtbaren Autornamen nicht ganz gängeln, auch wenn sie sich schließlich doch in jenen Raum
hinauswagen muss, in dem man »Titel, Titel!« ruft.

Diesen freien und befreienden Umgang mit Titeln könnten wir aus Walsers Titelgeschäft mitnehmen, wenn wir es nun verlassen: Ziehen wir einfach den Hut vor

---

23 Vgl. ebd., S. 31.
24 Vgl. Vogt: *Untitled*.

dem Meister, dessen Hut vor fünfzig Jahren in den Schnee gefallen ist. Dieser Hut liegt nun weit von jenem Kopf, dem all diese Texte entsprungen sind. Setzen wir ihm keinen neuen auf, vor allem keinen, der ihn von diesem Ende her ein für allemal erklären würde. Geben wir Walser keinen neuen »Gesamttitel«, auch nicht im Jubiläumsjahr. So bleibt er spielerisch lebendig. Und so erlaubt es Walser mir auch, meinerseits nach seinem Rezept zum Titel-Schluss zu finden: Halten wir das, was sich unter dem Stichwort »Robert Walser« verbirgt, offen – als ein Stück ohne Titel.

Reto Sorg (Lausanne/Fribourg)

»DOCH STIMMT BEI ALL DEM ETWAS NICHT«.
ROBERT WALSER ALS VORLESER EIGENER TEXTE[1]

Allerdings vermag alles leichter zu Wort
zu kommen als das Wort selbst.

Vilém Flusser

1. Der Autor als Phantom

Mit Frieda Mermet, der Freundin seiner Schwester Lisa, war Walser vertraut wie
mit kaum einem anderen Menschen. Die Briefe, die er mit ihr wechselt, sind voller
Intimität. Da ist viel von Kleidern die Rede, und neben der einen oder anderen
Anzüglichkeit fallen die Bemerkungen über die Lebensmitteln auf, die sie ihm per
Post zu schicken pflegt.

Walser entwickelt in dem Briefwechsel eine eigentliche Engführung von Essen
und Schreiben. Von einem »freundliche[n] Päckli mit Socken und kalte[m] Braten«
(Br, 175) kommt er zu seinem neuen »Büchelchen« (Br, 176). Oder er antwortet
auf »Güetzi« mit einer Gegengabe von »Prosastückchen« (Br, 212).

Auch im Januar 1924 landet er, nachdem zwei Flaschen Wein getrunken und
»innig« (Br, 210) verdankt sind, zielstrebig bei der Literatur:

> Gegenwärtig liest man im Emmenthalerblatt eine Geschichte von Jeremias Gott-
> helf: Betrachtungen vom Wandergesellen Jakob, und die sind so schön zu lesen,
> als äße man knusperigen Braten. Gotthelf's Sätze schmecken wie nach Fleisch:
> hat man sie gelesen, so hat man sich förmlich dran ersättigt [...]. (Br, 210f.)

Nicht nur als Verfasser von Briefen, sondern auch als Leser schöner Literatur erweist
sich Walser als ›hungrige‹ Natur. Gemessen an Gotthelf, mutet die zeitgenössische
Kost mager an:

> Wenn andern Schriftstellern beim Schreiben sozusagen die Rede abstirbt, blüht
> sie bei ihm [...], und aus dem Gedruckten hervor schaut uns des Schreibers
> Gesicht an; man liest ihn nicht nur sondern hört und sieht ihn, und das will

1 Für Hinweise und Anregungen bedanke ich mich bei Gregor Ackermann, Roman Bucheli,
Lucas Marco Gisi, Bernhard Echte, Wolfram Groddeck, Jan Loop, Osamu Okuda, Barbara
von Reibnitz, Matthias Sprünglin, Peter Utz und Regina Zölßmann. – Eine gekürzte Fassung dieses Beitrags erschien am 16. Dezember 2006 in der Wochenendbeilage der *Neuen
Zürcher Zeitung*; vgl. Sorg: »*Ich war es nicht und war's doch*«.

ungemein viel sagen in einer Zeit, wo die Autoren bloß noch dartun, daß sie
»schreiben« können, d. h. die Schreibtechnik beherrschen [...]. (Br, 211)

Dass die Literatur im Feuilleton, bei Leseabenden und im Rundfunk zunehmend ›Lärm‹ macht, hat Konsequenzen für die Lektüre. Das Lesefutter ist nicht
nur ›nahrhaft‹, sondern evoziert auch ein Phantom. Gotthelfs synästhetisch inszenierte ›Auferstehung‹ wirkt in ihrer Virtualität unheimlich und modern, als wäre
das »Emmenthalerblatt« ein Kino. Aus seiner Prosa ›spricht‹ gleichsam der ›ganze
Autor‹, aus derjenigen von Walsers Zeitgenossen dagegen die bloße Technik des
Schreibenkönnens.[2]
    An Walsers Vergleich ist bedeutsam, dass Gotthelf aus der Tiefe des 19. Jahr-
hunderts kommt. Zu einem ›archaischen Urquell‹ der ›blühenden Rede‹ stilisiert,
bildet er zur zweckrationalen Moderne ein lebhaftes Kontrastprogramm. Wenn
Walser das ansprechende ›Reden‹ der Alten dem leblosen ›Schreiben‹ der Modernen kontrastiert, bezeichnet das einen literarischen Grundkonflikt, der in seinem
Werk existenzielle Bedeutung erlangt. Eine *écriture*, in welcher der Autor ›greifbar‹
wird, verkörpert für Walser die geistige Nahrung *par excellence* – sie ist sein großes
Phantasma.
    Walsers Auftritte als Vorleser eigener Texte zeigen, dass ihn die beredte Unmit-
telbarkeit, die er fiktional erträumt, in Wirklichkeit gespenstisch einholt. Erscheint
das sprechende Ich in der literarischen Projektion als munteres, von Sprechlust und
Sprachnot beseeltes Medium, so ist das buchstäbliche Sprechen vor Publikum ein
eigentlicher Alptraum.

2. Der verlorene Körper

In der abendländischen Tradition galt und gilt die Schrift als Derivat. Sie erscheint
als abgeleitet von der Rede, die jedem Schreiben vorausgeht. Das gesprochene
Wort ist das ›Ursprüngliche‹, die Schrift kann allenfalls von ihm zeugen. Im Eröff-
nungsgedicht von Goethes *West-östlichem Divan*, das vom Sänger handelt, stehen
die Verse: »Wie das Wort so wichtig dort war, / Weil es ein gesprochen Wort war«[3].
    Diese Sicht wird heute von der Wissenschaft weit gehend geteilt. So definiert das
Reallexikon der deutschen Literaturwissenschaft die Schrift als eine »[k]onservierende
Form der Repräsentation von Sachverhalten, insbesondere von gesprochener Sprache«[4]. Der Gegensatz führt zu einer topologischen Kontrastierung des toten Buch-

---

2 Auch im Prosastück *Hans* (1916), das in *Seeland* (1920) aufgenommen wurde, ›erklingt‹
  Gotthelf: »Sein Lieblingsbuch war das Erdbeerimareili von Jeremias Gotthelf, eine Erzählung, die er mitunter halblaut für sich vorlas, wobei sich ihm sein Dachzimmer trefflich als
  Vortragssaal zu eignen schien.« (SW 7, 175) Gotthelfs anschaulicher Stil ist wohl mit der
  Tatsache geschuldet, dass er im Hauptberuf Pfarrer war.
3 Goethe: *West-östlicher Divan*, S. 7.
4 Assmann/Assmann: *Schrift*, S. 393.

stabens der Schrift mit dem lebendigen Geist der Rede, da kann man schauen, wo man will. Sei es bei Herder oder Goethe, wo es in *Dichtung und Wahrheit* heißt, der Mensch sei »eigentlich nur berufen [...], in der Gegenwart zu wirken«, und das Schreiben sei »ein Mißbrauch der Sprache, stille für sich lesen ein trauriges Surrogat der Rede«.[5] Oder sei es bei Roland Barthes, der ob der Verschriftlichung, die jede Rede erfährt, wenn sie zum Text wird, schmerzlich vermisst, was er die »Körnung der Stimme«[6] nennt. Wird Gesprochenes in einem Buch aufgehoben, um dauern zu können, so hat das seinen Preis: »Wir balsamieren unsere Rede wie eine Mumie ein, um sie zu verewigen.«[7]

Barthes zählt in der Folge manchen Vorteil der Rede auf. So sei sie »gefährlich«[8], da unmittelbar und nicht zurückzunehmen. Und er gibt zu bedenken, wie viel verloren gehe, wenn das unfertig Elliptische, das dem Sprechen anhaftet, für den Druck getilgt wird. Barthes Lob der Rede gipfelt in der Klage, dass »es ganz einfach der Körper ist, der in der Niederschrift verlorengeht«[9].

3. Lautes Schreiben

Barthes Diagnose einer körperlichen Verlust-Erfahrung gehört ins Paradigma der Dichotomien, mit der das Abendland die Kluft zwischen Ursprung und Darstellung bedenkt, die jede Repräsentation bestimmt. In der Tradition gilt das Darzustellende als ›innerlich‹, ›wahrhaftig‹, ›lebendig‹ und ›authentisch‹; die Darstellung hingegen als ›äußerlich‹, ›falsch‹, ›erstarrt‹ und ›konventionell‹.

Natürlich gibt es auch die Gegenposition. Jacques Derridas These ist, dass »›Schrift‹ [...] jeglicher Artikulation immer schon vorausliegt und allererst den Spielraum öffnet, der menschliche Zeichen, Bewußtsein und Gedächtnis möglich macht«[10]. Derridas »Rehabilitierung der Schrift«[11] stützt sich nicht zuletzt auf die

---

5 Goethe: *Aus meinem Leben. Dichtung und Wahrheit*, S. 447 (II, 10).

6 Vgl. Barthes: *Die Körnung der Stimme*.

7 Barthes: *Von der Rede zum Schreiben*, S. 9.

8 Ebd., S. 10.

9 Ebd., S. 11. – Noch weiter geht Gilles Deleuze. Er beklagt keinen Verlust, sondern für ihn enthüllt die Rede in ihrem stimmlichen Vollzug schlicht und einfach, dass »die Begriffe keine Abstrakta sind« (Deleuze: *Was die Stimme dem Text bringt ...*, S. 309). Darauf fußt in der Folge seine gesamte ›post-freudianische‹ Auffassung von Sprache, die er zusammen mit Félix Guattari in *Mille Plateaux* (1980) entwickelt und die für die Postmoderne maßgeblich geworden ist. Diese »postkantianische [...] Bestrebung« (Deleuze: *Vorwort zur italienischen Ausgabe von »Tausend Plateaus«*, S. 295) ist erklärtermaßen ›konstruktivistisch‹ (vgl. ebd.): Die Begriffe »zergliedern die Dinge, die ihnen entsprechen, immer wieder auf andere, neue Weise. Deshalb lassen sich die Begriffe nicht von der Art und Weise trennen, die Dinge wahrzunehmen.« (Deleuze: *Was die Stimme dem Text bringt ...*, S. 309)

10 Assmann/Assmann: *Schrift*, S. 395.

11 Hörisch: *Das Sein der Zeichen und die Zeichen des Seins*, S. 13.

schlichte Tatsache, dass die Schrift als eine der zentralen Produktivkräfte des Geistes eine beispiellose Erfolgsgeschichte vorzuweisen hat.

Roland Barthes ›Semiologie‹ postuliert einen ›dritten Weg‹, der zwischen den beiden Positionen vermittelt. Er bindet den Körper, der auf dem Weg vom Gedanken über das gesprochene Wort zum geschriebenen Text verloren geht, an die Schrift zurück, und zwar über den Akt des Schreibens. Sein Essay *Die Lust am Text* (1973) endet mit der Vorstellung eines ›lauten Schreibens‹. Diese – als utopisch zu denkende – Ausdrucksform wird getragen von dem, was Barthes die »*Rauheit* der Stimme« nennt. Er meint damit die sinnlich erfahrbare Materialität der Sprache, ihre akustische Verkörperung. Das Ziel des ›lauten Schreibens‹ wäre »nicht die Klarheit der *messages*«. Es sucht vielmehr »die Verknüpfung von Körper und Sprache, nicht von Sinn und Sprache«[12].

Um davon eine anschauliche Vorstellung zu geben, vergleicht Barthes das »vokale Schreiben«[13] mit dem Film. Der

> braucht nur den Ton der Sprache *von ganz nah* aufzunehmen […] und in ihrer ganzen Materialität, in ihrer Sinnlichkeit den Atem, die Rauheit, das Fleisch der Lippen, die ganze Präsenz des menschlichen Maules hören zu lassen […] und schon gelingt es ihm, das Signifikat ganz weit weg zu rücken und den anonymen Körper des Schauspielers sozusagen in mein Ohr zu werfen […].[14]

Barthes’ utopische Vorstellung einer beredten Schrift, in der die Nähe der Signifikanten die Ferne des Signifikats impliziert, erfüllt sich also weder im Sprechen noch im Schreiben, sondern im Film. Wenn es unmöglich ist, die moderne Entfremdung zu hintergehen, so ist es umso betörender, sie mittels technischer Apparate zu überspielen. Die Vision einer Rückbindung der Schrift an einen phantomatischen Körper, wie sie aus Walsers Gotthelf-Lektüre entspringt, schlägt bei Barthes um ins Virtuelle.

4. ›Plakätische Zeiten‹

Es ist ein Topos, dass Walsers Prosa sich selbst bespricht. Ihre ›fingierte Mündlichkeit‹ lässt sich als Kehrseite der ›reinen Schrift‹[15] beschreiben und ihre Sensibilität für das Akustische als Walsers ›Ohralität‹[16].

Die ›Stimmhaftigkeit‹ des Schreibens und der Wunsch, es ›sprechend‹ zu machen, kennzeichnen Walsers Schreiben generell. Schon in seiner ersten Prosapublikation überhaupt, dem Prosastück *Der Greifensee* von 1899, geht der Erzähler über Land, um mit sich »zu plaudern« (SW 2, 32). Zwischen dem ›sprechenden

---

12 Barthes: *Die Lust am Text*, S. 97f.
13 Ebd., S. 98.
14 Ebd.
15 Vgl. Roser: *Fingierte Mündlichkeit und reine Schrift*.
16 Vgl. Utz: *Tanz auf den Rändern*, S. 243–294.

Ich‹, seinen ›sprechenden Beschreibungen‹ und der ihrerseits ›sprechenden Natur‹ entwickelt sich ein vertracktes Hin und Her. Das Ich findet kein Mittel, sich und das Andere unmittelbar darzustellen: »Ich komme zu keinen Worten, obgleich mir ist, als mache ich schon zu viele Worte.« (SW 2, 33)

Das Phantasma der sprechenden Rede[17], das bei Walser als gemütliches ›Plaudern‹ anhebt, ist von Anfang an offen im Hinblick auf das Versagen. Anstelle von Unmittelbarkeit herrscht eine ironische Distanz zu den Dingen, die entrückt erscheinen. Der *Greifensee*-Text findet dafür Worte, die wie eine Vorwegnahme von Walter Benjamins späterem Aurabegriff klingen: Alles erscheint »lieblich in der schärfsten Nähe, in der unbestimmtesten Ferne« (SW 2, 33).[18]

Walsers Sprachwelt ist indes nicht nach rein poetologischen Gesichtspunkten strukturiert. Der Dichter registriert genau, was sich ›draußen‹ abspielt. Nebst der von Grammophon, Telefon, Tonband, Radio und Kino etablierten neuen ›Apparate-Kultur‹[19] reflektiert er auch schonungslos den Literaturbetrieb. Von der modischen Autorenlesung[20] etwa hält Walser wenig:

An der Wand eines Speiselokals zu hängen. Welch unangenehmes Los! Auf einem Plakat zu florieren, um zu verschwinden. Ein Plakat löst das andere ab, eine Vorlesung aus eigenen Werken die nächste. Wehmut faßt mich bei diesem Auftreten und Abhuschen an. [...] Nachher folgt jeweilen ein achtungeinflößender Artikel. Doch stimmt bei all dem etwas nicht. Wie sie mit ihrem jüngsten Buch in der Hand herbeispringen, um wieder abzutanzen. Jede Nummer ist sich bewußt, ihr folgt eine neue. Immer künden frische Plakate frisches Futter für Leute an, denen man Gelegenheit bietet, einen bildenden Abend zu verbringen. Wohin führt das? [...] Wir leben in plakätischen Zeiten. [...] Eine Fabrik zur Gewöhnlichmachung des Ungewöhnlichen scheint im Gang. Schüchterne Poeten gehören der Vergangenheit an. Werde auch ich am Vortragstisch erscheinen und entweiht sein? Bis dahin glaube ich steif und fest, ich tu es nie. (SW 8, 58f.)[21]

---

17 Dass es ein Phantasma der damaligen Zeit war, die stumme Schrift zum Reden bringen zu wollen, belegt Christa Baumbergers Friedrich Glauser-Studie; vgl. Baumberger: *Resonanzraum Literatur*, S. 30ff.

18 Vgl. Benjamin: *Das Kunstwerk im Zeitalter seiner technischen Reproduzierbarkeit ›Erste Fassung‹*, S. 440: »Was ist eigentlich Aura? Ein sonderbares Gespinst aus Raum und Zeit; einmalige Erscheinung einer Ferne, so nah sie sein mag.« – Das Plaudern wächst sich über die Jahre zum Gerede aus, bis hin zum mehrstimmigen ›Räuber‹-Roman, wo nicht mehr immer klar ersichtlich ist, wer spricht; vgl. Sorg: *»Die Totalität stellt die Fragen, und jedesmal antwortet das Fragment ...«* Begründung, Zerfall und Auferstehung der romantischen Erzähl-Idee.

19 Zu Walser vgl. Utz: *Tanz auf den Rändern*, S. 243ff.; allg. vgl. Göttert: *Geschichte der Stimme*, insbes. S. 399–460, sowie Lethen: *Aufstieg und Niedergang des ›Apparats‹*.

20 Zu ihrer Geschichte vgl. Weithase: *Zur Geschichte der gesprochenen deutschen Sprache*.

21 Schon Karl Kraus hat das Plakat als »Warnung vor dem Leben« und Ausdruck der »Sintflut des Merkantilismus« verstanden: »Gibts denn ein Leben außerhalb der Plakate?« (Kraus: *Schriften*; 2, S. 258f. [*Die Welt des Plakats* (1909); in: *Die chinesische Mauer*].

Als diese Zeilen 1925 erscheinen, ist Walser längst ›entweiht‹. Er *ist* bereits zum
Vortragstisch geschritten und *hat* dort vorgetragen, das ist verbürgt.[22] Entwürdi-
gend ist dabei weniger das Vorlesen an sich als das Gesehenwerden beim Sprechen.
Schon 1907 hat sich Walser über die Peinlichkeit eines Dichters mokiert, der im
Kaufhaus ausgestellt wird:

> Er hockt auf einem kleinen Rohrstuhl auf erhöhtem Gestell, allen Blicken eine
> leichte Zielscheibe, hämmert und nagelt und klopft in einem fort und schustert,
> wie es denen vorkommt, die ihn betrachten, Blankverse. (SW 3, 34)

Offensichtlich ist für Walser die Dichterlesung, die den Autor als Person exponiert
und zur Galionsfigur des eigenen Schreibens macht, zutiefst unstimmig und »ordinär« (SW 8, 59). Was ihn bei der Gotthelf-Lektüre beglückte – der Autor erscheint
persönlich und spricht seinen Leser an –, ist als private Halluzination im autofik-
tionalen Rahmen vorstellbar, nicht aber als öffentliche Veranstaltung, wo einen die
Blicke der Anderen treffen.

Der das› schreibt, ist als Autor gescheitert, da er keinen Erfolg mehr hat. Er
husche nur noch von »Prosastück zu Prosastück« (AdB 6, 427), meinte er selber.[23]
Bei aller persönlichen Betroffenheit erfasst Walser genau, wie der Beruf des Schriftstellers sich wandelt. Bedient ein Autor den Markt und die Medien, so wird aus
dem distanzierten Betrachter ein ›beobachteter Beobachter‹[24], der machen kann,
was er will, am Ende ist er immer gewöhnlich.

Walsers Kritik des modernen Schriftstellers ist im Kern eine Kritik am lebens-
philosophischen Kult um die ›Person‹ und das ›Erlebnis‹.[25] Die Unerbittlichkeit
erinnert an Max Weber, der Wissenschaftler, welche die eigene Person ins Spiel
bringen, der Unsachlichkeit bezichtigt:

> Auf dem Gebiet der Wissenschaft aber ist derjenige ganz gewiss keine »Persön-
> lichkeit«, der als Impresario der Sache, der er sich hingeben sollte, mit auf die
> Bühne tritt, sich durch »Erleben« legitimieren möchte […].[26]

Das gelte im Übrigen auch für die Kunst: »Wir kennen keinen großen Künstler,
der je etwas anderes getan hätte, als seiner Sache und nur ihr zu dienen.«[27]

---

22 Stellen zu Walser als Vorleser hat Reinhard Tgahrt im Rahmen der *Marbacher Schriften*
    zusammengestellt; vgl. *Dichter lesen. Bd. 3: Vom Expressionismus in die Weimarer Republik.*
23 Als nicht erfolgreicher Autor war Walser mit seinen bald fünfzig Jahren zudem schon recht
    alt, zumal der Literaturbetrieb vermehrt auf junge Kräfte zu setzen begann; vgl. Brandt:
    Springende Fohlen. Die junge Generation um 1930 als Marketingkonzept.
24 Vgl. Dürrenmatts Novelle *Der Auftrag oder Vom Beobachten des Beobachters der Beobachter.*
25 Vgl. dazu Sorg: *Gestaltwandel der Götzen. Technikkult und Primitivismus in der Literatur des
    frühen 20. Jahrhunderts.*
26 Weber: *Wissenschaft als Beruf,* S. 16.
27 Ebd., S. 15.

5. Wer spricht, wenn der Autor liest?

Im Unterschied zu Zeitgenossen wie Stefan George oder Hermann Hesse hat
Walser wenig Lesungen bestritten. Eine ist von besonderem Interesse, da sie spekta-
kulär verlief und widersprüchliche Zeugnisse vorliegen.

Walser selber war die Angelegenheit 1921 das Prosastück *Der Leseabend* wert. Es
handelt davon, wie der Ich-Erzähler eines Morgens sein Zimmer verlässt, um »nach
Zürich zu wandern«, wo er im Rahmen des Lesezirkels Hottingen »eine Vorlesung
abhalten« sollte: »›Lesen‹, sprach ich zu mir, ›ist sicher nicht so schwer, und ein
passendes Kostüm wird aufzutreiben sein.‹« (SW 16, 69) Unterwegs aufkommende
Zweifel zerstreut er.

Als er nach drei Tagen in Zürich anlangt, habe er auf der Straße jedoch einen
zufällig vorübergehenden Bekannten gebeten, ihm die Rolle, die ihm nicht liege,
abzunehmen:

> Als nun die Stunde da war, saß der, der vorlesen sollte, unauffällig unter den
> Zuhörern, und jener trat hervor und las aus des ersteren Büchern, und alles ging
> gut; es wurde geklatscht, und ich klatschte mit; weshalb hätte ich's nicht tun sol-
> len? War's mir doch, als säße ich da wie irgendein Beliebiger und mein Kamerad
> läse Dinge, die mir völlig neu seien. Wie überraschte es mich, daß es sich so nett
> anließ, und wie freute ich mich, spüren zu dürfen, daß die Leute alle in ihrem
> Innern Befriedigung fühlten. Ich war es nicht und war's doch, und es war nicht
> mein und doch wieder niemand anderes Werk als meines. (GW 16, 75)

Soweit die Darstellung im Prosastück. Gegenüber Mermet kürzt Walser die Schilderung ab und spricht lediglich davon, die Lesung sei »recht sehr gut« (Br, 180)[28]
verlaufen. Im Nachhinein verdächtig erscheint die Weiterführung: »Ihnen alles
haarklein beschreiben, was ich erlebte, würde einen etwas langen Brief geben, ich
rede lieber gelegentlich mündlich davon« (Br, 180).

Verdächtig deshalb, weil von dem Ereignis, das am 8. November 1920 im klei-
nen Tonhallesaal stattfand, noch andere Zeugnisse existieren. Eines stammt vom
Journalisten und Schriftsteller Emil Schibli, der die Lesung initiiert hatte, um
Walser finanzielle Nothilfe zu leisten. Die Darstellung datiert siebenunddreißig
Jahre nach dem Ereignis.

Schibli berichtet also 1957, dass es am Vortag der Lesung im Hause des Organi-
sators Hans Bodmer zu einer »Generalprobe« gekommen sei:

> Walser mußte das, was er vorlesen wollte, zuerst seinem Gastgeber vorlesen. Er
> war damit einverstanden. Plötzlich […] habe Bodmer ihn mitten in seinem Lesen
> unterbrochen und gesagt: »Aber Herr Walser, Sie chönd ja nüd läse!« Worauf er,
> rot vor Wut, die Faust auf den Tisch geschlagen und geantwortet habe »Meinet
> Sie eigetli, ich seig en Torebueb, Herr Tokter? Ich bi äxtra wägen Ihne uf Züri cho
> und ha mit däm Honorar wo Sie mir offeriert händ, grächnet.«

---

28 Brief vom 16. 11. 1920.

Bodmer suchte den Aufgebrachten zu beschwichtigen. An dieser Abmachung würde nichts geändert, sagte er. Damit gab sich Walser zufrieden. Schließlich, so erzählte er, sei ihm nicht wichtig gewesen, ob nun er selbst oder ein anderer läse. Er gab zu, daß es ihm an Übung fehle; man war ja kein Rezitator, sondern ein Dichter.

Für die Vorlesung wurde noch am selben Tag Dr. Hans Trog, der Kunstreferent der NZZ, gewonnen. Und so war alles in Ordnung. Walser selbst wurde den Zuhörern als krank gemeldet, obgleich er als Publikumsteilchen kerngesund in der vordersten Reihe saß. Es ging kein Raunen durch den Saal. Es war niemand da, der geflüstert hätte:»Aber dort sitzt er doch!« Keine Seele, außer den wenigen Eingeweihten wusste, wie der Dichter aussah. Kein Fotograf war da, der eine Aufnahme von ihm machen, kein Reporter, der ihn interviewen wollte. Walser durfte sich einer völligen Anonymität erfreuen und sich ungestört dem Genusse hingeben, gewissermaßen sich selbst durch den Mund eines andern zuzuhören.[29]

Derjenige, der fürchtet, durch Plakate seine Seele zu verlieren, erfreut sich also in Tat und Wahrheit ›völliger Anonymität‹. Ob Walser wirklich so schlecht gelesen hat, ob er dies absichtlich tat[30] oder nur »indisponiert«[31] war, wissen wir nicht. Jedenfalls stand er im Ruf, ein schlechter Vorleser zu sein.[32] Zu Beginn von *Der Leseabend* betont er selber, dass er keine »bewegliche Zunge« (SW 16, 69) besitze.[33]

In der Jugend muss das anders gewesen sein, da wollte er bekanntlich Schauspieler werden.[34] Und noch mit 24 traute er sich diesbezüglich etwas zu. Darauf deutet jedenfalls 1902 ein neulich entdecktes Inserat in der NZZ. Da sucht der

---

29 Schibli: *Die Vorlesung. Kleiner Beitrag zu einer Biographie Robert Walsers*, S. 177. – Die Schwierigkeiten, die einem Schriftsteller seine Rolle als Vorleser bereiten kann, reflektiert auch Hermann Hesse; vgl. die 1925 entstandene autobiografische Erzählung *Nürnberger Reise*.

30 Dies zieht Mächler in Betracht; vgl. Mächler: *Das Leben Robert Walsers*, S. 117.

31 Dies vermutet Korrodi; vgl. Korrodi: *Ein Dichter-Abend. Robert Walser und Karl Stamm*, S. 117.

32 In der Besprechung von *Die Rose* (1925) bezeichnet Korrodi dies als Gerücht:»Weil er aber ein Leiser in unserem Lande ist, der sich die Erfölglein ›verunschickt‹, weil die Vortragsgesellschaften ihn nie oder selten der freundlichen Aufmunterung der Zuhörer aussetzen (weil er schlecht lese, was ein ganz dummes Gedicht aus der blauen Luft ist), weil er so originell lebt wie er dichtet, seien einige Leser aufs höflichste gebeten, es doch ja nicht zu versäumen, dieses Buch ›Die Rose‹ zu lesen.« (Korrodi: *Walser über Walser*, S. 109) – Ein Faktor wäre in dem Zusammenhang auch die spezifisch schweizerische Diglossie-Situation; vgl. dazu Sorg: *Kleine Literatur, großer Markt. Die ›Schweizer Literatur‹ zwischen schweizerischem und gesamtdeutschem Markt*.

33 Vgl. dagegen das Prosastück *Poetenleben* (1916), wo »der Poet auch als Vorleser bei hohen Damen« auftritt, um »Selbstgedichtetes so gut wie anderes« zum besten zu geben, und zwar mit der gebotenen »Zungenfertigkeit« (SW 6, 126).

34 Vgl. dazu das längere Prosastück *Wenzel* von 1909 (GW 2, 81–91).

»Jung. Schriftsteller« Robert Walser nämlich eine »Stelle als Sekretär, Reisebegleiter oder Vorleser«[35].

Ironische Distanz gegenüber dem Vorlesen markiert auch Walsers Bericht über einen Auftritt im Zürcher Zunfthaus zur Waage. Auf Einladung des Literarischen Klubs des Lesezirkels Hottingen las er dort am 8. März 1922, also keine anderthalb Jahre nach dem verhinderten Tonhalle-Auftritt, aus dem heute verschollenen Roman *Theodor*. An Mermet meldet er, dass er an dem Abend »3/4 Stunden lang« vorgelesen habe, »indem [er] öfters ein bischen anhielt, um einen Schluck Rotwein zu trinken, worüber die Zuhörer hörbar räusperten und schmunzelten.« (Br, 200)

Die bis anhin unbekannte Besprechung der NZZ spielt erst auf die verhinderte Lesung von vor zwei Jahren an: »Nun hörte man *Robert Walser* doch einmal«[36], um in der Folge Walsers eigene Darstellung zu bestätigen: »Im Klub las er selbst, sehr eigenwillig, jedenfalls nicht schulgerecht, manches wunderlich, anderes ganz ausgezeichnet anpackend.« Für einmal wirkt Walsers Unbotmäßigkeit gewinnend, laut dem Rezensenten erhielt er »[w]ärmste[n] Beifall«[37].

In der Folge hat sich Walser mit Lesungen schwer getan. 1924 entsteht die zitierte Kritik an der ›Plakat-Wut‹, 1927 kommt eine Lesung in Thun nicht zu Stande. Er sagt dem Veranstalter zwar zu, zaudert aber wegen seines »Übungsman-

---

35 Inserat, in: *Neue Zürcher Zeitung*, 123. Jg., Nr. 93, Freitag, 4. 4. 1902, Zweites Abendblatt. – Mein Dank für den Hinweis geht an Barbara von Reibnitz, Matthias Sprünglin und Wolfram Groddeck vom Projekt der *Kritischen Robert Walser-Ausgabe* (KWA) an der Universität Zürich.

36 Anonym: *Literarischer Klub*, S. 1. Als Teil einer wohl von Korrodi verfassten Sammelbesprechung in der Feuilleton-Rubrik »Kleine Chronik« ist die Rezension der Waage-Lesung der Forschung bisher entgangen. Sie ist von Bedeutung, da sie auch Hinweise auf den Inhalt des verschollenen Theodor-Romans gibt: »Nun hörte man *Robert Walser* doch einmal. An dem schönen Robert Walser-Abend, den der Lesezirkel Hottingen seinerzeit veranstaltete, saß der Dichter, unbedrängt vom Glühbirnenfieber, im Auditorium und klatschte ehrlich und erfreut mit. Im Klub las er selbst, sehr eigenwillig, jedenfalls nicht schulgerecht, manches wunderlich, anderes ganz ausgezeichnet anpackend. Der Held seines Romans – nennen wir ihn Theodor – legt ein schönes Buch aus der Hand und will nun ›auch dem Schönen im Leben begegnen‹. Das ist nun der still wirkende Zauber seiner Erlebnisse, daß sie alle irgendwie Anlässe zum Ausdruck einer lieblichen Bewegung der Gefühle werden. Man lernt durch diesen flanierenden Herrn Theodor einige Menschen kennen, freut sich der zierlichen Art, deren er sich im Umgang mit Frauen befleißt und hat sein Vergnügen an den köstlichen Dialogen. Auch dieser Theodor ist ein Leberecht Hühnchen; er versteht sich darauf, an den Vorteilen des Lebens sein holdes Vergnügen zu haben. Ist er einmal gut angezogen, so sagt er, es wundere ihn nicht, wenn er nächstens Banknoten geschenkt bekomme und zwar deshalb, weil er wie ein Mensch aussehe, der ein gefülltes Portemonnaie besitze. Es braucht nicht gesagt zu werden, daß Robert Walser seinem Helden alle guten Gaben seiner ironischen und doch so herzlichen Kunst mitgab. Wärmster Beifall dankte dem Dichter.« – Ich danke Roman Bucheli von der *Neuen Zürcher Zeitung* für die Hilfestellung beim Auffinden des Artikels.

37 Ebd., S. 2.

gels im öffentlichen Lesen«; er sei »Dichter, nicht aber ein ausdrücklicher Sprecher«. Es könne sein, dass er »schlecht lesen werde« (Br, 308).[38]

Walser entschuldigt sich damit, dass er »ganz und gar kein Gesellschaftsmensch«
sei und schon seit Jahren »einsiedlere« (Br, 308). Ein nächster Brief, in dem er statt
der angebotenen hundert zweihundert Franken Honorar fordert, verdeutlicht, dass
er Lesungen gering schätzt und fürchtet:

> [I]ch bin der sehr höflichen Meinung, Dichtervortragsabende seien in erster Hin-
> sicht Gesellschaftsanläße, bildeten für die gebildeten Zirkel ein Vergnügen, aber
> dabei hätten solche Veranstaltungen das Eigentümliche, daß sie einem Dichter
> ebenso gut schaden wie nützen können. […] und ein Dichter kann bei solch
> einer Gelegenheit um die Hälfte seines Ansehens kommen oder vollständig gebo-
> digt und erledigt werden […]. (Br, 309)

Als die Honorarforderung abschlägig beantwortet wird, zögert Walser nicht und
nimmt die Zusage zurück: »[I]ch […] bitte Sie, […] auf mich zu verzichten« (Br,
312), schreibt er nach Thun.

Das Thema hat Walser nachhaltig beschäftigt. Im Prosastück *Vortragsabend*
(1927/28) etwa schildert er die klägliche Lesung eines anonymen Dichters, der
mit an »Hündchenwinseln« gemahnender Stimme Gedichte »zum besten geben zu
dürfen meinte« (SW 19, 273).

Und gegenüber Therese Breitbach erinnert er sich an das Trauma, dass er als
Kind seinem Schwesterchen vorlesen musste:

> Hatte ich nun hie und da keine ganz große Lust zu diesem Geschäft, so eilte Fanny
> […] zur Mama, um mich zu verklagen, der Saubub wolle ihr keine Geschichten
> erzählen, wonach es zur Bestrafung des Sünders kam. (Br, 307)

Und gegenüber Mermet erklärt er:

> Hinsichtlich des Geschmäuses mit Zürich und Thun bitte ich Sie, nicht so sehr
> an Übermut meinerseits zu glauben, als vielmehr nur an den Umstand, daß ich
> es nicht liebe, Hans in allen Gassen zu sein […]. Ein Schriftsteller muß sich doch
> immer vor allem »erst wieder finden«; und hiezu gehört das wohlangemessene
> bißchen Ruhe. Was ich schreibe, fliegt mir nicht schlaraffenlandmäßig in den
> Mund, sondern es will empfangen, empfunden, bedacht sein. (Br, 317)

Das war keine bloße Rhetorik, denn als im Februar 1928 wieder einmal der Literarische Club des Lesezirkels Hottingen anfragt, antwortet er brüsk: »Sehr geehrter Herr. / Ich möchte damit lieber nichts zu schaffen haben. / Hochachtungsvoll
Robert Walser« (Br, 324).[39]

---

38 Adolf Schaer-Ris hatte neben Walser den jüngeren und unbekannten Bernhard Moser ein-
geladen, was nicht recht passte. Walser hat sich denn auch prompt beschwert (vgl. Br, 308).

39 Die Absage an Walter Muschg, den damaligen Präsidenten des Literarischen Clubs, fiel
wohl auch deshalb so kurz aus, weil Walser vermutet, jener habe 1926 als Lektor des Orell
Füssli-Verlags ein Manuskript von ihm abgelehnt. Walser hat Muschg in der Folge gegen-

Die verhinderte Tonhalle-Lesung verfolgte Walser nachweislich noch bis 1926. Das Mikrogrammblatt 318/I nimmt das Ereignis in dramatischer Form auf. Von der an den Tag gelegten »Wandertüchtigkeit« ist ebenso die Rede wie davon, dass die Einladung »aus Mitleid« erfolgte. Walser relativiert seine »Beklommenheit« (AdB 4, 338) anlässlich der »Sprechprobe«, wo man ihn bezichtigte, »nicht Deutsch« zu können«, und vermutet, dass sein Vortrag nach Anlaufschwierigkeiten »ein beseelter, beschwingter« (AdB 4, 339) geworden wäre.

Bemerkenswerterweise hatte Bodmer ihm bei der Gelegenheit vorgeworfen, die Worte »wie eine wohlschmeckende Speise« (AdB 4, 338) zu behandeln und sie beim Vorlesen zu verschlucken.

6. »Man hört etwas Entferntes«

Dass Walser Gotthelf als ›Lautsprecher‹ erlebte, mag auch damit zu tun haben, dass vermehrt literarische Texte »durch den Radio gesprochen« (Br, 287) wurden. Laut dem Prosastück *Radio* hat Walser sich 1928 »zum erstenmal eines Radiohörers« bedient und so »etwas Entferntes« (SW 19, 37) gehört. Nach anfänglicher Klage, dass eine »Gesellschaft von Radiohörern« weniger Gespräche führe, lässt er sich durch den »Genuß eines aus zauberischer Distanz […] herübertanzenden Klavierspiels« bekehren: »Es wäre unhöflich«, meint er, »den Siegeszug des technischen Erfindungsgeistes nicht schlankweg zuzugeben.« (SW 19, 38)

Soweit bekannt, ging die erste Radiosendung zu Robert Walser am 22. August 1925 in Frankfurt über den Äther.[40] Die Programmzeitschrift *Der deutsche Rundfunk* kündigte detailliert an, welche »Geschichten«[41] Walsers rezitiert und vom Hausorchester mit Débussy musikalisch umrahmt wurden.

Die Sendung belegt Walsers Relevanz und verfestigt zugleich den Topos seiner Verkennung: »Es ist seltsam und auch wieder bezeichnend, daß die Bedeutung dieses Dichters für die heutige deutsche Sprache noch kaum je nach vollem Verdienst gewürdigt worden ist«[42], heißt es im redaktionellen Begleitkommentar.

Am 10. November 1926 dann strahlte Radio Zürich eine Sendung aus, in der unter anderem das oben erwähnte *Der Greifensee* verlesen wurde.[43] Walser hatte

---

über Dritten gelegentlich verunglimpft, etwa als »Pfarrer Mutschkatnuß« (Br, 317; vgl. ferner Br, 335).

40 Ich danke Regina Zölßmann von der Stiftung Deutsches Rundfunkarchiv in Wiesbaden für den Hinweis und die freundliche Unterstützung.

41 *Der deutsche Rundfunk*, 3. Jg., 1925, Heft 33, S. 2214; gelesen wurden laut Programm: »Romanstellen und Geschichten, u. a.: Gebirgshallen, Das Zimmerstück, Büchners Flucht, Der Nachen, Die Rose, Die Geliebte, Schaufenster, Das seltsame Mädchen, Der Einsame, Der Elefant.«

42 Ebd., S. 2083.

43 Vgl. Redaktioneller Kurzhinweis in der Vorschau auf »Die neue Woche«, in: *Radio-Programm. Offizielles Organ der Radio-Genossenschaft Zürich*, 3. Jg., 5. November 1926, Nr. 45, S. 771. Laut dem eigentlichen Programmhinweis (vgl. ebd., S. II) hat der verantwortliche

dem »Rezitationsabend«, der ebenfalls vom »Hausorchester«[44] begleitet wurde, zugestimmt (vgl. Br, 287), allerdings nicht ohne das »Ausbeutungssystem«[45] zu kritisieren, da man ihm kein Honorar gewährte.[46] Drei Jahre später kam es in Frankfurt zu einer weiteren Walser-Sendung. Wie diejenige von 1925 hat sie sich bislang unserer Kenntnis entzogen und kommt einer kleinen Sensation gleich. Gregor Ackermann hat entdeckt,[47] dass die *Südwestdeutsche Rundfunk-Zeitung* vom 11. August 1929 für den 20. August eine »Literarische Veranstaltung« ankündigt: »Robert Walser / Vorlesung aus eigenen Werken«[48]. Walser saß zu dem Zeitpunkt seit über einem halben Jahr in einer Berner Anstalt, da er unter Angstzuständen litt und ihn beständig höhnische Stimmen verfolgten, »die ihn verspotteten«[49]. Am Vortag der Sendung meldet die *Frankfurter Zeitung* denn auch, dass die »Vorlesung *Robert Walser* ›Aus eigenen Werken‹ infolge Verhinderung des Dichters in eine Verlesung durch den Sprecher umgeändert werden mußte«[50]. Am Folgetag der Sendung bringt dasselbe Blatt eine einlässliche Besprechung, die auch enthüllt, wer an Walsers Stelle gelesen hat:

Dichtungen von Robert *Walser* wurden im *Frankfurter Sender* gelesen; dazu ist zunächst zu sagen, daß dieser Vortrag eine bedauerliche Erscheinung hatte, nämlich das Ende. Man erkannte wieder die überaus seltene Eigenschaft des großen Sprachkünstler Walsers – seine Verzichtmöglichkeit auf jegliche konzentrierte Komposition. Er hat es nicht nötig, Fabeln zu erfinden, über Handlungen nachzudenken, ihm genügen allein die Sätze. Sie wachsen verschlungen ineinander hinein und voneinander hinweg, es genügt ihnen die gleiche Wurzel zu haben, Robert Walsers Geist. Es entstehen keine regelrechten Essais, sondern Mosaiks, die alle Eigenschaften besitzen, die nur je ein Talent zu besitzen vermag. Andere haben eine oder einzelne dieser Eigenschaften, Walser hat sie alle auf einmal. Walter *Benjamin* las einige der Walserschen Skizzen, nachdem er vorher in einer

---

Rundfunkleiter Hans Bänninger von Walser zehn Gedichte sowie die Prosastücke *Der Greifensee* und *Ich habe nichts* gelesen. Der erste Hinweis auf die Sendung findet sich in Mächler: *Das Leben Robert Walsers*, S. 140f.

44 *Radio-Programm. Offizielles Organ der Radio-Genossenschaft Zürich*, 3. Jg., 5. November 1926, Nr. 45, S. II.

45 Brief an Hans Bänninger vom September 1926, zit. n. Mächler: *Das Leben Robert Walsers*, S. 140; der von Mächler in Auszügen zitierte Brief befindet sich seit Mai 2007 im Walser-Archiv, Zürich. Vgl. *Robert Walser an Hans Bänninger*.

46 Walser forderte 50 Franken »pro Stück« (ebd.); gehört hat der damals in Bern wohnhafte Walser die Sendung wohl nicht, denn die Reichweite des Senders beschränkte sich auf Zürich und Umgebung.

47 Vgl. Ackermann: *Walter Benjamin liest Robert Walser*. Ich danke Gregor Ackermann, Aachen, herzlich für den Hinweis und die freundliche Unterstützung.

48 Programmhinweis zu einer Radiosendung zu Robert Walser, in: *Südwestdeutsche Rundfunk-Zeitung*, Jg. 1929, Nr. 32, 11. 8. 1929, S. 9.

49 Mächler: *Das Leben Robert Walsers*, S. 179.

50 Meldung [in der Rubrik »Vom Rundfunk«], in: *Frankfurter Zeitung*, Jg. 74, Nr. 614, 19. 8. 1929, Morgenblatt (Express-Ausgabe), S. 1.

geistreichen, treffsicher pointierten Einleitung die skurrile, genial unordentliche Art Robert Walsers in ihrem vollen Liebreiz geschildert hatte.[51]

Anstelle des ›Vorlesers‹ amtet mit Benjamin ein ›Verleser‹, der wie kein anderer dazu berufen war, dem Abwesenden seine Stimme zu leihen. Erhalten hat sich die Sendung nicht, auch ist unbekannt, was Benjamin ›verlesen‹ hat.[52] Mit großer Wahrscheinlichkeit ist die erwähnte Einleitung zur Sendung identisch mit dem legendären Walser-Essay, den Benjamin damals zu Papier brachte und der den Topos von »Walsers Geschwätzigkeit«[53] prägte. Ob Walser von der Sendung, die auch in der Schweizer Programmzeitschrift angekündigt war[54], wusste, ist unbekannt. »Gegenwärtig spielt das Radio eine gewisse Rolle in der Literatur« (Br, 342), schreibt er damals an eine Bekannte.

7. Armer Teufel

Walsers wiederholte Verhinderung, selber zu lesen, erscheint wie ein Zeichen: Die Vorlesung aus eigenen Werken war nicht sein Medium. Literatur ›persönlich‹ näher bringen zu wollen, rückt sie in seinen Augen in weite Ferne. Die Spannung zwischen Rede und Schrift, die im fiktionalen Raum produktiv ist, wirkt vor Publikum annähernd obszön.

Die Aporie, das gesprochene Wort literarisch nicht wirklich zum Sprechen bringen zu können, hat Walser lakonisch zugespitzt: »Hier können Sie den Schriftsteller Robert Walser sprechen hören« (SW 17, 182), lautet das falsche Versprechen am Anfang des Prosastücks *Walser über Walser* von 1925.

---

51 Besprechung [in der Rubrik »Vom Rundfunk«] [der Radio-Sendung zu Robert Walser vom 20. 8. 1929 am Frankfurter Sender], in: *Frankfurter Zeitung*, Jg. 74, Nr. 621, 21. 8. 1929, Abendblatt (Express-Ausgabe), S. 1.

52 Gregor Ackermann vermutete im Gespräch (November 2006), dass eine Bemerkung Benjamins, die in einem Brief vom 18. 9. 1929 an Scholem steht, auf die Walser-Sendung zu beziehen sei. Wenn er schreibe, er habe in Frankfurt »in den letzten Wochen […] dreimal oder sogar viermal im Rundfunk gesprochen« (Benjamin: *Briefe*, II, S. 501), so meine »dreimal« eigene Vorträge und »sogar viermal« das Einspringen für Walser.

53 Benjamin: *Robert Walser*, S. 327. Der Text entstand »ca. August/September 1929« (ders.: *Gesammelte Schriften*, VII,2, S. 947; vgl. auch ebd., II,3, S. 1069) und erschien schon Ende September in der Zeitschrift *Das Tagebuch*. – Walser seinerseits hielt der »schwatzhaften Moderne« (SW 15, 119) den Spiegel vor: »Immer reden, reden und reden sie […].« (SW 15, 118) – Zu Benjamins Walser-Lektüre vgl. auch Blank: *In Walter Benjamins Bibliothek*.

54 Wie bereits die Sendung von 1925 wurde auch jene von 1929 angekündigt; vgl. Programmhinweis zu einer Radiosendung zu Robert Walser [in der Rubrik »Ausländische Sender«], in: *Radio-Programm. Offizielles Organ der Radio-Genossenschaft Zürich*, 2. Jg., 21. 8. 1925, Nr. 34, S. 519, u. Programmhinweis zu einer Radiosendung zu Robert Walser [in der Rubrik »Ausländische Sender«], in: *Schweizerische Radio-Zeitung. Vereinigte Zeitschriften Radio-Programm und Radio-Zeitung. Programme in- und ausländischer Sendestationen*, 4. Jg., 16. 8. 1929, Nr. 33, S. VII.

So wird bei Walser aus jedem ›Vorlesen‹ ein ›Verlesen‹. Und als ›sprechend‹ erweist sich immer das Andere: Der ›Saubub‹, der dem Schwesterchen nicht vorlesen will. Der Junge, der Schauspieler werden möchte. Die Natur, die sich als sprechender erweist als jede Poesie. Gotthelf, der phantomatisch seiner Prosa entsteigt. Die Konkurrenz, die unverdrossen durch die Säle zieht. Trog und Benjamin, die für ihn einspringen. Und *last but not least* Carl Seeligs Erinnerungsbuch *Wanderungen mit Robert Walser* (1957), wo tatsächlich Walser durch den Anderen spricht – allerdings unter Preisgabe der Autorschaft, als Entmündigter, der eines Fürsprechers und Ghostwriters bedarf.

Einen utopischen Ausdruck jenseits der Literatur – wie ihn Roland Barthes ›lautes Schreiben‹ auf der Leinwand markiert – zieht Walser nicht in Betracht. Er hört zwar Radio, geht ins Theater und auch ins Kino, aber als Schriftsteller hält er am Schreiben fest. Und Verstummen und Schweigen sind keine Erfüllung, sondern eine Katastrophe.

Wenn Walsers Schreiben nicht unmittelbar lebendige Rede sein kann, so repräsentiert die »sekundäre Oralität«[55] doch deren Aura. Benjamin hat erkannt, dass die Reproduktion das Reproduzierte nicht nur banalisiert, sondern auch »aktualisiert«[56]. Genau das tut Walser, wenn er im Zeitalter der ›Lautsprecher‹, wo die Rede beliebig reproduzierbar wird, sich den Paradoxien ihrer literarischer Repräsentation verschreibt. Rückblickend hat Walser die »Hoffnung, in der Sprache sei irgendwelche unbekannte Lebendigkeit vorhanden, die es eine Freude sei zu wecken« (SW 20, 429f.), zur Triebfeder all seiner »Bemühungen« (SW 20, 427) erklärt.

Ist die Vorstellung eines sprechenden Ich für Walser im fiktionalen Rahmen das höchste Glück, so fürchtet er, beim öffentlichen Vortrag »wie ein poverer Diabel angeschaut zu werden« (Br, 309). Ein Autor, der dem eigenen Text die Stimme leiht und sich vor Publikum ausspricht, ist für ihn letztlich nur als Karikatur oder als Phantom vorstellbar.

---

55 Ong: *Oralität und Literalität. Die Technologisierung des Wortes*, S. 136.
56 Benjamin: *Das Kunstwerk im Zeitalter seiner technischen Reproduzierbarkeit ›Erste Fassung‹*, S. 438.

Marianne Schuller (Hamburg)

ROBERT WALSERS POETIK DES WINZIGEN. EIN VERSUCH

Für Robert Walsers Literatur ist der Zug ins Kleine signifikant. Zugeschnitten für die Aufnahme ins Feuilleton, sind die Prosastücke in der Regel kurz wie die rätselhaften Mikrogramme die Handschrift ins Winzige zusammendrängen.[1] Als ›klein‹ geben sich die Texte auch, weil ihre Sujets in der Regel von geringem und unscheinbarem Statut sind. Die Prosa-Stücke, die häufig ins Märchenhafte und Idyllisierende hinüber spielen, die das Diminuitiv über alles lieben, erscheinen miniaturhaft, sofern die ›Miniatur‹ von der Tendenz zur Handhabbarkeit, Beherrschbarkeit, Freundlichkeit oder gar Liebenswürdigkeit lebt. Dieser mit dem ›Kleinen‹ verknüpfte Zug ins Beruhigende bleibt jedoch nicht unangefochten: Er wird aufgestört, er kippt ins Krisenhafte. Wie im Folgenden zu zeigen, zeichnet sich in dieser doppelten, sich verschränkenden Bewegung eine Poetik ab, die als ›Poetik des Winzigen‹ beschrieben werden kann.

Nicht ohne eine gewisse Willkürlichkeit, gehe ich von dem Text *Asche, Nadel, Bleistift und Zündhölzchen* aus. Dieser erstmals 1915 in der Zeitschrift *Die Ähre* erschienene Text eröffnet eine Zusammenstellung von Prosa-Stücken, die Jochen Greven in seiner Edition der *Sämtlichen Werke in Einzelausgaben* unter die Rubrik ›Sachtext‹ eingerückt hat (vgl. SW 16, 328; *Nachwort*). In der Tat erzählt dieser Text weniger eine Geschichte, als dass er mit der Hervorbringung eines ästhetischen Verfahrens beschäftigt ist, das auf den Namen »Betrachtung« getauft wird: Die ›Betrachtung‹ wird sich als ein Verfahren erweisen, das kleine Gegenstände auf der Schwelle des Rezeptiven in eine unbegreifliche Eigenlebendigkeit transformiert.

Wie schon im Titel angekündigt, ist der Text bevölkert von kleinen Objekten. Die aufgeführten Gegenstände wie Aschepartikel, Nadel und Bleistiftstummel sind nicht nur klein im Sinne einer messbaren Ausdehnung, sondern auch im Sinne von ›gering‹. In der ersten Aussage des Text-Ichs, mit dessen Nennung das Prosa-Stück einsetzt, kommt jedoch ein Umschlag zum Zuge: Eine vom Text-Ich einst geschriebene ›Abhandlung‹ über den geringfügigen Gegenstand ›Asche‹ hat zu einem »nicht geringen Beifall« geführt. Der Umschlag also erscheint als Wirkung eines vom Text-Ich praktizierten Schreibverfahrens, das als ›Abhandlung‹ bestimmt wird:

---

[1] Vgl. hierzu grundsätzlich Utz: *Tanz auf den Rändern.*

> Ich schrieb einmal eine Abhandlung über Asche, die mir nicht geringen Bei-
> fall eintrug und in welcher ich allerlei überaus Kurioses zutage förderte, unter
> anderem die Beobachtung, daß Asche keinerlei nennenswerte Widerstandskraft
> besitze. (SW 16, 328)

Es ist also die vom Text-Ich einst geschriebene »Abhandlung«, die »Beobachtung[en]«
zutage fördert. Sind damit die Beobachtungen als Wirkung der Abhandlung
bestimmt, so wird auch das spezifische Verfahren lesbar, welches diese Wirkung
herbeigeführt hat: Die ›Abhandlung‹ hat den unscheinbaren, toten Gegenstand
angeblasen, der »augenblicklich« auf- oder auseinander geflogen ist:

> In der Tat läßt sich über diesen scheinbar so uninteressanten Gegenstand bei nur
> einigermaßen tieferem Eindringen manches sagen, was durchaus nicht uninter-
> essant ist, wie z. B. das: Wird Asche angeblasen, so ist nicht das Geringste an ihr,
> das sich weigert, augenblicklich auseinanderzufliegen. (SW 16, 328)

Wenn sich das Verfahren der Abhandlung über den Vorgang des Anblasens
beschreibt, so zeichnet sich darin, freilich nur schwach, kaum deutlich hervor tre-
tend, eine Anspielung ab: Angespielt wird auf den Schöpfungsakt der *Genesis*, nach
dem Gott den Menschen schafft, indem er der toten Materie Odem und damit
Leben, Seele einbläst.[2] Die Anspielung figuriert das Emblem für ein Schreiben,
das sich als Aspiration im Sinne von Beseelung und Verlebendigung einer toten
Materie darstellt.

Während die Schwachheit der Anspielung die Frage aufwirft, in wie weit die
einst geschriebene ›Abhandlung‹ lediglich eine Schrumpfstufe oder aber eine Krise
der großen Erzählung darstellt, führt die Verlebendigung zunächst zu einer Anthropomorphisierung des Objekts, das sowohl moralischen wie ästhetischen Kategorien
zugänglich ist:

> Asche ist die Demut, die Belanglosigkeit und die Wertlosigkeit selber, und was das
> Schönste ist: sie ist selbst durchdrungen von dem Glauben, daß sie zu nichts taugt.
> [...] Wo Asche ist, da ist eigentlich überhaupt nichts. Setze deinen Fuß auf Asche,
> und du wirst kaum spüren, daß du auf irgendetwas getreten bist. (SW 16, 328)

Zum Auftakt des Textes also erscheint das Kleine als ein toter Gegenstand, der
optisch und taktil dem Bereich des Subperzeptiven, dem fast Nichts zuzurechnen
ist. Dieses Fast-Nichts, das »zu nichts taugt«, zu keinem Zweck und zu keinem
Nutzen, wird durch das sich selbst vorführende Schreibverfahren der Verlebendigung und Anthropomorphisierung einem Wahrnehmungsmodus zugänglich, der
nicht nur Wertungen ermöglicht, sondern Empfindungen und Affekte auslöst.
Während diese Verwandlungen sich als Wirkungen eines mit ›Beobachten‹, ›Sehen‹
und ›Schauen‹ korrelierten Verfahrens unter dem Namen ›Abhandlung‹ erweisen,
wird nun ein weiteres Verfahren angekündigt: die mit »Innigkeit« und »Sorgfalt«
verknüpfte »Betrachtung«:

---

2 Vgl. 1. Mose 2, 7.

[I]ch glaube nicht, daß ich mich sehr stark irre, wenn ich der Überzeugung zu sein wage, daß man nur die Augen aufzutun und recht aufmerksam um sich herum zu schauen braucht, um Dinge zu sehen, die wert sind, daß man sie mit einiger Innigkeit und Sorgfalt betrachtet. (SW 16, 328)

Was zeichnet die ›Betrachtung‹ aus? Zunächst kommen drei kleine Gegenstände ins Spiel: die Nadel, der Bleistift und der Blau-, bzw. Kopierstift. Hatte Walser eine gewisse Vorliebe für die winzige stichelnde Nadel, auf deren Spitze, einem anderen Walser-Bild zufolge, Kunst und Leben auf der Lauer gegenseitiger Beobachtung liegen (vgl. Br, 50)[3], so gehört sie in der Doppeltheit von Stich/Wunde und Vernähen/Verknüpfen dem Bereich des Gewebes, der Textur und damit dem Bereich des Textes zu. Wenn auch die ›Nadel‹ das einzige im Text genannte Objekt ist, das, anthropomorphisiert wie es ist, sich auf seine Nützlichkeit etwas einbildet, so wird es gerade nicht im Hinblick auf seine Verwendung beschrieben. Die anderen aufgeführten Objekte sind dagegen deutlicher durch das Moment der Nutzlosigkeit, der Heraussetzung aus jedem Verwendungszusammenhang markiert. Dies gilt in besonderem Maße für den Bleistift bzw. den Bleistiftstummel: Der Bleistiftstummel wird zum Emblem eines für den Gebrauch untauglichen, eines dem Gebrauch entzogenen Objekts:

Was den kleinen Bleistift betrifft, so ist dieser insofern beachtenswert, als man ja zur Genüge wissen muß, wie er gespitzt und gespitzt wird, bis es nichts mehr an ihm zu spitzen gibt, worauf man ihn, unbrauchbar wie er durch unbarmherzigen Gebrauch geworden ist, auf die Seite wirft, wobei es niemandem nur von Ferne einfällt, ihm für die vielfachen Dienstleistungen ein Wörtchen der Anerkennung und des Dankes zu sagen. Bleistifts Bruder heißt Blaustift, und wie da und dort schon erzählt worden ist, lieben die beiden bedauernswerten Stifte einander brüderlich, indem sie eine zarte und innige Freundschaft für das ganze Leben miteinander geschlossen haben. (SW 16, 329)

Scheint der Text auf Christian Morgensterns *Die Versammlung der Nägel*[4] anzuspielen, so ist der Bezug zu Walsers eigener Schreibtechnik des Bleistiftverfahrens oder Bleistiftelns überdeutlich wie auch die Anspielung an das brüderliche Duo Karl und Robert Walser, sofern sich in ihnen die Konstellation Malerei/Zeichnung und Literatur figuriert. Doch in dieser Referenz erschöpft sich der Text gerade nicht. Stärker formuliert: Diese Referenz, welche die Objekte auf die empirische Welt Robert Walsers bezieht, wird aufgerufen und abgelenkt. Wie geschieht die Ablenkung des Bezugs zur Welt des Menschen? Und welche Dimensionen sind es, die sich mit der Ablenkung auftun?

Der Schwenk des Objekts weg von der Welt des Menschen geschieht durch ein Verfahren des Ausstellens, des vereinzelnden Präsentierens, durch welches das anthropomorphisierte, im verniedlichenden Märchenton umspielte Objekt transformiert wird. Mit der Aussicht auf dieses Verfahren endet der zweite Absatz:

---

3 Brief vom 18. 1. 1907 an Christian Morgenstern.
4 Vgl. Morgenstern: *Die Versammlung der Nägel.*

Das sind nun schon drei, wie man sicher allgemein sagen wird, höchst sonderbare, merkwürdige und anteilerweckende Gegenstände, die sich, einer so gut wie der andere, womöglich einmal, d. h. bei passender Gelegenheit, zu speziellen Vorträgen eignen werden. (SW 16, 329)

Angesichts der als ›Betrachtung‹ gekennzeichneten Passage kann im Wort ›Vortrag‹ oder ›Vortragen‹ neben der Redeform auch die Bedeutung von Präsentieren, Ausstellen mitgehört werden. Danach enthält die Wendung die Aussicht darauf, dass die im poetischen Verfahren der Aspiration belebten und anthropomorphisierten Objekte vereinzelt und als Vereinzelte vorgetragen, präsentiert werden. Mit einem solchen im Sprech- und Zeigesinn des Wortes verstandenen Vortrag werden die aspirierten Objekte von der Welt des Menschen abgekoppelt und bilden eine nicht-menschliche Eigenlebendigkeit aus. Es wird also ein Prozess der Transformation angekündigt, der sich in und als ›Betrachtung‹ vollzieht. Der dritte Absatz scheint genau jene angekündigte ›passende Gelegenheit‹ zu einem der »speziellen Vorträge« zu bieten, aufgrund derer jeder beliebige Gegenstand – »einer so gut wie der andere« – ergriffen und verwandelt werden kann.

Der Gegenstand des nun folgenden Vortags ist ein Zündhölzchen, zu dessen Beschreibung sich alle bisher genannten Züge des Kleinen versammeln. Dazu gehört der Märchenton, der die mit dem Kleinen verknüpften Vorstellungen des Niedlichen, Possierlichen, Liebenswürdigen auskostet. Dazu gehört die Anthropomorphisierung, die, indem der Gattungsname ›Zünd- oder Streichholz‹ als Eigenname fungiert, eine Personifizierung erzeugt. Dazu gehört das Moment der Nicht-Zweckhaftigkeit, des Geringen und seines Umschlags in eine Werthaftigkeit. Der Vortrag aber versammelt nicht nur die Züge des Kleinen, sondern er lenkt den Blick auf die ›Betrachtung‹ selbst: Sie ist es, die als poetisches Objekt aufscheint:

Was sagt der Leser erst zu Zünd- oder Streichhölzchen, das ein ebenso liebenswürdiges wie zierliches, niedliches und eigentümliches Persönchen, welches in der Streichholzschachtel neben zahlreichen Genossinnen geduldig, manierlich und artig liegt, wo es zu träumen oder zu schlafen scheint. Solange Zündhölzchen in der Schachtel ruht, unbenutzt und unangefochten, besitzt es ohne Frage noch keinen sonderlichen Wert. Es harrt sozusagen der Dinge, die kommen sollen. (SW 16, 329)

Es bedarf keines sonderlichen Scharfsinns, um die Symbolträchtigkeit dieser Sequenz zu bemerken. Wie die ›Schachtel‹ ein alter Topos ist, der – über das Grab und die Wiege – emblematisch auf Geburt und Tod, Anfang und Ende des Lebens verweist, so bedeutet ›Schachtel‹ auch ›Weiblichkeit‹ und Sexualität. Die verschiedenen Bedeutungen fügen sich, wenn auch nur schwach, zu einem Motiv: Das aufgrund des Diminuitivs als Neutrum auftauchende Persönchen namens Streichhölzchen ist als Kind figuriert, das dem sexuellen Erwachen entgegen träumt:

Eines Tages aber und so nimmt man es heraus, drückt es gegen die Reib- oder die Streichfläche, streicht mit seinem armen, guten lieben Köpfchen so lange an derselben, bis das Köpfchen Feuer gewinnt, und nun zündet und brennt Zündhölzchen. Dies ist das große Ereignis im Leben von Zündhölzchen, das, wo es seinen Daseinszweck erfüllt und seinen Liebesdienst erweist, den Feuertod sterben muß. (SW 16, 329f.)

Es drängt sich auf, die Sequenz als Allegorie der sexuellen Erweckung und eines masochistisch gefärbten sexuellen Aktes zu lesen. Aufgeblendet wird der nicht messbare Augenblick der Lust, der, ein kleiner Tod, kein anderes Ende als das Ende durch sich selbst, als Erlöschen der Lust, kennt. Wie das Feuer erhellt, indem es vernichtet, wie es Symbol des Gegensatzes von offenbarendem Pfingstgeist und strafender Hölle ist, so ist die in der Symbolik des Feuers auftauchende Lust durch ein Moment des Gegensinnigen ausgezeichnet.[5] Mit dieser Betrachtung des punktuellen und zugleich unmessbaren Augenblicks als Zusammenfall des Gegensätzlichen endet die ›Betrachtung‹:

> Wo Zündhölzchen sich über seine Bestimmung freut, stirbt es auch schon, und wo es seine Bedeutung entfaltet, kommt es auch schon um. Seine Lebensfreude ist sein Tod und sein Erwachen auch schon sein Ende. Wo es liebt und dient, stürzt es auch schon entseelt zusammen. (SW 16, 330)

Das durch die ›Betrachtung‹ Beseelte, Belebte, zur Lust Entflammte stürzt entseelt, tot, ausgelöscht zusammen. Asche. Anders gewendet: Der tote Gegenstand wird lebendig nur durch die ›Betrachtung‹, nur dadurch, dass die ›Betrachtung‹ entflammt. Sie ist es, welche das Feuer der Lebendigkeit entfacht. In dem Maße, wie die ›Betrachtung‹ als sprachlicher Vorgang entsteht, hat sie ihren Sinn und ihren Wert in sich selbst. Die ›Betrachtung‹ entzündet sich, um betrachtet zu werden. Davon spricht bereits der Eingang der Szene: Das Entzünden des Streichhölzchens wird aufgeführt, aber ohne einen bestimmten Zweck zu nennen. In dem Maße, wie es um das Entzünden und Entflammen ›selbst‹ geht, tritt eine Strukturähnlichkeit von Lust und ästhetischem Verfahren in Erscheinung. Zugespitzter formuliert: Das ästhetische Verfahren konvergiert mit Lust im Modus der Perversion, sofern damit, nach Roland Barthes, eine Lust »außerhalb jeder vorstellbaren Finalität«[6] angesprochen ist.

Wenn der Text auf das Entflammen der Betrachtung zuhält, so ist ihm zugleich die Zeitlichkeit eines unmessbaren Augenblicks zwischen ›Erhellung‹ und ›Vernichtung‹, zwischen Leben und Tod eingeschrieben. Die ›Betrachtung‹ stürzt, wie das qua ›Betrachtung‹ zum Leben erweckte Objekt, entseelt zusammen. Der Text also trägt sein Ende in sich selbst. Das heißt zugleich: Die aufgebotene Symbolik, der Märchenton, die Verfahren der Ästhetisierung als Herausreißen des Objekts aus seinem Verwendungszusammenhang, als Anthropomorphisierung, als Vortrag und Präsentation werden qua Betrachtung entflammt und haben keine andere Zeit als die der ›Betrachtung‹ selbst. Sie werden von dem verzehrt, was sie entflammt. Was bleibt, zeigt sich im Bild der Asche an: Es bewahrt sich nicht anders als in aufgezehrter Form.

---

5 Vgl. grundsätzlich Bachelard: *Psychoanalyse des Feuers.*
6 Barthes: *Die Lust am Text*, S. 77.

Sigmund Freud hat bezogen auf die Formierung von Wahrnehmung und Beurteilung dessen, was wir ›Objekt‹ nennen, von einer Teilung gesprochen: Das Objekt entsteht in einem der symbolischen Assimilation zugänglichen Prozess, der es wahrnehmbar und verstehbar macht. Zum anderen aber »imponiert«, so Freud, das Objekt dadurch, dass es sich der symbolischen Assimilation entzieht. Diese konstitutive Teilung führt zu dem, was Freud als »Ding« konstruiert: »Was wir *Dinge* nennen, sind Reste, die sich der Beurteilung entziehen.«[7]

Es scheint, dass die Walsersche ›Betrachtung‹ mit dieser Konzeption des ›Dings‹, das im symbolisch artikulierten Objekt als Entzug subsistiert, in Zusammenhang steht. Es geht nicht nur um ein Schrumpfen, Schwinden, Kleinwerden der symbolischen Artikulation, sondern um die unmögliche Begegnung mit dem ›Ding‹ in seiner Unscheinbarkeit. Wollte man für diese Dynamik gegenüber dem ›Kleinen‹ eine Unterscheidung einführen, so könnte man sagen: Es zeichnet sich eine ›Poetik des Winzigen‹ ab, die das poetisch inspirierte Objekt in ein Ding transformiert: mit dem Effekt, dem Objekt die ›Würde des Dings‹ (Jacques Lacan)[8] zu verleihen. In dem Maße, wie es als Entzogenes dem Verstehen und der symbolischen Assimilation unzugänglich bleibt, weht uns die Nähe des Anderen an: ›Ferne Nähe‹.

Wenn am Ende der ›Betrachtung‹ die Figur des Verbrennens, also der Zerstörung, steht, dann wird die Abfolge des Textes signifikant: Während Asche das ist, was vom aufflammenden, erhellenden und zerstörenden Feuer übrig bleibt, also am Ende auftauchen müsste, bildet sie den Anfang des Textes. Damit installiert sich mit der ›Poetik des Winzigen‹ ein Modus der Wiederholung: Im Entflammen von Ästhetisierungsverfahren tritt das Objekt in Erscheinung und wird zugleich als Objekt verzehrt. In dieser Bewegung scheint im Objekt ein Dinghaftes auf. Dabei wird, wie der Gang des Textes gezeigt hat, das in der ›Betrachtung‹ und als ›Betrachtung‹ hervorgebrachte Objekt – der Text – von dem zerstört, was es erzeugt: von der Leidenschaf, der Besessenheit des Schreibens, der Lust am Text. Wenn der Text mit der Sequenz »Ich schrieb einmal« einsetzt, so beschreibt er sich von vorn herein als eine Form der Wiederholung, in der sich die Poetik des Winzigen hervorbringt: Die Poetik des Winzigen fordert, da die Begegnung mit dem Ding unmöglich ist, die Wiederholung und die Serialität, sie fordert Zerstreuung und Sammlung, die, nach Benjamin, ihrerseits die Spuren des Herausgerissenen und Verstellten trägt.[9]

Hatte ich anfangs darauf hingewiesen, dass die Wahl des hier gelesenen Prosa-Stücks nicht ohne Willkür erfolgt ist, so zeichnet sich damit nachträglich ein Merkmal der Poetik des Winzigen ab: Es gibt nicht den zentralen Text, den Haupttext, sondern es gibt nichts anderes als die Wiederholung als Figur für die unmögliche Begegnung mit dem sich entziehenden Ding. Und das Bleistiftgebiet der *Mikrogramme*? Es will sich beim Anblick des »Bleistiftgebietes« die Assoziation eines nachgiebigen, weichen, widerstandslosen Aschefeldes einstellen, das immer wieder

---

7 Freud: *Gesammelte Werke*, Nachtragsbd., S. 429.
8 Vgl. hierzu Lacan: *Die Ethik der Psychoanalyse (= Seminar VII)*, insbes. S. 140–142.
9 Vgl. Benjamin: *Eduard Fuchs, der Sammler und der Historiker*, S. 465–505.

angeblasen wird, die toten Buchstaben entflammt auf dass sie sich zu Prosa-Stücken, Stück für Stück, fügen.

Blendet man diese dinghafte Dimension auf, so stellt sich der kleine, scheinbar
idyllisierende Walser-Text in den Horizont künstlerischer Verfahren der Moderne. Es gibt Bezüge zu der Form des *ready made* oder des *objet trouvé* eines Marcel Duchamp, die sich ähnlichen Ästhetisierungsverfahren verdanken: Ihr Leben
erwacht, indem Gegenstände aus dem Gebrauchs- und Nutzungszusammenhang
herausgerissen und als diese ausgestellt, präsentiert, vorgetragen werden. Indem der
Gegenstand durch Ästhetisierungsverfahren, die mit denen Walsers korrespondieren, in Erscheinung tritt, verwandelt er sich in ein ästhetisches, der Anschauung
und Betrachtung ausgesetztes Objekt sowie in ein fremdes rätselhaftes Ding.

Aber auch ein Bezug zu Walter Benjamin will sich einstellen. Ich denke an die
Figur des ›Lumpensammlers‹. Wird bei Benjamin die Figur des ›Lumpensammlers‹
zum auffordernden Emblem des Benjaminschen Textverfahrens, so wird seit der
Passagen-Arbeit der ›Abfall der Geschichte‹ zum Material seiner Historiografie:

> Ich habe nichts zu sagen. Nur zu zeigen. Ich werde nichts Wertvolles entwen-
> den und mir keine geistvollen Formulierungen aneignen. Aber die Lumpen, den
> Abfall: die will ich nicht inventarisieren sondern sie auf die einzig mögliche Weise
> zu ihrem Recht kommen lassen: sie verwenden.[10]

Während sich aber bei Duchamp ein stark behauptender Gestus durchsetzt, während bei Benjamin die Figur des Lumpensammlers mit programmatischen, vielleicht sogar auratischen Zügen belehnt wird, kommen in Walsers Poetik des Winzigen noch diese Gesten und Züge wiederholt und immer wieder neu ans Ende.
Doch auch dazu – nächstens mehr.

---

10 Benjamin: *Das Passagen-Werk*, S. 574.

Marion Gees (Chemnitz)

»So, so? Verloren?«
Zur Poetik des Verschwindens in Robert Walsers Bieler Prosa

Das Motiv des Verschwindens in Verbindung mit den zeitgleich auftretenden Motivkreisen Verlorenheit, Krieg und Tod durchzieht die Prosa Robert Walsers vor allem in den Jahren ab 1913, also nach seiner Rückkehr in die Schweiz. Zudem erscheint das Verschwinden zunehmend als Metapher einer poetischen Struktur; sie zeichnet sich besonders auffällig ab in einigen Texten der Bieler Jahre, die ja nach wie vor gelegentlich als Zeichen einer rückschrittlichen, der Idylle oder Erlösungssehnsucht verhafteten Zwischenphase gelesen werden, und bestimmt den Fortgang seiner Ästhetik bis zu seinem Verstummen.

Inwieweit Walsers Poetik des Verschwindens besonders in dieser Phase eine spezifische so genannte ›Kleine Literatur‹ oder genauer eine ›littérature mineure‹ entwirft, die sowohl dichterische Innovation, Grenzbereiche des Schreibens als auch eine ›minoritäre‹ Zivilisationskritik impliziert, wird in den folgenden Überlegungen anhand einiger Textbeispiele zu zeigen sein. Dabei werden besonders drei in dem Entwurf einer ›littérature mineure‹ verbundene Phänomene näher beleuchtet: Mehrsprachigkeit, Kritik durch ›Nicht-Kritik‹ und das Maschinell-Serielle.

1. Fluchtlinien – Mehrsprachigkeit

Eine sonderbare Figur namens Schwendimann bewegt sich in dem gleichnamigen Prosastück während eines Tages durch einen Ort auf der Suche nach dem Rechten. Dieser Schwendimann sucht nicht viel, aber er sucht das Rechte. Er steht zuerst vor dem Rathaus, geht weiter zum Armenhaus, zum Spritzenhaus, am Zuchthaus vorbei, dann zum Krankenhaus, zum Schauspielhaus, zum Gerichtshaus, und er bewegt sich weiter vorbei an vielen öffentlichen Einrichtungen. Keines dieser Häuser betritt er, in keinem dieser Häuser habe er etwas zu suchen, so heißt es. Nach langer Wanderung kommt er vor das rechte Haus, es ist das Totenhaus. Er tritt ein, sinkt um, ist tot und hier hat er Ruhe.

Aber wir sollten diese allzu lineare Nacherzählung nur als erste Initiation verstehen, da sie die motivischen und vor allem die kühnen sprachlichen Fluchtlinien des im November 1916 in dem Band *Prosastücke* erschienenen Textes verkennt und diese nicht zu vermitteln vermag. Walser selbst hatte bei Einreichen der *Prosastücke* gegenüber dem Rascher Verlag den hohen Anspruch und die Qualität der Texte

hervorgehoben: »Die Stücke sind teils ernster teils heiterer Natur, auf einer ganz
bestimmten qualitativen Höhe stehen sie, wie ich überzeugt bin, alle.« (Br, 96)

Dieser nur auf den ersten Blick von den Motiven und der Handlung her schlicht,
beinahe arm und nüchtern wirkende Text mit parabelhaften Zügen setzt märchen-
haft ein und fährt dann gleich szenisch-dialogisch als virtuose Rollenprosa fort; es
folgen zahlreiche Brüche, Einschübe und Wiederholungen, die eine ganz eigene
bizarre sprachliche Dynamik entstehen lassen:

> Einmal war ein sonderbarer Mann. Hallo, hallo, was denn für ein sonderbarer
> Mann? Wie alt war er, und woher kam er? Das weiß ich nicht. So kannst du mir
> vielleicht sagen, wie er hieß? Er hieß Schwendimann. Aha, Schwendimann! Gut
> sehr gut, très bien, très bien. (SW 5, 120)

Der märchenhafte Einstieg in *Schwendimann* wird durchkreuzt von Versatzstücken
mündlicher und dialogischer Rede, durch alltagssprachliche Fragen, lapidare Kommentare auf deutsch oder auf französisch, die auf das abweichende Verhalten und
Aussehen des Sonderlings reagieren. Diese Elemente dialogischer Rede, wie einge-
worfene kurze Fragen sowie Interjektionen, die teilweise eingedeutscht auftauchen,
wie »Sessa« (SW 5, 121), verweisen auf einen bewussten Einsatz von Stereotypen,
die unter anderem Vorstellungen von populärer Normierung vermitteln. Es sind
stereotype Reaktionen auf Marginalität, auf unangepasstes Verhalten eines aus der
Rolle fallenden Fremden. Und in einigen Passagen sind es aufgespaltene Anteile
innerhalb eines Selbstgesprächs:

> Was wollte denn der Schwendimann? Was er wollte? Hm, das wußte er wohl
> selber nicht. Er wollte nicht viel, aber er wollte etwas Rechtes. Was suchte,
> nach was forschte Schwendimann? Er suchte nicht viel, aber er suchte etwas
> Rechtes. Zerfahren, verloren in weiter Welt war er. So, so? Verloren? Aha, zerfah-
> ren! […] Mit der Zeit hoffte er das Rechte schon zu finden. »Das wird sich fin-
> den«, murmelte er in seinen zerzausten schwarzen Bart. Schwendimanns Bart war
> ganz struppig. So, so? Struppig? Sessa! Voilà! Ausgezeichnet. In der Tat! Hochin-
> teressant! (SW 5, 120f.)

Die Figur, deren Name im Schweizerischen geläufig ist, wurde von Walser wohl,
wie schon Jochen Greven in seinem Kommentar betont, »wegen der Klangassozia-
tion zu ›schwinden‹ gewählt« (SW 5, 274). Dieser rätselhafte schwindende Mann
– von dem zwar nicht explizit behauptet wird, er sei ein randständiger Schriftsteller, aber denkbar wäre dies, wie Vergleiche mit ähnlichen Texten dieser Phase zeigen werden – bewegt sich auf der Suche nach dem Rechten, nach vermeintlicher
Integration, nach bürgerlicher, vielleicht auch ästhetischer Verortung.

Er durchläuft den kleinstädtischen Raum von Schwelle zu Schwelle gesellschaftlicher Institutionen und Bürokratien, ohne in sie einzutreten, und endet schließlich im Totenhaus, das als einziger Ort, wenn auch nicht unbedingt ontologische
Gewissheit, so doch eine vermeintliche Ruhe verspricht. Das Sich-Bewegen in
Unverbindlichkeit, in einem sozialen Vakuum, das Ringen mit der Entscheidung,
in die weltlichen Häuser einzutreten oder nicht, führt in das Nichts, das zugleich

das Ende einer tragikomischen Geisterfahrt durch die symbolische Ordnung asso-ziieren lässt.

Die Motive des Verschwindens und des Todes werden hier weder als emphatisch beschworene Lösung noch als dramatisches Trauerspiel inszeniert, sondern als lako-nischer und trotziger Endpunkt. Die der Bieler Prosa gelegentlich voreilig nach-gesagte Erlösungssehnsucht mündet im Grotesken. Wie es frühere Protagonisten Walsers in keiner Stellung lange aushielten, so verweigert die Figur Schwendimann die Institutionen von vornherein.

Das Nicht-Dazugehören zu Systemen, das bewusste Aus-dem-Rahmen-Fallen gestaltet sich als Kehrseite einer Vernunft, die es auch topografisch zu unterlau-fen gilt. Diese Bewegung mündet nicht in Ruhigstellung, sondern inszeniert ein Verschwinden des Subjekts als eine selbst auferlegte Unmündigkeit: das Subjekt ist Opfer und Souverän zugleich. Die Suche nach dem Rechten, als Fundament einer bürgerlichen Gesellschaft, erweist sich auf den ersten Blick zwar als eine Art Identitätssuche, als Suche nach einer sinnhaften und von der Außenwelt akzep-tierten Existenz. Insgesamt aber verweigert die Figur den gesamten kommunalen Apparat. Der Kontakt mit den Instanzen, »die Berührung, das Vorbeistreifen ist selbst eine aktive und fortlaufende Fluchtlinie«[1], ähnlich – wenn auch bei Walser naiver, spielerischer, weniger kryptisch und wohl weniger radikal die Katastrophen der zivilisatorischen Moderne vorausdeutend – wie in den Texten Kafkas, in denen die Figuren enigmatische Gesetzesräume durchlaufen, ohne an ein Ziel zu gelan-gen. Dort »reißt die schöpferische Fluchtlinie«, so Gilles Deleuze und Félix Guatta-ri, »die gesamte Politik, Ökonomie, Bürokratie und Justiz mit sich fort […], um ihnen ganz neue, nie gehörte Töne zu entlocken«[2].

In dem wahrscheinlich wenige Monate vor *Schwendimann* erschienenen *Vier Bilder* taucht (in dem mit *Möri* betitelten Absatz) eine ähnliche von der Gesellschaft gemiedene, in seiner Ausgestoßenheit kurioserweise mit Christus und zugleich mit einem Räuber verglichene und von Todessehnsucht getriebene Figur auf. Schon der Beginn des Textes zeigt in Bildwelt und Tonlage Parallelen zu *Schwendimann*:

> Einmal war ein Mann, der hieß Möri. Das war ein eigentümlicher Mann. […]
> Er war ein unheimlicher, ungemütlicher Mann; die Leute aber wollen, daß man
> gemütlich ist. So große, ernste Augen! Hu, es gruselt mich! Alles wich Möri aus.
> Wo er stand und ging, mochte niemand stehen und gehen. Wo er auftrat, wurde
> es mäuschenstill. Die Leute hatten einen seltsamen, unbegreiflichen Schauder vor
> ihm, wie vor einem Grabe. (SW 16, 85)

Auch hier erfolgt der Gang eines sonderbaren Mannes von Haus zu Haus (rhyth-misiert jeweils mit der sich mehrmals wiederholenden schlichten Formulierung »Da ging Möri …«), ohne dass man ihm Einlass gewährt; der Protagonist ist hier noch ein passiver, der sich abweisen lässt. Am Ende geht er ins Wasser; das Wasser erscheint personifiziert-sprechend und lockt ihn in den Ruhe verheißenden See.

---

1 Deleuze/Guattari: *Kafka. Für eine kleine Literatur*, S. 85.
2 Ebd., S. 58.

Einige Motive finden sich in diesem Text deutlich vorgezeichnet. Der Vergleich zeigt aber, wie sich die Fluchtlinien in *Schwendimann* deutlich radikalisieren durch die Inszenierung einer trotzigen und bewussten seriellen Verweigerung von Institutionen und vor allem auch durch einen Duktus, die Aneinanderreihung von Versatzstücken und Stereotypen, die eine sprachliche Fluchtbewegung von experimenteller und sprachspielerischer Intensität erzeugen. Es sei an die Passage erinnert: »Schwendimanns Bart war ganz struppig. So, so? Struppig? Sessa! Voilà! Ausgezeichnet. In der Tat! Hochinteressant!« (SW 5, 120f.)

Die Walserschen Spaziergänger in der Bieler Prosa flanieren naturgemäß nicht mehr im großstädtischen Raum einer Kultur-Metropole, sondern erwandern nun wieder Kleinstadtstraßen, Wälder und Berge; aber auch in diesen idyllisch anmutenden Räumen bestimmen Verweigerungen die Bewegungen der Figuren. Der Typus des einsamen, häufig nomadisierenden Spaziergängers, der unermüdlich durch die Texte streift, wieder auftaucht und wieder verschwindet, gewinnt in dieser Zeit zunehmend seriellen Charakter.

Die Motive Verschwinden, Tod und Krieg, gar eine versteckte Poetik des Verschwindens gestalten sich zwischen Ernst, Ironie und Groteske, wie andere Beispiele in dem Band *Prosastücke* zeigen. In *Die Wurst* etwa wird das Verschwinden einer Wurst zum Anlass, über Verschwundensein und Tod zu reflektieren, wobei die Jetztzeit des Militärs nur kurz und in Anspielungen durchscheint:

> An was denke ich? An eine Wurst denke ich. Es ist schrecklich. Jünglinge, Männer, die ihr dem Staate dient, auf die der Staat seine Hoffnung setzt, betrachtet mich sorgsam und nehmt an mir ein abschreckendes Beispiel, denn ich bin tief gesunken. […] Was verschwunden ist, könnte vorhanden sein und was tot ist, könnte fröhlich leben. (SW 5, 111 u. 112)

Mit der Rückkehr in die Bieler Heimat unternimmt der Autor auf den ersten Blick den Versuch einer vorläufigen und vermeintlichen ›Reterritorialisierung‹; die Erinnerungen an die Räume der Kindheit und Jugend bestimmen sicherlich die ersten Schritte nach seiner von Ambivalenz und Unsicherheit bestimmten Flucht. Inwieweit er aber dennoch einer geistigen ›Deterritorialisierung‹ verpflichtet bleibt und diese sogar bis zum Eintritt in sein Bleistiftterrain mit allen Gefahren literarisch zu steigern versteht, wird zu zeigen sein.

Auch die Figuren, Ich-Erzähler und Protagonisten, bewegen sich in dem heimatlichen Raum als Zurückgekehrte und zugleich als herumirrende Nomaden. Sie durchwandern Berge und Wälder, zeigen sich kurz und verschwinden wieder, tauchen in ähnlichen Verkleidungen in anderen Texten auf. Die auf den ersten Blick angepasst Wirkenden streifen kontinuierlich Fluchtlinien, die keine festen Raum- oder Zeitgefüge mehr ansteuern. So wird deutlich: Die Spaziergänger- und auch die textuellen Idyllen trügen.

Wir spekulieren über die Gründe der Rückkehr Walsers nach Biel. Jedenfalls erweist sich die letzte Zeit seines Aufenthaltes in Berlin als zunehmend schwieriger und mündet in einer von ihm kaum kommentierten Krise, einer persönlichen und einer allgemein zivilisatorischen, die ihn veranlasst, die Metropole zu verlassen.

Schon einige Zeit vor dem August 1914 kündigen sich dort erste Töne emphatischer Kriegsbeschwörungen an, in die bekanntlich die meisten Berliner einschließlich vieler expressionistischer und anderer Künstler einstimmten.

Die Rückkehr Walsers nach Biel soll hier nicht als eindeutige Referenz für eine völlig neue Ausrichtung seiner Poetik gedeutet werden oder als schlichte biografistische Folie für die Deutung der sonderbaren Einzel- und Spaziergänger-Figuren dienen. Auch soll die so genannte Bieler Prosa nicht isoliert, sondern als Teilstück der Walserschen Poetik gelesen werden. Dennoch gibt diese Zeit des Schwankens und Zweifelns und die Tatsache des Rückzugs, die literarisch vielleicht gerade deshalb überaus produktiv ist, Aufschlüsse über – nennen wir es – ein bedeutsames poetisches Zwischengelände, das motivisch und schreibtechnisch neue Linien und Diskurse streift.

Dass Walsers zweiter Bieler Aufenthalt in die Kriegsjahre fällt, ist nicht genug zu betonen. Allein schon aus diesem Grunde verdient diese Prosa eine besondere Betrachtung, denn die Kulisse der Rückzugsbewegungen des Künstlers war, so bereits Jochen Grevens Kommentar, »der als Menschheitskatastrophe erlebte Weltkrieg« (SW 16, 420).

Vor allem auch das erneute Leben in der Zweisprachigkeit, in oder zwischen zwei Sprachen, die in Biel von Viertel zu Viertel hin und her wechseln, findet hier seinen Ausdruck und eröffnet neue sprachliche Variationsmöglichkeiten. Insgesamt beinhaltet nun die Walsersche Bieler Sprache sogar noch weitere Schichtungen der Mehrsprachigkeit: die über Jahre inhalierte Großstadt-Sprache, auch die literarische Schriftsprache der Berliner Gesellschaft und Hochkultur, die bei Walser mehr oder weniger ironische Verarbeitung fand und weiterhin, wenn auch zurückgenommener, zu seinem Ironie-Repertoire gehört, zudem das Schweizerisch-Dialektale, das mit Gallizismen durchsetzte Bieler Schweizerdeutsch sowie das Französische, das wiederum mit Elementen des Schweizerdeutsch durchsetzt ist. Außerdem ist hervorzuheben, dass im städtischen Mikrokosmos Biel, wie auch in *Schwendimann* spürbar, repräsentativ die beiden Sprachen der Kriegsparteien kollidieren, welche die deutsch- und französischsprachige Schweiz in zwei Lager spalteten.

Zu fragen wäre, ob nicht die Existenz der Marginalität sowie vor allem die Mehrsprachigkeit Walsers in Biel und deren Spuren in dem Beispiel *Schwendimann* eine ähnliche Betrachtung zuließe wie sie Deleuze/Guattari in ihrer Kafka-Studie vornehmen, auch wenn sich die kulturellen Faktoren in Prag und Biel in vielen Punkten erheblich unterscheiden. Zumindest die minoritäre Situation, die eine besondere Sprachlichkeit bestimmt, die Marginalität des Außenseiters ohne größere gesellschaftliche Akzeptanz, in der sich Walser nach seiner Rückkehr in Biel befindet, lässt diesen Vergleich zu.

Die kleine Literatur als die einer Minderheit, die sich einer großen Sprache bedient, wird bei Walser notgedrungen, aber auch ganz bewusst kultiviert. Kafka entscheidet sich neben dem hyperkulturellen Gebrauch des Deutschen und des Tschechischen schließlich vor allem für »den Weg, den das Jiddische weist«[3]. Jedoch

---

3 Ebd., S. 37.

bemerken Deleuze/Guattari in der Mehrsprachigkeit Prags und dem daraus resultierenden Sprachmix, die zugleich eine Intensivierung des Seriellen und der Stereotype in der Kafkaschen Prosa bewirken, insgesamt eine auffällige Spracharmut. Sie fragen: »Inwiefern wird ein solcher Gebrauch der Sprache durch die besondere Lage des Deutschen in Prag – seine Wortarmut, seine inkorrekte Syntax – begünstigt?«[4] Und sie beziehen sich im Weiteren auf Klaus Wagenbach, der hervorhebt, dass diese Merkmale sprachlicher Armut sich bei Kafka wieder finden, »nun aber kreativ gebraucht, in den Dienst einer neuen Nüchternheit gestellt, einer neuen Expressivität, einer neuen Flexibilität, einer neuen Intensität«[5].

Ganz ähnliche produktive Merkmale der Mehrsprachigkeit, die aus einer gewissen Spracharmut und Sprachvermischung eine neue Intensität erzeugen, können in einigen Bieler Texten Walsers festgestellt werden. Es gilt darin, so will es scheinen, dem Bieler Deutsch »all jene unterentwickelten Momente [zu] entreißen«[6]. Die daraus gefilterte und produktiv eingesetzte Spracharmut bei Walser – das ist wichtig zu betonen – meint nicht einfach arme Sprache, sondern virtuose Reduktion, virtuose Auslassung, virtuose Wiederholung und Variation von Stereotypen, die zudem eine auffällige Rhythmisierung erzeugen.

Zu den im Vergleich zur Berliner Zeit gelegentlich als harmoniesüchtig, naiv und stilistisch schlicht eingestuften Texten, zu voreiligen Festschreibungen dieser Phase in Vorstellungen von Spaziergänger-Idyll, Mansardenexistenz und formaler Bravheit bemerkte jüngst Heinz Schafroth, dass es schwierig sei,

> unter den irritierenden Texten der so genannten Bieler Prosa auch nur einen aufzutreiben, der nicht den überhöhenden Realismus, dem er zu huldigen scheint, auf irgendeine Weise subversiv unterläuft[7].

Und Schafroth fragt, ob es sich nicht um ein Verschweigen von Katastrophen handle.

In der Tat kommen einige Texte idyllisch daher und bedienen entsprechende Klischees, was sie aber nicht weniger poetisch und im historischen Kontext ihres Erscheinens unheimlich macht. Zudem erscheint Natur nicht ausschließlich als Ort einer Glücksverheißung, sondern indirekt zugleich als Mahnzeichen eines drohenden Verlustes. Oder die Texte deuten innere und äußere Katastrophen nur kurz oder indirekt an und wirken damit umso abgründiger. So äußert ein in der Natur spazieren gehender Ich-Erzähler in *Frühling* seine Eindrücke beim Betrachten eines Vogels:

> Alles um mich herum war so schön, so süß, so freundlich. Ein zartes heiteres Ahnen, ein Frohlocken, ein noch nicht gelöstes Entzücken, ein noch ungehörtes und noch nicht befreites Jubilieren machte sich überall spür- und hörbar. (SW 16, 9)

---

4 Ebd., S. 32.
5 Ebd., S. 33.
6 In Abwandlung des Zitats von Deleuze/Guattari: »dem Pragerdeutschen all jene unterentwickelten Momente entreißen, die es vor sich selber verbergen will« (ebd., S. 37).
7 Vgl. Schafroth: *Seeland kann überall sein*, S. 92.

Diese Idylle wird jäh getrübt durch das plötzliche Bild einer »armen alten Frau, gedrückt und gebeugt von den Jahren« (SW 16, 10), die auf einem Mäuerchen sitzt und still vor sich hin schaut und deren Vergänglichkeit mit dem Aufblühen der Natur kontrastiert wird.

In anderen Beispielen dieser Zeit wiederum erweisen sich die kleinstädtischen Idyllen als offenkundig gestörte wie etwa in dem 1919 erschienenen Text *Die Straße (I)*, der wiederum deutlich motivische Parallelen zu *Schwendimann* aufweist:

> Ich hatte Schritte getan, die sich als nutzlos erwiesen, und ging nun auf die Straße, erregt, betäubt. Zuerst war ich wie blind und meinte, keiner sehe mehr den andern, alle seien erblindet, und das Leben stocke, weil alles irr umhertaste. [...]
>
> Ein Zittern durchlief mich; kaum wagte ich vorwärtszugehen. Ein Eindruck nach dem anderen packte mich an. Ich und alles schwankte. Alle, die hier gingen, hatten einen Plan, ein Geschäft. Soeben hatte auch ich eine Absicht; doch jetzt war ich planlos, forschte aber schon wieder und hoffte, etwas zu finden. (SW 16, 53)

Der schwankende und blockiert wirkende Erzähler wird hier konfrontiert mit der Geschäftigkeit einer Kleinstadt, die den Ausgeschlossenen noch einsamer flanieren lässt als den Protagonisten in einer Berliner Großstadtstraße. Doch hofft der Erzähler, der hier wie so häufig ein Schriftsteller ist, Neues zu finden.

In dem 1916 in *Die Schweiz* erschienenen Text *Hans* prallen gegen Ende die nüchternen Motive des Krieges direkt auf die bis dahin ästhetisierten Bildwelten der Natur:

> Wäldchen und Wälder hatten von neuem wieder ihre liebe, grüne Wonnefarbe angenommen. Im August brach der Krieg aus.
>
> Nun wurde es ernst für Hans.
>
> Der hohe Bundesrat ordnete allgemeine Mobilmachung an. In allen Straßen standen ängstlich redende, horchende Menschen. Jedweder Öffentlichkeit hatte sich tiefste Bestürzung bemächtigt. Frauen und Männer gingen aufgeregt umher, schauten einander ernsthaft fragend in die Augen. (SW 7, 205)

Hier werden der Kriegsausbruch und die damit verbundene Mobilmachung auch in der Schweiz ganz konkret thematisiert. Die zuvor schwärmerische Tonlage wechselt über in einen kargeren und realistischen Duktus. Die Wahrnehmung des Schönen wird mit dem Einbrechen des Ereignisses kontrastiert und in Frage gestellt; Schönheit, poetische Wahrnehmung und nüchterne Kriegsandeutungen stehen sich frontal gegenüber. Der Protagonist fragt sich sodann:

> Muß das Schöne nun verblassen und alles, was kenntlich gewesen ist, zukünftig völlig unkenntlich scheinen? Darf nun Sehnenswertes nie mehr ersehnt und Liebenswürdiges nie mehr wieder herbeigewünscht werden? (SW 7, 206)

2. Krieg in Biel – Kritik durch ›Nicht-Kritik‹

Peter Utz weist darauf hin, dass Walser schon in den Berliner Jahren sich zunehmend »der Versuchung des apokalyptischen Bildmaterials entzieht«, und hebt besonders die »Versionen einer sanften Apokalypse« in den Bildwelten Feuer, Eis, tote Stadt, Theaterbrand hervor[8]. In der Bieler Zeit verschiebt Walser seine apokalytischen Mikrowelten motivisch zunehmend in topografische Mikrokosmen, und seine ästhetischen Reaktionen auf die prophetischen und heroischen Großtöne der Jetztzeit äußern sich in der seriellen Produktion von kurzen Prosastücken, wie er formal bald die Miniaturschrift als ein neues und ganz eigenes Schreibsystem entwickelt.

Die früheren Bildwelten verkleinern sich nun also in reduzierte und serielle Kleinstadt-, Natur- und Provinz-Motive. Auch das Motiv des Theaters, das sich in der Berner Prosa wieder häufiger findet, tritt vorerst zurück, in einer Zeit, in der andere Autoren den Krieg als großes Theater, als pathetisches ›Kriegstheater‹[9] inszenieren.

Während viele Schriftstellerkollegen und ein großer Teil der kulturellen Elite an einer Literarisierung und Dramatisierung des Krieges arbeiten[10], entzieht sich Walser einer Ästhetisierung des Krieges oder auch einer offenen Kritik. Die Haltungen etwa von Rilke, Thomas Mann, Hesse reichen von innerer Zerrissenheit bis hin zur emphatischen Beschwörung, so etwa auch bei George, bis hin zur Betonung »der Sonderrolle des Künstlers vor der Welt […] und somit dem Führungsanspruch des Künstlers«[11]. Bei Hofmannsthal, der nach wenigen Tagen vom Kriegseinsatz befreit wird, sich dann in essayistischen Beiträgen zur Kriegsthematik äußert und insgesamt die nationale und künstlerische Größe Deutschlands und Österreichs lobpreist, vermögen

> Willens- und Tatkraft und Aufopferung gegenüber der gestellten Aufgabe […]
> selbst das Chaos des Krieges in Positives verwandeln, trotz und gerade wegen
> der Kenntnis des Krieges und seiner Schrecken. Doch ist es nicht Genie oder
> individuelle Größe, die hier wirkt, es ist vielmehr Pflichterfüllung oder ›Dienst‹,
> in genau seinem emphatischen Sinne, in dem auch Thomas Mann das Wort in
> seinen ›Gedanken im Kriege‹ verwendet.[12]

---

8 Utz: *Tanz auf den Rändern*, S. 163 ff.

9 In zwei Beiträgen zur damals geführten Debatte über die Beziehung zwischen Krieg und Kunst (bekannt blieb Thomas Manns Gleichsetzung von Soldat und Künstler) verwendete Oskar Bie, der Redakteur der (auch) von Kafka regelmäßig gelesenen *Neuen Rundschau* die Metapher »Kriegstheater«; vgl. Anz: *Kafka, der Krieg und das größte Theater der Welt*, S. 258.

10 Vgl. Schneider/Schumann: *Krieg der Geister*, S. 9.

11 Ebd., S. 10.

12 Schumann: *Macht mir aber viel Freude. Hugo von Hofmannsthals Publizistik während des ersten Weltkriegs*, S. 141.

In Rilkes apokalyptisch gefärbter Kulturkritik verspricht der Krieg »die Vertilgung eines banalen Alltags, die Ersetzung eines lustlosen ›Schauspiels‹ durch wahre Ergriffenheit«[13].

Ähnlich wie Kafka scheint Walser auf den ersten Blick den Krieg überwiegend zu ignorieren. So finden sich eher wenige Erwähnungen oder gar offenkundige Dramatisierungen des Krieges. Das Motiv jedoch durchzieht leise und rhizomartig die Texte der Bieler Zeit oder versteckt sich hinter anderen Bildwelten des Verschwindens und des Todes.

Im November 1914 erscheint – immerhin in der *Neuen Zürcher Zeitung* – der Text *Denke dran*, der abschließt mit:

> Denke, daß es ein Leben gibt, und daß es einen Tod gibt, denke, daß es Seligkeiten gibt, und daß es Gräber gibt. Sei nicht vergesslich, sondern denke dran!«
> (SW 16, 377)

Was auf den ersten Blick wie eine eher harmonisierende Betrachtung von Leben und Tod wirkt, liest sich im zeitlichen Kontext des Abdrucks – nur wenige Monate nach Kriegsbeginn – als leiser Warnruf, der die Gräben und Gräber als plötzliche und eindringliche Kriegs- und Todesmetaphern aufsteigen lässt. Auffällig sind wiederum die stilistischen Mittel wie Wiederholung und Parallelismen. – »Was Kafka so gefährlich macht«, so nochmals Deleuze/Guattari, »ist gerade die Kraft seiner Nicht-Kritik«[14]. Ähnlich, ohne den Kafka-Vergleich zu sehr bemühen zu wollen, äußert sich bei Walser Kritik durch ›Nicht-Kritik‹ in leisen poetischen Zwischentönen, in Formen der Ironie, der Wiederholung und der Auslassung.

1914 und 1915 erscheinen in der *Neuen Zürcher Zeitung* und in *Schweizerland* die skurrilen Prosastücke *Der Soldat, Etwas über den Soldaten, Beim Militär* (vgl. SW 16, 333ff.), die den Kriegsdienst konkreter thematisieren. Gehorsam und Dienen des Soldaten werden darin wiederum durch die Klaviatur des Seriellen und der Wiederholung *ad absurdum* geführt. So wiederholt der Erzähler in *Der Soldat* gleich auf der ersten Seite sechzehn Mal seriell-wortspielerisch Konstruktionen mit »gehorchen« und »dienen«:

> Er muß gehorchen. Gehorcht er gern, so gehorcht er um so leichter, das fühlt jeder Soldat. Soldaten, die den Gehorsam verweigern, sind keine Soldaten. […] Im Militärdienst muß jeder dienen. Wenn der Soldat ein Diener ist, so ist auch der General ein Diener. Auch er hat nichts Höheres und Besseres im Sinn als Dienst zu tun. Im Dienst ist Dienen das Höchste. (SW 16, 333)

Durch exzessive Wortwiederholungen und durch insgesamt auffällige lexikalische und stilistische Reduktion, die die Absurdität der Aussagen und zugleich eine Komik erzeugende virtuose Rhythmisierung bewirken, unterläuft der Text zum einen die real erfahrenen Diskurse der Schweizer Armee und des Grenzschutzdienstes, zu dem Walser regelmäßig eingezogen wurde, insgesamt sechsmal in den Kriegsjahren.

---

13 Stephens: *Das »Gleiche tägliche Entsetzen« und die Stimme des Dichters*, S. 158.
14 Deleuze/Guattari: *Kafka. Für eine kleine Literatur*, S. 84.

Zudem entlarvt er die Absurdität des besonders von Berliner oder Wiener Autoren
mit Pathos hervorgehobenen Diensteifers, wie ihn etwa Hofmannsthal in seinen
kulturkritischen Reflexionen geradezu als positive erzieherische Seite des Krieges
beschwört. Oder: Der Erzähler aus *Beim Militär* beschreibt die Widersprüche, in
denen er sich angeblich befindet:

> Ich finde den Frieden hübsch und finde das Militär hübsch. [...] Ich kann den
> Freund des Friedens in mir nicht verleugnen, kann aber auch nicht verleugnen,
> dass ich ein warmer Freund des Soldatenwesens bin. (SW 16, 339)

Durch gespielte Banalität und Naivität der Rede sowie vor allem durch das verniedli-
chende und sich wiederholende »hübsch« wird jegliche Positionierung verhindert,
und von in dieser Zeit üblichem Kampfgeist und von Kriegseuphorie, von vitalisti-
schem soldatischem Erlebnishunger, wie ihn mancher Expressionist oder Ernst
Jünger äußert[15], kann nicht die Rede sein.

Schon Christoph Siegrist betont den Zusammenfall von sozialer und psychi-
scher Bedrängnis sowie Kriegsängsten bei Walser. Dazu kommen die konkreten
Erfahrungen von Militärübungen. Wahrscheinlich im Oktober/November 1914
(die Datierung ist in den Briefen nicht genau auszumachen) schreibt er an Frieda
Mermet:

> Verzeihen Sie, liebe Frau Mermet, meine Schreibfaulheit, die, wenn sie entschul-
> digt werden kann, ihren Grund im Militärwesen dieses Jahres findet. Man wird
> so aus allem Zarteren herausgerissen, und wenn man immer zu gewärtigen hat,
> einrücken zu müssen und alle Freiheit zu verlieren, so ist das gar nicht schön,
> was Sie, wie ich hoffe, leicht begreifen werden. Bis heute verlautet indessen einst-
> weilen noch nichts von Wiedereinrücken; doch wird es sicher noch kommen.
> (Br, 80)

Im April 1915 wird Walser erneut für einige Wochen eingezogen, wie aus einem
Feldpost-Brief an Mermet hervorgeht, und weitere Einberufungen folgen in den
nächsten Jahren.[16] Zudem hatte sich Biel

> gegenüber der gemächlicheren Vorkriegszeit, wie er sie in Erinnerung bewahrte,
> stark verändert: die Industrialisierung (Uhren hauptsächlich) brachte eine Ver-
> größerung und Proletarisierung mit sich, und das ehemals so behagliche Städt-
> chen wurde 1919 im Umfeld des Landesstreiks zum Ort heftiger sozialer Ausein-
> andersetzungen.[17]

---

15 Vgl. Anz: *Kafka, der Krieg und das größte Theater der Welt*, S. 251.
16 Vgl. den Brief vom 18. 4. 1915 (Br, 89) und auch weitere Feldpost-Briefe an seine Freundin im Oktober 1915 (Br, 91ff.) sowie in den Jahren 1917 an Frieda Mermet und an seine
   Schwester Fanny (Br, 109ff.) und 1918 wiederum an Frieda Mermet sowie eine Feldpost-
   karte an Hermann Hesse (Br, 122ff.).
17 Siegrist: *Vom Glück des Unglücks: Robert Walsers Bieler und Berner Zeit*, S. 61.

Die Verlorenheit des Außenseiters in der Provinz ist gefahrvoll und wirkt literarisch zugleich überaus produktiv. Walsers Texte tangieren oder verknüpfen thematisch mehr oder weniger indirekt die in die Kleinstadt einbrechende Industrialisierung und deren Einfluss auf die arbeitende Bevölkerung sowie die Mechanik des Krieges.

Der Prosatext *Der Arbeiter* (zuerst August 1915 in *Wieland* erschienen, dann 1916 in *Poetenleben*) schildert eine vermeintlich harmonische Welt, »in der alles ganz langsam zuging« (SW 6, 114) , in der die Menschen »ein ebenso einfaches wie glückliches Leben« (SW 6, 115) lebten, selbst auf »den Tod waren sie still gefasst; beweinten weder die Toten noch sich selbst der Gestorbenen wegen so sehr« (SW 6, 115). Der Text endet mit:

> Der Krieg brach aus. Alles eilte nach den Sammelplätzen, um die Waffen zu ergreifen. Auch unser Arbeiter eilte hin, ohne viel zu bedenken. Was gibt es viel zu bedenken, wo es dem Vaterland zu dienen gilt? Der Dienst für das Vaterland zerstreut alle Gedanken.
>
> Bald stand er in Reih und Glied, und kräftig, wie er von Natur war, fand er es göttlich schön, mit den Kameraden auf staubiger Straße gegen den Feind zu marschieren. Lieder singend ging es fort, und bald kam es zur Schlacht, und wer weiß, vielleicht war der Arbeiter einer unter denen, die für das Vaterland fielen. (SW 6, 115f.)

Ein großer Teil aus *Der Arbeiter* taucht dann wieder in den im Dezember 1915 erschienenen *Notizen* auf, allerdings ohne die konkrete Kriegsmotivik. An anderer Stelle dieses Prosastückes (in *Notizen III*) tauchen dann aber erneut Anspielungen auf den Krieg auf, die wiederum die Emphasen der erwähnten zeitgenössischen Autoren zu persiflieren scheinen:

> Er nahm sich jeden Tag fest vor, den Geschmack am Kriegerischen nie zu verlieren. »Mehr Feindseligkeiten her!« rief es voll hellen Mutes in ihm, »damit ich an vielen neuen mächtigen Widerwärtigkeiten neu und immer neu erstarke.« (SW 16, 390)

All diese angeführten Beispiele enthalten weder politisch eindeutige Statements noch dezidierte Kriegs- oder Antikriegsvisionen. Doch neben einer inszenierten Banalität gewisser Betrachtungen, die gelegentlich das Kriegspathos damaliger Schriftsteller streifen, schwingen Subtexte mit, die in ihrem ironischen Anspielungsreichtum, in ihrer Verschwiegenheit und Abseitigkeit, in ihren Leerstellen von größerer Widerstandskraft zeugen als manch ein engagierter Essay dieser Zeit. Es mag sein, dass in einigen Texten, so etwa in *Etwas über den Soldaten*, passagenweise Soldatenleben und Dienen im Sinne des Walserschen Dienens und des Sich-Klein-Machens auch affirmativ beschrieben, gar Soldatenkitsch kurz gestreift wird; diese Affirmationen aber sind kurzlebig und werden immer wieder durchbrochen durch entsprechende Verfahren der textuellen Subversion.

3. Verloren im Maschinellen?

Die Tendenz zum zunehmend Seriellen einzelner Motivketten, die sich immer neu verzweigen, und zum Seriellen seiner Prosastück-Produktion insgesamt war Walser, wie wir wissen, bewusst. Im März 1914 schreibt er an Wilhelm Schäfer (Redaktion *Die Rheinlande*) die mittlerweile viel zitierten, aber vieldeutigen Sätze:

> Ich breche damit aus politisch-beruflichen Gründen den Verkehr überhaupt mit den Zeitschriften für einige Zeit ab und schreibe wieder still, und ich möchte sagen, sittsam für die Schublade. Auch muß es mein Drang sein, wieder zu etwas rundem Großem zu gelangen. Alle diese kleinen Stücke sind mir persönlich gut, wert und lieb; doch es soll nicht zur Maschinerie werden. Indessen möchte ich nicht, daß ich sie nicht geschrieben hätte. [...] Ihre Zeitschrift soll die erste sein, zu der ich später bei Gelegenheit, wenn ich etwas Rechtschaffenes habe, wieder komme. Ich meine, der Dichter muß von Zeit zu Zeit seinen Kopf ganz in der Dunkelheit, in das Misteriöse stecken. (Br, 74)

Wir wissen, dass mit Kriegsbeginn der Kontakt zu bewährten Verlags- und Zeitschriftenadressen abbrach. Das Zitat kann als ein Lamento über diese Tatsache gelesen werden, berührt aber weitergehende Selbstreflexionen des eigenen Schreibens; nicht zuletzt artikuliert sich darin das Warten auf »etwas Rechtschaffenes« (ohne dass diese Bemerkung hier verkürzt biografistisch engeführt werden soll mit der »Suche nach dem Rechten« der Figur Schwendimann).

Walsers Ambivalenz zu den Herausforderungen des seriellen Prosastückschreibens wird hier offenkundig; die Suche nach etwas »rundem Großen«, das Verlangen nach einer größeren Textform äußert sich hier neben dem Hang zur kleinen Form, die er nicht missen möchte. Das Terrain der »Dunkelheit« und des »Misteriösen« erweist sich als imaginärer Rückzugsort einer poetischen und vom Traum geleiteten Suche (der Herausgeber betitelt einen ganzen Band mit Texten aus der Bieler Zeit mit *Träumen* und dieser Obertitel gewinnt so noch eine weiterreichende Bedeutung). »Wie viele Stile, literarische Gattungen oder Bewegungen, auch ganz kleine«, so nochmals Deleuze/Guattari, »haben nur den einen Traum; eine sprachliche Großfunktion zu erfüllen. [...] Doch es geht um den entgegengesetzten Traum: klein werden können, ein Klein-Werden schaffen.«[18]

Schwendimann ist etwa zwei Jahre vor Walsers Übergang zum Bleistiftsystem entstanden, das um 1918/19, also etwa um die Zeit des Kriegsendes, einsetzte. Der Text kann als poetische Spur einer durch Dunkelheit, Rückzug und Selbstzweifel geprägten Phase gelesen werden, die aber in ihren Mikro-Apokalypsen, in ihrer Mikropolitik, in ihrer langsam angesteuerten Mikrografie alle damaligen zivilisatorischen und künstlerischen Instanzen in Frage stellt. Wie wir gesehen haben, stößt der Leser auf eine Intensivierung von sprachlichen Stereotypen, auf das Spiel mit Reduktion, auf eine Technik des Seriellen (im einzelnen Prosastück sowie innerhalb

---

18 Deleuze/Guattari: *Kafka. Für eine kleine Literatur*, S. 39.

des Prosawerks), die einen neuen sprachschöpferischen Ton erzeugen. Der Zustand der Verlorenheit des aus dem literarischen Großraum Berlin Geflohenen erweist sich als ein labiler Zustand, der sich noch nicht der langfristigen poetischen – wenn auch risikoreichen und gefährlichen – Errungenschaften der zunehmenden sprachlichen Verkettungen des ›Prosastückligeschäftes‹ bewusst ist.

Diese Textverkettungen und -zerstreuungen sind auch nicht bloßes Spiel, sondern in ihren verschiedenen Tendenzen des Verschwindens in hohem Maße minoritäre Kultur- und Zivilisationskritik, in der sich die Abstoßbewegungen gegen Geschäftsvernunft, Krieg und Kulturbetrieb richten. Und wie sich diese in der Berner Zeit, wo die Texte wieder stärker das Urbane streifen, über Jahre virtuos fortschreiben bis zum Schweigen des Autors, muss hier nicht weiter betont werden.

So endet das immer mit den Fluchtlinien der Sprache: im Schweigen, im Abgebrochenen, im Nichtaufhörenkönnen oder noch schlimmer. Aber dazwischen, was für eine rasende Schöpfung, was für eine Schreib-Maschine.[19]

---

19 Ebd., S. 38.

Karl Wagner (Zürich)

»ÖSTERREICHELEIEN«

Im *Sonntagsblatt des ›Bund‹*, wo Joseph Viktor Widmann am 8. Mai 1898 als Erster *Lyrische Erstlinge* eines »zwanzigjährige[n] Handelsbeflissene[n] in Zürich, R. W.«¹ vorgestellt (und den Autor versteckt) hatte, meldet sich dieser neun Jahre später und nach inzwischen weiteren Abdrucken und Besprechungen von Walser nachdrücklich zu Wort. Mit dem Selbstbewusstsein des Entdeckers schreibt Widmann in der Glosse *Schweizerische Dichter und österreichische Rezensenten* Folgendes:

> Schon hie und da ist uns aufgefallen, dass dem Naturell des Deutschösterreichers irgend etwas im Charakter des neueren schweizerischen Schrifttums nicht recht liegt. Vielleicht ist es eine gewisse umsichtige Überlegtheit und Wirkungsberechnung, die manchen schweizerischen Autoren eigentümlich ist und dem naiver zufahrenden österreichischen Wesen nicht zusagt.²

Anlass für diesen grundsätzlichen Befund sind zwei österreichische Rezensionen in der *Neuen Freien Presse* sowie der Wiener *Zeit* über Bücher von Schweizer Autoren, darunter ein Total-Verriss von Robert Walsers Roman *Geschwister Tanner*, der den *Zeit*-Rezensenten sowohl nach der menschlichen wie auch nach der künstlerischen Seite hin schwer enttäuscht hat. Sein Fazit lautet: »begabte Ohnmacht«. Als »mühselig, als krampfhaft und provinzmäßig« wird die Eigenart des Buches bestimmt. Unter der Freiheitslust Simon Tanners spürt der Rezensent »eine Schmarotzergesinnung, eine ›Freiberger‹-Weltanschauung, die sich durch ihre dreiste Argumentierung das Danksagen gern sparen und noch extra groß dastehen möchte«. In formaler Hinsicht

> verleidet es [Walsers Buch] sich dem Leser von Urteil durch seine maßlose, selbstgefällige, protzige Geschwätzigkeit, durch den unaufhörlich rieselnden Fluß eines dünnen Klugredens, das toll vor Sucht ist, glänzend, sprühend, blendend zu sein.³

Widmann will nicht polemisieren, er macht sogar Zugeständnisse, ohne von seinem eigenen, kurz zuvor veröffentlichten, positiven Urteil über diesen Roman abzurücken. Ob der im österreichischen Literaturbetrieb bewanderte Widmann wusste, wer sich hinter dem Pseudonym Martin Finder verbirgt? Der Walser-Forschung ist

---

1 Anonymus [= Widmann]: *Lyrische Erstlinge*, S. 11.
2 Anonymus [= Widmann]: *Schweizerische Dichter und österreichische Rezensenten*; der auf Walser bezügliche Teil auch in Kerr: *Über Robert Walser*, Bd. 1, hier S. 23.
3 Ebd. – Für das Original siehe Finder [= Felix Salten]: *Geschwister Tanner*.

jedenfalls bislang verborgen geblieben, dass es Felix Salten ist, mutmaßlicher Autor des im Jahr davor erschienenen pornografischen Romans *Josephine Mutzenbacher* und eines der Lieblingsobjekte der Karl Krausschen Satire.

Saltens Besprechung fällt zweifellos unter die zeitlose, von Kraus erfundene Kategorie einer Kritik »von unten herab«[4], sie ist aber eines nicht: naiv. Salten wusste, wie ein Verriss gemacht wird; sein negativer Befund der »Geschwätzigkeit« hat überdies schon viele Walser-Exegeten, insbesondere auch Walter Benjamin, beschäftigt, auf freilich ganz andere, auf produktive Weise.

Nach diesem Vorspiel und ausgestattet mit einer helvetischen Naivitätslizenz möchte ich im Folgenden Aspekte eines Themas vorstellen, das der österreichische Schriftsteller und Germanist Alois Brandstetter schon 1978, bislang jedoch ungehört, der Wissenschaft nicht ohne Ironie empfohlen hatte: »Walser und Österreich«[5].

Dieses weitläufige, rechercheintensive Gebiet soll und kann hier nur unter den Aspekten der insgesamt noch recht unzulänglich erforschten Netzwerke Robert Walsers und, damit verbunden, seiner Rezeptionsgeschichte in Österreich vorgestellt werden. Walsers Auseinandersetzung mit dem Feuilleton, genauer: mit einer damals als Spezialität geltenden oder verrufenen Sonderform, mit dem ›Wiener Feuilleton‹, gilt jedoch mein Hauptaugenmerk, auch unter dem Eindruck, dass die anspruchsvolle Lektüre des Feuilletonisten Robert Walser durch Peter Utz[6] zu einer österreichischen Ergänzung einlädt.

Damit muss ich gleich eingangs auf die Fragwürdigkeit meines Titels zu sprechen kommen, der sich in der Schreibung, allerdings nicht ohne Grund, vom Original entfernt. In dem von der Forschung viel beachteten späten Prosastück mit dem Titel *Der heiße Brei* spricht Walser nicht von »Österreichelei«, sondern von »Östreichelei«. Für Wolf Haas läge damit ein spezifisch deutscher, potentiell kränkender Tat- oder Lautbestand vor: Schon in seinem Roman *Der Knochenmann* von 1997 sind die Einheimischen, die vor dem Fernseher versammelt sind, weil ihr steirisches Dorf im Hauptabendprogramm vorkommen wird, in Eduard Zimmermanns Aktenzeichen-Sendung, konsterniert: Auf gut Deutsch heißt es da in der einführenden Schilderung: »in Östreich«. Die einheimischen Fernsehenden reagieren darauf empört: »Weil wenn du heute ein kleines Land bist, dann läßt du dir nicht gern eine Silbe auch noch wegnehmen«.[7] In dem jüngsten Buch von Haas, *Das Wetter vor 15 Jahren*, (ver-)spiegelt das Gespräch über den Liebesroman zwischen »Wolf Haas« und der deutschen »Literaturbeilage« auch das Verhältnis zwischen »Deutschland – Östreich«, um mit der Literaturbeilage zu reden. In Verkehrung der wirklichen Machtverhältnisse ist das Deutsche bei Haas weiblich und zudem, prekär und unkorrekt genug, nur die Beilage.

---

4 *Fackel*, 668, 142.
5 Brandstetter: *Robert Walsers Österreicher*, S. 46.
6 Vgl. Utz: *Tanz auf den Rändern*, bes. S. 295ff.
7 Haas: *Der Knochenmann*, S. 29.

Auch Widmanns mittlerweile hundertjähriger Hinweis auf die österreichische
Naivität orientiert sich an dem nationalen Stereotyp, wonach dem männlichen
Deutschen das naiv-weibliche, effeminierte Österreichische entgegengestellt wird.
In kruder Weise lässt Carl Seelig seinen Walser – als Faustregel für die *Wanderungen*
gilt: je direkter die Rede, desto weniger ist sie von Walser – auf einer der gemein-
samen Wanderungen einmal Entsprechendes sagen (und es sei hier zitiert, um die
Verbreitung des Klischees anzuzeigen). Die Aussage ist mit einem exponierten
Datum verknüpft, mit dem 15. April 1938, mit Walsers 60. Geburtstag also und
mit dem damals erst vier Wochen zurückliegenden Einmarsch der Hitler-Truppen
in Österreich:

> Die Österreicher wären von den Nazis nicht geschnappt worden, wenn sie einen
> flotten, charmanten Weiberrock an die Spitze des Landes gesetzt hätten. Jeder
> wäre darunter geschloffen, auch Hitler und Mussolini. [...] Weibern dienen
> die Diplomaten immer gern. Wie artig schwänzelnd erst die femininen Öster-
> reicher.[8]

Mit Konnotationen des Weiblichen operiert auch Walsers »Prosastückelchen« (SW
19, 89) *Der heiße Brei*, das von einem Traum erzählen will und dafür die richtige
Sprache sucht. Im Ausschlussverfahren werden dabei beispielsweise »Italianismen«
als unzureichend für ein »untersuchendes, prüfendes, tastendes, ganz auf denkbar
feinster Aufmerksamkeit beruhendes« (SW 19, 90) Prosastück verworfen. In einer
selbst- und metakritischen Wende heisst es dann:

> Falls hier eine nur leise, dünne Möglichkeit vorläge, sozusagen östreicheln zu kön-
> nen, täte ich's mit unumwundener Offenherzigkeit. Man ist jedoch erstens nicht
> immer in der hiezu erforderlichen Laune, und zweitens wird jeder, der östrei-
> cheln will, seines Stoffes oder Schreibvorwandes kolossal sicher zu sein haben.
> Vielleicht ist Östreichelei wesentlich nichts anderes als ein gedankenloses Gedan-
> kenvollsein, ein stillstehendes Galoppieren, ein versteinertes über die Dinge, die
> man beschreibt, Dahinfließen. Gewiß lassen sich solche beruflichen Finessen nur
> schwer definieren. (SW 19, 90)

Diese Folge von Oxymora stellt nicht nur eine berufliche, also eine feuilletonisti-
sche Finesse dar; sie wird performativ ausgeführt. »[S]tillstehendes Galoppieren«
und »versteinertes [...] Dahinfließen« bezeichnen eine angehaltene Bewegung,
gehemmte Dynamik. Mit »Östreicheln« und dessen Umschreibungen ist Aufschub
und Verzögerung antizipiert. Später wird Walsers Text darüber nicht nur sprechen,
sondern im Darübersprechen sprachlich realisieren, wie an der auseinander gezogenen Verbalaussage »schiebt ... auf« deutlich wird:

> Man schiebt schreibend immer irgend etwas Wichtiges, etwas, was man unbe-
> dingt betont haben will, auf, spricht oder schreibt vorläufig in einem fort über
> etwas anderes, das durchaus nebensächlich ist. (SW 19, 91)

---

8 Seelig: *Wanderungen mit Robert Walser*, S. 23.

Derart praktizierter Aufschub darf Spracherotik genannt werden; die Metapher für derlei Spracherotik aber lautet »östreicheln«, ein zeitgenössisch keineswegs Walser vorbehaltenes Verbum. In diesem Verbum ist das Wort »streicheln« zur Gänze enthalten.

Im ›Östreicheln‹ wird das Streicheln also gleich mehrfach zum Ereignis. Walsers spätes Feuilleton nimmt nämlich Bezug auf die Poetik des Wiener Feuilletons, die Walser durch Bekannte wie Franz Blei, durch publizistische Kontexte und nicht zuletzt als Rezeptionsphänomen auf vielschichtige Weise kennen gelernt hat. Alfred Polgars frühe, deutlich von Karl Kraus inspirierte Abrechnung mit dem Titel *Das Wiener Feuilleton* von 1906 mag dafür als Beweis gelten, gerade weil auszuschließen ist, dass Walser diesen Text gekannt hat, der indes einen Typus polemisch abfertigt. Im Februar 1906 stirbt mit Ludwig Speidel, langjähriger Feuilletondirektor der *Neuen Freien Presse*, »einer der Schriftsteller von erstem Range«; mit seinem Tod sieht Otto Stoessl in seinem Nachruf in der *Fackel* zugleich das Ende einer Ära, weil künftig »einem unabhängigen Geiste« kaum wieder Macht »in solchem Umfange zugestanden werden wird«[9].

Auf geradezu verblüffende Weise ergeben sich Korrespondenzen zwischen Polgars Todesurkunde für das Genre – »Das Wiener Feuilleton ist tot«[10] – und Walsers Versuch, seinen Traum in einem »Prosastückelchen« (SW 19, 89) zu artikulieren. Polgar proklamiert als Negativ-Formel des Wiener Feuilletons: »Erst die Sprache und dann der Gedanke. Das Primäre ist das Geplauder; das Sekundäre: das ›Worüber‹[11].

Von den feuilletonistischen Niederungen und Niedlichkeiten heißt es dann in auffälliger Entsprechung zu Walsers Text:

> Das Wiener Feuilleton atmet Zärtlichkeit aus. Es hat eine merkwürdig betuliche Intimität zu allen Dingen, mit denen es sich einlässt. Für seine Kraftlosigkeit ist die praktischeste Beschäftigung: das Streicheln. Es streichelt.[12]

Polgars Abrechnung mit den »großen Meistern des Wiener Feuilletons«[13] nennt keine Namen, wohl aber deren prominentestes Medium, die *Neue Freie Presse*:

> Das Wiener Feuilleton ist nicht merkbar. Es verdunstet sofort vom Gehirn, auf das man es schüttet. Man ist mit dem Lesen fertig und spürt nichts davon. [...] Nicht nur das Leben, auch das Wiener Feuilleton ist eine Rutschbahn. Man ist unten und könnte nicht sagen, wie man hinunter kam. Die sechs Spalten eines solchen Feuilletons abzuleiten ist eine der unbeschwerlichsten Gehirnübungen. Daher ist auch – besonders an Sonntagnachmittagen, nach dem schwarzen Kaffee, zur Verdauung – das Feuilleton-Rutschen mit Benützung der »Neuen Freien Presse« eine der populärsten niederösterreichischen Volksbelustigungen.[14]

---

9 Stoessl: *Ludwig Speidel.*
10 Polgar: *Das Wiener Feuilleton*, S. 37.
11 Ebd., S. 34.
12 Ebd.
13 Ebd., S. 33.
14 Ebd., S. 33f.

Polgar pointiert nochmals die Abrechnung, die Kraus dem Feuilleton der
(nach-)liberalen Ära auf vielgestaltige Weise präsentiert hat; ausgenommen bleiben jedoch Ferdinand Kürnberger und Daniel Spitzer, die Kraus als Vorläufer für
würdig erachtet hat. Wie Hubert Lengauer gezeigt hat, vollzieht Kraus, der Daniel Spitzers Nachfolger bei der *Neuen Freien Presse* hätte werden können, mit der
Gründung der *Fackel* endgültig die »institutionelle Trennung von der bürgerlichen
Presse«, um jene »Reinheit«[15] wiederzugewinnen, die für ihn der Feuilletonist als
Teilhaber am Markt für Bildung und Kultur verloren hat.

   Dass es Kraus, und nicht nur ihm, dabei auch um die Abgrenzung zwischen
Dichtung und Journalismus ging, geht aus seiner Charakteristik des Feuilletonisten
Ludwig Speidel hervor:

> Nie zuvor und nie seither hat die Sprachkunst eine ähnliche Gastrolle auf den
> Schmieren des Geistes gespielt. Das Leben Speidels mag die Presse als einen
> Zwischenfall empfinden, der störend in das von Heine begonnene Spiel trat. Er
> schien es mit dem leibhaftigen Sprachgeist zu halten; er lud ihn an Feiertagen auf
> die Stätte der schmutzigsten Unterhaltung, damit er sehe, wie sie's treiben. Nie
> war ein Kollege bedenklicher als dieser.[16]

Der hier ins Spiel kommende Heine, an dem Kraus 1910 die »Abgrenzung zum
Journalismus vom Ästhetischen her«[17] stellvertretend und durchaus prekär vollzogen hat, wird 1907 auch von dem Kraus-Antipoden Hofmannsthal als jener Prosa-
schriftsteller abgefertigt, der »die deutsche Zeitungsprosa einiger Jahrzehnte in einer
bedauerlichen Weise depraviert hat«[18]. Jetzt aber sei die Zeit gekommen, diese von
Heine inspirierte, »auf die Dauer fast unerträgliche Manier des Journalismus«[19] zu
überwinden. Die von Hofmannsthal skizzierten *Umrisse eines neuen Journalismus*
schalten mit Heine auch gleich dessen politisches Erbe aus; der neue geistige Typus
werde von »kulturellen Journalisten« gebildet werden, »wenn man mir dieses Wort
erlauben will«[20], fügt Hofmannsthal an. Zum Zeitpunkt dieser Überlegungen ist
Hofmannsthal an der Gründung der neuen Zeitschrift *Morgen* beteiligt, für die er
Walsers Mitarbeit erbittet und auch bekommt.

   Die Brisanz und Aktualität dieser Aus- und Abgrenzungsnöte lässt sich auch daran ermessen, dass sie an Robert Walser nicht spurlos vorübergegangen sind. Er setzt
nämlich als Klimax seines feindseligen, bislang ungedruckten Rathenau-Porträts
das Feuilletonhafte ein. Sein Mikrogramm schließt, mit schonenden Kürzungen
meinerseits, so:

---

15 Lengauer: *Hofmannsthals journalistische Anfänge*, S. 126.
16 Kraus: *Schriften*, Bd. 3, S. 44 (*Aus dem Papierkorb* [1909], in: *Literatur und Lüge*).
17 Lengauer: *Hofmannsthals journalistische Anfänge*, S. 126.
18 Hofmannsthal: *Umrisse eines neuen Journalismus*, S. 379.
19 Ebd., S. 378.
20 Ebd., S. 380; vgl. auch dazu Lengauer: *Hofmannsthals journalistische Anfänge*, S. 126.

Seine hinterlassenen Werke sind besseres Feuilleton und darum nicht im tieferen
Sinn aufbewahrenswert. Alles Feuilletonhafte ist in sich krank [...]. Ein typischer
Sohn einer geringen Epoche. Eine seufzende Literaturpflanze, tugendhafter
Sumpf. [...] Er war unoriginell, wie es alle lediglich Gebildeten sind.[21]

Auch wenn für Walsers Ressentiments gegen Rathenau noch andere Gründe anzu-
führen wären, verweist seine Kritik des Feuilleton- und Literatenhaften auf einen
neuralgischen Punkt der zeitgenössischen Debatte. Walsers oft zitierte Äußerung
von Anfang 1907 hat daher weiterreichende Resonanzen als man auf den ersten
Blick vermuten könnte: »Wenn ich aber Zeitschriftenlieferant werden sollte, lieber
ginge ich ›unter die Soldaten‹« (Br, 49).

Die Äußerung fällt obendrein im Zusammenhang mit dem Prosastück *Die
Schlacht bei Sempach*, das Walser für Maximilian Hardens Zeitschrift *Die Zukunft*
verfasst hatte – ein Text, in dem die Österreicher in erster Linie ein literarisches
Debakel erleiden. Walsers literarische Abrüstung des Genres Schlachtbeschreibung
fügt den Österreichern, dem Erzfeind von damals, ein veritables rhetorisches Sempach zu, ohne damit eine patriotische Lesart ins Recht zu setzen. Sein Spott gilt
dem österreichischen Ritterheer, den »adeligen Dreschflegel[n]« (SW 2, 101), den
»Stahlbedeckte[n] und Eingemummelte[n]« (SW 2, 102). Die schöne, für jedes
vaterländisch-patriotische Lesebuch unbrauchbare, daher besonders haltbare Lehre
lautet indes: »Die Schlacht bei Sempach lehrt eigentlich, wie furchtbar dumm es
ist, sich einzumummeln.« (SW 2, 102)

Polgar, der zu Walsers Berliner Zeit wie dieser für die *Schaubühne* schrieb, hat
sich erst in den dreißiger Jahren eingehender mit Walser auseinandergesetzt. Dabei
hatte schon Oskar Maurus Fontana in seinem Feuilleton zu Walsers 50. Geburtstag
im Wiener *Tag* geschrieben: »Seine [Walsers] Erscheinung wird noch deutlicher,
wenn man ihn aus seiner Isolierung löst und ihn zu seiner Verwandtschaft stellt.
Robert Walsers Bruder ist Alfred Polgar.«[22] Dass Polgars differenzierte Rezension
der von Seelig veranstalteten Prosaauswahl *Große kleine Welt* mit dem Satz beginnt:
»Einen Dichter darf man diesen abseitigen, durchaus auf eigener Spur gehenden
Menschen, Tieren und Dingen brüderlich zugeneigten Menschen wohl nennen«[23],
kann noch als ein fernes Echo jener erbitterten Abgrenzungskämpfe zwischen Dichtung und Journalismus gelesen werden. Polgar ist übrigens auch der Titel dieser
Anthologie zu danken, wie wir durch Ulrich Weinzierl wissen: Glücklicherweise ist
nämlich Seelig Polgars Vorschlag gefolgt und hat auf *Sport macht Spaß* verzichtet.

> »Sport macht Spaß«, scheint mir ein netter Titel. Aber orientiert er den Leser
> nicht einseitig über das Walser'sche œuvre, das doch auch schöne *ernste* und
> *lyrische* Partien hat?
> Was wäre mit: *Große kleine Welt.*[24]

---

21 Walser: *Rathenau war von etwas melancholischem Gemüt.*
22 Fontana: *Zeugen des Daseins.*
23 Polgar: *Robert Walsers »Große kleine Welt«*, S. 86.
24 Zit. n. Weinzierl: *Carl Seelig, Schriftsteller*, S. 124f.

Polgars Rezension ist aber auch ein Anlass, auf Widmanns Intervention von 1907 zurückzukommen, in der die Österreicher, wie eingangs bemerkt, nicht gut abschneiden. Widmanns Versuch, in die außerschweizerische Walser-Rezeption kritisch einzugreifen, hat sich, nach Lage der bislang nach wie vor sehr unzulänglich erforschten Wirkungsgeschichte zu Lebzeiten Walsers, mit den Österreichern womöglich das falsche Objekt gesucht, trotz alledem. Wenn man den Prager Kontext bis 1918 dazu nehmen darf, erst recht. Walsers erste Publikation im Ausland und zugleich erst die zweite unter seinem vollen Namen ist auf Vermittlung von Franz Blei in der *Wiener Rundschau* erschienen, in der auch George, Rilke, Kraus oder Hofmannsthal publiziert haben.[25]

Der Begleittext zu diesem Abdruck seiner Gedichte zitiert fast vollständig einen Brief Walsers, verschweigt aber, dass dieser in Thun, am 15. April 1899 geschriebene Brief, an Peter Altenberg gerichtet war. Altenbergs Lob, »einem von jeglicher Pose freien Dichter begegnet zu sein«[26], wird von Walser nicht erwidert. »Peter Altenberg: ein liebes Wiener Würstl. Aber die Auszeichnung ›Dichter‹ könnte ich ihm nicht geben«[27], kolportiert Seelig eine späte Äußerung Walsers.

Franz Glück kommt 1937 in seiner Besprechung von *Große kleine Welt* auf Walsers Wiener Debüt von 1898 zu sprechen. Glück, der damals für den Kunstverlag Anton Schroll in Wien arbeitete, hatte sich seit 1935 erfolglos bemüht, für Benjamins *Berliner Kindheit* einen Wiener Verleger zu finden.[28] Mit seinem Bruder Gustav Glück war Benjamin befreundet, er hat diesem sogar seinen großen Kraus-Essay gewidmet. Franz Glück rechnet Walser zu den »interessantesten Dichterfiguren des ersten Drittels des 20. Jahrhunderts«[29]. In deutlicher Anlehnung an Benjamins Walser-Essay, der in seiner Besprechung explizit genannt wird – was im Österreich des Jahres 1937 alles andere als erwartbar ist – wird Walser zu seinem Vorteil mit Altenberg verglichen. Ein etwas verzwickter Satz lautet nämlich:

»Wie ich es sehe« ist viel weniger subjektivistisch, aber viel schamhafter (Walter Benjamin hat dies in seinem Walser-Aufsatz angemerkt), seine Devise wie die des auf dem Marktplatz predigenden Peter Altenberg.[30]

25 Nach derzeitigem Wissensstand erschien Walsers Prosatext *Der Greifensee* als erster unter seinem vollen Namen, und zwar im *Sonntagsblatt des Berner Bund* (2. Juli 1899); vgl. die Anm. von Greven in SW 2, 129.
26 *Wiener Rundschau* 1899, 18. Heft, S. 423; es werden die folgenden Gedichte Walsers (in dieser Reihenfolge) abgedruckt: *Helle, Zu philosophisch, Enttäuschung, Und gieng, Leicht gesagt, Trug, Müdigkeit, Spruch.*
27 Seelig: *Wanderungen mit Robert Walser*, S. 22.
28 Vgl. Benjamins Brief an Franz Glück vom 17. 12. 1930 und die zugehörigen Anm. der Hg. in Benjamin: *Gesammelte Briefe*, III, S. 559f. – Zur umfangreichen Privatbibliothek Glücks und auch zur Biografie vgl. Bendt: *Die Bibliothek Glück. Vorstellung einer Wiener Sammlung.*
29 Glück: *Über Robert Walser.*
30 Ebd.

Allerdings wird Seeligs Auswahl wegen der »Überbetonung des Spätwerks« von
Walser auch kritisiert: die »Maniriertheit« und der »wodurch immer entstandene[ ] Absonderlichkeitscharakter« sind für Glück dem repräsentativen Anspruch,
den der Band erhebt, abträglich. Es ist bemerkenswert, dass neben der schon lange bekannten, in der Schweiz erschienenen Rezension des bedeutenden österreichischen Germanisten Heinz Politzer – damals mit Brod Herausgeber der Werke
Kafkas und wie Brod ins Exil getrieben – sowohl das *Neue Wiener Tagblatt* als auch
die *Neue Freie Presse* positive Kurzbesprechungen der Seelig-Auswahl veröffentlicht
haben.[31]

»Österreicheleien« gibt es indes auch an unerwarteten Orten, fern von Österreich, zu entdecken, etwa im renommierten *Times Literary Supplement* des Jahres
1908. Unter dem verbergenden Titel *Two German Novels* vergleicht dort der anonyme Rezensent Arthur Schnitzlers Roman *Der Weg ins Freie* und Robert Walsers
Der Gehülfe. Die darin vorgenommene Wertung kann der Debatte um den Ästhe-
tizismus zugeordnet werden; der ethische Vorbehalt gegen Schnitzlers Roman spreche für Walsers Roman, auch wenn dieser, »though excellent«, in ästhetischer Hinsicht »hardly on the same level of literature« sei wie *Der Weg ins Freie*: »But its ethi-
cal content seems to us sounder and of more hopeful augury.«[32] Bemerkenswerter
als diese allzu bequeme Gegenüberstellung scheint mir die Art und Weise zu sein,
wie Robert Walser 1908 schon mit seinem zweiten Roman der angelsächsischen
Öffentlichkeit präsentiert wird; der beliebte, wenngleich fragwürdige Mythos vom
zeitlebens verkannten Walser möge sich damit endgültig erledigt haben:

> Of these two novels, »Der Gehülfe«, by a young writer who has already made his
> mark, is full of the freshness of recent experience. It seems to bubble over with
> suggestions, of which the writer is himself, possibly, unaware. »Der Weg ins Freie«
> is by a tried and proved craftsman, a cultivated observer and man of the world, a
> writer, it may almost be said of genius.[33]

Es ist das Elend solchen Vergleichens, dass Schnitzler ein Wien repräsentieren
muss, dessen Bekanntheit wenig Spielraum lässt: »Vienna, the city of music and of
beautiful women, has the reputation of being as gay and irresponsible as any capital
in Europe. Irresponsibility is certainly the note of every character in the book.«[34]

Die Seiten scheinen gewechselt zu haben: Widmanns Verdacht der Naivität
gegenüber den Österreichern ist hier dem der Unverantwortlichkeit gewichen.
Walsers Chancen liegen jenseits solcher Oppositionen und Schablonen, und sie
wurden ihm in Österreich auch großzügig zuteil. Er hat schon früh österreichische
Gegenwartsautoren zur Auseinandersetzung gereizt: von Thomas Bernhard bis

31 Vgl. Janko: [Rezension zu] *Große kleine Welt* u. R. I. K [= Rudolf Jeremias Kreutz]: [Rezen-
sion zu] *Große kleine Welt* (Beleg in der Dokumentation der Arbeiterkammer für Wien; jetzt
Wien-Bibliothek); ich danke Eckhart Früh für diese und andere Hinweise.
32 Anonymus: *Two German Novels*.
33 Ebd.
34 Ebd.

Elfriede Jelinek, von Ilse Aichinger bis Peter Handke, gar nicht zu reden von den ganz Jungen.

Eine dezidiert nicht-naive Position hat Peter Handke vertreten: Entgegen den damals üblichen Klischees vom ›armen Robert Walser‹ hat er zu Beginn der achtziger Jahre ein beherzigenswertes Betroffenheitsverbot erlassen:

> Von einem Schriftsteller sollte man niemals sagen dürfen: »Der Arme«, und schon gar nicht dürfte er selber das sagen – der »arme B. B«; man *kann* nicht sagen: «Der arme Kleist«, »der arme Hölderlin«, »der arme Robert Walser«.[35]

Handke, einer der belesensten Autoren der Gegenwart, hat, wie mir scheint, einen der haltbareren Entwürfe zu einem Walser-Bild geschaffen; man wird nicht ganz in die Irre gehen, wenn man es auch als ein verkapptes Selbstbildnis versteht:

> Jemand, ein Künstler, ist groß, wenn er, ganz rein, eine Spielart der Menschenmöglichkeiten umschreibt; dabei wird er einem freilich auch besonders auf die Nerven fallen können (ich dachte etwa an Robert Walser).[36]

---

35 Handke: *Phantasien*, S. 82.
36 Handke: *Am Felsfenster morgens*, S. 301.

Kurt Ifkovits (Wien)

ROBERT WALSERS PRAGER SPUREN

In Erinnerung an Anne Gabrisch

Robert Walser war niemals in Prag,[1] obwohl er 1925 damit spekulierte, dorthin zu übersiedeln, gesetzt den Fall, dass »etwa an einem Pragertheater etwas wie eine intelligente Stelle für mich frei sein könnte?« (Br, 232f.)[2] Obwohl einige Arbeiten Walsers Prager Beziehungen aufarbeiten,[3] scheint es sinnvoll, sich erneut damit zu beschäftigen, zumal diese das tschechischsprachige Milieu wie die Vermittlungsinstanzen aussparen und sich auf die Beziehung Walsers zu Kafka konzentrieren.[4]

Seit 1908 erschien in Prag eine Zeitschrift namens *Novina*. Redakteur war F. X. Šalda, der Begründer der modernen tschechischen Kritik. Das Blatt war Šaldas persönliche Tribüne in der er die moderne Bewegung zu sammeln versuchte. Zwar gelang dies nicht; die *Novina* konnte kein einheitliches Profil entwickeln, doch gab es in ihr ein reges Interesse an deutschsprachiger Kultur. Im umfangreichen Rezensionsteil referierte man deutschsprachige Neuerscheinungen, etwa von Paul Ernst, Otto Julius Bierbaum oder Thomas Mann. Unter dem Titel *Aus der modernen deutschen Prosa* besprach man 1911 »Keine Romanciers wie Heinrich und Thomas Mann, deren Werke Vollkommenheit bedeuten, sondern Werke von Dichtern drängender Sehnsucht, die Hoffnungen bezüglich der Entwicklung der Gattung des Romans bringen.« (»Nikoliv o romanopiscích jako jsou Jindřich a Thomas Mannové, jichž díla znamenají dokonalost, nýbrž o básnících silné touhy, kteří přinášejí nové vyvojové naděje ve formě románové.«) Dann heißt es:

Robert Walser, Švýcar rodem, jenž nesmí býti však zaměňován nikterak s »domáckými básníky« ve Švýcařích tak populárními, vypsal ve svém svérázném

---

1 Jedenfalls verzeichnet das Národní Archiv, das die Meldeunterlagen aufbewahrt, keinen Eintrag.

2 Walser an Max Brod (April/Mai 1925).

3 Vgl. Pestalozzi: *Nachprüfungen* u. Pelletier: »*Walsereien*« *in Prag*.

4 Vieles hier Präsentierte ist mehr oder weniger zugänglich, wiewohl oft nur in Prag. Neben dem *Lexikon České Literatury* und den einschlägigen Bibliografien auf dem *Ústav pro českou a světovou literaturu* seien vor allem folgende Quellen erwähnt: Vašíčková: *Pick und Šrámek*; Marešová: *Otto Picks dichterisches Schaffen*; Marešová: *Otto Pick und Otokar Březina*; Marešová: *Pick. Život a dílo*; Köpplová: *Die Kulturrubrik der »Prager Presse«*; Köpplová: *Prager Presse*; Köpplová u. Krolop: *Musil: Briefe* u. Kosatík: *Peroutka*. Für wertvolle Hinweise danke ich Georg Escher (Zürich) und besonders Lucie Kostrbová (Prag). Sämtliche Übersetzungen aus dem Tschechischen stammen von Hana Blahová.

deníku *Jakob von Gunten* (Bruno Cassirer v Berlíně) nádhernou bohatou duši mladickou. Z dřívějších románů tohoto básníka (*Geschwister Tanner* a *Der Gehilfe* [!]) byl tento nový typ již částečně znám: mladého muže, který jako Eichendorffův *Taugenichts* blaženě světem kráčí, vše pozoruje, optimistický až do hloubi nitra, vychytralý a pyšný, dobrotivý a šlechetný; člověk, který se nemůže na nikoho hněvati a jenž dle všeho ani neví, kolik slunečného jasu darovává jeho prostá přítomnost lidem. Mladičký Jakub z Guntenu vstupuje tedy do ústavu jakéhosi pana Benjamenty, opustiv pohodlný dům svých rodičů. Jeho úmysl jest vychovati sebe sama v dobrovolném namáhavém životě nebo připraviti se pro budoucí sebevýchovu. Neboť hrdinové Walserovi jsou při vší snivosti rozhodně lidé skutečnosti, jichž ctižádost nesleduje však obvyklých cílů, nýbrž platí jen vnitřnímu vzdělání toužícího. A tak žije Jakub v této knize upevněným charakterem mladíka; jest vždy naivní jako dítě a ve světě protřelý jako muž. Hlavní cena knihy jest v tom, že rek a autor a především světový názor básníkem v jeho díle vyslovený se plně kryjí. Tento Walserův optimism upevněného člověka působí osvěžujícím dojmem jako sílivá lázeň, dává mocné popudy a jest plný podivuhodného bohatství. Pozoruhodným a přitažlivým na methodě Walserově jest však, že tento zdánlivý romantik nestojí nikterak cize vůči nově vytvořenému světu reálných skutečností. Čtěte jen, jak názorně Jakub z Guntenu dovede sděliti pestrý vír velkoměstské ulice, jiskřivý ruch moderní společnosti neb noční místnosti. Dětsky dobrotivým pozorováním odnímá však věcem všecku trpkost a odpornost, i na stinné stránky životní padá zde melodické světlo. O ději povídky netřeba se šířiti, jen zdůrazniti třeba, že Walser zná v německé řeči dodati jako žádný jiný básník všemu, co sděluje, vnitřního tempa, jež udržuje čtenáře ve stálém napětí. Mimo to je zde ještě půvab mluvy Walserovy, jehož nelze definovati; jeho naivní prostota jest kladně kultivovaná; má obraty všedního života, které hoří vnitřním světlem a jest bohata i zdánlivě úmyslně poetickými větami, jež však zapadají ku podivu do okruhu svěží přírodnosti – půvab, jaký vyzařuje dnes ještě jen prósa Hamsunova.

Robert Walser, von Stamm Schweizer, den man aber keineswegs mit den, in der Schweiz so populären »Heimatdichtern« verwechseln sollte, beschrieb in seinem eigenartigen Tagebuch *Jakob von Gunten* (Bruno Cassirer in Berlin) eine wundervoll ergiebige Jugendseele. Diesem neuen Typus konnte man schon in seinen früheren Romanen (*Geschwister Tanner* und *Der Gehilfe* [!]) begegnen: ein junger Mann, der wie Eichendorffs *Taugenichts* selig durch die Welt schreitet, alles beobachtend, bis in sein tiefstes Inneres optimistisch, verschmitzt und stolz, gutmütig und edel; ein Mensch, der keinem böse sein kann, und der so wie er sich gibt, nicht einmal weiß, wieviel Sonnenschein er den Leuten durch seine schlichte Anwesenheit schenkt.

Der Knabe Jakob von Gunten tritt in die Anstalt eines gewissen Herrn Benjamenta ein, nachdem er das bequeme Haus seiner Eltern verlassen hat. Seine Absicht ist es, seine Erziehung in einem freiwillig gewählten, mühsamen Leben zu erlangen beziehungsweise sich für die zukünftige Selbsterziehung vorzubereiten. Denn bei aller Träumerei sind Walsers Helden gewiß Menschen der Wirklichkeit. Ihr Ehrgeiz verfolgt aber keine gewöhnlichen Ziele, sondern konzentriert sich nur auf die innere Bildung des Sehnsüchtigen. Jakob ist in diesem Buch mit dem überzeugenden Charakter eines Knaben ausgestattet; stets naiv wie ein Kind; in der Welt ist er ein Mann mit Erfahrung. Die Bedeutung des Buches liegt darin, dass der Held und der Autor und vor allem die vom Dichter verkündete Weltsicht in seinem Werk identisch sind. Walsers Optimismus des gefestigten Menschen wirkt erfrischend wie ein stärkendes Bad, das mächtig anregt und voll wunderbaren Reichtums ist. Aber gerade der Umstand, dass dieser scheinbare Romantiker keineswegs den realen Wirklichkeiten der modernen Welt fremd gegenüber steht, macht Walsers Methode so beachtenswert und anziehend. Lesen sie nur, wie anschaulich Jakob von Gunten das bunte Treiben einer Großstadt-straße wiedergeben kann, das funkelnde Leben der modernen Gesellschaft oder des nächtlichen Raumes. Sein kindlich-gutmütiger Blick nimmt den Dingen ihre Bitterkeit und Widerlichkeit, auch auf die schattigen Seiten des Lebens fällt hier ein melodisches Licht. Über die Handlung viel zu sagen, ist nicht notwendig, es sei nur betont, dass Walser in der deutschen Sprache wie kein anderer Dichter allem, was er mitteilt, ein inneres Tempo geben kann, das den Leser in perma-nenter Spannung hält. Außerdem ist hier noch der Reiz der Walserschen Sprache, den man nicht definieren kann; seine naive Einfachheit ist positiv kultiviert; er benützt Wendungen des Alltagslebens, die durch ein inneres Licht stechen, und ist auch an scheinbar absichtlich poetischen Sätzen reich, die sich aber überra-schenderweise in den Kreis der frischen Natürlichkeit eingliedern. Ein Reiz, den heutzutage nur noch die Prosa von Hamsun ausstrahlt.[5]

Der Verfasser dieses Textes war der 24-jährige Otto Pick. Dieser war bis 1920 und wohl widerwillig Bankkaufmann. Nebenbei betätigte er sich als Journalist in ver-schiedenen deutsch- wie tschechischsprachigen Blättern (*Die Wage, Pester Lloyd, Přehled*) sowie als Übersetzer. Pick stand in Beziehung zum so genannten Prager Kreis, besonders zu Willy Haas[6], mit dem er 1911/12 im Herder-Verein wirkte.

Bekanntermaßen gab es in der Prager Deutschen Literatur ein reges Interesse an den Texten Robert Walsers. Franz Kafka beispielsweise kannte ihn als Leser der *Schaubühne* wohl schon 1908.[7] Zweifellos kannte er Bleis *Opale*, die 1907 Wals-ers *Geschwister Tanner* vorstellte.[8] Blei war damals öfters in Prag und hatte Kon-takte mit Brod.[9] Es scheint ausgeschlossen, dass Blei mit Brod nicht über Walser

---

5 Pick: *Z moderní prózy německé*, S. 375. Zu fragen bleibt, ob dieser Text in deutscher oder tschechischer Sprache verfaßt worden war. Denn ein Artikel Picks in der *Pokroková revue* wurde, laut redaktioneller Anmerkung, aus dem Deutschen übersetzt; vgl. Pick: *Německý dopis*, S. 94–97.

6 Den vielfältigen Einfluss des Gründers und Herausgebers der *Literarischen Welt* dokumen-tiert erstmals Ungern-Sternberg: *Willy Haas 1891–1973. »Ein grosser Regisseur der Litera-tur«.*

7 Sicher kannte Kafka Walsers *Jakob von Gunten* und *Gebirgshallen*; vgl. Brod: *Über Franz Kafka*, S. 294 u. 62, sowie Greven: *Walser, Siegfried Jacobsohn und »Die Schaubühne«*, S. 7.

8 F. B. [= Franz Blei]: *Von Büchern*, S. 213f.; in Bleis *Hyperion* finden sich zwar keine Rezen-sionen, allerdings Empfehlungen.

9 Brod fungierte für Blei bereits 1907 als Schnittstelle zur tschechischen Moderne. In einem auf den 12. 12. 1907 datierten Brief an den Herausgeber der *Moderní revue*, Arnošt Pro-cházka (LA PNP), erwähnt Brod Blei und dass dieser mit einer Illustratorin der Zeitschrift in Verbindung treten möchte; im Februar 1908 erschien Bleis und Brods Gemeinschaftsar-beit *Circe und ihre Schweine*.

kommuniziert hat. Dies mochte Brods Sympathie für Walser nur bestärken. 1910 jedenfalls erhielt Walser von Brod einen Gedichtband mit Widmung. Das Engagement Bleis für Kafka wie für Walser[10] sowie die Ähnlichkeit beider Autoren führte dann ja auch dazu, dass Alfred Walter Heymel »Kafka« für ein Pseudonym Walsers hielt.

In diesem kreativen Milieu war es fast unmöglich, nicht auf Walser zu stoßen. Dennoch darf man dies nicht überbewerten. Liest man die Zeugnisse genau, so wird man feststellen, dass dieser Zirkel keineswegs derart homogen war, wie sein Chronist, Max Brod darlegt. Man kannte sich mehr oder weniger.[11] Andererseits bestanden enge Kontakte zur tschechischen Literatur. Womit wir zu Otto Pick zurückkehren. Sein Verdienst um die kulturelle Annäherung der Tschechen und der Deutschen kann nicht hoch genug bewertet werden. Seit 1908 übersetzte er den tschechischen Dichter Fráňa Šrámek.[12] Es sollten weitere Autoren der Generation folgen, die zu Beginn des Jahrhunderts in die Literatur eingetreten waren, darunter Otokar Březina, die Brüder Čapek, František Langer oder F. X. Šalda. Von besonderer Bedeutung sind die von ihm zusammengestellten und zum Teil auch übersetzten Anthologien.[13] Bemerkenswert ist, dass Pick nach beiden Sprachen hin orientiert ist, wenngleich eine Präferenz zur deutschen Sprache erkennbar ist. Jedenfalls edierte er auch *Deutsche Erzähler aus der Tschechoslowakei* (1922), *Deutsche Lyrik aus der Čechoslowakei* (1931) und übersetzte deutsche Texte ins Tschechische. Weiter gab er den *Briefwechsel Casanovas mit Opitz* (1922) und 1931 eine tschechische Antikriegsanthologie heraus. Picks Werk ist aber nicht nur dienend, er versuchte sich auch als Literat. 1913 erschienen sechs Novellen unter dem Titel *Die Probe*, weiter die Lyriksammlungen *Freundliches Erleben* (1912), *Wenn wir uns mitten im Leben meinen* (1926) und andere. All diese Texte bezeugen Picks Sympathien für die französische und tschechische Decadence, aber auch für Rainer Maria Rilke und das Theater.

Das Jahr 1911, in dem Picks tschechischsprachige Rezension in der *Novina* erschien, war überhaupt der Beginn der Walser-Rezeption in Prag. 1911 besprach Max Brod Walser im *Pan*. 1911 kam auch Franz Werfels Gedichtband *Weltfreund* heraus. Indirekt sollte dies für Walser von Bedeutung sein, denn es sicherte Werfel eine Stelle als Lektor im Kurt Wolff/Rowohlt-Verlag. Werfel seinerseits vermittelte Wolff Prager Autoren, besonders Pick, Brod und Kafka. Bei Wolff sollte Max Brod 1913 die Anthologie *Arkadien* herausgegeben, die Pick, Werfel, Blei und Walser vereinigt. 1914 versammelt Wolffs Almanach *Das Bunte Buch* Werfel, Bahr, Blei, Brod, Kafka, Trakl, weiter den tschechischen Dichter Otokar Březina. Max Brod

---

10 Brod: *Über Franz Kafka*, S. 60; vgl. Brod: *Kleine Prosa* u. Brod: *Kommentar*.

11 Kafka berichtete etwa, dass er Willy Haas nur »ein wenig« kenne; vgl. Kafka: *Briefe an Milena*, S. 69.

12 Vgl. die 15 Stück umfassende Korrespondenz Otto Picks an Fráňa Šrámek aus den Jahren 1908 bis 1925, LA PNP, Fond: Fráňa Šrámek. Vgl. auch Marešová: *Otto Pick. Život a dílo*.

13 Etwa *Tschechische Erzähler* (1920, 1925 auch engl.); zur Beurteilung von Picks Übersetzungen vgl. Nezdařil: *Česká poezie v německých překladech*.

hatte sich damals sehr für Walser exponiert. Brod an Kurt Wolff: »Sie wissen, ich bin
sehr vorsichtig und sparsam mit meinen Empfehlungen. Bisher habe ich mich nur
für Walser, Kafka, Werfel und Janowitz (Franz) eingesetzt.«[14] Brod nahm damals
bezüglich Walsers Verbreitung um 1913 die Position Franz Bleis ein, zu dem sich
Walsers Kontakte sichtlich abkühlten.[15] Walser gestand Brods Engagement auch
freimütig ein: »Max Brod ist mir selbstverständlich lieb und sympathisch. Ihm verdanke ich nicht wenig [...].« (Br, 114f.)[16]

Was Walser freilich nicht wissen konnte, war, dass ihn Brod bereits 1909 tschechischen Autoren empfohlen hatte. In einem Brief an den früh verstorbenen Autor
und Übersetzer Otakar Theer, den wiederum Otto Pick ins Deutsche übersetzt
hatte, schreibt Brod: »Die deutsche Prosa! – o es gibt einige makellose Autoren jetzt
z. B. *Heinrich Mann*, Kassner, *Walser*, (*Wassermann*?). Meine Muster allerdings sind
eher in Frankreich: Flaubert und die Goncourts.«[17]

1912 ist Robert Walser innerhalb der Prager deutschen Literaten derart etabliert,
dass er als Maßstab gilt. In einer Besprechung von Picks Gedichtband *Freundliches
Erleben* konstatierte Willy Haas das Nebeneinander von »alltäglichster Wendung
im Gespräche neben dem erhabensten Augenblicke«, also das, was Pick auch in der
Novina betont hatte:

> Aber gerade *daß* dem so ist, daß das Kleinste und das Größte mit denselben unlös-
> lichen Ketten an unser Leben geknüpft ist, unser Leben an sich knüpft: ist es nicht
> eben diese schöne und richtige Erkenntnis, die unser Buch über viele anderen [!]
> hinaushebt, ja, wie es in die Sphäre einer neuen, noch nicht gewohnten Art von
> Lyrik stellt [!], deren Vorklänge Robert Walser und Franz Werfel spielen.[18]

Doch kehren wir zu den Tschechen zurück, wobei Tschechisch und Deutsch nicht
zu trennen ist.[19] Jedenfalls erscheint im Jahr 1913 ein *Umělecký průmysl slova*
(*Die künstlerische Wortindustrie*) benannter Artikel eines 24-jährigen Journalisten
namens Arne Laurin, der in einem bedeutenden Zusammenhang Robert Walser
erwähnt.

---

14 Brod an Kurt Wolff (15. 1. 1914), in: *Kurt Wolff. Briefwechsel eines Verlegers 1911–1963*,
    S. 175f.

15 Die Adresse der *Weißen Blätter* beispielsweise erfuhr Walser nicht von Blei, sondern von
    Brod; vgl. Br, 66f. (Walser an Franz Blei [Ende 1913]).

16 Walser an den Huber-Verlag (13. 9. 1917).

17 Max Brod an Otakar Theer, Postkarte vom 3. 8. 1909 [Poststempel], LA PNP, Fond: Ota-
    kar Theer.

18 Haas: *»Freundliches Erleben«*.

19 Ich würde daher für die Unterscheidung von tschechisch- und deutschsprachig plädieren,
    wobei selbst hier die Grenzen (im Sinn der Muttersprache und vor allem im jüdischen
    Milieu) fließend sind. Otto Pick etwa schrieb an den von ihm übersetzten Fráňa Šrámek
    deutsch wie tschechisch; zudem gibt es viele intertextuelle Bezüge der deutschsprachigen
    Literatur zur tschechischen und umgekehrt.

Darin beschäftigt er sich mit der Kinematografie und ihren Auswirkungen. Das Kino sei nicht bloß Zeitgeist, sondern Notwendigkeit des Zeitalters, Teil jener Maschinenästhetik, die auch die Dichtkunst verändern werde:

Jejich chod se stane už zítra rhytmem nové poesie, pokud se tak již nestalo (míním Whitmana, Verhaerena, Zecha atd.). Budou třeba proklínati tento rhytmus; budou volati, aby se vrátily staré, klidné časy; neubrání se mu však. V německé literatuře vyšlo hned v poslední době několik knih, které jsou takovým voláním po měkkých slovech, po něžném laskání a plny hořkosti proti novodobému šumu, o němž mluví ostatně jen v glossách nebo v impressionistických náladách. Kdybych měl jmenovati, řekl bych především dvě jména, skoro souběžná jak založením, tak výrazem: to je *Max Brod* ve své poslední knize *Über die Schönheit hässlicher Bilder* a Robert Walser ve svých *Aufsätze* (obě knihy v nakladatelství Kurt Wolff v Lipsku); – obě až dojemné svojí snahou velmi marnou, zachovati z minulosti pro přítomnost cosi, co propadlo již hnilobě. Proti nim stojí moderní doba a vítězství nebude jejich. Stroj se stal aesthetickým i ethickým zákonníkem a všechny snahy, zavésti zákonník jiný, ať jsou to už jakékoliv individuelní city, ať je to jakákoliv jiná láska, jsou marny jako všechno, co bylo *kdysi* »duchem času«. Kdyby tedy naše doba neměla svého velmi určitého (ve své neurčitosti) charakteru, bylo možno ji charakterizovati jako reakci proti intimitě.

Ihr Gang wird schon morgen zum Rhythmus der neuen Dichtkunst, falls es dazu nicht ohnehin schon gekommen ist (gemeint sind Whitman, Verhaeren, Zech usw.). Sie [die Dichter, K. I.] werden möglicherweise diesen Rhythmus verfluchen; nach den alten guten Zeiten rufen; doch vergeblich. In der deutschen Literatur erschienen in letzter Zeit einige Bücher, die so nach zarten Worten rufen, sich nach sanfter Liebkosung sehnen, voll Bitternis gegen den neuzeitlichen Lärm. Sie sprechen übrigens darüber nur in Glossen oder impressionistischen Launen. Falls ich sie namentlich nennen sollte, würde ich vor allem zwei erwähnen, die bezüglich ihres Wesens und Ausdruckes fast identisch sind: Das ist *Max Brod* in seinem letzten Buch *Über die Schönheit häßlicher Bilder* und Robert Walser in seinen *Aufsätzen* (beide bei Kurt Wolff in Leipzig); – beide fast rührend in ihren vergeblichen Bemühungen, aus der Vergangenheit etwas, das schon der Fäulnis zum Opfer fiel, für die Gegenwart zu bewahren. Gegen sie steht das moderne Zeitalter und sie werden zu den Verlierern zählen. Die Maschine wurde zu einem ästhetischen und ethischen Gesetz und alle Bemühungen ein anderes einzuführen, seien es irgendwelche individuellen Gefühle, oder irgendeine andere Liebe, sind vergeblich, wie alles, was damals den »Zeitgeist« ausmachte. Wenn also unser Zeitalter keinen bestimmten (in seiner Unbestimmtheit) Charakter hätte, könnte man es als Reaktion gegen die Intimität charakterisieren.[20]

Arne Laurin wurde als Arnošt Lustig 1889 unweit von Prag, geboren; in Prag studierte er Chemie. Nach einem Flirt mit anarchistischen Ideen begeisterte er sich für die Ideen T. G. Masaryks und publizierte seit ungefähr 1908 in Zeitschriften wie der *Pokroková Revue, Samostatnost, Studentská revue*, gelegentlich in Masaryks *Čas*,

---

20 Laurin: *Umělecký průmysl slova* [Buchtitel im Original nicht gesperrt].

aber auch in der jüdischen *Rozvoj* oder *Stopy* und in *Zádruha*, eine Zeitschrift mit dem Untertitel *Orgán anarchistických sozialistů*. Seiner Theaterbegeisterung gab er in der Zeitschrift *Divadlo* Ausdruck. Zudem war er bekennender Bibliophiler und Bibliograf. Laurins Preferenz war wohl die tschechische Sprache, gelegentlich übersetzte er aus dem Deutschen.[21] Im Übrigen scheint er ein skurriler Kauz gewesen zu sein.[22]

Im Ersten Weltkrieg unterschieden sich die tschechischsprachigen Autoren von ihren deutschsprachigen Kollegen dadurch, dass sie nicht in die Kriegsgesänge einstimmten. Statt dessen beklagten sie den sinnlosen Tod in einem Krieg, den sie nicht als den ihren empfanden. Der Widerstand brachte so manchen Dichter oder Übersetzer ins Gefängnis. Nach der Flucht des Abgeordneten T. G. Masaryk gerieten auch die seine Gedanken unterstützenden Organe wie die *Čas* unter Druck. Sie wird Ende August 1915 eingestellt. Doch die Beilage führt man unter dem Namen *Novina* weiter.[23] In der ersten Nummer, die am 1. Oktober 1915 erschien, liest man als dritten Beitrag: *Večer v divadle. Německy napsal Robert Walser. Přeložil Jaroslav Dohnal*. Dabei handelt es sich um die erste und einzige bekannte Übersetzung Robert Walsers zu seinen Lebzeiten. Nämlich des *Lustspielabends*, der im Mai 1907 in der *Schaubühne* gedruckt worden war und sich in den *Geschichten* wiederfindet.[24] Die *Novina* erlebte das Jahr 1916 nicht mehr.

Der Krieg hatte auch Auswirkungen auf die Biografien der meisten Erwähnten: Arne Laurin wurde im Frühjahr 1918 in das Kriegspressequartier nach Wien abkommandiert. Hier stieß er auf Franz Werfel, Otto Pick, aber auch Franz Blei und Egon Erwin Kisch. Leiter der »Redaktionellen Gruppe bzw. F.[eind] P.[propaganda]-Truppe« war Robert Musil. Ihm war unter anderem die Aufgabe zugewiesen worden, mittels einer Zeitschrift den zersetzenden Tendenzen innerhalb des K. u. K. Heeres entgegenzutreten. Diese seit 7. März 1918 erscheinende Zeitschrift namens *Heimat* hatte mehrsprachige Ableger. Die tschechische Ausgabe erschien unter dem Titel *Domov*. Für selbige benötigte man tschechischsprachige

---

21 Zum Beispiel aus dem Werk seines Jugendfreundes Kisch *Aus Prager Gassen und Nächten*. Kisch: *Kavárna*. Weitere Übersetzungen von Texten Kischs in dieser sozialdemokratischen Zeitschrift sind nicht gekennzeichnet, doch darf man auch hier Laurin als Übersetzer annehmen; vgl. Kisch: *Drohotín Podravič* sowie ders.: *Zakázané letáky*. Vermutlich übersetzte Laurin auch Alfred Ehrenstein ins Tschechische.

22 Kafka charakterisierte ihn folgendermaßen: »Er ist doch wie ein Kind, wie ein nicht sehr aufgewecktes Kind, ebenso rühmt er sich, lügt, spielt Komödie und man kommt sich übertrieben schlau und widerlich komödiantisch vor, wenn man so ruhig dasitzt und zuhört. Besonders da er nicht nur Kind ist, sondern was Güte Teilnahme Hilfsbereitschaft anlangt ein großer und sehr ernsthafter Erwachsener ist.« (Kafka: *Briefe an Milena*, S. 105 f.) Zur Charakteristik Laurins vgl. auch (mit Vorsicht) Kubka: *Augenzeuge*, S. 53–62; dort auf S. 67–69, auch ein Porträt Otto Picks.

23 Redakteur (Jan Herben) wie Redaktionsadresse (Václavské Náměstí 13) sind diejenigen der *Čas*; diese *Novina* hat also nichts mit jener zu tun, die einst Picks Artikel über Walser druckte.

24 Vgl. Walser: *Večer v divadle*; über den Übersetzer s. u.

Autoren wie eben Arne Laurin oder Fráňa Šrámek, den sein Übersetzer Otto Pick gegen seinen Willen dorthin gebracht hatte. Die Kreise schließen sich im Kriegspressequartier.

Man kann sich vorstellen, welche Belastung es für die nach nationaler Befreiung drängenden Tschechen bedeutete, für eine kriegserhaltende Zeitschrift arbeiten zu müssen. Doch Musil verhielt sich korrekt und so begründete sich zwischen Laurin und Musil, aber auch Blei im Kriegspressequartier eine Freundschaft.

Auf dem Weg zur *Prager Presse*

Das Jahr 1918 änderte freilich die Abhängigkeiten. Nach der Gründung der Tschechoslowakei plante Präsident Masaryk[25] ein offizielles deutschsprachiges Organ. Dieses sollte alle Deutschsprachigen informieren, sowohl im Aus-, wie im Inland, das immerhin rund drei Millionen deutschsprachige Einwohner hatte. Damit stand es in Konkurrenz zu den beiden etablierten deutschsprachigen Prager Blättern, *Bohemia* und *Prager Tagblatt*.[26]

Das 1828 unter dem Titel *Deutsche Zeitung Bohemia* gegründete Blatt vertrat eine liberal-nationale Richtung und ignorierte das tschechische (Kultur-)leben. Anfang 1919 wurde sie kurz verboten, da sie die deutschböhmischen Autonomiebestrebungen unterstützt hatte. Danach stand es dem neuen Staat loyal gegenüber, näherte sich aber bald wieder dem nationalen Standpunkt. Die Auflage betrug 1934 rund 40 000 Exemplare. Höher war die Auflage des 1875 gegründeten deutsch-liberalen *Prager Tagblattes*. Die Berichterstattung war in Distanz zu allem allzu deutsch-nationalen. Ab 1910, unter Karl Tschuppik, wurde das Blatt tschechenfreundlicher und professioneller. Das Jahr 1918 brachte keine großen Einschnitte. 1924 übernahm Max Brod die Kulturredaktion.

Ursprünglich beabsichtigte Masaryk die in Prag erscheinende *Union* weiterzuführen. Diese war im besten Sinn des Wortes (bezogen auf die Ethnien) ›österreichisch‹. Sie berichtete seriös und objektiv sowohl aus dem tschechisch- wie deutschsprachigen Leben Böhmens. Tschechische Dichter wurden übersetzt,[27] es finden sich regelmäßige Besprechungen beider Prager Bühnen – selbiges wäre vor 1918 in der *Bohemia* oder im *Prager Tagblatt* unmöglich gewesen. Einer der Redak-

---

25 Schon vor dem Krieg hatte Masaryk ein deutschsprachiges Organ geplant, das die Interessen der Böhmen in der Reichshauptstadt vertreten sollte. In der 1907/08 erscheinenden *Wiener Montagspost* hatte er ein derartiges Organ; über deren Herausgeber, Bedřich Hlaváč, s. u.

26 Zur Situation der deutschsprachigen Presse in den Gebieten der heutige Tschechischen Republik ist zwischen Prag und den ›Randgebieten‹ zu unterscheiden, wobei die Prager Organe stärker das kulturelle und politische Leben der Prager Deutschen reflektierten. Jene in den Randgebieten unterstützten eher die (vermeintlichen) politischen Interessen der Deutschen. Wir beschränken uns hier auf die Prager deutschen Zeitungen.

27 Einige Übersetzungen stammten wohl von Otto Pick.

teure der *Union* war der seit 1895 in Wien lebende Bedřich Hlaváč.[28] Zwar scheitert das öffiziöse Organ, doch Hlaváč bleibt für unseren Kontext von Bedeutung. Schon vor dem Krieg war er einer der engsten Vertrauten Masaryks. Obzwar nicht im Widerstand, rückte er in der Ersten Republik in das innere Machtzentrum auf.

Die *Tribuna*

1919 gründete Hlaváč 1919 die Tageszeitung *Tribuna*, ein unabhängiges, tschechischsprachig-liberales Organ, das um eine objektive Beurteilung Deutschlands bemüht war und die Interessen der tschechischen Juden vertrat. Zu Beginn des Jahres 1919 trat Arne Laurin in die Redaktion ein, im Mai war er bereits stellvertretender Chefredakteur. In der *Tribuna* erschienen Übersetzungen von deutschsprachigen Autoren wie Franz Kafka (von Milena Jesenská) oder Robert Musil – Arne Laurin hatte seinen ehemaligen Chef vom Kriegspressequartier nicht vergessen.

Weiter erschien am 17. Dezember 1922 als Wiederabdruck Robert Walsers *Večer v divadle*.[29] Über den Übersetzer Jaroslav Dohnal wissen wir leider wenig.[30] Er begann um die Jahrhundertwende mit dem Abdruck eigener Gedichte in Zeitschriften. Später wandte er sich dem Übersetzerhandwerk zu, vor allem aus dem Deutschen. In der *Tribuna* ist er unter anderem mit Übersetzungen von Georg Trakl, Walter Hasenclever und Franz Kafka vertreten.[31] Überhaupt verfügte er über eine gewisse Nähe zu Prager deutschen Autoren, denn für die *Česká kultura*, dem Nachfolgeorgan der ersten *Novina*, übersetzte er Lyrik von Max Brod und Otto Pick. Retrospektiv kann die *Tribuna* als tschechischsprachige Versuchsstation für die *Prager Presse* betrachtet werden. Liberal, international, mit hochkarätigen Mitarbeitern.

Der Orbis-Verlag und die *Prager Presse*

Ehe wir uns der *Prager Presse* zuwenden, möchte ich auf den Orbis-Verlag eingehen, in dem die *Prager Presse* ja erschien. Ende 1920 wurde das Außenministerium von der Regierung mit der Gründung eines Staatsverlages beauftragt. Diese erfolgte am 27. März 1921 mit 15 Millionen Kronen Staatsgeldern. Formal war die Druck- und Verlagsgesellschaft Orbis eine Aktiengesellschaft, die Aktionäre waren Privatpersonen aus Politik, Wissenschaft und Wirtschaft. Tatsächlich hatte das Außenmi-

---

28 Dieser hatte sich auch als Übersetzer vom Tschechischen ins Deutsche und umgekehrt betätigt; zudem war er Wiener Korrespondent für *Masaryks Čas*.

29 In: *Tribuna*, 17. 12. 1922.

30 Nicht einmal sein Vorname ist gesichert. Das *Ústav pro českou literaturu* führt ihn als Jaromír. Da eine an ihn gerichtete Karte im LA PNP an Jaroslav Dohnal adressiert ist und die erste Übersetzung eben diesen Namen nennt, scheint Jaroslav sicherer.

31 Vgl. Trakl: *De profundis*, u. Kafka: *Závodníkům na uváženou*.

nisterium die Kontrolle über den Verlag, in dem in den dreißiger Jahren rund 300 hoch qualifizierte und gut entlohnte Angestellte tätig waren.

Orbis war aber mehr als ein Verlag und eine Druckerei mit Buchhandlungen und Antiquariat. Er war die Schnittstelle von Informationen aus dem Ausland in die Tschechoslowakei und umgekehrt. Zu Orbis gehörte die Nachrichtenagentur Centro Press sowie ein Radiosender; über Orbis lief der Import von ausländischen Presseprodukten, bei Orbis wurden die offiziösen Informationsorgane in verschiedenen Sprachen gedruckt. Bei Orbis erschienen auch Übersetzungen aus dem Tschechischen sowie tschechischsprachige Informationsorgane für die Auslandstschechen.

Parallel zur Gründung von Orbis beauftragte die ›Burg‹ Arne Laurin mit der Herausgabe der *Prager Presse*. Erste Redaktionsadresse war jene der *Tribuna*. Später übersiedelte man in die Fochová 62, dem Sitz des Orbis-Verlages. *De facto* unterstand die *Prager Presse* der Pressesektion des Außenministeriums. Damit wurde sie zum offiziellen Sprachrohr der tschechoslowakischen Außenpolitik, verkörpert durch Edvard Beneš, der bei wichtigen politischen Fragen direkt oder über den politischen Direktor des Verlages eingriff.[32] Dies war für viele deutschsprachige Mitarbeiter problematisch. Max Brod teilte Franz Kafka etwa mit:

> Ich soll bei dem neuen Regierungsblatt das Musikreferat übernehmen. […] Nachteile: Das Blatt wird von der deutschen wie tschechischen Presse scheel angesehen. Chefredakteur Laurin. – Vorteil: Mein Referat ist aber ganz unpolitisch, neutral, würde mich auch freuen. – Nachteil: Ich sitze aber doch in der Redaktion mit. Hauptnachteil: Das Bestehen des Blattes ist nur auf 1 Jahr gesichert.[33]

Hans Natonek stellte im April 1921 fest, dass deutsche Blätter ob seiner Mitarbeit bei der *Prager Presse* »irritiert« seien und ihn gekündigt hätten. Diese offiziöse Seite der *Prager Presse* war freilich auch Robert Walser nicht entgangen, schrieb er doch: »ich bin tschechoslovakischer Attaché.« (Br, 258)[34]

Arne Laurin begab sich bald auf die Suche nach Personen, die ihm geeignete Mitarbeiter zuführten. So beauftragte er unter anderem seinen ehemaligen Vorgesetzten vom Kriegspressequartier, Robert Musil, mit der Heranziehung internationaler Mitarbeiter. Musil war auch der Wiener Kunst- und Theaterkritiker und erhielt hierfür ein Fixum von 1 000 Kč.[35] Auch für ihn war die Mitarbeit in der *Prager Presse* nicht unproblematisch, war er »zwar Freund des tschechischen Volkes aber durchaus nicht seiner Politik«[36]. 1921 fühlte er sich von Laurin hintergangen:

---

32 Die Tschechen versuchten die Offiziosität der *Prager Presse* zu verschleiern, was ihnen bis 1923 auch recht gut gelang.
33 Max Brod an Franz Kafka, 19. 1. [1921], in: Brod u. Kafka: *Freundschaft*, Bd. 2, S. 301–305, hier 304.
34 Walser an ein Fräulein H. (25. 1. 1926).
35 Vgl. Musil: *Briefe*, S. 94.
36 Ebd., S. 15.

Sie sagten, das Blatt sei Organ Masaryks; und die Orientierung sei überstaat-lich. Dem entgegen ist hier die allgemeine Überzeugung: die Prager Presse ist ein Organ des tschechischen Außenministeriums und die Orientierung sei der-art, das[s] die Deutschen in ihrem Widerstand gegen den tschechoslowak. Staat geschwächt werden sollen.[37]

Mit Franz Blei war ein weiterer Mitarbeiter des Kriegspressequartiers Berater der *Prager Presse*. Er half Laurin etwa bei der Gestaltung einer literaturkritischen Beila-ge. Wie Anne Gabrisch nachwies, brachte Blei Walser zur *Prager Presse*, gab er doch Walsers für den *Roland* eingesandte Manuskripte, darunter *Flammenzeichen*, kur-zerhand an Pick weiter.[38] *Flammenzeichen* sollte Walsers erster Beitrag in der *Prager Presse* sein; abgedruckt wurde er am 2. Februar 1925.

Die Kulturrubrik der *Prager Presse* leitete von Beginn an mit Otto Pick ein wei-terer Mitarbeiter des Kriegspressequartiers. Er war die ideale Wahl, zumal er als Übersetzer Mittler zwischen beiden Sprachen war und über Kontakte sowohl zu tschechisch- wie deutschsprachigen Autoren verfügte. So etwa zu Hermann Bahr, dem Mittler der tschechischen Literatur,[39] der 1913 ein (nichtssagendes) Vorwort zu Picks Übersetzung von Šrámeks *Flammen* verfasst hatte. In einem Brief an Bahr legte Pick die Erwartungen fest: Erscheinen wollte man ab dem 27. März 1921 in einer Auflage von 200 000 Exemplaren. Ziel war der »Aufbau der durch Sie seit Jahren propagierten völkerverbindenden Ideen«. Otto Pick war bis 1923 alleiniger Redakteur der Kulturrubrik.

Die Mitarbeit international renommierter Autoren, die der *Prager Presse* bis heu-te Ansehen bringt, war freilich nicht ausschließlich Laurin und Pick zu verdanken. In Zeiten der Inflation waren die Honorare in frei konvertierbarer Währung höchst willkommen. Dies war »kein geringes Argument, und die Prager Presse zöger-te nicht, es anzuwenden.«[40] Robert Musil etwa konnte 1923 mit vier Beiträgen monatlich »halbwegs rund herum«[41] kommen. Franz Blei und seine Familie lebten offenbar von den Prager Honoraren. Robert Walser hingegen lamentierte noch Carl Seelig gegenüber:

---

37 Ebd., S. 24. Die Mitarbeit in einem offiziösen tschechoslowakischen Organ war für Musil insofern problematisch, als er von September 1920 bis Ende 1922 im Österreichischen Staatsamt für Heereswesen angestellt war. Nach einem Zerwürfnis mit dem Verwaltungsrat der *Prager Presse* im Herbst 1922 wechselte er zur *Bohemia*; erst 1923 hatte er wieder eine stärkere Bindung zur *Prager Presse*, die aber die frühere Intensität nicht mehr erreichen soll-te.

38 Vgl. Gabrisch: *Walser und Blei*. Walser schrieb Blei später, er solle nicht angenomme-ne Manuskripte »etwa wieder nach Prag oder sonstwohin« (Br, 232; Walser an Franz Blei [April/August 1925]) geben.

39 Bahr hatte sich damals sehr für die tschechische Kultur engagiert; vgl. hierzu die Hinweise in: Ifkovits: *Hermann Bahr – Jaroslav Kvapil*.

40 Köpplová: *Kulturrubrik*, S. 76.

41 Musil: *Briefe*, S. 44.

Meine Kundschaft; das war in der Berner Zeit vor allem das »Berliner Tageblatt«, das mich fürstlich zahlte, und die »Prager Presse«, die mich schlecht zahlte. Aber sie brachte immer alles von mir, und dieses Vertrauen war mir mehr wert als die besseren Honorare der schweizerischen Zeitungen, die so oft an meinen Arbeiten herumzunörgeln hatten.[42]

1926 betrug das höchste Honorar der *Prager Presse* 200 Kč pro Spalte,[43] das Zeilenhonorar 2 Kč.[44] Laut Bernhard Echte brachte ein Beitrag des *Berliner Tagblattes* 75 Mark. Mit rund 200 Mark monatlich konnte Walser leben.[45] Dafür hätte er 800 Zeilen liefern müssen und die schrieb er ja nun wirklich nicht.[46]

Letztlich konnte sich die *Prager Presse* nicht etablieren. Die Auflage im ersten Jahr betrug bloß 6 800 Exemplare. 1923 waren alleine die Redaktionskosten doppelt so hoch wie die Erträge aus Abonnement und Verkauf. Die meisten Deutschen der Tschechoslowakei lehnten die offizielle Politik und damit auch deren Organe ab. Zudem verhinderte die Programmatik des Blattes seinen Erfolg; es musste neutral sein und konnte damit zur Nationalitätenfrage keine Stellung beziehen, wodurch es »die Möglichkeit verlor, seine eigenen Mission zu realisieren.«[47] Zudem war es unmöglich, die in- wie ausländischen Leser gleichermaßen zu befriedigen. Zu unterschiedlich waren die Voraussetzungen bezüglich tschechischer Kultur. »Zusammenfassend läßt sich sagen, daß die PP eigentlich niemanden befriedigte, aber dies auf einem hohen Niveau tat.«[48] Zu groß war auch die Konkurrenz der beiden etablierten Prager Organe. Um ihnen Parole zu bieten, sicherte sich die *Prager Presse* die Exklusivität ihrer Mitarbeiter. Für Blei war es »selbstverständlich«, dass er im Prager Tagblatt »nicht mitarbeite«[49]. Hans Natonek teilt Laurin mit:

Chefredakteur Blau war hier und sagte mir, dass er es lebhaft wünsche, dass ich die Mitarbeit am Prager Tagblatt wieder aufnehme. Ich sagte ihm, es ginge nicht wegen meiner festen Beziehung zur Prager Presse.[50]

42 Seelig: *Wanderungen mit Robert Walser*, S. 56.
43 Vgl. Musil: *Briefe*, S. 65.
44 Vgl. ebd., S. 67.
45 Echte: »*Hölderlin'sche Schicksalsfortsetzungen*«, S. 14.
46 200 Mark entsprachen rund 1 600 Kronen. Angesichts der Probleme der *Prager Presse* ist es auch gut möglich, dass die Honorare reduziert wurden; vgl. Arne Laurin an Franz Blei (15. 6. 1929) [Durchschlag], La PNP, Fond: Arne Laurin.
47 Köpplová: *Kulturrubrik*, S. 81.
48 Ebd.
49 Franz Blei an Arne Laurin, Postkarte (3. 1924), LA PNP, Fond Arne Laurin.
50 Hans Natonek an Arne Laurin (28. 6.[?] 1922), LA PNP, Fond Arne Laurin.

Robert Walser und die deutschsprachigen Organe der Tschechoslowakei

Innerhalb der Tschechoslowakei war die *Prager Presse* wie ihr Herausgeber nicht unumstritten.[51] Ihre internationale Ausrichtung wurde kritisiert. Den tschechisch-nationalen Kreisen nahm man den Wind aus den Segeln, indem man Autoren, die öfters publizierten, mit einem tschechischen Pseudonym versah. Robert Musil publizierte unter dem Namen Matthias Rychtarsow.[52] Der sich stets in Geldnöten befindliche Franz Blei schrieb an Arne Laurin: »Wenn – ihr müsst ja Slaven bringen – dann schreib doch unter meine Beiträge schön erfundene slavische Namen! Mir ist das ganz gleich.«[53]

Es wäre durchaus denkbar, dass auch Robert Walser in der *Prager Presse* unter einem tschechischen Pseudonym publizierte, finden sich dort doch zwischen 1925 und 1937 204 Beiträge.[54] So viel wie in keinem anderen Organ. Darunter rund 80 Gedichte, ein Genre, das Walser kaum absetzen konnte. Davon sollte er noch Carl Seelig berichten:

> Mein bester Kunde war damals die vom tschechischen Staat finanzierte »Prager Presse«, deren Feuilleton-Redakteur Otto Pick alles von mir brachte, was ich schickte, auch Gedichte, die von anderen Zeitungen wie Bumerangs zurückflogen.[55]

Auch wenn wir zum heutigen Zeitpunkt, sieht man von Brods Memoiren ab, kaum etwas über die Reaktion der Prager über Walsers Texte wissen, so kann doch angenommen werden, dass sie zumindest Irritation auslösten. Was läge also näher, als ein Pseudonym vor die Texte zu setzen. Denn, so Werner Morlang, Walsers späte Gedichte reagieren auf eigene Texte wie auf seine Produktions- und Publikationsbedingungen.[56] Obwohl sie sich derart dem Verständnis verschließen, druckten sie Pick und Brod. Von den insgesamt rund 130 publizierten Gedichten Walsers wurden 110 in Prag gedruckt, 80 in der *Prager Presse*, 30 im *Prager Tagblatt*. Walser hierzu 1927: »Im Deutschen Reich werden prinzipiell keine Verse von mir gedruckt, dagegen in der Tschechoslowakei.« (Br, S. 293)[57] Noch Seelig gegenüber erwähnte er, dass die Abnehmer seiner Gedichte »bei der ›Prager Presse‹ und beim

---

51 Schon zu Beginn war Arne Laurin ob seiner Mitarbeit im Kriegspressequartier angegriffen worden. Worauf ihn Fráňa Šrámek und andere in der *Tribuna* verteidigten; vgl. Musil: *Briefe*, S. 85–87.

52 Matthias war der Vorname von Musils Großvater, der aus Rychtářov gebürtig war.

53 Franz Blei an Arne Laurin, undat. Br., LA PNP, Fond: Arne Laurin. Auch Hans Natonek bat 1936, seine Beiträge nicht namentlich zu zeichnen, da seine Kinder noch in Deutschland waren. Vgl. Hans Natonek an Arne Laurin (22. 5. 1936), LA PNP, Fond: Arne Laurin.

54 Diese Zahlen, wie alle anderen über Walsers Prager Beiträge, verdanke ich den Mitarbeitern der *Kritischen Robert Walser-Ausgabe* (KWA).

55 Seelig: *Wanderungen mit Robert Walser*, S. 8.

56 Morlang: *Gelegenheits- oder Verlegenheitslyrik*, S. 121.

57 Walser an Frieda Mermet (13. 4. 1927).

›Prager Tagblatt‹, bei Otto Pick und Ihrem Freund Max Brod [waren]. Manchmal
druckte auch Kurt Wolff einige Verse in seinen Jahrbüchern ab.«[58]
Den Kontakt zu Wolff hatte er wiederum den Pragern zu verdanken. In Prag
hatte Walser »zwei Zeitungspatrone [...], von denen ich annehme, daß sie's beide
gut mit mir meinen [...]«, um nachzusetzen, »womit man's übrigens nicht so genau
zu nehmen braucht.« (Br, 315f.)[59] Diese Patrone waren Otto Pick und Max Brod.
Die *Prager Presse* brachte also 204 Beiträge, das *Prager Tagblatt* zwischen 1907 und
1937 52, die *Bohemia* zwischen 1920 und 1930 bloß 19.[60]
Abgesehen von der Vorliebe Otto Picks haben die zahlreichen Publikationen
Walsers in der *Prager Presse* auch mit der erwähnten Programmatik dieser Zeitung
zu tun. Als offiziöses, zur Neutralität verpflichtetes Blatt konnte es schwerlich zum
Forum für politisch-literarische Diskussionen werden. Walser war, wie er selbst
feststellte, ein »Außenseiter« (Br, 298)[61], keiner expliziten Gruppierung zurechen-
bar. Allenfalls in die Netzwerke Franz Bleis war er integriert. Eine Beziehung also,
die ihm nicht schadete. Vor allem aber war er nicht in die politischen Diskussionen
der Zeit involviert.[62] Und noch etwas sei erwähnt: Walser war Schweizer, unbelas-
tet von der Geschichte der K. u. K.-Monarchie.
Trotzdem, Walser machte es seinen ›Patronen‹ nicht leicht, lieferte eben nicht –
wie er Otto Pick einmal schrieb – »Arbeiten leichten Genres«[63]. Stattdessen spielte
er die Zeitungsredaktionen geschickt gegeneinander aus, denn, »[z]wischen den
Zeitungsherren finden in Bezug auf meine Mitarbeit immer Eifersüchteleien statt,
wie dies ja überhaupt zwischen Gruppen und Menschen heute enorm im Schwung
ist.« (Br, 334)[64] Walsers Strategie funktionierte in Prag insofern gut, als er damit, ob
bewusst oder unbewusst, sei dahingestellt, die drei konkurrierenden deutschsprachigen Organe gegeneinander ausspielte. Walser war dabei ein Sonderfall. Denn
die Durchlässigkeit der Prager Organe gegenüber Autoren war eher die Ausnahme
und wohl den persönlichen Sympathien Brods und Picks zu verdanken.
Dass ihn die Prager druckten, brachte Walser gegenüber anderen Redakteuren
wie Max Rychner in eine wunderbare Lage.

---

58 Seelig: *Wanderungen mit Robert Walser*, S. 42.
59 Walser an Frieda Mermet (30. 11. 1927).
60 Um seine Politik im Ausland zu verbreiten, kaufte die Tschechoslowakei auch Zeitungen des
   Auslandes, wie etwa 1924 den *Wiener Tag* in dem sich auch Texte Walsers finden. Es ist zu
   vermuten, dass diese via Prag nach Wien gelangten.
61 Walser an Max Rychner (31. 5. 1927).
62 Schon in seiner Einleitung zum Jahrbuch *Arkadia* hatte Brod die vertretenen Autoren als
   Vertreter der ›reinen‹ Kunst charakterisiert, die keines Parteiinteresses bedürften.
63 Walser an Otto Pick (2. 2. 1928), LA PNP, Fond: Arne Laurin.
64 Walser an Frieda Mermet (18. 12. 1928).

Max Brod, auch ein Doktor und auch ein Mäxchen, daneben aber Redakteur am Prager Tagblatt, lobt mich um meiner Verse willen, was ich Ihnen eigentlich nicht hätte sagen sollen, aber weil es mich freut, falle ich in eine Klatschbasenhaftigkeit hinein, die Sie so gütig sein werden, mir zu verzeihen. (Br, 237)[65]

Die Prager Organe wurden erbarmungslos gegen Eduard Korrodi, den Redakteur der *Neuen Zürcher Zeitung* ausgespielt. Denn was dieser ablehnte, druckten die Prager (vgl. Br, 233ff.).[66] Die Folgen sind bekannt: »Korrodi hat mir meine Prager-Journalistik ziemlich empfindlich angekreidet, aber irgend wo trinkt der Russe seinen Thee, wie man sagt.« (Br, 276)[67]

Zwischen diesem Herrn Korrodi oder Krokodilödeli der Neuen Höseli- oder Zürcher Zeitung und dem Absender dieses Briefes besteht seit der Stunde, da ich ihm Kenntnis eines Prager Presse-Artikels gab, der sich mit Löwenbändigung befaßt, Feindschaft von sehr delikater Sorte. (Br, 273)[68]

Aus der Mitarbeit in Prager Organen bezog Walser Stärke. 1927 lehnte er es etwa brüsk ab, weiter für das »Bourgeois«- bzw. »Käseblatt« *Neue Zürcher Zeitung* zu arbeiten: »und zwar deßhalb, weil mir Herr Korrodi Sachen zurückgegeben hat, die in Prag gutbefunden worden sind, und weil er mir gegenüber manchmal etwas zu stark den strengen Herrn zu spielen beliebte.« (Br, 305)[69]

Selbst als Walsers »Prosastückligeschäft [...] recht schlecht« (Br, 322)[70] ging, machte er sich weiterhin über den Herrn Doktor »Literarissimus Korrodi« lustig und zog es bloß »in Erwägung« (Br, 334)[71] zur NZZ zurückzukehren. Zugleich forderte er patzig sein Honorar vom *Berliner Tageblatt* (vgl. Br, 341).[72] So behielt er seine Autonomie. Freilich, der Preis war hoch.

Obwohl Walser von Pick und Brod abhängig war, passt er sich dem Betrieb nicht an, sondern provozierte. Allerdings in einer Art und Weise, die kaum entschlüsselbar war. Denn, wie Franz Blei erfahren musste, kamen in der *Prager Presse* »keine Invektiven in Betracht«. Schon gar nicht, wenn sie »hiesige Leute«[73] wie Franz Werfel betrafen. Walser agierte nicht so offensichtlich und so gelang es ihm, Korrodi in der *Prager Presse* mittels boshafter Porträts zu verunglimpfen (vgl. SW 19, 26–29; *Ein Geistreicher*).

Auch im persönlichen Umgang mit seinen wohlwollenden Redakteuren war Walser mehr als mutwillig. So zerstört er in einem Brief an Otto Pick vom 16. April 1926 die stillschweigende Übereinkunft von Redakteur und Autor, Herr

65 Walser an Max Rychner (September 1925); um nachzusetzen, dass in Berlin eine Revue zustande käme.
66 Vgl. Walser an Frieda Mermet (nach 20. 8. 1925).
67 Walser an die *Nationalzeitung*, Basel (27. 4. 1926).
68 Walser an Frieda Mermet (19. 4. 1926).
69 Walser an Frieda Mermet (20. 9. 1927).
70 Walser an Frieda Mermet (6. 1. 1928).
71 Walser an Frieda Mermet (18. 12. 1928).
72 Walser an das *Berliner Tageblatt* (August 1929).
73 Arne Laurin an Franz Blei, 23. 4. 1934 (Durchschlag), LA PNP, Fond: Arne Laurin.

und Knecht. Beginnend mit einem Petrarca-Sonett, das er angeblich nicht kenne, leitet er auf eingesandte Texte über, darunter auch Sonette, die Pick gut verwahren sollte. Womit er beim Thema der bürgerlichen Ordnung ist. »Es gibt Leute, die der Ansicht sind, ich sollte heiraten und ein fürchterliches bürgerliches Vorbild darstellen.« (Br, 271) Es folgt die Assoziationskette Ehe, Sexualität, Sadismus und Masochismus. Doch ist diese nicht ausschließlich sexuell konnotiert, sondern bezieht sich erneut auf das Verhältnis von Autor und Redakteur. Das belegt auch die Erwähnung eigener Manuskripte.

Walser blieb seinem Verhalten gegenüber Redakteuren treu, das da lautete: »Ich […] misstraue aber aus Prinzip und Erfahrung jedem Redakteur« (Br, 206).[74] Mit seiner Arbeitsweise emanzipierte sich Walser, so Werner Morlang, in einem psychologischen Sinn von den »äusseren Bewertungsinstanzen«[75] des Literaturbetriebs.

Selbst was auf den ersten Blick als Dankbarkeit Walsers gegenüber seinem Mentor aufgefasst werden kann, ist es bei näherer Betrachtung nicht. Denn Walsers Besprechung von Picks Lyriksammlung *Wenn wir uns mitten im Leben meinen*, verdient den Titel *Gedichtbesprechung* nicht (vgl. SW 18, 226–228), zumal er über die Verse Picks nichts sagt. Vielmehr handelt es sich dabei um die allgemeine Betrachtung der Fabrikation von Lyrik, wohl seiner eigenen. Dafür spricht, dass er Redefiguren anwendet, die er auch in seinen Briefen verwendet, um das Verhältnis von Autor und Verleger/Redakteur zu charakterisieren. Max Rychner schrieb er etwa: »Wir stehen uns wie zwei Wildwestleute mit gespannten Revolvern gegenüber.« (Br, 207)[76]

Und in der *Gedichtbesprechung* heißt es: Der Autor »werde sich erlauben, nach Abfluß von so und so viel Zeit mit dem Revolver in der Hand vorzusprechen, um das Urteil über die Erzeugnisse seines sinnenden, dichtenden Geistes in Empfang zu nehmen.« (SW 18, 227)

Wie Walser in einem am 28. Februar 1926 in der *Prager Presse* publizierten Gedicht schrieb, macht Spott eben Spaß, ist aber auch höchst gefährlich:

Spott macht Spaß
Schade um die Lüfte jetzt,
wär' so gern in einem Parke,
leider hat mich meine starke
Ader vor die Tür gesetzt.

Schade um den Teesalon
und um seine süße Sahne,
die sich mir im Größenwahne
aufgelöst in Spott und Hohn.

---

74 Walser an Max Rychner (Herbst 1923).
75 Morlang: *Melusine*, S. 96.
76 Walser an Max Rychner (Herbst 1923).

Doch wie machte Spott mir Spaß.
Ach, ihr könnt es gar nicht glauben.
Sich ein Paradies zu rauben,
dazu braucht es schon etwas. (SW 13, 221)

Doch es ist mehr als bloßer ›Spaß‹, kennzeichnet es auch Walsers Umgang mit dem Literaturbetrieb, spiegelt sein lebenslanges, oft variiertes Modell des Scheiterns.

Gegen Ende seines Schriftstellerlebens, bereits in der Waldau, sollte Prag für Walser noch einmal von Bedeutung sein.[77] Wie wir wissen, hatte er aber nicht die nötigen finanziellen Mittel, sein Leben zu leben, und so hoffte er auf die Prager Redakteure. Am 17. Juni 1929 meldete er sich bei Pick um nachzufragen, was in letzter Zeit von ihm gedruckt wurde (vgl. Br, 340), und am 3. März 1929 mahnte er Pick, bei ihm liegendes Material rascher zu veröffentlichen (vgl. Br, 343). Zuvor hatte er beklagt, dass die *Prager Presse* aufgehört habe, »Sachen von mir zu veröffentlichen.« (Br, 342)[78] Am 23. November 1930 sandte er erneut Manuskripte. Auf den 18. April 1931 datiert der letzte erhaltene Brief an Pick.

Wie wichtig Walser die Veröffentlichung war, zeigt die formale Anrede: Während er Pick meist mit »Sehr verehrter«, »Hochverehrter«, selten »Sehr verehrter, lieber«[79] anredet, schreibt er nun förmlich: »Sehr geehrter Herr Pick«. Und fügt noch den Doktor ein. Dem Brief legte Walser vier Gedichte bei, darunter *Der Berner Maler Albert Anker*, das am 8. Mai 1932 veröffentlicht wurde. Doch es war zu spät.

Walsers letztes Aufbäumen war vergeblich. Pick wusste wohl nicht, wie es um Walser stand, denn dieser hatte seine offizielle Adresse, die Berner Luisenstraße 14 III, behalten. Einmal, am 1. Juli 1929 schrieb er als Absender »Bern, Waldau«, um »oder Luisenstraße 14« hinzuzufügen.[80] Pick mochte nicht ahnen, was sich hinter »Waldau« verbarg. Walser hatte ihm an anderer Stelle zwar mitgeteilt, dass er in einer Pflegeanstalt, »sonst, d. h. im Allgemeinen gesund« (Br, 343) sei.

Wie erst kürzlich bekannt wurde, verfuhr er derartig auch mit dem *Prager Tagblatt*. Diesem sandte er am 15. Jänner 1931: »Ein Gedicht.« In der nächsten Zeile liest man den durchgestrichenen Satz: »und ein zweites, das Ihnen vielleicht auch gefällt.«[81]

Otto Pick druckte weiterhin Texte Walsers. Nicht nur in der *Prager Presse*. In einer von ihm und Otomar Schäfer[82] vom September 1929 bis März 1930 redigierten Zeitschrift mit dem Titel *Magazin Z* findet sich im ersten Heft ein unbekannter

---

77 Ich folge hier Echte: »*Hölderlin'sche Schicksalsfortsetzungen*«.
78 Walser an Therese Breitbach (23. 12. 1929).
79 Walser an Otto Pick (2. 2. 1928), LA PNP, Fond: Arne Laurin.
80 Walser an Otto Pick (1. 7. 1929), LA PNP, Fond: Arne Laurin.
81 Walser an die Feuilleton-Redaktion des *Prager Tagblatts* (15. 1. 1931); zit. n. *Dorotheum-Katalog für Auktion*, Montag, 4. 12. 2006, Wien 2006.
82 Herausgeber war Otomar Schäfer, doch trägt das Magazin Z Picks Handschrift. Neben Texten von Franz Blei finden sich viele von ihm übersetzte Autoren; Schäfer (1883–1945) war Dramatiker und Verfasser fantastischer Erzählungen sowie einiger Theaterstücke.

Text Walsers, ein *Sonett auf ein Bildnis von Boucher*. Diese Zeitschrift erschien im Verlag der Čechoslowakischen Waffenwerke A. G. in Brünn/Zbrojovka Brno und sollte vor allem Autos der gleichnamigen Firma bewerben. Man begann literarisch ambitioniert, verflachte zusehends und wurde bald eingestellt.[83]

Die Geschichte meinte es nicht gut mit den Prager Mentoren Walsers: Arne Laurin, Max Brod und Otto Pick emigrierten, der erste in die USA, wo er 1945 stirbt. Zuvor hatte er in Prag seine umfangreiche Bibliothek und angeblich auch seine Handschriftensammlung verkaufen müssen. Heute finden sich im Prager Literaturarchiv 75 Kartons mit Unterlagen zur *Prager Presse*. Darunter 99 Manuskripte, 46 Briefe und eine Postkarte Walsers.[84] Otto Pick, der unermüdliche Vermittler zwischen der tschechisch- und deutschsprachigen Kultur stirbt 1940 mit 53 Jahren in London. Die meisten Mitarbeiter der *Tribuna* wurden ins KZ verschleppt. Hlaváč und Šalda verstarben vor dem Einmarsch der deutschen Truppen.

Nach dem Krieg gab es andere Nöte; mit der Machtübernahme der Kommunistischen Partei waren schlechte Zeiten für Walser angebrochen. 1982 jedoch erschien im Prager Verlag Odeon Walsers *Pěší putování* in der Übersetzung von Jitka Fučíková. Das Nachwort verfasste der heutige Ordinarius der Germanistik der Prager Karlsuniversiät Jiří Stromšík. In Prag lebt auch Radovan Charvát, der bereits *Jakob von Gunten* und den *Gehülfen* unter dem Titel *Pomocník* ins Tschechische übersetzt hat.

---

83 In der von Otto Pick mit dem aus Deutschland nach Prag zurückgekehrten Willy Haas als Nachfolgeorgan der *Literarischen Welt* herausgegebenen *Welt im Wort* (1933/34) findet sich kein Beitrag Walsers.

84 Also mehr als publiziert wurde. Da im Literaturarchiv kaum offizielle Korrespondenzen aufbewahrt werden, sondern ›lediglich‹ Manuskripte und Briefe einiger Autoren, besteht Hoffnung, dass sich dereinst noch Material findet; möglicherweise in Paris, wo Laurins Frau starb. Hierfür spräche auch die Tatsache, dass von einigen Autoren, die in der *Prager Presse* publizierten, keinerlei Schriftstücke vorhanden sind.

Davide Giuriato (Basel)

ROBERT WALSERS KINDER

1.

Robert Walsers Kinder sind ein unfertiges »Etwas«, das gewöhnlicherweise »Kind« genannt wird, das aber durchweg unbestimmt bleibt.[1] Im Zugriff auf sie öffnet sich ein kleiner Hiat zwischen Benennung und Benanntem, der auch in Form einer *contradictio in adjecto* zum Ausdruck kommen kann: Walser bestimmt sie anderswo als »irgendwie eine Bestimmtheit« (AdB 5, 231).

Eine Eigenart von Walsers Kindern besteht darin, dass sie sich nur in dem Maße zeigen, wie sie sich auch jedem Zugriff gleich wieder entziehen. Sie tauchen in seinen Schriften immer wieder nebenbei und anonym auf, als folgten sie einer kindlichen Wolllust des Verstecktseins.[2] Sie heißen daher »Knabe« (AdB 1, 39–42), »Schlingel«, »dummer Bub«, »Bengel«, »Barbar« (AdB 4, 37–42), »Knirps« (AdB 4, 394), »Kindchen«, »Kleines« (AdB 1, 295f.), »Räuber«[3] oder einfach nur »das Kind«[4]. Wie die anderen Umschreibungen auch ist ›Kind‹ bei Walser eine Antonomasie für etwas Kleines, Wildes und Namenloses.

Freilich lässt sich diese Unverfügbarkeit des Kindes in der pädagogisch-moralisierenden Rede von den »bösen Kinder[n]«[5] nur behelfsmäßig beschreiben und still stellen, obwohl sie fraglos auch eine Rolle in Walsers Kinderbeschreibungen

---

1 Vgl. etwa im Text *Kindliche Rache*: »Sie erhielten ein Etwas, wovon sie sich glückstrahlend überzeugten, es sei ein Kind.« (SW 18, 298)

2 Zu dieser Lesart von Walsers Kindern und mit ihnen von Walsers Mikrogrammen vgl. Agamben: *Profanierungen*, S. 13.

3 In demjenigen Abschnitt, in dem der Räuber mit einem deutlichen Verweis auf Dostojewskijs Fürsten Myschkin als »Idiot« angesprochen wird, spricht der Erzähler von ihm mit folgender Umschreibung: »Dieses Kind! Wurde er wegen seiner Kindlichkeit verfolgt?« (AdB 3, 51) Vgl. zu Walsers Dostojewskij-Rezeption und zur Kindlichkeit des Idioten die grundlegende Studie von Utz: *Kalligrafie des »Idioten«*.

4 Vgl. z. B. die drei unter dem Titel *Das Kind* publizierten Texte in GW VI, 166f. u. 218–221, sowie GW III, 402–407.

5 Hinz: *Wo die bösen Kinder*. Hinz verbindet den romantischen Topos vom Dichter-Kind mit einer von Georges Batailles Begriff vom ›Bösen‹ rührenden ›Souveränität‹ des Kindes und verleiht ihm gleichsam eine mythisch anmutende Verweigerungskraft gegenüber den gesellschaftlichen und familiären Bildungsapparaten. Fraglich ist, ob das Kind damit nicht mit einer Subjektivität beladen wird, die ihren angestammten Ort eher im Genie-Gedanken des Sturm und Drang denn in Walsers Texten hat (vgl. ebd., S. 310f.). Eine ähnliche psychosoziale Bestimmung von Walsers Kindlichkeit liegt den Betrachtungen von Werner Morlang zugrunde, wenn er für Walsers Mikrografie festhält: »Was der böse Bube der Mikrographie

spielt. Demnach wären Walsers Kinder Akteure einer sozialen Exterritorialität, die sich durch Unvernunft, Spontaneität, Kreativität und Genialität gleichermaßen auszeichnen[6] und denen daher auch die subversive Kraft zugeschrieben worden ist, die Unzulänglichkeit der pädagogischen Apparate, also Eltern, Schule und sonstige Erziehungsmaßnahmen, offen zu legen und sogar souverän über sie zu »herrschen«[7].

Die folgenden Ausführungen gehen davon aus, dass Walser von einer Kluft der totalen Differenz zwischen Erwachsenen und Kindern ausgeht und dass ihre Begegnungen nicht nur in der Konstellation familiärer oder pädagogischer Hierarchien thematisiert werden. Walsers Kinder sind vielmehr in einem eminenten Sinne elternlos.[8] Sie lassen sich daher nicht ausschließlich auf das familiäre und soziale Erklärungsmodell reduzieren.[9] Das Kind – so soll über eine bloße Motivgeschichte hinaus gezeigt werden – steht in einem labilen Verhältnis zwischen Subjekt und Prä-Subjekt, zwischen Sprache und Nicht-Sprache,[10] das seinen poetologischen Stellenwert in Walsers Produktion bestimmt.[11]

2.

In einem Mikrogramm-Entwurf, der unter dem Titel *Der Schlingel* publiziert worden ist, wird von einem Knaben erzählt, der sich auf einem Estrich – also jenem Ort, wo »Außergebrauchgesetztes« aufbewahrt wird – in einer Kiste vor seiner Mutter versteckt. Der wohlwollende Blick auf die Kindheit, der schließlich dazu führt, dass die Mutter das Kind mit dem gut gemeinten Titel »Der Schlingel« beehrt,

---

ausgeheckt hat, schreibt der liebe Junge ins reine.« (Morlang: *Melusines Hinterlassenschaft*, S. 92)

6　Zum romantischen Topos des kindlichen Genies vgl. Alefeld: *Göttliche Kinder* u. Schindler: *Das Subjekt als Kind*, S. 10: »Insbesondere Stürmer und Dränger und schließlich die Romantiker entdecken das Kind, die Kindheit, die Kindlichkeit als Ort einer vergangenen Zukunft. ›Kindheit‹ verstanden als Verlust eines Naturzustandes, den es künftig in veredelter Form wiederzugewinnen gilt, wird zum Mythos.« – Zu Walsers ironischem Umgang mit diesem Topos vgl. Groddeck: *Gedichte auf der Kippe*, S. 259f.

7　Hinz: *Wo die bösen Kinder*, S. 316:»Schriftsteller wie Dostojewskij, Walser und Kafka haben mit ihrer Literatur Räume geschaffen, wo solche Kinderfiguren als Ausnahmen über gesellschaftliche Normen herrschen.«

8　Die Herren- und Elternlosigkeit der Kinder macht Walser etwa im Text *Das Ende der Welt* pointiert zu seinem Ausgangspunkt: »Ein Kind, das weder Vater noch Mutter, noch Bruder und Schwester hatte, niemandem angehörte und nirgends zu Hause war« (GW II, 245).

9　Vgl. zur Kritik an der Reterritorialisierung des Kindes durch das ödipale Modell: Deleuze/Guattari: *Anti-Ödipus*, S. 61–63, u. Deleuze/Guattari: *Kafka*, S. 109f.

10　Vgl. Lyotard: *Kindheitslektüren*, S. 50f.: »Es ist wie Geburt und Kindheit, die da sind, bevor man da ist. […] Es ist nicht Ich, was geboren wird, was auf die Welt kommt. Ich werde später geboren, mit der Sprache, genauer gesagt, wenn ich die Kindheit verlasse.«

11　Ansätze, die eine poetologische Lektüre von Walsers Kindern mehr andeuten denn ausführen, finden sich bei: Hammer: *Momente des Kindlichen*, S. 5.

womit der Erzähler am Schluss des Entwurfes zugleich den Titel seines ›Kindes‹, das heißt seines Produktes gefunden hat (vgl. AdB 4, 42), steht allerdings im Zeichen einer grundsätzlich einseitigen Kommunikation zwischen Erwachsenen und Kindern.[12] Die Kluft zwischen Kinder- und Erwachsenenwelt verschärft sich zudem durch den anthropologischen Rahmen, in dem sie zueinander in Beziehung gesetzt werden:

> Die Barbaren oder Knaben kennen die Erwachsenen oder Zivilisierten vermutlich nicht so gut wie diese jene, was übrigens vielleicht nicht der Genauigkeit des exakten Beobachtens entspricht. (AdB 4, 41)

Die Distanz zwischen Kindern und Erwachsenen, die hier in chiastischer Symmetrie eingeführt wird, weitet sich scheinbar zu einer unüberbrückbaren Differenz, da der Verdacht geäußert wird, ob die beiden Seiten überhaupt etwas voneinander wissen können. Nicht nur der ausdrückliche Zweifel an der Genauigkeit dieser Aussage aber, sondern auch die Rhetorik der Aussage und ihre Anordnung übers Kreuz von *Barbaren – Kinder – Erwachsene – Zivilisierte* deuten an, dass die Unterscheidung zwischen barbarischen Kindern und zivilisierten Erwachsenen möglicherweise zu strikt gesetzt ist. Die Gegenüberstellung erscheint nun in zweifelhaftem Licht und verweist subtil auf die traditionell unsichere Stellung des Kindes, wie sie schon ein flüchtiger Blick auf die Kulturgeschichte der Kindheit zeigt.[13]

Kinder oder das, was wir heute darunter verstehen, waren bezogen auf die Welt der Erwachsenen nicht immer ›Kinder‹, sondern sind der Gegenstand einer folgenreichen Erfindung in der Mitte des 18. Jahrhunderts, die mit der pädagogischen Formation des modernen bürgerlichen Subjekts zusammenfällt.[14] Damit beginnt

> ein langer Prozeß der Einsperrung der Kinder (wie der Irren, der Armen und der Prostituierten), der bis in unsere Tage nicht zum Stillstand kommen sollte und den man als ›Verschulung‹ bezeichnen könnte.[15]

Freilich ist festzuhalten, dass dieser Prozess im Zeichen einer anfänglichen Unverfügbarkeit steht, die bei Jean-Jacques Rousseau in der Vorstellung vom Kind als unzivilisiertem Naturwesen fußt: »Man kennt die Kindheit nicht: mit den falschen

---

12 Vgl. AdB 4, 38: »Gottlob unterbricht mich beim Herausformenwollen des Abstrakten der Deckel einer Kiste, den ein Knabe, ein ausgesprochen dummer Bub, zuklappt, der sich in der Kiste, die ebensogut ein Koffer sein kann, sorgfältig eingenistet hat, um sich an der Freude des Verstecktseins, die ausschließlich eine Bubenvergnügtheit ist, die von den Erwachsenen nur mit Schwierigkeitsüberwindung, d. h. mühsam verstanden werden kann, zu erquikken.«

13 Vgl. hierzu die wegweisende Studie von Ariès: *Geschichte der Kindheit*, S. 46. Ariès hält für die Zeit vor der allmählichen Entdeckung der Kindheit im 17. und 18. Jahrhundert fest, dass man mit dem Kind »wie mit einem Tier, einem ungesitteten Äffchen« spielte, um dann zum Schluss zu kommen: »Aus einer gewissen Anonymität gelangte es nie heraus.«

14 Vgl. Schindler: *Das Kind als Subjekt*, S. 18.

15 Ariès: *Geschichte der Kindheit*, S. 48.

Vorstellungen, die man von ihr hat, verirrt man sich um so mehr, je weiter man geht.« Und:

> Die Natur will, daß Kinder Kinder sind, ehe sie Männer werden. [...] Die Kindheit hat eine eigene Art zu sehen, zu denken und zu fühlen, und nichts ist unvernünftiger, als ihr unsere Art unterzuschieben.[16]

Mit seiner Rede vom Kind als Barbaren bzw. als unbefangenem Naturwesen nimmt Walser diesen auf Rousseau zurückgehenden Topos auf. Wo dieser aber soweit geht, darin einen idealen Naturzustand des Menschen zu sehen, der im Glauben an die vernünftige Selbsttätigkeit der Natur gründet, bleibt Walsers Rede vom wilden Barbaren-Kind stehen, ohne sich über seine Erziehbarkeit zu äußern. Damit ist Walsers Kind entgegen den pädagogischen Programmen, die in der Nachfolge Rousseaus das Kind zum Schauplatz von Idealisierungen und Disziplinierungen gemacht haben und es einschließlich der Reformpädagogik um 1900 als erziehbaren Menschen im Kleinformat – aber eben doch als *Menschen* – verstanden haben,[17] hartnäckig an eine anthropologische Unbestimmtheit gebunden, die den humanistischen Grundsatz von der Menschenähnlichkeit des Kindes sorgenfrei suspendiert hält.

Die an die Tradition der Frühaufklärung gebundene Auffassung vom Kind als defizitärer Existenz aber, dessen *tierisches* Sein sich durch viehische Unvernunft und böse Affektbesessenheit auszeichnet,[18] wird damit bei Walser zu einem positiven Begriff umgewertet. Seine Kinder haben den Vorzug des Barbarischen:[19]

> Wußte er, daß in gewissem Sinn Barbaren, d. h. unbefangene Naturen sich vor befangenen, gedanken- und gedänkleinvollbehangenen Kulturellen auszeichnen? (AdB 4, 41)

---

16 Rousseau: *Emil*, S. 5 u. 69.
17 Zu den romantischen Wurzeln der reformpädagogischen Bewegung um 1900, insbesondere zu Ellen Keys *Das Jahrhundert des Kindes*, deren ›Pädagogik vom Kinde aus‹ ganz im Zeichen Rousseaus auf die selbsttätige Natur des Kindes, d. h. auf Originalität und Fantasie setzt, vgl. Nix: *Das Kind des Jahrhunderts*.
18 Vgl. Schindler: *Das Subjekt als Kind*, S. 9f. u. 20.
19 Benjamin, der gegen die »lammfrommen Pädagogen« und ihren »Rousseauschen Träumen« dezidiert am »Entmenschten an Kindern« festhielt, hat wenige Jahre später in *Erfahrung und Armut* einen vergleichbaren Begriff des Barbaren entwickelt: »Barbarentum? In der Tat. Wir sagen es, um einen neuen, positiven Begriff des Barbarentums einzuführen. Denn wohin bringt die Armut an Erfahrung den Barbaren? Sie bringt ihn dahin, von vorn zu beginnen, von Neuem anzufangen [...]. Denn Klees Figuren gehorchen im Ausdruck ihrer Mienen vor allem dem Innern. Dem Innern mehr als der Innerlichkeit: das macht sie barbarisch [...]; denn die Menschenähnlichkeit – diesen Grundsatz des Humanismus – lehnen sie ab. [...] Auch die Russen geben ihren Kindern gerne entmenschte Namen.« (Benjamin: *Gesammelte Schriften*, Bd. II,1, S. 215) Vgl. hierzu Giuriato: *Mikrographien*, S. 16f. – Eine poetologische Ausrichtung dieses Begriffs vom Barbaren ist in Benjamins Rede von Walsers »Sprachverwilderung« (Benjamin: *Gesammelte Schriften*, Bd. II,1, S. 325) vorgezeichnet.

3.

Das Kind als tierähnliche Existenz behält bei Walser eine Virulenz, die entschieden eine Umwertung seiner angeblichen Defizite betreibt. Er nimmt bezogen auf die Klassifizierbarkeit des Kindes eine Unsicherheit auf, die noch die zeitgenössischen Lexikografen beschäftigt haben muss. Im *Grimmschen Wörterbuch* findet sich folgender Eintrag:

> Kind, n. pl. kinder, *proles, infans, liberi*; das neutr. hat da die Aufgabe, beide Geschlechter zu umfassen (vgl. Mensch), oder vielmehr das Geschlecht als noch gleichgültig, wie noch nicht vorhanden zu bezeichnen, ganz wie beim lamm, kalb, kitz, den hausthieren.[20]

Was aus diesem Definitionsversuch bei aller Ambivalenz hervorgeht, ist die kategoriale Unmöglichkeit, das Kind eindeutig dem Menschen oder dem Tier zuzuordnen. Vielmehr scheint es entlang dieser Pole eine Art Zwischenwesen zu sein und findet sich als solches in einem Walserschen Mikrogramm-Entwurf, der unter dem Titel *Ich altes Kalb bällelete mit einem Kind* (AdB 1, 64f.)[21] publiziert worden ist.
In der Begegnung zwischen einem nicht eigentlich bestimmten Erwachsenen und einem herrenlosen Kind findet hier kein dialektischer Austausch zwischen zwei für sich stehenden Welten statt. Vielmehr legt der Entwurf eine Dynamik frei, die den Erwachsenen in Bewegung setzt und ihn selbst zu einem schwer fassbaren Zwischenwesen zwischen Mensch und Tier macht:

> Ich altes Kalb bällelete mit einem Kind. »Erlaubst Du, daß ich mit dir bällele?« Ungefähr so lautete meine jeweilige Anfrage. Des lieben Kindleins Einwilligung in meine Kindlichkeiten, wie machte sie mich glücklich! Ob einen aber solches Glück nicht zum Kalb stempelt? Wer wagt diese Frage zu beantworten? Ich lernte beim Kind viel, ich bällele jetzt ausgezeichnet. Teils wird da getätschelt, teils geworfen. Ich erhielt vom Kind wünschenswerten Aufschluß und dankte in jeder Hinsicht, indem ich fröhlich fortkindheitelte. (AdB 1, 64)

Das *Ich*, das sich im ersten Wort des Entwurfs einführt und mit einer auffälligen *contradictio in adjecto*, nämlich als »altes Kalb«, umschreibt, lernt von einem Kind ›bällelen‹. Dieses schweizerische Wort schließt lautmalerisch direkt an »altes Kalb« an und zeichnet die Produktionslogik des Entwurfs vor: Das paronomastische Sprachspiel weist auf die folgenden Entstellungen des Wortes in ›kälbelen‹, ›Kal-

---

20 Grimm: *Deutsches Wörterbuch*, XI, Sp. 707.
21 Der Entwurf, der zwischen Mai und Juli 1925 entstanden ist, steht auf dem Mikrogramm-Blatt 480 mit einer Reihe weiterer Aufzeichnungen, die vorher als erste Notiz das kunsttheoretische Problem des Plagiats und der *mise-en-abîme* behandeln (vgl. AdB 1, 57–59) und die sodann die kindliche Welt der Fabel und der Tiere (vgl. AdB 1, 79–81), einer Lerche und eines sprechenden Kuckucks (vgl. AdB 1, 133f.), eine Aufzeichnung über das »Neuaufeinemplatzsein« (AdB 1, 63) und einen Entwurf, den man als kleine Fabel übers Schreiben von Romanen lesen kann (vgl. AdB 1, 115–118), folgen lassen.

bereien‹, ›Kalbrolle‹, ›Kalbseindruck‹ bis hin zu ›Kälbli‹ voraus, die den Entwurf strukturieren und die im ›Kalb‹ seine sprichwörtliche Bedeutungsvielfalt freilegen:

> das kalb ist sprichwörtlich wegen seines ausgelassenen und doch unbehilflichen springens auch in der freude. von einem menschen, der noch grün ist, in dem kindischer übermut noch zu stark wirkt, besonders in plumper weise, sagt man: er ist noch ein kalb.[22]

Wie ein Kalb ist der Textentwurf selbst das Produkt einer ausgelassenen Schreib-freude, wie im Ballspiel wird das Wort ›Kalb‹ dabei hin- und hergeworfen: Liest man ›bällelen‹ als Umschreibung der eigenen Textgenerierung, so muss man von ihr vermuten, dass sie einer spezifisch kindlichen Fertigkeit entlehnt ist.

›Bällelen‹ ist aber auch deswegen ein auffälliges Wort, weil es eine Lücke im deutschen Wortschatz supplementiert, in dem es zum Ballspiel kein entsprechendes Verb gibt, und weil der Entwurf dadurch eine offene und befremdliche Mehrsprachigkeit zu erkennen gibt. Schlägt man bei Adelung nach, so kann man für das Ballspiel die Definition finden: »die Kunst, den Ball geschickt zu spielen«.[23] Diese kindliche Kunst bildet also eine Fertigkeit *sui generis*, die das Ich vom Kind lernen kann. Durch diesen Lernprozess geht das ›Ich-Kalb‹ eine Verbindung mit dem ›Kind‹ ein, die nicht nur im Gesetz des Stabreims, sondern auch in der Redensart ›das Kalb machen‹ prädestiniert ist. Daher bezeichnet es seine erlernte Kunst bald als »ein Kindelen und Kälbelen« (AdB 1, 65), als möchte es sagen, dass das Kindsein nicht den Kindern allein vorbehalten ist.

Mit dieser allmählichen Anverwandlung ans Kindliche geht am Ende des Textentwurfs ein auffallendes Verschwinden des Ichs als grammatischem Subjekt einher: »Das Kalb hat zu tun, es verlangt was von sich« (AdB 1, 65), steht nun in der dritten Person. Gleichsam ist das Subjekt zu einem ich-losen Kalb geworden, das mit dem Kind den Zustand der Ich-Losigkeit teilt. Obwohl der Entwurf damit endet, dass das Kalb »mit Verachtung auf seine Kalbereien« (AdB 1, 65) blickt, ist diese kindliche Mimikry ans Kindliche nicht als Topos vom *puer aeternus* zu verstehen, denn die Kindlichkeit des Erwachsenen wird von Walser nicht als geniale Unreife gewertet, wie sie die Jungsche Psychologie dem ewigen Jüngling als Unfähigkeit zum Erwachsenwerden vorgehalten hat.[24]

Der Textentwurf erblickt im Kindlichen vielmehr eine Welt, die derart radikal *uneigentlich und eigen* ist, dass sie nicht mit erwachsenen Begriffen wie ›Kalbereien‹ oder ›Kinderspiel‹ gefasst werden kann, sondern allererst die Negation ihrer anthropozentrischen Perspektive darstellt: Für ein Kind ist Spielen kein Kinderspiel, sondern – möglicherweise – tierischer Ernst.

---

22 Grimm: *Deutsches Wörterbuch*, XI, Sp. 55.
23 Adelung: *Grammatisch-kritisches Wörterbuch*, I, Sp. 706. – Bei Grimm findet man den Hinweis: »Ballenspiel, spectaculum, für Schauspiel und Schauspielhaus« (Grimm: *Deutsches Wörterbuch*, I, Sp. 1096).
24 Vgl. von Franz: *Der ewige Jüngling*; bezogen auf Walser vgl. Middleton: *A Parenthesis*.

4.

Die Unverfügbarkeit des Kindlichen äußert sich zudem darin, dass das Kind im Textentwurf auffallend nicht zur Sprache kommt: Stumm übt es seine Kunst aus. Eine andere Stelle aus Walsers Mikrogrammen macht auf dieses intime Verhältnis des Kindes zum Nicht-Sprachlichen ausdrücklich aufmerksam:

> Herrlich und unschätzbar sind die, die noch im Kinderwagen liegen, die man trägt und die noch gar [nicht] zu sprachlichem Ausdruck gekommen sind, die stehen am aller-, allerhöchsten. (AdB 1, 39)

Die Stelle enthält in der Ausgabe eine erkennbare Konjektur. Von dieser irritierenden Passage ist aber nicht einfach anzunehmen, dass sie fehlerhaft ist und also eines editorischen Eingriffs bedarf.[25] Rein technisch betrachtet kann man diese Stelle als eine elliptische Stelle beschreiben, da hier einfach ein Wort ausfällt. Dieses zeitweilige Aussetzen der Sprache unterhält nun ein direktes Verhältnis zur Aussage des Satzes: Das Kind wird nämlich in seiner Zwischenstellung zwischen Sprache und Nicht-Sprache thematisch. Das Kind ist aber nicht einfach »noch gar nicht« zu sprachlichem Ausdruck gelangt, sondern »noch gar zu sprachlichem Ausdruck gekommen«.

Das Kind ist, mit anderen Worten, der Sprache nicht einfach äußerlich und vorgängig, sondern es befindet sich auf dem Weg zur Sprache, es bewegt sich auf sie zu. Die Zwischenstellung des Kindes bestimmt sich durch eine Bewegung, die man mit dem pädagogischen Verb ›lernen‹ zu identifizieren gewohnt ist. Im Unterschied zum Erwachsenen ist das Kind zwar *in-fans*, die lateinische Bezeichnung sagt, dass es ›nicht-sprechend‹ ist. Aber es kann Sprache *lernen*, das unterscheidet das Kind sowohl vom sprachlosen Tier – jedenfalls von den meisten Tieren – als auch vom Erwachsenen. Das Verhältnis des Kindes zur Sprache lässt sich bei Walser demnach so fassen, dass es nicht selbstverständlich in der Sprache ist, sondern vom Nicht-Sprachlichen her zu ihr kommt und sie gegebenenfalls stören kann.[26]

Walsers Kinder indizieren eine besondere Labilität und Irritation in der Sprache.[27] Jenseits einer Romantisierung kindlicher Unschuld und jenseits einer auto-

---

25 Zur Stilistik des Walserschen ›noch‹ und seiner Verbindung zur Sprache des Kindermärchens vgl. Rodewald: *Robert Walsers Prosa*, S. 121–135.

26 Und zwar auch dann, wenn die Sprache scheinbar reibungslos funktioniert: Der »vier oder sechs Jahre« alte Felix etwa darf sich über seine ungewöhnliche sprachliche Raffinesse wundern: »Ich staune über meine vierjährige Beredsamkeit.« (AdB 3, 153)

27 Agamben hat eine solche sprachkritische Figur der Kindheit vorgeschlagen, die gerade nicht von einem chronologisch-biografischen oder entwicklungspsychologischen sprachunabhängigen Zustand ausgeht: »Die Vorstellungen von einer Kindheit als einer präsubjektiven ›psychischen Instanz‹ und eines vorsprachlichen Subjekts erweisen sich als Mythen: Kindheit und Sprache scheinen demnach in einem Zirkel aufeinander zu verweisen, in dem die Kindheit der Ursprung der Sprache und die Sprache der Ursprung der Kindheit ist. [...] Denn die Erfahrung und die Kindheit, die hier zur Diskussion stehen, können nicht einfach etwas sein, das der Sprache zeitlich vorangeht und an einem gewissen Punkt zu existieren aufhört,

biografischen Regression steht mit ihnen eine Kunst auf dem Spiel, die in der kindlichen Unverfügbarkeit und Idiotie[28] ernsthaft einen positiven Wert sieht.

Mit dem Wunsch, Kind zu sein, verbindet sich keine Sehnsucht nach einem verlorenen Ursprung. Vielmehr ist das Kind ein ich-loses Etwas, an dem alle Zuschreibungen des Erwachsenen zerschellen: »Das Kind ist nur es selbst, sonst scheinbar
nichts anderes« (AdB 5, 231). Walsers Poetik des Kindlichen ist keine Poetik der
Entwicklung und der Vergängnis, der Auflösung und des Verschwindens, sondern
eine der labilen Entstehung, des Werdens, eines Noch[-nicht] in der Sprache.

um in die Rede zu münden, sie sind kein Paradies, das wir zu einem gewissen Zeitpunkt für
immer verlassen, um zu sprechen, sondern sie sind ursprünglich koexistent mit der Sprache, sie konstituieren sich sogar erst dadurch, daß die Sprache uns ihrer beraubt, indem sie
den Menschen immer wieder als Subjekt produziert.« (Agamben: *Kindheit und Geschichte*,
S. 71)
28 Vgl. Utz: *Kalligrafie des »Idioten«*.

Stephan Kammer (Frankfurt am Main)

›LIB/E/RI‹. WALSERS POETOLOGISCH SOUVERÄNE KINDER

»Ich soll sowohl zu einer Ehehälfte, wie zu einem Kunstwerk kommen. Das beste wird sein, ein Kind zu zeugen und das Produkt einem Verlag anzubieten, der es kaum ablehnen wird«. Dieses reichlich amphibolische Ziel setzt sich der Erzähler von Walsers Prosastück *Kurt,* der es sich zur Aufgabe gemacht hat, »nicht Anekdoten [zu] erzählen, sondern Analyse [zu] treiben« (SW 8, 26).

Anlass seiner Überlegung ist »eine Revue, worin sich nur Verheiratete blicken lassen dürfen«, motiviert wird sie von einem Heilsversprechen, das die beiden Akte auf einer Szene zusammenführt: »Ich glaube folgendes: Mein Geist wird im Ehebett seine Auferstehung feiern.« (SW 8, 26) Der entgleiste syntaktische Parallelismus, auf den das ›analytische‹ Gedankenexperiment zuläuft, ist – diese These soll den folgenden Überlegungen zugrunde liegen – nicht bloß witziger Unfall, sondern poetologisches Kalkül, mit dessen Hilfe Walsers Texte eine prominente Metapher und Denkfigur abendländischer Poetiken lustvoll demontieren können.

I.

Kinder und Bücher, Dichten und Zeugen – es ist eine alte, topische Verbindung, die den Transfer zwischen den beiden Paaren regelt. Wenn auch nicht ihre Gründungsszene, so doch ihre für die europäische Literatur und Philosophie gewiss nachhaltigste Formulierung findet sie in einem Text, der als Herkunftsort für so zahlreiche Ambiguitätsverhältnisse, vielleicht als Herkunftsort der Ambiguität als Denkfigur überhaupt gelten darf: in Platons *Symposion.*

Es gibt, so vernehmen wir durch vielfache erzählerische Vermittlung Diotimas Worte, körperlich Zeugungslustige, die sich in ihrer leiblichen Nachkommenschaft zu verewigen trachten; es gibt aber ebenso »der Seele nach« Zeugungslustige. Zu ihnen gehören, wenn auch Diotimas Rede die Krone solchen geistigen Zeugens den Ordnungs- oder Gesetzesstiftern in Hauswesen und Staat zuspricht, zunächst die Dichter und Künstler, denen man (Er-)Findungsreichtum und inventorische Darstellungstechniken nachsagt (λέγονται ευρετικοι ειναι).[1]

---

[1] »Die nun, fuhr sie fort, dem Leibe nach zeugungslustig sind, wenden sich mehr zu den Weibern und sind auf diese Art verliebt, indem sie durch Kindererzeugen Unsterblichkeit und Nachgedenken und Glückseligkeit, wie sie meinen, für alle künftige Zeit sich verschaffen. Die aber der Seele nach [...] denn es gibt solche, sagte sie, die auch in der Seele Zeugungskraft haben viel mehr als im Leibe, für das nämlich, was der Seele ziemt zu erzeugen

Vom *Symposion* aus startet die abendländische Karriere dieses – metaphorischen, konzeptuellen – Transfers. »Das Bild kommt im Altertum nicht häufig vor«[2], stellt Curtius zwar fest, als er nach entsprechenden ›Personalmetaphern‹ für Dichtung Ausschau hält. Er findet dennoch, vor allem bei Ovid, Belege für dessen Gebrauch. In der Neuzeit jedenfalls scheint es so etabliert zu sein, dass das *Deutsche Wörterbuch* der Gebrüder Grimm lakonisch festhalten kann: »schriftsteller, dichter nennen ihre werke *kinder*.«[3] Doch bei dieser einen metaphorischen Beziehung bleibt es nicht. Der Transfer generiert ganze Diskurse, in denen die poetische Produktion als Zeugungsgeschäft gefasst wird – vielfältige, ausdifferenzierte Diskurse, deren Genealogie ich hier nicht nachzeichnen kann.[4]

Festzuhalten gilt, dass um 1900 zwei konkurrierende Diskursmodelle dieses Transfers im Gebrauch sind: Zum einen die – zwar bereits etwas verbrauchte – Vorstellung des Dichtens als eines Akts heroisch-genialischer Selbstzeugung, die aus der Genieästhetik des 18. Jahrhunderts herrührt; zum andern und vor allem aber die Modelle eines gelegentlich biologistischen Determinismus, der intellektuelle Produktion und sexuelle Reproduktion unter der Prämisse einer Naturgesetzlichkeit eng- oder in die »Ontologisierung der Prokreation«[5] überführt, oft im Verhältnis umgekehrter Reziprozität und unabhängig davon, in welchem Namen dieses ›Naturgesetz‹ sprechen soll.

Kinder und Bücher – im Folgenden gilt meine Aufmerksamkeit nicht der geteilten Semantik ihrer Erzeugung, sondern der des Produkts selbst. Die Prämissen dieser Beziehungsstiftung, die rhetorisch nach dem Gesetz der Katachrese vonstatten geht, wären nun weiter zu differenzieren. Im Begriff des ›Kindes‹ versammeln sich mindestens drei Denkfiguren, die wiederum das *Deutsche Wörterbuch* präzise benennt. Mit den lateinischen Bezeichnungen »proles, infans, liberi« wird dort, nach bewährtem Erklärungsmuster, das Lemma ›Kind‹ definiert. Die lateinischen Definitoren bringen damit die Referenzvorstellungen prokreativer, individual- oder entwicklungspsychologischer sowie sozialer Semantik ins Spiel, mit anderen Worten: Konzepte, die auf die phylogenetische Generationenfolge (*proles*), auf die ontogenetische Entwicklung (*infans*) und auf den gesellschaftlichen Status (*liberi*) bezogen sind. Eine solche Ausdifferenzierung bleibt ihrerseits prekär, da sie Semantiken erzeugt, die keine ausschließende Funktion übernehmen können und

und erzeugen zu wollen: Und was ziemt ihr denn? Weisheit und jede andere Tugend, deren Erzeuger auch alle Dichter sind und alle Künstler, denen man zuschreibt, erfinderisch zu sein. Die größte aber und bei weitem schönste Weisheit, sagte sie, ist die, welche in der Staaten und des Hauswesens Anordnung sich zeigte, deren Name Besonnenheit ist und Gerechtigkeit.« (Platon: *Symposion*, 208e–209a)

2 Curtius: *Europäische Literatur und lateinisches Mittelalter*, S. 143.

3 *Deutsches Wörterbuch*, XI, Sp. 726.

4 Verwiesen sei auf die Beiträge – insbesondere auf den konzisen einleitenden Aufsatz von David Wellbery – in Begemann u. Wellbery: *Kunst – Zeugung – Geburt*.

5 Wellbery: *Kunst – Zeugung – Geburt. Überlegungen zu einer anthropologischen Grundfigur*, S. 28.

kombinierbar bleiben. Ich konzentriere mich dennoch auf das dritte Paradigma[6] – und zwar nicht etwa allein aufgrund des reizvollen paranomastischen Wortspiels, das meinem Beitrag den Titel gegeben hat.

Als ›liberi‹ werden in der Sprache des römischen Rechts die freigeborenen Kinder des Hauses benannt, in Abgrenzung also zur Nachkommenschaft der Sklaven. Und dies hinterlässt seine Spuren, wie ich glaube, in Walsers poetologischer Wendung der topischen Verbindung zwischen Kindern und Büchern: bei – in Anlehnung an Klaus-Michael Hinz,[7] aber mit anderem Akzent gesprochen – Walsers ›poetologisch souveränen Kindern‹.

Allerdings gilt es in dieser spezifischen (Ver-)Wendung noch eine weitere metaphorische Erzählung von Nachkommenschaft mitzulesen. Man könnte sie eine Umwertung der platonischen Schriftkritik nennen, nach der die geschriebenen Worte vaterlos, also auf sich allein gestellt bleiben müssen – nun positiv gewendet: sich der absoluten Verfügungsgewalt ihres Erzeugers, des *pater familias*, entzogen haben.

Nicht zufällig vielleicht findet man auf der Rückseite einer genau mit der zentralen Passage dieser Schriftkritik[8] bedruckten *Tusculum*-Kalenderblatthälfte zwei Mikrogramme, deren korrespondierende Faktur sich um das verschwiegene Glück intertextueller Funde und die juristische Problematik geistigen Eigentums dreht.[9]

2.

Man kann sich bei der Spurensuche nach den Konturen dieser Figur – keine Selbstverständlichkeit bei Walsers poetologischen Modellen – ans Offensichtliche halten. Zu erwähnen wären also zunächst zwei Prosastücke, die sich den gleichen Paratext teilen: den Titel *Das Kind*. Das eine, 1916 erschienen (vgl. SW 16, 172–175)[10],

---

6 Zum *infans* siehe den Beitrag von Davide Giuriato in diesem Band.

7 Vgl. Hinz: *Wo die bösen Kinder wohnen.*

8 Vgl. Platon: *Phaidros* 275d–e.

9 Es handelt sich um das Mikrogramm-Blatt 19 und die beiden Bleistiftmanuskripte *Ich vermag nicht viele Worte zu machen* (AdB 4, 232–235) und *Zärtlich oder wenigstens freudig stimmt mich die Erwartung* (AdB 4, 235–237); Abbildung und ausführlichere Darstellung bei Kammer: *Figurationen und Gesten des Schreibens*, S. 127–133.

10 Alle folgenden Zitate in diesem Abschnitt daraus. Insgesamt tragen drei Prosastücke diesen Titel; das erste, 1915 erschienen, scheint mir – auf diesen Hinweis muß ich mich hier angesichts der Rätselhaftigkeit des kurzen Texts beschränken – eine eigentümlich verschobene, literalisierende Auseinandersetzung mit dem Paradigma des *infans* zu sein, die sich um das (scheiternde) Finden des Mundes dreht – eine weitere Gegenprobe zu den von mir vorgestellten Figurationen also: »Einmal und so war ein klein' Kind, das saß am Eßtisch, hatte den Eßlöffel in der Hand und wollte essen, ich glaube, Erbsensuppe. Der Löffel war aber so groß, der Weg vom Suppenteller bis zum kleinen Mund so weit, die Hand so ungeübt, daß das Kind sich verirrte. Es vermochte seinen Mund nicht zu finden, und enttäuscht ließ es den Löffel sinken. Über dem Unglück vergoß es Tränen, und da niemand bei ihm war, der sie ihm abwischte, so wollte es eine so schwierige Arbeit selber verrichten, aber o weh, es

tarnt sich gewissermaßen als Bericht über zwei »Kinostücke«, in denen »ein Kind als Hauptperson« auftritt.

Das erste dieser Kinostücke, so dessen *histoire*, handelt von einem »vornehme[n] kinderlose[n] Ehepaar«, aufgrund dessen Kinderlosigkeit »das reizende Ehefrauchen sozusagen vor Langeweile und Beschäftigungslosigkeit hochauf gähnte.« Die Frau stellt dem »braven guten Gatten« gleichsam ein Ultimatum mit den Worten: »Sorge mir für ein Kind oder schau' dich nach einer andern Frau um.«

Die Pointe der ersten Kinogeschichte nun ist es, dass für das Kind nicht auf ›natürlichem‹, sondern auf ›gesetzlichem‹ Weg gesorgt wird:

Jetzt wußte der Gatte, was er zu tun hatte und woran er war. Voll aufrichtiger Bestürzung beeilte er sich, die Frau zu beschwichtigen. Beide guten Leute kamen überein, daß sie auf die Suche nach einem Kind gehen wollten, was sie denn auch taten. Sie adoptierten ein beliebiges reizendes, nettes Kind und waren glücklich.

Spiegelbildlich zu dieser Adoptionsgeschichte steht der Inhalt des zweiten Films, in dem ein Ehemann »mit der schuldbewußten Miene eines schwerbetroffenen armen Sünders« dem bürgerlichen Haushalt – seinem Diener, der darob »mit einem blitzdummen und recht dreisten Lächeln« auftritt, und seiner Gemahlin, die sich »begreiflicherweise im höchsten Grade entsetz[t]« – einen außerehelichen Nachkömmling präsentiert: »das Resultat seines Fleißes, vielmehr Fehltrittes«, das aber doch »das Herz der schwergeprüften, schwerhintergangenen Gattin allmählich erweich[en]« wird.

Die zweite Filmerzählung kehrt damit die Pointe der ersten insofern um, als darin Nachkommenschaft zwar ›natürlich‹, aber nicht ›gesetzlich‹, das heißt illegitim zustande kommt. Die beiden nur vordergründig harmlosen Erzählungen des Prosastücks machen also die Probe aufs Exempel, was die Differenzierung der Paradigmen ›proles‹ und ›liberi‹ betrifft. Die Irritationsmomente, die sie erzeugen, verdoppeln sich, wenn der Text der Minimalverschiebung der Signifikanten vom ›Kind‹ zum ›Kino‹, die bereits an seinem Anfang steht, eine poetologische Wendung nachträgt: »Ich rede von einem ergreifenden und lebenswahren Stück, dessen Autor mir freilich unbekannt geblieben ist. Doch wer fragt bei Kinostücken nach Autoren?«, kommentiert der Erzähler ausgerechnet den zweiten Film, der sich an den Folgen der Illegitimität abarbeitet. *Auctor semper incertus* – so hieße eine erste Gesetzmäßigkeit für ›poetologisch souveräne Kinder‹, gewonnen aus dem intrikaten Umweg über die Erzählung der »Vorführungen und Darbietungen [...], welche vom Kino vorgeführt und dargeboten werden.«

---

wußte doch nicht, in welcher Gegend ungefähr die Augen liegen. Es hatte sein Taschentuch herausgenommen, war aber nicht im Stande, seine Augen zu finden, und so weinte es fort. Die Tränen flossen ihm über die Wangen, längs dem Näschen, in den Mund hinein, und das Kind aß nun statt Erbsensuppe Tränen. Bislang war das Kind ganz allein. Nun aber kam seine Mutter, die sah das Leid. Rasch küßte sie es, begütigte und beruhigte es und gab ihm zu essen, und da war das gute, arme kleine Kind wieder glücklich.« (SW 16, 89f.; *Das Kind [I]*)

3.

Ein zweites Prosastück mit dem Titel *Das Kind (III)*, wie das eingangs zitierte *Kurt* erschien in Walsers letztem Buch *Die Rose* (1925), stellt die illegitime Korrespondenz: die Illegitimität der Korrespondenz von *Auctor* und souveräner poetischer Nachkommenschaft aus und versieht die daraus entspringenden Übertragungseffekte mit einer neuen Pointe (vgl. SW 8, 74–79)[11]. Der Text erscheint zunächst geradezu als Abbreviatur, wenn nicht Kondensat der einschlägigen poetologischen Ausführungen aus der zweiten Hälfte der 1920er Jahre und entzieht sich schon aus Gründen dieser Verdichtung einer resümierenden Paraphrase. Man mag darin nicht etwa nur Teile aus der literarischen Physiognomie des ›Räubers‹ wiedererkennen, sondern auch Passagen aus dem so genannten ›Tagebuch-Fragment‹ vorweggenommen sehen. Ja, zweifellos träte kaum ein Element des Prosastücks bei einem ausführlichen und akribischen Vergleich nicht in Konstellation mit anderen Texten der Berner Jahre. Und doch wäre nichts seiner Form unangemessener als eine Lektüre, die es bloß gleichsam als ›Walser *en miniature*‹ zu entziffern suchte.

Das Prosastück besteht aus zwei Teilen von gleicher Länge, in deren erstem eine extradiegetische Erzählinstanz den Protagonisten mit den Worten vorzustellen beginnt: »Leider war er nur ein Schulbub, Lehrling, ein Kind.« In der zweiten Hälfte ergreift dieses Kind »[b]ei Gelegenheit« selbst das Wort und schreibt – man ist versucht zu sagen: ein Prosastück im Prosastück, dem man einen der bekannteren, trotz seines immanenten performativen Widerspruchs gerne aufs Verhältnis zum Autor hochgerechneten und damit seines Status als »bescheidenfigürlich[e], nicht autorlich[e]« (SW 8, 81; *Zückerchen*) Rede beraubten Walser-Sätze verdankt: »Niemand ist berechtigt, sich mir gegenüber so zu benehmen, als kennte er mich.«

Zur Genealogie dieses Kindes nun erfahren wir im ersten Teil des Textes Folgendes:

Einst war das Kind ein Mann, der sehr weltmännisch auftrat; man merkte ihm aber überall die Kindlichkeit leicht an, weshalb er mit seinem sicherheitvortäuschenden Gebaren erfolglos blieb. Er kannte aber absolut keine Mutlosigkeit, wenigstens keine andauernde; lachte über den Spott der Stärkeren. Hohn und Lieblosigkeit beglückten es. Was war da auszurichten? Das Kind zählte nun schon vierzig Jahre, eigentlich schon ein bißchen mehr; wir wollen es aber mit Wahrheiten verschonen, ähnlich wie man Mädchen nicht damit belästigt. Es hatte Rehaugen und nahm aus milden Händen unklugerweise alles an, nahm sich aber später vor, vorsichtiger im Empfangen zu sein, eher etwas zu spenden als einzusacken. Wer letzteres tut, der kann zu hören bekommen, er sei ein Schmarotzer. War das Kind einst energisch? Einige glauben es; andere sagen, es sei sich gleich geblieben. Früher schrieb es nämlich dicke Bücher, das heißt es überblickte dichtend sein Erlebtes; nun war es aufs Weiterleben angewiesen, fand dafür zunächst keine

---

11 Alle folgenden Zitate in diesem Abschnitt daraus.

Form. Weil es auf einen Roman warten ließ, schalt man es träge. Es sei unerhört schlapp, hieß es, und landauf und -ab ging die Rede, es habe kein Herz, indes dasselbe ihm noch nie so weit offenstand wie jetzt. Ob man sich wirklich nur mit druckfertigen Manuskripten in der Tasche als Gebildeten ausweisen kann?

Der Versuchung, solches als maskierte Autobiografie des Autors zu dechiffrieren, müsste allein schon die ironische, aber überaus präzise Volte gegen den Diltheyschen Parallelismus von ›Erlebnis und Dichtung‹ hinreichend im Wege stehen. Wichtiger aber im Kontext der ›Poetologie des Produkts‹, um die es mir hier zu tun ist, scheint ein anderer Hinweis zu sein, der zu einer zweiten Gesetzmäßigkeit der hier verhandelten Figuration führt: Die Korrespondenz von Erzeuger und Produkt wird vom Paradigma des ›poetologisch souveränen Kindes‹ außer Kraft gesetzt. Das Prosastück bewahrt allein dessen negative Spur in einer Semantik, die einmal mehr auf das Paradigma des *infans* verweist.

Über das »Kind« heißt es im ersten Teil: »Es besaß die Nervosität eines Hundes, sagen wir Windspieles.« Tier und Spielzeug – so belehrt uns das *Deutsche Wörterbuch* über die Semantik des ›Windspiels‹ – figurieren die Reminiszenz an dieses andere Konzept figuraler Kindheit, gegen das sich die Poetologie des ›souveränen Kinds‹ stellt.[12]

4.

›Poetologisch souverän‹ kann man die Walserschen ›Kinder‹ nennen, weil sie das Kontinuitätsmodell subvertieren, auf denen das Gelingen der Katachrese zwischen Kindern und Büchern seit Platons Gründungsszene beruht hat: die Generationenfolge von Erzeuger und Erzeugnis, die mit dieser Semantik verbunden ist.

Darüber hinaus steht – eine dritte Gesetzmäßigkeit – in dieser poetologischen Figuration aber auch die zentrale, der Katachrese von ›libri‹ und ›liberi‹ zugrundeliegende Unterscheidung auf dem Spiel: die von Natur und Kultur respektive Authentizität und Künstlichkeit. Ein im Juni 1926 in der *Prager Presse* veröffentlichtes Prosastück mit dem Titel *Kindliche Rache. Ein Miniaturroman* hat sich der Subversion dieser Differenz verschrieben (vgl. SW 18, 296–299).[13]

Es bringt – als »Eheroman« – die Konsequenzen schriftstellerischer Produktion und sexueller Reproduktion in ein Verhältnis, tut dies aber in Form einer Störung. Der Text erzählt die Familiengeschichte eines Schriftstellers. Aus dessen zweiter Ehe mit einer Magd, deren »aufwartefrauelige Bodenständigkeit« die »schriftstellerische Hochaufgeschossenheit« anscheinend aufs Beste komplementiert, entspringt »ein Etwas, wovon sie sich glückstrahlend überzeugten, es sei ein Kind.«

---

12 Vgl. *Deutsches Wörterbuch*, XXX, Sp. 324f., s. v. ›Windspiel‹ (als »kinderspielzeug« und »windhund«). – Zur Thematik noch einmal der Hinweis auf den Beitrag von Davide GiurIato in diesem Band.

13 Alle folgenden Zitate in diesem Abschnitt daraus; zu diesem Text vgl. Kammer: *Poetologie der Lektüre – Lektüre der Poetologie.*

Das Prosastück nun setzt »Kind«, »Erzeugnis« und »Produkt« in eine irritierende Serie und dieser Serie wiederum ein gewaltsames, allerdings nur vorläufiges Ende, wenn der Erzählfaden der *histoire* und der Lebensfaden dieses hybriden Erzeugnisses gleichermaßen abgebrochen respektive -geschnitten wird:

> [D]a mich ein Blick auf die Uhr belehrt, daß es zehn Uhr ist und ich gewöhnt bin, mich rechtzeitig in die Federn zu begeben, so schneide und breche ich den straffaufgebauten Lebensroman jäh, d. h. gebieterisch mit der Anmerkung ab, daß den friedliebenden, kulturtreibenden Leutchen das herzige, liebe Kindchen nur so wegstarb.

Doch das Schreiben geht weiter:

> Den Vater […] beschäftigt die Erfindung eines neuen Buches, das vermutlich entsetzlich schwierig zu lesen sein wird, und dessen Betitelung aller Wahrscheinlichkeit nach lauten dürfte: »Kindliche Rache.« Der hohe Sinn ist der, daß sich das Kind an denen, deren Lebensfreude es auszumachen berufen ist, dadurch rächt, daß es sich ihnen, kaum, daß es sich ihnen gezeigt hat, wieder entzieht.

Mit der geradezu Derridaschen Pointe, dass es der Entzug ist, der gibt, wird das Bedingungsgefüge der Katachrese zugleich untergraben und behauptet – und mit der Metalepse vom wahrscheinlichen Buch- zum tatsächlichen Prosastücktitel ist diese Subversion des ›poetologisch souveränen Kindes‹ endgültig jener ›Poetik des Kleinen‹ eingeschrieben, dank der sich Walsers Schreib-Arbeit auf allen Fronten von den Ansprüchen großer Geistesgeburten unterscheiden kann.

Wolfram Groddeck (Zürich)

»UND IN DER TAT, ER SCHRIEB SO ETWAS WIE EINEN ROMAN«. ZUR EDITION DES DRUCKMANUSKRIPTS VON ROBERT WALSERS ROMANDEBÜT *GESCHWISTER TANNER*

Zu Robert Walsers Romandebüt *Geschwister Tanner* existiert ein Druckmanuskript, das in mehrfacher Hinsicht von großem philologischem Interesse ist.[1] Das wertvolle Manuskript ist 1999 von der Robert Walser-Gesellschaft aus dem Nachlass des Walser-Forschers Jörg Schäfer erworben worden und befindet sich heute als Depositum im Robert Walser-Archiv in Zürich. Jochen Greven hat schon im Nachwort zu seiner Edition der *Geschwister Tanner* eine ausführliche Beschreibung des Manuskriptes und seiner Entstehungsgeschichte gegeben und auch die wichtigsten Textvarianten zum Erstdruck mitgeteilt (vgl. SW 9, 335–376). Das Manuskript soll nun erstmals in seiner integralen Form als kritisch kommentierte Faksimile-Edition zugänglich werden, die Barbara von Reibnitz und ich als Prototyp der geplanten *Kritischen Robert Walser-Ausgabe* (KWA)[2] vorbereitet haben.

Ich möchte das Manuskript zunächst editionsphilologisch kurz charakterisieren und dann verschiedene Aspekte des hier erkennbaren Entstehungsprozesses an einzelnen konkreten Beispielen beleuchten, um einige Überlegungen zur Bedeutung dieses Dokumentes für Robert Walsers schriftstellerische Entwicklung vorzulegen.

Als das Manuskript in den Besitz der Robert Walser-Gesellschaft überging, war es noch als Buch gebunden. Im Archiv wurde es dann letztes Jahr aufgebunden, so dass seine ursprüngliche Gestalt, nämlich 179 mit Bleistift liniierte Einzelblätter im Format 20,1 x 27,7 cm, sichtbar wurde. Die Blätter sind einseitig beschrieben und waren in der Mitte gefaltet. Durch die Aufbindung wurden auch einige wenige Notate wieder lesbar, die durch die Bindung verdeckt waren.

Das Manuskript hat kein Titelblatt und keine Überschrift, es beginnt auf der ersten, mit der Ziffer 1 paginierten Seite unvermittelt mit dem Text; erst später trug Walser am oberen Rand mit violetter Tinte die Überschrift »1. Kapitel« nach

---

1 Vgl. dazu Greven: *Robert Walser und Christian Morgenstern. Zur Entstehungsgeschichte von Walsers frühen Romanen.* – Gößling: *Ein lächelndes Spiel, Kommentar zu Robert Walsers »Geschwister Tanner«,* erhob bereits 1991 die Forderung nach einer »historisch-kritischen Neuedition des Romantextes« (ebd., S. 212); vgl. ferner Groddeck: *Robert Walser und das Fantasieren. Zur Niederschrift der »Geschwister Tanner«* und neuerdings von Reibnitz: »*Komma überschreibt Punkt«. Anfangen und Nicht-Aufhörenkönnen in Robert Walsers Romanerstling »Geschwister Tanner«.*

2 Vgl. Groddeck: *Zum Projekt der neuen, kritischen Robert Walser-Ausgabe* und den Beitrag von Margit Gigerl und Barbara von Reibnitz in diesem Band.

(vgl. Abb. 1 u. 2). Ob ein unpaginiertes Titelblatt mit Autorname und Romanti-
tel verloren gegangen ist oder ob es nie existiert hat, bleibt Spekulation. Bemerkenswert ist in diesem Zusammenhang immerhin, dass auch das andere erhaltene
Druckmanuskript zu einem Roman Walsers (*Der Gehülfe*) ohne Titelblatt überliefert ist.

Die erste Seite hat – wie viele andere Seiten des Manuskriptes auch – Rein-
schriftcharakter und erweckt den Eindruck, dass es sich dabei um eine Abschrift
handeln könnte. Dem widerspricht Walsers von Carl Seelig überlieferte Aussage:
»Ich habe sie in Berlin innerhalb von drei oder vier Wochen geschrieben, sozusagen
ohne Korrekturen.«[3] Wenn Walsers späte Erinnerung zutrifft (und die editorische
Analyse scheint das im Wesentlichen zu bestätigen), handelt es sich also bei dem
erhaltenen Manuskript nicht nur um die Druckvorlage, sondern zugleich auch um
die Erstniederschrift des Romans. Allerdings verlief diese Niederschrift nicht ganz
so reibungslos, wie es die späte Erinnerung Walsers und auch das 1914, sieben
Jahre nach der Manuskripterstellung publizierte Prosastück mit der Überschrift
»*Geschwister Tanner*« (vgl. SW 4, 127–129) suggerieren könnten. Das Manuskript
zeigt eine Reihe von Entstehungsspuren, die deutlich als Stockungen des Schreib-
flusses erkennbar sind. Manchmal sind solche Stellen einfach gestrichen (vgl.
Abb. 3) oder es finden sich dort Überklebungen; dabei hat Walser offenbar neuen
Text angefügt, indem er das alte Blatt abgeschnitten, den fehlenden Teil durch ein
neues Teilblatt ersetzt und dann auf das Format des Konvoluts zurechtgeschnit-
ten hat. Diese merkwürdige Prozedur ist vor allem gegen Ende des Manuskriptes
zu beobachten und findet sich im Manuskript insgesamt neun Mal.[4] Vermutlich
wollte der Schreiber auf diese Weise bestimmte Korrekturvorgänge der ersten Niederschrift unkenntlich machen.

Das Manuskript lässt ferner erkennen, dass Walser den Roman ursprünglich in
zwei eigens paginierten, annähernd gleich langen Teilen angelegt hatte: von Seite 1
bis 96 und dann neu von Seite 1 bis 105.[5] Das Manuskript umfasste damit also insgesamt 201 Seiten.[6] Der Textbestand dieser ursprünglichen Form des Manuskripts
ist aus dem erhaltenen Druckmanuskript nicht mehr vollständig rekonstruierbar,
da zwei längere Passagen aus dem Manuskript entfernt wurden.

Die eine, Seite 20 bis 27 nach der ursprünglichen Paginierung des zweiten Teils,
enthielt eine ›Geschichte‹, die der Protagonist Simon in einem Ofenloch findet und
auf die ich am Schluss noch ausführlicher zu sprechen komme. Die zweite Lücke
im Manuskript besteht aus 15 Seiten, die ebenfalls noch vor der Neupaginierung

---

3 Seelig: *Wanderungen mit Robert Walser*, S. 51.

4 Auf den Seiten 76, 104, 105, 159, 161, 162, 166, 167 u. 177.

5 Diese Zweiteilung entspricht inhaltlich der Kapitelaufteilung 1–10 und 11–18 in der
Druckfassung.

6 Das erklärt auch Walsers Umfangschätzung auf der Postkarte an den Insel Verlag vom
21. 2. 1906, den er zunächst als Publikationsort für seinen ersten Roman vorgesehen hatte:
»Sind Sie event. geneigt, einen Roman von mir, circa 400 Druckseiten, zur Prüfung anzunehmen?« (Br, 41)

entfernt wurden;[7] sie enthielten einen langen Brief Simons, von dem nur noch die Anfangs- und die Schlusssätze übrig geblieben sind.[8]

Der Wortlaut der anderen lektoratsbedingten Tilgungen ist im Manuskript materiell erhalten. Es ist also durchaus möglich, sich aufgrund der ersten, zweimal ansetzenden Paginierung eine Vorstellung von der ursprünglichen Form des Manuskripts zu machen, die aus zwei annähernd symmetrischen Teilen bestand, aber noch nicht in Kapitel unterteilt, sondern nur in – mittels Leerzeilen markierte – Abschnitte gegliedert war.

Christian Morgenstern hatte das Manuskript in dieser Form gelesen, als er am 8. April 1906 an Bruno Cassirer schrieb:

> Lieber Herr Cassirer,
>
> Bis zur Mitte der »Geschwister Tanner« sagte ich mir: du hast selten etwas in seiner Art so Schönes gelesen. Im Verlauf des 2. Teils wurde ich manchmal von einer leisen Ungeduld ergriffen, obwohl auch er herrliche Stellen enthält.
>
> Ich würde an Ihrer Stelle den 1. Teil ohne Abstrich auch nur einer einzigen Zeile drucken und für den 2. Teil einige Streichungen vorschlagen (etwa Helbigs Geschichte, den Brief an den Villenbesitzer, der verkracht, Teile des Schlussgesprächs: da wo Familienchronik *wiederholt* wird.)
>
> Irgendwelche »Umarbeitung« zu fordern, (ich glaube, Sie sagten so etwas einmal) erscheint mir nicht richtig. Die Sache steht u. fällt mit ihrer jetzigen Form u. Art. Aber es ist nicht zu besorgen, dass das Zweite eintrete. [...][9]

Nur die beiden ersten Kürzungsvorschläge Morgensterns wurden bei der Herstellung der Druckfassung realisiert, während der Schluss des Textes mit den Wiederholungen der »Familienchronik« ohne Eingriff bestehen blieb. Allerdings wurde dafür der erste Teil des Manuskriptes keineswegs von Kürzungen verschont.

Es gibt im Manuskript der *Geschwister Tanner* Streichungen mit Bleistift, Tinte oder Blaustift. Allerdings lassen sich diese unterschiedlichen Arten von Streichungen kaum bestimmten Personen – sei es Morgenstern, Cassirer, einem anderen Verlagsmitarbeiter oder auch Walser selbst – eindeutig zuordnen.[10] Man muss sich vor Augen halten, dass sich der komplexe Prozess des Lektorats, insbesondere

---

7 Es handelt sich um die Seiten 61 und 76 der ursprünglichen Paginierung des zweiten Teils, zwischen Seite 153 und 154 der endgültigen Paginierung.

8 Man kann darüber spekulieren, dass hier, in Briefform, so etwas wie eine Keimzelle von Walsers zweitem Roman *Der Gehülfe* vorgelegen habe; vgl. dazu das *Nachwort* in SW 9, 375.

9 Unveröffentlichter Brief, nach der Transkription von Prof. Dr. Reinhardt Habel, dem ich an dieser Stelle für die freundliche Kooperation danke; Teile des Briefes von Morgenstern wurden schon von Greven: *Robert Walser und Christian Morgenstern*, S. 43, mitgeteilt.

10 Einige dieser Streichungen, meistens solche mit Bleistift, dürften schon in der zweiteiligen Reinschrift enthalten gewesen sein, so auf S. 9f. oder auf S. 152. Aber auch die mit dickem Blaustift vorgenommenen Streichungen, die meist längere Passagen betreffen, sind nicht unbedingt einem Lektor zuzuweisen, wie es die komplexe Umarbeitung aufgrund einer Streichung im Manuskript S. 64 u. 65 zeigt.

auch was Christian Morgensterns Anteil daran betrifft, bis in die Korrektur der Druckfahnen hingezogen hat.

Die größeren Streichungen, die zum Teil von Christian Morgenstern vorgeschlagen worden waren, wurden im Manuskript mit Blaustift vorgenommen und betreffen manchmal mehrere Seiten. Ein Grund für diese Eingriffe lag sicher im Bestreben, den Text des Romans zu straffen. Das gilt aber keineswegs für alle vom Verlag oder Lektor durchgesetzten Streichungen im Manuskript. Aus dem Zusammenhang der gestrichenen Passagen lässt sich vielmehr eine nicht uninteressante Tendenz der Lektorierung erraten. Um diese Tendenz zu verstehen, ist es angebracht, sich von der literarischen Eigenlogik des Textes einen genaueren Begriff zu machen, bei dem es sich im Grunde weniger um einen realistischen Roman handelt als eher um eine Folge von Episoden, Briefen, Träumen, Betrachtungen und Selbstreflexionen, aber auch um Darstellungen exzessiver Schreibszenen.[11]

Kehren wir deshalb zum Anfang des Manuskriptes zurück und lesen wir den Text, das heißt Anfang und Ende der ersten Szene des gerade entstehenden Romans. Dabei sollte man sich bewusst machen, dass diese Eröffnungsszene zugleich Walsers ersten Versuch bedeutet, einen *Roman* zu schreiben:

> Eines Morgens trat ein junger, knabenhafter Mann bei einem Buchhändler ein und bat, daß man ihn dem Prinzipal vorstellen möge. Man tat, was er wünschte. Der Buchhändler, ein alter Mann von sehr ehrwürdigem Aussehen sah den etwas schüchtern vor ihm Stehenden scharf an und forderte ihn auf, zu sprechen. »Ich will Buchhändler werden, sagte der jugendliche Anfänger, ich habe Sehnsucht darnach und ich weiß nicht, was mich davon abhalten könnte, mein Vorhaben in's Werk zu setzen. […]«

Die Szene schließt zwei Seiten später mit den Sätzen:

> Mit diesen Worten, die zugleich des jungen Stellesuchers vorläufige Entlassung bedeuteten, klingelte der alte Herr an der elektrischen Strömung, worauf, wie von einem Strom herbeigeweht, ein kleiner, ältlicher, bebrillter Mann erschien.
> »Geben Sie diesem jungen Herrn eine Beschäftigung!«
> Die Brille nickte. Damit war nun Simon Buchhandlungsgehilfe geworden. Simon, ja so hieß er nämlich. –

Zunächst ein kleines editorisches Detail. Die Formulierung: »klingelte der alte Herr an der elektrischen Strömung« wird – von wem auch immer – bei der Fahnenkorrektur zu »an der elektrischen Leitung« verbessert, damit verschwindet aber auch das Wortspiel, dass aufgrund des Klingelns an der »elektrischen Strömung« der »bebrillte Mann« »wie von einem Strom herbeigeweht« wird. Die Eigenlogik des Wortspiels prägt aber auch die autoreferenzielle Dimension des Textbeginns im Ganzen. Denn

---

11 Auch Greven: *Robert Walser und Christian Morgenstern*, S. 45, spricht davon, dass sich hier schon Walsers eigentümlicher Stil auspräge, »in dem sich Sprache selbst problematisiert und zum Gegenstand einer beim Erzählen mitlaufenden Erprobung und Reflexion gemacht wird.«

der Stellenantritt des jungen Mannes eröffnet die Handlung des Romans. Am Ende der ersten Szene – auf Seite 3 des Manuskripts – hat Simon nicht nur seinen Namen, sondern auch seine Stelle als »Buchhandlungsgehilfe« erhalten.[12]

Diese selbstreflexive Konstellation bringt ein poetologisches Problem zur Darstellung: Wie beginnt ein Roman? Antwort: Indem jemand in die Handlung eines Buches eintritt; denn ein Roman braucht ja eine ›Handlung‹, um zum ›Buch‹ zu werden. Die Autoreferenz des Romanbeginns basiert also, so gelesen, auf einem Wortspiel. Auch der Prinzipal wird nun lesbar als Allegorie des Anfangs, der die Prinzipien des Schreibens klärt und dem »jugendliche[n] Anfänger«, welcher sein »Vorhaben in's Werk […] setzen« will, seine Stelle zuweist. Und unter dem »ältliche[n], bebrillte[n] Mann«, der dem jungen »eine Beschäftigung« geben soll, kann man sich auch – spätestens bei der kühnen Metonymie: »Die Brille nickte« – eine Allegorie des Lesers vorstellen. Es scheint also alles beieinander zu sein, damit ein Roman entstehen kann: handelnde Person, ein Prinzipal der Buch-Handlung und der Leserbezug.

Aber der erste Anlauf misslingt dann doch. Die zweite Szene des Romans, die unmittelbar auf die Szene des Stellenantritts folgt, berichtet von Simons älterem Bruder, dem Doktor Klaus »in der Residenzstadt«. Er schreibt dem jüngeren Bruder einen langen Brief und redet ihm ins Gewissen; er mahnt ihn sozusagen an das ›Realitätsprinzip‹ und beklagt sich: »Lieber Bruder. Du scheinst gar nichts über Dich schreiben zu wollen.« (SW 9, 12) Nach diesem Brief des Bruders, der zwei Manuskriptseiten umfasst, erscheint Simon wieder in der Buchhandlung und kündigt – »nach Ablauf von acht Tagen« – seine Stelle, ohne dass der Text zuvor irgend etwas von seiner Tätigkeit in der Buchhandlung berichtet hätte. Wie soll also jetzt die Handlung weitergehen? Das Manuskript zeigt, auf Seite 7 (vgl. Abb. 3), die Verlegenheit, in welche der junge Romandebütant geraten ist. Die gestrichene Szene – es wäre die vierte Sequenz des entstehenden Romans – sollte berichten, wie Simon ins Stellenvermittlungsbüro geht, um nach einer neuen Stelle zu fragen. Die Szene bricht aber mit den Worten ab:

»Haben Sie es wieder nicht aushalten können?«
»Was heißt das, nicht

– und geht danach in ein ratloses Gekritzel und ornamentale Zeichnungen über, die anschaulich zeigen, dass der Autor offensichtlich längere Zeit nicht weiter weiß … Die folgende Szene auf Seite 8 ersetzt die gestrichene Passage und zeigt Simon zuhause, wo er sich entschließt, den Brief von Klaus *nicht* zu beantworten. Simon wird dabei guter Laune: »Wenn er dachte, kam er ganz unwillkürlich auf schöne Gedanken« (SW 9, 18) berichtet der Text. Der Text kann also mit »schöne[n] Gedanken« weitergehen, und Simon geht – ins Stellenvermittlungsbüro. Er erhält eine diesmal ausdrücklich temporäre Anstellung bei einem Advokaten, von der er dann seiner Freundin Rosa erzählt, usw.

---

12 Vgl. zu dieser Überlegung auch den Schluss des *Räuber*-Mikrogramms von 1924, wo vom Räuber gesagt wird: »Sein Talent in der Mitarbeiterschaft an hervorragenden Zeitungen und speziell seine Gehülfenleistungen bei vorliegender Handschrift fangen an gewürdigt zu werden. Universitätsprofessoren grüßen ihn verbindlich.« (AdB 3, 150)

Die poetologische Selbstreferenz des Romananfangs, die sich aus den sprachlichen Details erraten lässt, ist zugleich aber auch eine Selbstreflexion des Schreib-
vorgangs, der sich im Manuskript noch offen darbietet.

Die ersten Seiten des Manuskripts zeigen scheinbar noch keine Eingriffe des Lektorats. Es gibt allerdings einen langen und berühmt gewordenen Brief von Christian Morgenstern vom September 1906. Morgenstern las die Korrekturen bei der
Drucklegung des Romans und schreibt an Walser, indem er sich auf die »Lesung
des ersten Bogens« bezieht: »Also, der Anfang ihrer Arbeit macht auf mich, aus dem
Privatgebiet des Handschriftlichen in die Öffentlichkeit des Drucks gerückt, einen
schlechten Eindruck.« (Br, 42) Jochen Greven hat die Einwirkungen Morgensterns
und des Verlegers Bruno Cassirer auf die Druckfassung der *Geschwister Tanner* sehr
genau und erhellend dargelegt,[13] so dass ich das hier nicht wiederholen will und
mich auf wenige Einzelheiten beschränken kann.

Der Vergleich von Manuskript und Erstdruck zeigt schon auf der ersten Seite
einige bemerkenswerte Unterschiede. Bei der Umschrift der ersten Manuskriptseite, wie sie in der kritischen Ausgabe erscheinen wird (vgl. Abb. 1 u. 2), werden die
Differenzen von Manuskript und Erstdruck in einem Fußnotenapparat mitgeteilt,
der indirekt Aufschluss über die Korrekturvorgänge auf den Druckfahnen gibt, die
heute nicht mehr erhalten sind. Sie lassen sich jedoch indirekt, über den Fußnotenapparat rekonstruieren.

So zeigt sich, dass die Wendung »Ich kann auf Preise drücken«, die Morgenstern in seinem Brief wortreich kritisiert hatte (vgl. Br, 44f.), im Druck tatsächlich
zu dem korrekteren Ausdruck »Ich kann Preise herabsetzen« verändert wurde (vgl.
Abb. 1, Zeile 11). Verändert wurde aber auch die Formulierung »einen armen Teufel von Studentin« zu dem grammatisch korrekten Geschlecht »einen armen Teufel
von Studenten« (vgl. Abb. 1, Zeile 11 f. u. Fußnote zu Zeile 12). Das ist jedoch eine
Änderung, deren Urheberschaft im Dunkel bleibt.

Die dritte Abweichung vom Erstdruck auf dieser Manuskriptseite könnte wieder
auf Morgensterns Einfluss zurückgehen. Im Manuskript heißt es: »Der Buchhändler sah den jungen Redner aufmerksam und verwundert an« (vgl. Abb. 1, Zeile 20).
Im Druck liest man: »den jungen Mann« (vgl. Abb. 1, Fußnote zu Zeile 20). Morgenstern hatte in dem zitierten Brief moniert: »Man braucht sowieso einige Geduld
gegenüber diesen allzu *redseligen Standreden*« (Br, 44; Hervorh. von mir). In der Tat
trifft aber die Bezeichnung »junge[r] Redner« auf die selbstreflexive Erzählweise des
Romans eigentlich genauer zu – nur entspricht es nicht mehr den traditionellen
Normen eines realistischen Romans.

Manche der auffälligen Eingriffe im Manuskript lassen erkennen, dass die allzu
offensichtliche Selbstreferenz des Romanmanuskripts für das Lektorat nicht mehr
tolerierbar erschien; die mit Blaustift gestrichene Stelle auf Seite 60 (vgl. Abb. 4)
lautet:

---

13 Vgl. Greven: *Robert Walser und Christian Morgenstern.*

Wer ihn hätte sehen können, würde ihn für einen armen, erfolglosen Roman-
schriftsteller gehalten haben, und in der Tat, er schrieb so etwas wie einen Roman,
das heißt, er bemühte sich, einen zu schreiben, oder besser gesagt, es kam ihm
nicht auf den Roman, sondern auf den Zeitvertreib an, da, wie gesagt, niemand
sich um ihn bekümmerte, niemand seiner begehrte und er niemanden kannte,
dem er hätte einen Dienst erweisen können.

Hier handelt es sich nun um eine Selbstbezüglichkeit, wie sie zwar für Walsers spä-
teres Schreiben charakteristisch ist, die aber dem Lektorat offensichtlich missfiel.
Auf Seite 64 des Manuskripts wird daher – wieder mit Blaustift – auch der folgende
Satz gestrichen:

zum Romaneschreiben war er entschieden noch zu jung und zu unreif. Dagegen
besann er sich, daß er etwas anderes schreiben könnte, indem ihm seine Schwester Hedwig einfiel […].

Vom Roman-*Schreiben* ist nach diesen beiden Streichungen in der Druckfassung
der *Geschwister Tanner* nirgends mehr die Rede. Romane erscheinen hier nur noch
als solche, die *gelesen* werden.

Aber auch dabei finden sich aufschlussreiche Komplikationen im Zusammenhang mit Lektoratseingriffen: Zu Beginn des 13. Kapitels mietet Simon ein neues
Zimmer – also wieder eine Art von ›Stellen-Suche‹. Und es entsteht aus dem Eingriff des Lektorats eine schwierige Umarbeitung im Manuskript, die ich genauer
betrachten möchte. Die erste Passage, die verändert wird, lautet im Druck:

Ich fühle mich ein bisschen matt und möchte mich eine Stunde hinlegen, darf
ich das?«
»Ei, freilich! Es ist doch jetzt Ihr Zimmer!«
»Nicht doch!«
Und dann legte er sich schlafen. (SW 9, 217f.; Erstdruck S. 205f.)

Im Manuskript jedoch ist hier – nach der Höflichkeitsfloskel »nicht doch!« – eine
kurze Passage gestrichen. Sie lautet so:

Die Frau, indem sie sich langsam entfernte, sagte: »Vor Ihnen hat hier ein stiller,
wunderlicher Mensch gewohnt, der nie ein Wort gesprochen, der den ganzen Tag
hier an diesem Tisch geschrieben hat. Man konnte nicht mit ihm verkehren. Da
sind Sie mir denn schon angenehmer, das muß ich sagen. Er hat auch, dort im
Ofenloch, Papiere hinterlassen, die er für wertlos halten mußte, da er sie sonst
sicher würde mitgenommen haben. Vielleicht interessirt Sie das.«
»Ja, ich werde schon nachsehen, was das Ofenloch enthält«.
Und dann legte er sich schlafen.[14]

---

14 Manuskript, S. 114f.

In der ursprünglichen Abfolge des Manuskripts folgt dann nach wenigen Sätzen eine Szene, die vom Lektorat wieder gestrichen wird (vgl. Abb. 6). Die ganze Seite bzw. der ungestrichene Rest Text, wird dann an eine andere Stelle im Manuskript verschoben, ein Vorgang, der mehrmals im zweiten Teil des Manuskripts zu beobachten ist, und dessen Möglichkeit sich aus der eher lockeren Textkohärenz des Romans erklären lässt. Ich möchte jetzt nicht auf diese Umstellungen im Manuskript eingehen, sondern nur die gestrichene Passage in der unteren Hälfte der Seite thematisieren, die eine interessante textgenetische Schichtung zu erkennen gibt (vgl. Abb. 5).

Hier zeigt sich nämlich eine inhaltliche Korrektur Walsers, die sehr wahrscheinlich schon in der ursprünglichen Manuskriptfassung gestanden hat. Simon entdeckt nun in dem Ofenloch jene Papiere seines Vorgängers, auf die ihn seine Vermieterin aufmerksam gemacht hatte. Zunächst die Grundschicht der Handschrift:

Aber aus dem krausen Papierlager heraus zog er zwei kleine Schriftpäckchen, die ordentlich zusammengefaltet waren, und jedes dieser Päckchen trug eine Ueberschrift mit Blaustift geschrieben: Auf einem derselben stund geschrieben »Die Gräfin Kirke«, und auf dem andern: »Ein Jüngling.« Was sollte das bedeuten? Die blauen Schriftzüge waren elegant, von jedenfalls junger Hand, hingeworfen. So schrieben in der Regel die kleinen, schmächtigen, jungen Commis in den großen Bankanstalten. Sollte der Schreiber dieser beiden Päckchen vielleicht gar ein Kollege von ihm sein? Einer seiner früheren Kollegen? Es fing an, ihn lebhaft zu interessieren. Wohl mochte es unter seinen ehemaligen Kollegen auch einmal einen oder zwei Menschen geben, die mit ihren Gedanken über ihr Lebenslos nicht hinauskamen. Die stille nachrechnerische Beschäftigung unterstützte ja, wie er aus eigener Erfahrung wußte, die Sucht, über sich selber nachzudenken. Er entfaltete mit Sympatie das erste, und dann auch das zweite Päckchen, fand, daß es Papiere waren, die über und über mit kleiner, scharfer Schrift vollgeschrieben waren und las folgendes:

Was Simon im Folgenden zu lesen bekommt, lässt sich zunächst nicht mehr feststellen, weil die nächsten acht Seiten des Manuskriptes fehlen. Vom Autor geplant war die Mitteilung *zweier* Texte mit den Titeln *Die Gräfin Kirke* und *Ein Jüngling*. Nun ist der Titel des ersten Textes, wie schon Jochen Greven bemerkt hat, durch einen Brief vom 4. November 1903 an den Insel Verlag bezeugt, wo Walser in einer »Aufstellung der für eine eventuelle Herausgabe im Inselverlag für geeignet erachteten Werke« auch ein Prosastück mit dem Titel »Gräfin Kirke, Eine Phantasie« (Br, 21) erwähnt, das jedoch heute nicht mehr erhalten ist. Ähnlich könnte es sich mit dem zweiten genannten Titel *Ein Jüngling* verhalten, von dem wir sonst nichts wissen. Das Manuskript lässt also Walsers Unsicherheit erkennen, ob er in seinen Roman zwei längere Selbstzitate einfügen sollte.[15]

---

15 Schon auf Seite 10 des Manuskripts findet sich die Streichung eines Selbstzitats von Walser, nämlich das schon vor der Jahrhundertwende entstandene Gedicht *Im Bureau*, das er 1907 in der Zeitschrift *Die Opale* veröffentlicht und später in die *Gedichte* (Sammlung von 1909) aufgenommen hat (vgl. SW 13, 7). Das im Manuskript mit Bleistift gestrichene Gedicht

Die Streichung der beiden Überschriften in den Papieren des Simon'schen Doppelgängers, die jetzt durch eine einzige mit dem Titel »Mein Leben« (vgl. Abb. 5, Zeile 25) ersetzt wird, dürfte nicht nur *vor der Lektorierung*, sondern schon *vor der Fortsetzung der Niederschrift* auf der folgenden Seite vorgenommen worden sein. Es ist demnach eine Art Sofortkorrektur, eine Entstehungsvariante, die allerdings sehr penibel ausgeführt wird, wie es die Korrekturen in den Zeilen 23–26, 28 und 32–34 erkennen lassen (vgl. Abb. 5).

Der neue Titel »Mein Leben«, der die beiden andern Überschriften ersetzt, lässt sich aufgrund des zitierten Briefs von Morgenstern an Cassirer[16] und einer späten Selbstaussage Walsers gegenüber Carl Seelig[17] mit einem Prosastück identifizieren, das Walser sieben Jahre später, 1913 unter dem Titel *Helblings Geschichte* in der Zeitschrift *März* und dann noch einmal 1914 in seiner Prosasammlung *Kleine Dichtungen* veröffentlicht hat (vgl. SW 4, 56–72).[18] Ob die im *Geschwister Tanner*-Manuskript fehlenden acht Blätter direkt als Druckvorlage für den Erstdruck im *März* gedient haben, lässt sich nicht mehr sagen, vom Umfang her wäre es immerhin denkbar.

Auffällig bei der gestrichenen Textpassage ist wieder die Insistenz auf der Beschreibung der Handschrift selbst, die Simon liest: Die Blätter sind »über und über mit kleiner scharfer Schrift vollgeschrieben«, und es sind die eleganten »Schriftzüge«, die Simon vermuten lassen, dass der Schreiber ein »Kollege« von ihm sei: »So schrieben in der Regel die kleinen, schmächtigen, jungen Commis in den großen Bankanstalten.«

Die Reflexion der Schreibszene ist hier narrativ vermittelt und auf Simon und seinen Doppelgänger aufgeteilt. Die akribische Korrektur von »zwei Päckchen« auf eines, das nun den Titel »Mein Leben« erhält, verzichtet zwar auf das literarische Spiel mit dem Selbstzitat, sie radikalisiert aber das Prinzip der *mise en abîme*, indem der Einschub des Textes »Mein Leben« eine selbstähnliche Struktur der Erzählung herstellt – eine Lebensbeschreibung *in* einer Lebensbeschreibung. Das wird nun durch das Lektorat getilgt, und die Streichung dient hier wieder nicht nur der Straffung des Textes, sondern sie kappt diesen zugleich einmal mehr um seine selbstbezügliche Dimension.

Walser bemüht sich nun, provoziert durch die Kürzung, um eine neue Überleitung; er schreibt, indem er den übrig gebliebenen Satz fortsetzt, über die gestrichene Stelle (vgl. Abb. 5, Zeile 17–20): »und las in dem Roman von Stendhal

---

muss nicht unbedingt durch das Lektorat gestrichen worden sein, es kann auch schon vor der Abgabe des Manuskripts von Walser selbst getilgt worden sein.

16 »Ich würde […] einige Streichungen vorschlagen (etwa Helbigs [sic!] Geschichte)« (unveröffentlichter Brief, nach der Transkription von Prof. Dr. Reinhardt Habel).

17 Vgl. Seelig: *Wanderungen mit Robert Walser*, S. 49: »Einige Partien, die Bruno Cassirer zu langweilig fand, wurden von ihm herausgeschmissen, so die Episode, in der Simon im Ofen das Manuskript eines Commis findet. Sie erschien später in der Zeitschrift ›März‹, die Hermann Hesse mitredigiert hat.«

18 Zum Helbling-Komplex in Walsers Prosastücken vgl. ferner SW 16, 438, Anm. zu S. 412 u. SW 4, 179, Anm. zu S. 56, sowie SW 5, 275, Anm. zu S. 162.

weiter, den er auf dem Land, bei Hedwig, nicht hatte fertig lesen können.« Der
Autor stellt damit eine Verknüpfung zum zehnten Kapitel her, wo Simon »in einem
Roman«[19] liest, aber der Name »Stendhal«[20] erscheint erst hier – und zwar einma-
lig im gesamten Text der *Geschwister Tanner*. Sonst ist nur allgemein von »einem
Roman« oder (im Klara-Traum) von »Pariserromanen«[21] die Rede.

Die Wiederbegegnung mit Klara im siebzehnten Kapitel wird jedoch in einer so
seltsamen Inszenierung geschildert, dass sie vielleicht auch einen versteckten Hinweis darauf gibt, an welchen Roman hier zu denken sei:

> Er erblickte sie, als er hinaufgesprungen war, in einem schweren, dunkelroten
> Kleid am Fenster sitzen. Die Arme und die Brust waren nur halb von dem herr-
> lichen Stoff bedeckt. […] Sie lächelte und gab ihm die Hand. In ihrem Schooße
> lag ein geöffnetes Buch, offenbar ein Roman, den sie zu lesen angefangen hatte.
> Zuerst vermochte sie nicht zu reden.[22]

Die erotische Inszenierung ist zugleich auch eine literarische: Das geöffnete Buch
»in ihrem Schooße«, das Klara angefangen hatte zu lesen, deutet zunächst ihre
Beziehung zu Simon an, der seinen Roman auch nicht »zu Ende«, sondern immer
nur »weiter« liest (vgl. Abb. 5, Zeile 18). Aber auch die Rede vom »herrlichen Stoff«,
von dem die »Arme und die Brust nur halb […] bedeckt« werden, ist zweideutig;
denn sie kann auch den literarischen »Stoff« meinen. Und wenn man den »Stoff«
auf den »Roman von Stendhal« bezieht, so ließe sich im ›Dunkel-Rot‹ von Klaras
»Kleid« eine witzig versteckte Anspielung auf Stendhals großen Roman *Le Rouge
et le Noir* erkennen. Jedenfalls zeigt die folgende Erzählung Klaras von ihrer Beziehung zu Männern, insbesondere zu dem Türken (»ein dunkler, schwarzer Mann«),
von dem sie ein Kind hat, deutliche Züge einer Stendhal'schen ›Psychologie der
Liebe‹[23] und lässt die literarische Vorlage der dramatischen Liebesgeschichte von
Mathilde de la Mole und Julien Sorel aus *Le Rouge et le Noir* erraten.

---

19 »Er saß beinahe den ganzen Tag in dem leeren, großen Schulzimmer und las in einem
   Roman, den er noch fertig zu lesen wünschte, ehe er ging.« (S. 96, Z. 7f.; vgl. SW 9, 180)
20 Die weitreichenden Implikationen, welche die Stendhal-Lektüre auf Walsers Werk gehabt
   haben könnte, hat Cadot: *Robert Walser liest Stendhal*, bereits 1987 skizziert.
21 Manuskript, S. 119, Z. 14f.: »ich habe die schönsten Pariserromane hier in meiner Bibli-
   otek. Die Pariserdichter schreiben entzückend, du wirst sehen.« – sagt Klara zu Simon in
   dessen Traum; vgl. SW 9, 227.
22 Manuskript, S. 156; vgl. SW 9, 290.
23 Vgl. Manuskript, S. 157f.: »Er benahm sich vom ersten Augenblick an mir gegenüber als
   gebietender Herr und ich wußte nur zu erstaunen über sein Frechheit, nicht mich zu wehren. Er befahl mir: so: und jetzt so! Und ich gehorchte. Im Gehorchen können wir Frau-
   en, wenn es uns darnach hinzieht, Außerordentliches leisten. Wir nehmen dann alles hin,
   und wünschen uns, vielleicht aus Scham und Zorn, den Gebieter noch brutaler, als er ist.
   Er kann uns dann nicht grausam genug entgegentreten.« In der Druckfassung wurde der
   »Gebieter« übrigens zu »Geliebter« abgemildert; vgl. SW 9, 292f.

In seinem Prosastück *Über eine Art von Duell* hat Walser 1925 diese Liebesszene nacherzählt und kommentiert (vgl. SW 17, 166–173); zu Beginn des Prosastücks schreibt er aber:

> Und ich las das Buch auch schon in Berlin, wo ich sechs Romane schrieb, von denen ich für nötig hielt, drei zu zerreißen, […] und wo mir eines Tages meine Aufwartefrau, die meine Manuskripte durchstöberte, gestand, ich schriebe sehr fein. Das Buch heißt »Le Rouge et le Noir« von Stendhal (SW 17, 167).

Der Name Stendhal wird in *Geschwister Tanner* nur einmal genannt, und es ist überhaupt das einzige Mal, dass Walser hier den Namen eines Schriftstellers nennt. Umso bedeutsamer dürfte der Umstand zu bewerten sein, dass Walsers expliziter Hinweis auf Stendhal erst in der *Reaktion* auf den Lektoratseingriff in den Text kommt. Die poetologische Reflexion im Text verändert sich somit beim Übergang von der Handschrift zum Drucktext, indem sie sich nun auf das unsichere Genre des Textes selbst bezieht und eine Andeutung auf den literarischen Prätext von Walsers Erstling macht.[24]

Es gibt also keinen Grund, die Eingriffe des Lektorats zu bedauern, an vielen Stellen ist der Text dadurch tatsächlich kohärenter geworden, ganz abgesehen von den gelegentlichen grammatischen Fehlern und Nachlässigkeiten, die dem Debütanten unterlaufen sind und die ihm Morgenstern in seinem zitierten Brief auch wortreich vorgehalten hat.

Damit hoffe ich gezeigt zu haben, dass eine integrale Faksimile-Edition der *Geschwister Tanner*, welche die textgenetischen Prozesse und die Mehrschichtigkeit des Manuskriptes anschaulich lesbar machen soll, ein neues Feld der Textlektüre eröffnet, in dem auch die Schriftform des Textes als ein integrierender Bestandteil von Walsers literarischer Kreativität wahrnehmbar wird. Und so ist auch zu hoffen, dass Walsers Manuskript in einer Edition, die seinen Romanerstling – um für einmal Morgensterns kritische Bemerkung umzukehren – aus der »Öffentlichkeit des Drucks« in das »Privatgebiet des Handschriftlichen« zurückführt, einen *guten* Eindruck machen wird.

---

24 In Hinblick auf die zwei Bände des Romans *Le Rouge et le Noir* ist es bedenkenswert, dass auch das ursprüngliche Manuskript der Geschwister Tanner aus zwei Teilen bestand.

<1r>

1.   Erstes ~~1. Kapitel.~~   1

S.   Eines Morgens trat ein junger, knabenhafter Mann bei einem Buchhändler ein und bat, daß man ihn
→
        dem Prinzipal vorstellen möge. Man tat, was er wünschte. Der Buchhändler, ein alter Mann von sehr

        ehrwürdigem Aussehen sah den etwas schüchtern vor ihm Stehenden scharf an und forderte ihn auf, zu sprechen.

5   „Ich will Buchhändler werden, sagte der jugendliche Anfänger, ich habe Sehnsucht darnach und ich weiß nicht, was

        mich davon abhalten könnte, mein Vorhaben in's Werk zu setzen. Unter dem Buchhandel stellte ich mir von jeher

        etwas Entzückendes vor und ich verstehe nicht, warum ich immer noch außerhalb dieses Lieblichen und Schönen

        schmachten muß. Sehen Sie, mein Herr, ich kom̃e mir, so wie ich jetzt vor Ihnen dastehe, außerordentlich dazu geeignet

        vor, Bücher aus Ihrem Laden zu verkaufen[.], so viele, als Sie nur wünschen können zu verkaufen. Ich bin der gebor-

10   -ne Verkäufer:, galant, hurtig, höflich, schnell, kurzangebunden, raschentschlossen, rechnerisch, aufmerksam, ehrlich und

        doch nicht so dum̃ ehrlich, wie ich vielleicht aussehe. Ich kann auf Preise drücken, wenn ich einen armen Teufel von

        Studentin vor mir habe, und kann Preise hochschrauben, um den reichen Leuten ein Wohlgefallen zu erweisen, von

→   denen ich annehmen muß, daß sie manches mal nicht wissen, was sie mit dem Geld anfangen sollen. Ich glaube,   2

        so jung ich noch bin, einige Menschenkenntnis zu besitzen, außerdem liebe ich die Menschen, so verschiedenartig sie

15   auch sein mögen, ich werde also meine Kenntnis der Menschen nie in den Dienst der Uebervorteilung stellen, aber

        auch ebenso wenig daran denken, durch allzu übertriebene Rücksichtnahme auf gewisse arme Teufel Ihr wertes

        Geschäft zu schädigen. Mit einem Wort: meine Liebe zu den Menschen wird angenehm balancieren auf der

        Waage des Verkaufens mit der Geschäftsvernunft, die ebenso gewichtig ist, und mir ebenso notwendig erscheint für

        das Leben wie eine Seele voll Liebe: Ich werde schönes Maß halten, dessen seien Sie zum Voraus versichert. –"

20   Der Buchhändler sah den jungen Redner aufmerksam und verwundert an. Er schien im Zweifel darüber zu sein,

        ob sein Vis-à-vis, das so hübsch sprach, einen guten Eindruck auf ihn mache, oder nicht. Er wußte es nicht

        genau zu beurteilen, es verwirrte ihn einigermaßen und aus dieser Befangenheit heraus frug er sanft: „Kann

        ich mich denn, mein junger Mann, geeigneten Ortes etwa über Sie erkundigen?" Der Angeredete erwi-

        -derte: „Geeigneten Ortes? Ich weiß nicht, was Sie einen geeigneten Ort nennen! Mir würde es passend

25   erscheinen, wenn Sie sich gar nicht erkundigen wollten. Bei wem sollte das sein, und was für einen

        Zweck könnte das haben? ~~Man~~ würde Ihnen allerlei über mich hersagen, aber genügte denn das auch,
                                                        von
        Sie meinetwegen zu beruhigen? Was wüßten Sie mir, wenn man Ihnen zum Beispiel auch sagte, ich sei

        aus einer sehr guten Familie entsprossen, mein Vater sei ein achtbarer Mann, meine Brüder tüchtige,

30   hoffnungsvolle Menschen und ich selber sei ganz brauchbar, ein bißchen flatterhaft, aber zu Hoffnungen

---

1 1.] *Paginierung durchgängig mit Bleistift, teilweise rechts oben wiederholt, vermutlich von fremder*	13 mal] Mal D^t
Hand. Erstes] *Bleistift* ~~1. Kapitel~~.] *Violette Tinte; mit Blaustift unterstrichen*	15 mögen,] mögen; D^t
4 Aussehen] Aussehen, D^t	16 ebenso wenig] ebensowenig D^t
5 werden,] werden," D^t Anfänger, ich] Anfänger, „ich D^t	18 Waage] Wage D^t ist,] ist D^t
6 in's] ins D^t	19 Voraus] voraus D^t versichert. –"] versichert." – D^t
9-10 geborne Verkäufer:,] geborene Verkäufer: D^t	20 Redner] Mann D^t
11 auf Preise drücken] Preise herabsetzen D^t	23 etwa] *Fehlt* D^t
12 Studentin] Studenten D^t	

Abb. 1: Transkription der Seite 1 des *Geschwister Tanner*-Manuskripts nach der *Kritischen Robert Walser-Ausgabe* (KWA), Band III/1 (verkleinert).

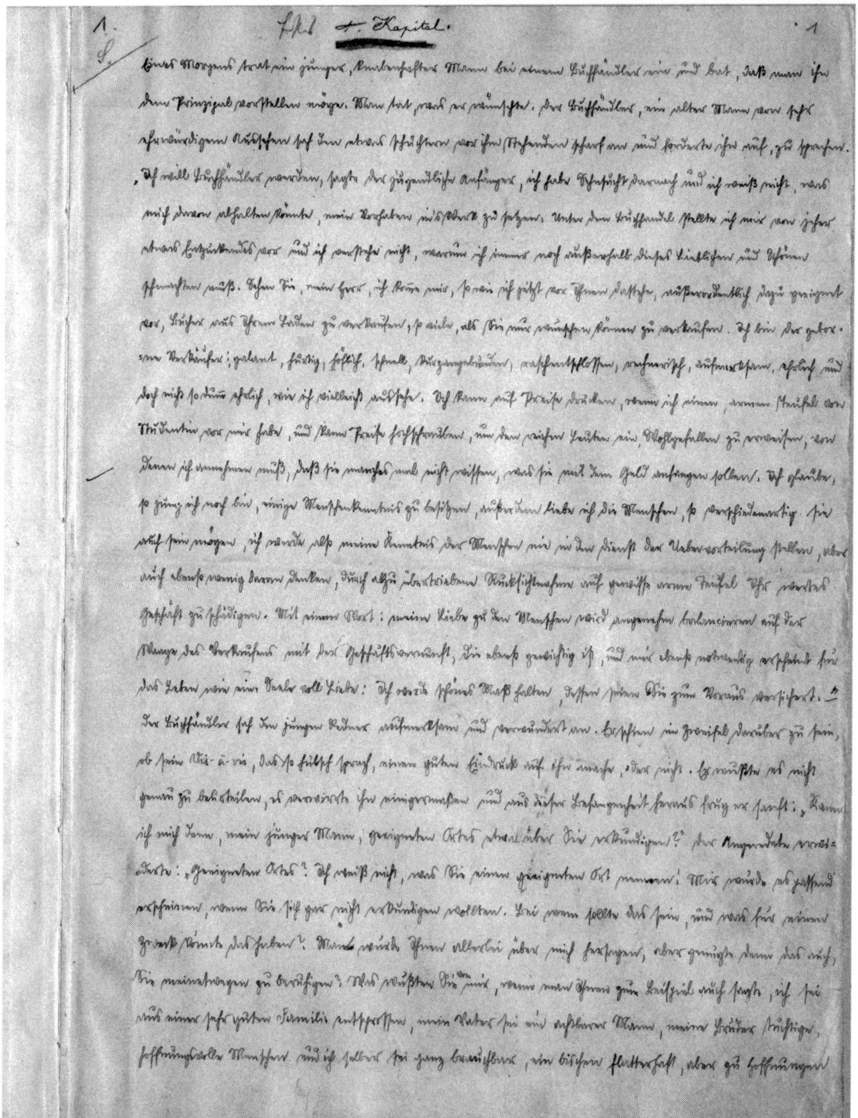

Abb. 2: Seite 1 des *Geschwister Tanner*-Manuskripts.

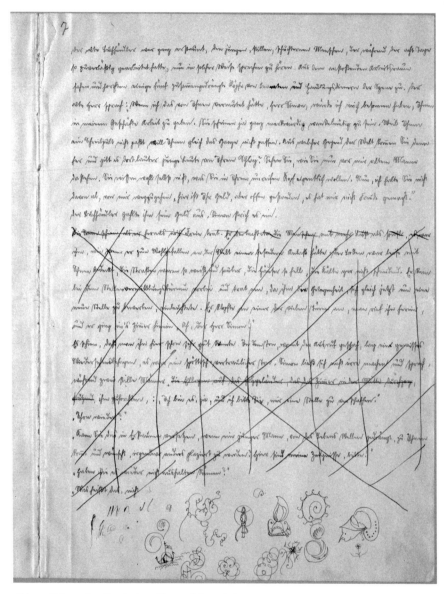

Abb. 3: Seite 7 des *Geschwister Tanner*-Manuskripts.

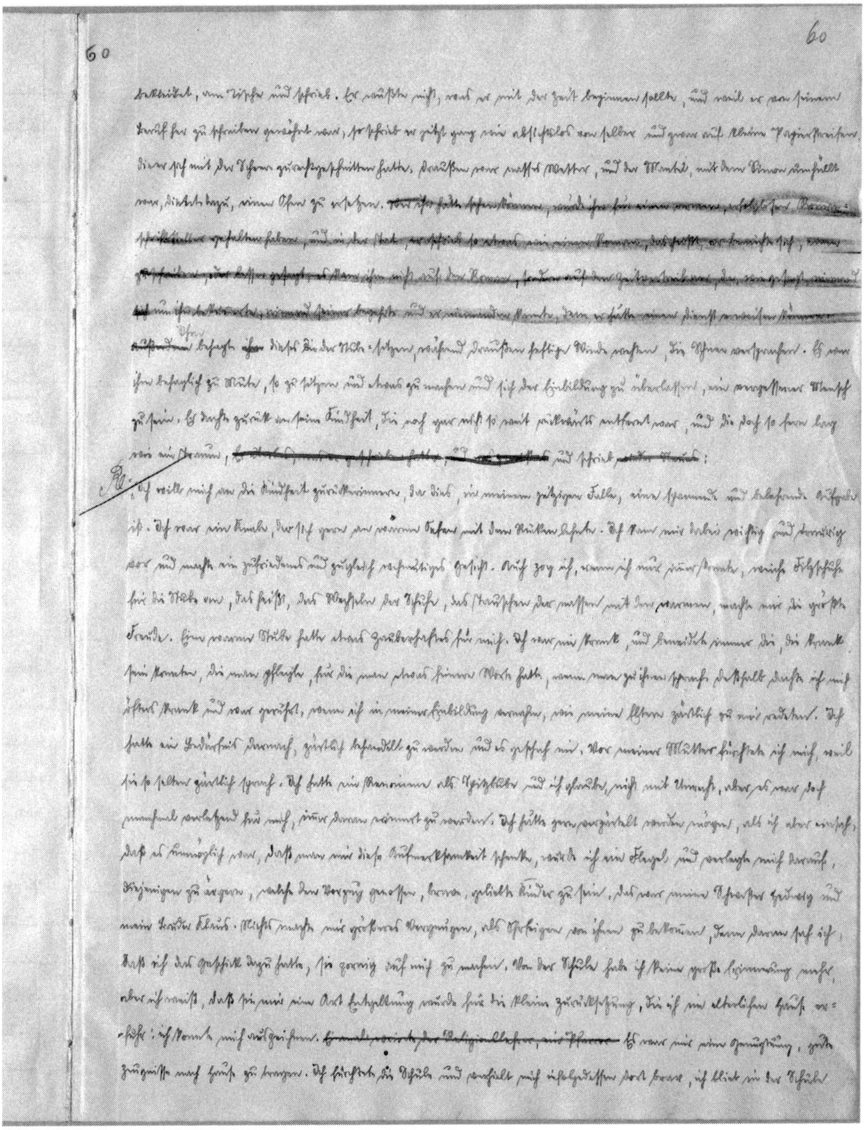

Abb. 4: Seite 60 des *Geschwister Tanner*-Manuskripts (verkleinert).

\<120r\>

~~19~~ 120

~~schon angenehmer, das muß ich sagen. Er hat auch, dort im Ofenloch, Papiere hinterlassen, die er für wertlos halten mußte, da~~
~~er sie sonst sicher würde mitgenoṁen haben. Vielleicht interessirt Sie das."~~

~~„Ja, ich werde schon nachsehen, was das Ofenloch enthält".~~

~~Und dann legte sich Simon schlafen.~~

5   ⌜Es⌟ ⌜inzwischen⌟
Als er wieder erwachte, ˅war es˅Abend geworden. Er ging an das Fenster, und schaute zum ersten Mal in die Gasse hinunter,

die tief unter ihm lag. Zwei Männer gingen dort unten, sie hatten gerade Platz zwischen den hohen Mauern, um bequem

neben einander herzugehen. Sie sprachen, und der Klang ihrer Worte drang seltsam deutlich zu seinen Ohren hinauf, die Mauern

entlang, die den Klang weitertrugen. Der Hiṁel war von einem goldenen, tief-satten Blau, das eine unbestimmte Sehnsucht

10   erweckte. Simon gerade gegenüber tauchten jetzt im Fenster des andern Hauses zwei Weibergestalten auf und berührten ihn mit

ihren ziemlich frechen, lachenden Blicken. Es war ihm, als würde er mit unsauberen Händen angerührt. Die eine der Gestalten

sagte zu ihm hinüber, in ganz gewöhnlich-lauter Stiṁe, denn es war, als säße man zusaṁen zu Dritt in einem Ziṁer, in dem

sich nur zufällig ein schmales Band freier Hiṁelsluft befände: „Sie sind wohl sehr einsam!"   216

„O ja! Aber es ist hübsch, einsam zu sein!"

15   Und er schloß das Fenster, während die beiden Weiber in ein Gelächter ausbrachen. Was konnte er mit ihnen reden, das nicht

unflätig gewesen wäre. Heute war er nicht aufgelegt. Die Veränderung, die wieder in sein Leben eingerissen war, hatte [¿]ihn
                   in dem
                   und las ~~in einem~~ Roman von Stendhal ~~zu Ende,~~ weiter,
ernst gestiṁt. Er zog die weißen Vorhänge vor ~~und~~ zündete die Lampe an, ~~und plötzlich erinnerte er sich der Papiere seines~~
20   den er auf dem Land, bei Hedwig, ~~noch~~ nicht hatte fertig lesen können.
~~Ziṁervorgängers, die im Ofenloch liegen sollten. Er zog sie wirklich auch heraus, sie waren ganz verstaubt und lagen unordentlich~~
   ein
aufeinander. Vieles war schon zerrissen und massenweise zusaṁengepfercht worden. Aber aus dem krausen Papierlager heraus
                                   „Mein Leben."
zog er ~~zwei~~ kleine⟨s⟩ Schriftpäckchen, d[ie]~~as~~ ordentlich zusaṁengefaltet ~~waren~~, und ~~jedes dieser~~ Päckchen trug eine Ueberschrift mit
25   Blaustift geschrieben: ~~Auf einem derselben stund geschrieben „Die Gräfin Kirke", und auf dem andern: „Ein Jüngling."~~ Was

sollte das bedeuten? Die blauen Schriftzüge waren elegant, von jedenfalls junger Hand, hingeworfen. So schrieben in der Regel

die kleinen, schmächtigen, jungen Commis in den großen Bankanstalten. Sollte der Schreiber diese[r]~~s~~ ~~beiden~~ Päckchen⟨s⟩ vielleicht

gar ein Kollege von ihm sein? Einer seiner früheren Kollegen? Es fing an, ihn lebhaft zu interessiren. Wohl mochte es unter

30   seinen ehemaligen Kollegen auch einmal einen oder zwei Menschen geben, die mit ihren Gedanken über ihr Lebenslos nicht

hinauskamen. Die stille nachrechnerische Beschäftigung unterstüzte ja, wie er aus eigener Erfahrung wußte, die Sucht, über
                                   die   Blätter
sich selber nachzudenken. Er entfaltete mit Sympatie das ~~erste, und dann auch das zweite~~ Päckchen, fand ~~, daß es Papiere~~
~~waren, die~~ über und über mit kleiner, scharfer Schrift vollgeschrieben ~~waren~~ und las folgendes:

1-4   schon *bis* schlafen.] *Textfortsetzung von 114r,29*   19   Vorhänge vor] Vorhänge vor, D^1

6   Fenster,] Fenster D^1 19-24   und plötzlich *bis* las folgendes:] *Danach sind aus der Paginierung acht fehlende Seiten zu*

8   neben einander] nebeneinander D^1 *erschließen*

12   in ganz] mit ganz D^1 Stiṁe, denn] Stimme, — denn D^1

Abb. 5: Transkription der Seite 120 des *Geschwister Tanner*-Manuskripts nach der *Kritischen Robert Walser-Ausgabe* (KWA), Band III/1 (verkleinert).

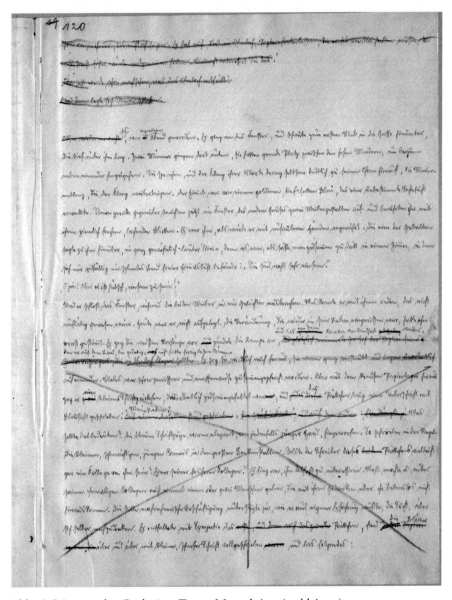

Abb. 6: Seite 120 des *Geschwister Tanner*-Manuskripts (verkleinert).

Margit Gigerl (Zürich), Barbara von Reibnitz (Basel)

Sammeln und lesbar machen.
Von der Bewahrung des Zerstreuten
in Archiv und Edition

Am Beispiel der nachgelassenen Druckbelegesammlung wurde der Zusammenhang archivarischer und editorischer Arbeit für die Erschließung und Dokumentation von Robert Walsers literarischem Werk erläutert. Das Thema wurde von zwei Seiten behandelt: a) aus der Perspektive der Archivarin (Margit Gigerl) und b) der Editorin (Barbara von Reibnitz). Die erläuternden Bemerkungen gliederten sich, wechselweise vorgetragen, wie folgt:
1. Der Weg in die publizistische Zerstreuung: Walsers Werk in Zeitungen und Zeitschriften
2. Sammeln aus der Zerstreuung – Zur Genese von Archiv und Edition
3. Dokumentation und Erschließung in Archiv und Edition
4. *Gärten und Pavillons* – Ein Fallbeispiel.

1. Der Weg in die publizistische Zerstreuung:
Walsers Werk in Zeitungen und Zeitschriften

Robert Walsers Werk unterlag in seiner Entwicklung einer Dynamik extremer publizistischer Zerstreuung. Von 1898 bis in die dreißiger Jahre hat er mehr als 1 000 Texte in über 100 verschiedenen Zeitschriften und Zeitungen veröffentlicht. Dabei schwankte die Publikationsdichte über die Jahre beträchtlich. Jochen Greven hat in einem vor kurzem veröffentlichten Aufsatz[1] die Produktivitätskurve in ihren extremen Ausschlägen grafisch anschaulich gemacht. Hohe Produktivität ist zu verzeichnen in den Berliner Jahren 1907 und 1908 sowie nach der Rückkehr aus Berlin in die Schweiz, in den Jahren 1914 bis 1920. Während der Berner Zeit dann macht sich zunächst ein starker Rückgang bemerkbar, der jedoch nochmals von einer enorm gesteigerten Dichte der Veröffentlichungen in den Jahren 1925 bis 1928 abgelöst wird. Dabei entsprach die Publikationsdichte nicht der der Produktion. Vielfach verstrich zwischen dem nachweisbaren oder zu vermutenden Abfassungsdatum und dem Zeitpunkt der Veröffentlichung ein beträchtlicher Zeitraum. Und geschrieben hat Walser weit mehr, als er veröffentlichen konnte. Im Nachlass sind allein aus den Jahren nach 1924 knapp 300 unveröffentlichte Rein-

---

1 Greven: *Robert Walsers Schaffen in seiner quantitativen zeitlichen Entwicklung.*

schrift-Manuskripte erhalten, dazu kommen die nicht abgeschriebenen mikrografischen Bleistiftentwürfe.[2] Sowohl im Hinblick auf die veröffentlichten wie auch die unveröffentlichten Texte ist unser Kenntnisstand ein vorläufiger: Noch immer finden sich neue Manuskripte, etwa in Verlags- und Redaktionsarchiven, und neue Erstdrucke in Zeitschriften und Zeitungen.[3] Walsers Werk ist noch immer im Wachsen begriffen.

Der Autor selbst suchte der publizistischen Zerstreuung seines Werks im Blätterwald der Zeitschriften und Zeitungen gegenzusteuern, indem er Auswahlbände seiner Texte veröffentlichte: 11 solcher Sammelbände vermochte er in den Druck zu bringen. Zuletzt erschien 1925 im Rowohlt-Verlag die Sammlung *Die Rose*. Weitere Buch-Pläne der Jahre 1925 und 1926 ließen sich jedoch nicht mehr realisieren. Die Textproduktion verlagerte sich in der Folgezeit dann ganz entschieden hin zum Zeitungs-Feuilleton. Während für die Zeit vor 1925 ca. 378 Texte in Zeitschriften gegenüber ca. 173 Veröffentlichungen in Zeitungen zu verzeichnen sind, ein Verhältnis von 2:1 also, verkehrte sich das Verhältnis nach 1925 auf 1:4 – ca. 102 Veröffentlichungen in Zeitschriften standen ca. 451 Drucke in Zeitungen gegenüber.[4]

Walsers Werk aus dieser Zerstreuung zu restituieren und zu bewahren, bedeutete einen Prozess mühsamer Sammelarbeit, in dessen Verlauf Archiv und Edition sozusagen auseinander hervorgegangen sind bzw. in besonderer Weise aufeinander bezogen blieben.

2. Sammeln aus der Zerstreuung –
Zur Genese von Archiv und Edition

2.1 Sammeln fürs Archiv

Der Insinuation zum Trotz, lediglich »für die Katz, will sagen, für den Tagesgebrauch« (SW 20, 430; *Für die Katz*) zu schreiben, ist der erste Sammler der Walserschen Gedichte und Prosastücke der Autor selbst, der seine in die verschiedensten Feuilletons diffundierten Texte einzusammeln bemüht ist. Mit welcher Akkuratesse er dabei vorging, mag eine briefliche Auseinandersetzung mit Frieda Mermet bezeugen.

---

2 Von den 526 erhaltenen Mikrogrammblättern wurden ca. 40% der Entwürfe von Walser nicht in Reinschriften überführt.

3 Vgl. das *Nachwort* des Herausgebers Bernhard Echte in seiner Edition der bis 2003 bekannt gewordenen Texte, in: Walser: *Feuer*, S. 117–128; Neufunde werden laufend nachgewiesen in den *Mitteilungen der Robert Walser-Gesellschaft*; eine Gesamtbibliografie findet sich auf der Homepage des Robert Walser-Archivs.

4 Die Zahlenangaben entsprechen dem vorläufigen Wissensstand von Archiv und Edition, wie er in der Editionsdatenbank der projektierten *Kritischen Robert Walser-Ausgabe* (KWA) dokumentiert ist.

Anfang Juni 1926 bittet Walser sie in einem Brief, ihm die ihr zugeschickten *»gedruckten kleinen Gedichte* [...], nur die fliegenden Blättchen, Zeitungsausschnitt-chen, nicht z. B. ›Wissen und Leben‹⁵«, zurückzusenden – um im Postskript zu insistieren: »Ich würde nun auch gern die übrigen Zeitungsausschnitte, *Prosastücke*, aus der Prager Presse und dem Berliner Tagblatt wieder besitzen. Sie bekommen ja dann gelegentlich wieder Neues zu lesen.« (Br, 278f.) Walser scheint Mermet wie-derholt ausgeschnittene Druckbelege⁶ seiner Texte oder auch ganze Zeitungen und Zeitschriften zur Lektüre geschickt zu haben, die sie jedoch nicht mit der Gewis-senhaftigkeit hütete, die er voraussetzte. Denn schon wenige Tage später hält er ihr in einem weiteren Brief eine heftige Standpauke:

Aber, aber, Frau Mermet, Sie erfüllten ja meine Bitte nur sehr unvollkommen. Wie soll ich das verstehen? Raschest schreibe ich Ihnen neuerdings, um Sie zu ersuchen, lieb zu sein. Sie sind nicht so lieb und treu, wie ich dachte, daß es Ihnen mir gegenüber nicht anders möglich wäre. Wo sind die »Nachtgedanken« vom Berliner Tagblatt und die beiden kleinen Blümchen: »Grün klagt« und die »Glückliche«? Ich muß dies alles wieder haben. Ich bat Sie ja, das alles sorgsam aufzubewahren, um es mir zur Verfügung zu halten. Diese Sachen gehören Ihnen nicht, mir im Grund auch nicht, obschon ich der Autor davon bin, sondern Sie gehören dem gebildeten Teil der deutschsprechenden Menschheit. Wo bleiben z. B. auch aus der Prager Presse »Konrad Ferdinand Meier-Feier« und der »Fest-bericht« der »Marktbericht« (Landwirtschaftliche Ausstellung). Alles das bitte ich mir auszuhändigen. Und dann wünsche ich auch noch von Lisa den »Brentano«. Bitte, sagen Sie es meiner Schwester. Ebenso von Lisa das »Neue Merkur«-Heft mit den 6 Beiträgen. Die muß ich auch haben. Und ferner wie ist es mit dem Auf-satz im Bund um's Neujahr »Der reiche Jüngling«? Auch diesen Jüngling begehre ich wiederzusehen, denn er hat ein »Gesicht«, das er von mir bekam. Denn das alles, liebe Frau Mermet, ist ja mein Eigentum, nicht wahr, und es ist zugleich das Eigentum aller Menschen, die sich hiefür interessieren. Wollen Sie dies bedenken und wollen Sie dafür sorgen, daß ich jedes Stück, das hinterste, das letzte, zurück-bekomme? [...] Aber, aber, liebe Frau Mermet, hätte nie geglaubt, daß Sie mir auf so auffallend lückenhafte Art ergeben wären. Das ist mir eine Überraschung, das! Wenn ich das erzählen ginge, etwa dem hiesigen englischen Gesandten! Der würde ein erstauntes Gesicht machen. Warum retournierten Sie mir nicht alles prompt und exakt? Ich frage Sie das mit großen Augen und grüße Sie jedoch nichtsdestoweniger, wie immer, herzlich – Ihr – Robert Walser. (Br, 279f.)

Wenn er seine Prosastücke liebevoll »kleine Blümchen« nennt oder vom »Reichen Jüngling« und dessen »Gesicht« spricht, das er mit einem anklingenden Schöpfer-

---

5 *Wissen und Leben*, ab 1926 *Neue Schweizer Rundschau*, war eine Schweizerische Halbmo-nats-, später Monatsschrift, in der Walser rund ein Dutzend Beiträge veröffentlichte. Offen-bar verschickte er ganze Hefte von *Wissen und Leben* und anderer Zeitschriften an Dritte.

6 Unter »Druckbelegen« sind hier und im Folgenden nicht Druck-Belegexemplare im spe-zifischen Sinne zu verstehen, sondern die Abdrucke von in Zeitungen und Zeitschriften veröffentlichten Texten, die sich integral oder als Ausschnitte im Nachlass Walsers erhalten haben.

gestus von ihm »bekommen« habe, so offenbart sich bei aller Selbstironie mehr als
nur der Wille zur möglichst umfassenden Dokumentation der eigenen Produktion.
Hinter Walsers Akribie und seinem gleichsam ›animistischen‹ Textbegriff wird das
Selbstbewusstsein eines Autors sichtbar, der seine »Prosastückelchen« (SW 19, 89;
Der heiße Brei) dem »gebildeten Teil der deutschsprachigen Menschheit« zueignet,
also durchaus um den Wert seiner »Bemühungen« weiß und sich um eine konventionelle Ästhetik foutiert: Auch wenn er mit der Zeit für seine Verleger eine
»Bedenklichkeitsverursachung« geworden sei und einstmals einen besseren Namen
besessen haben möge, so »beeinträchtigte mich [nie] die sentimentale Idee, man
könnte mich für artistisch irregegangen halten« (SW 20, 427–430; *Meine Bemühungen*).

Es ist anzunehmen, dass Walsers Sammlung von Manuskripten, Mikrogram-
men und Druckbelegen 1933 bei der Verlegung nach Herisau in den Besitz seiner
Schwester Lisa Walser gelangte. Am 9. März 1937 ging schließlich ein Paket von
Lisa Walser an Carl Seelig mit folgendem Begleitbrief: »Hier send ich Ihnen alles
was ich habe an Manuscripten und Auszügen aus Zeitungen u. bin sicher, dass Sie
Sorge dazu tragen werden. Besonders empfehlen möchte ich Ihnen die Sachen, die
Frau Mermet gehören…«.[7] Es handelt sich hier um jenes Material, das in Gestalt
der legendären Schuhschachtel den Kernbestand des heutigen Robert Walser-
Archivs in Zürich bildet. Da Seelig Walser erst seit 1936 besuchte und noch sieben
Jahre vergingen, ehe er sein Vormund werden sollte, dürfte der Anlass wohl die
Publikation des Walser-Auswahlbandes *Große kleine Welt* im Eugen-Rentsch-Verlag
durch Seelig Ende 1937 gewesen sein. Seelig hat denn auch darin verschiedene
unpublizierte Manuskripte sowie Zeitungserstdrucke aufgenommen.[8] Eine zweite Schuhschachtel – wiederum mit Handschriften, Druckbelegen und aller Wahrscheinlichkeit nach auch mit Mikrogrammblättern – wird gut ein halbes Jahr nach
Walsers Tod 1957 von Schwester Sophie, einer Herisauer Pflegerin, gefunden und
vom Sekundärarzt Hans Steiner an Seelig weitergegeben.[9]

Dieser hat die ihm überantworteten Walseriana ebenso sorgsam wie eigenmäch-
tig gehütet und durchaus eine gewisse Willkür walten lassen: Er hat sie vor den
Augen interessierter Forscher verborgen, einzelne Manuskripte mitunter auch ver-
schenkt. Und doch hat Seelig das Werk Walsers – wie auch Jochen Greven in seiner Darstellung *Ein Außenseiter wird zum Klassiker* zugesteht – »vor dem ziemlich
sicheren Untergang gerettet«[10]. Er hat den rein materiellen Nachlass Walsers gesammelt und konserviert und zwischen 1937 und 1961 immerhin zehn verschiedene
Walser-Bände herausgegeben – auch wenn er nach Greven weder ein besonders
sorgfältiger noch respektvoller Editor war.[11]

---

7 Brief Lisa Walser an Carl Seelig, 9. 3. 1937 (Robert Walser-Archiv).
8 Walser: *Große kleine Welt*, o. S.; vgl. Anmerkungen des Herausgebers am Ende des Buches.
9 Brief Hans Steiner an Carl Seelig, 11. 8. 1957 (Robert Walser-Archiv).
10 Greven: *Robert Walser – ein Außenseiter wird zum Klassiker*, S. 33f.
11 Ebd.

Neben Carl Seelig gab es bereits in den fünfziger Jahren einen außerordentlich an Walser und seinem Werk Interessierten, den Zürcher Antiquar Jörg Schäfer (1935–1997), der neben derjenigen Seeligs die bedeutendste Sammlung anlegte. Schäfer trug Autografen, Briefe, Erstausgaben, Zeitschriftendrucke und Sekundärliteratur zusammen und verfügte über eine Art privates Walser-Archiv lange Jahre vor der Gründung eines solchen 1973. Die ›Sammlung Schäfer‹, die nach dessen Tod von der Robert Walser-Gesellschaft 1999 angekauft werden konnte und als Depositum im Robert Walser-Archiv zugänglich ist, beinhaltet unter anderem die beiden wertvollen Romanmanuskripte *Geschwister Tanner* und *Der Gehülfe*, zahlreiche Prosa- und Gedichtmanuskripte aus der Bieler Zeit sowie wichtige Erstdrucke wie Walsers *Lyrische Erstlinge* und *Fritz Kochers Aufsätze*, die allesamt 1898 bzw. 1902 im *Sonntagsblatt des Bundes* erschienen waren.

Ebenfalls einen zentralen Beitrag leistete schließlich Jochen Greven, der im Rahmen seiner Editionstätigkeit in den sechziger Jahren umfangreiche bibliografische und Recherchearbeit leistete und vieles in Archiven und Privatsammlungen ausfindig machte. So spürte er – neben Walsers Mundartstück *Der Teich* bei Fanny Hegi-Walser – in Prag 1966 den Nachlass des ehemaligen Chefredaktors der *Prager Presse*, Arne Laurin, auf, der 102 Manuskripte Walsers sowie zahlreiche Briefe an Otto Pick enthielt, die heute im Prager Strahov-Archiv liegen. Auch hat Greven als Erster die so genannte »Geheimschrift«[12] der Mikrogramme als Sütterlinschrift dechiffriert und in den sechziger Jahren die ›Felix‹-Szenen und den ›Räuber‹-Roman transkribiert.

Als Greven am 22. 2. 1964 erstmals den Walser/Seelig-Nachlass einsehen konnte, waren dies neun bzw. zehn große Kanzleiumschläge, in denen »einesteils handschriftliche Manuskripte Walsers, andernteils Zeitungsausschnitte, Seiten aus Zeitschriften, Korrekturfahnen und auch einige Schreibmaschinen-Abschriften«[13], also neben der Hinterlassenschaft Walsers auch Unterlagen aus Seeligs herausgeberischer Tätigkeit enthalten waren.

Der gesamte Nachlass Walsers umfasste:
* 224 unpublizierte Prosamanuskripte aus den Jahren 1924–1933,
* 73 separat nummerierte Gedichtmanuskripte, die bis auf *Der Sonntag* unveröffentlicht waren,
* 526 Blätter mit Mikrogrammen
* sowie rund 300 Prosa-Abdrucke – die frühesten davon aus der Bieler Zeit, die letzten von 1937 – und 122 Gedicht-Abdrucke aus der Berner Zeit.

Die Drucke aus Zeitungen und Zeitschriften waren allesamt sorgfältigst in einer Art und Weise ausgeschnitten, teils auch neu zusammengeklebt, die den Druckort möglichst eskamotiert und den Text als solchen dekontextualisiert, wie am Beispiel des *Pavillon* noch demonstriert werden soll. Die Abdrucke sind teils lose, teils auf verschiedenen, darunter auch von Walser für seine Manuskripte benutzten

---

12 Jochen Greven an Carl Seelig, 23. 10. 1958.
13 Greven: *Robert Walser – ein Außenseiter wird zum Klassiker*, S. 66.

Papier(sort)en aufgeklebt und lassen unterschiedliche grafische Spuren erkennen: von Korrekturen am Titel oder der Zeichensetzung bis zu solchen ganzer Wörter und Phrasen. Einzelne Einträge sind eindeutig Walser zuzuordnen (wie im Fall des *Pavillon*) oder auch als Änderungen Seeligs zu identifizieren. Mitunter finden sich handschriftliche Verbesserungen beider auf *einem* Druckbeleg, wie etwa auf dem *Brief an ein Mädchen*. Daneben gibt es diverse Nummerierungen mit Bleistift, Rot- und Blaustift, deren Herkunft großteils fraglich ist. Auf einer Zahl von Abdrucken verweisen die mit Tinte geschriebenen Initialen »F. M.« schließlich auf Frieda Mermet.

In der nachgelassenen Abdrucksammlung sollte zwischen Handexemplaren des Autors, die durch handschriftliche Einträge eindeutig oder beispielsweise durch die typische Collagierung höchstwahrscheinlich Walser selbst zuzuordnen sind, und Drucken, die nur vermutungsweise von ihm gesammelt worden und in seinem Besitz waren, differenziert werden. Wieweit ein Teil der Abdrucke auf die Sammeltätigkeit anderer wie Lisa Walsers oder Frieda Mermets zurückgeht, ist unklar. Auch für Greven war 1964 bei der Mehrzahl der Druckbelege die Provenienz nicht zu eruieren.[14]

2.2 Sammeln für die Edition

Diese verschiedenen und im Falle Seeligs auch recht ungeordneten Sammelbestände bildeten den Ausgangspunkt für die erste nach wissenschaftlichen Gesichtspunkten und Prinzipien unternommene Gesamtausgabe, die Jochen Greven zu Beginn der 60er Jahre zu erarbeiten begann.[15] Er hat die Umstände, Schwierigkeiten und Wechselfälle dieser Erarbeitung in seinem Buch *Robert Walser – ein Außenseiter wird zum Klassiker* eingehend und in sehr spannender Weise geschildert. Der Löwenanteil der editorischen Arbeit lag in der Rekonstruktion des Werks, war also zunächst einmal intensive Forschungsarbeit. Sie bestand im Fall der nicht in Buchsammlungen eingegangenen Einzeldrucke in mühseliger Erschließung der Publikationsdaten und detektivischer Recherche nach noch unbekannten Texten.[16]

Die überlieferte, auf Robert Walser zurückgehende Druckbelegesammlung war, wie oben ausgeführt, höchst fragmentarisch und sie war zudem radikal dekontextualisiert. Alle Hinweise auf den Druckort waren von Walser sorgfältig weggeschnitten worden. Um zu rekonstruieren, in welcher Zeitschrift oder Zeitung ein als Ausschnitt vorgefundener Text veröffentlicht worden war, mussten, wo die bibliografischen Listen von Carl Seelig und vor allem Jörg Schäfer nicht weiterhalfen, die Anhaltspunkte weiterhelfen, die Layout, Typografie und die Rückseiten der Belege boten. Bis auf wenige Ausnahmen ist diese Rekonstruktionsarbeit

14 Ebd., S. 67.
15 Vgl. Walser: *Das Gesamtwerk* (GW).
16 Greven: *Robert Walser – ein Außenseiter wird zum Klassiker*, S. 66–73.

gelungen.[17] Zum anderen musste nach weiteren Texten Walsers gesucht werden, denn Zufallsfunde und stichprobenweise vorgenommene Recherchen hatten gezeigt, dass noch weit mehr Texte Walsers in Zeitschriften und Zeitungen, teils in den bereits bekannten, teils auch in noch unbekannten Druckorten veröffentlicht worden waren.[18]

Wichtigstes Instrument der editorischen Arbeit bildete die Werkkartei, die Jeanette Greven, Jochen Grevens Ehefrau, in doppelter Ausführung, chronologisch und alphabetisch nach Titeln geordnet, auf Schreibmaschine getippt, angelegt hat und auf der sie fortlaufend den Erkenntnisfortschritt festhielt. Diese Kartei, die Jochen Greven nach Abschluss der Ausgabe dem neugegründeten Archiv zur Verfügung stellte, bildet auch das Herzstück des dortigen Katalogs.

3. Dokumentation und Erschließung in Archiv und Edition

3.1 Archivarische Werkdokumentation

Nach der Gründung des Robert Walser-Archivs 1973 wurde in einer zweiten Phase der Werkerschließung kontinuierlich und mit viel Zähigkeit weiterrecherchiert und -gesammelt; neben der bereits erwähnten Sammlung Schäfer wurden weitere wertvolle Manuskripte, Briefe (wie das Depositum der 182 Briefe an Frieda Mermet) und Dokumente erworben. Ebenfalls wurde die nachgelassene Abdrucksammlung Walsers um eine sehr umfangreiche, wenn auch aufgrund der spezifischen Bedingungen des Walserschen Werks nach wie vor nicht vollständige Druckbelegsammlung in Form von Kopien und Originalabdrucken ergänzt. Weiter konnte eine beachtliche Zahl von Zeitschriften mit Walser-Drucken erworben werden, wie die nachfolgende Auswahlliste belegt: *Individualität*; *Die Insel*; *Der neue Merkur*; *Die neue Rundschau*; *Pro Helvetia*; *Die Rheinlande*; *Die Schaubühne/Die Weltbühne*; *Sonntagsblatt des Bundes/Der kleine Bund*; *Die weißen Blätter*; *Wissen und Leben/ Neue Schweizer Rundschau*; *Schweizerland*; *Kunst und Künstler*; *Schweizer Monatshefte*; *Die Schweiz*; *Wieland*.

Katharina Kerr, die erste Archivarin, erstellte unter anderem eine umfassende Bibliografie; die Bestände wurden konservatorischen Standards entsprechend in säurefreie Papiere umgelagert und inventarisiert. Daneben wurde mit zahlreichen Publikationen der Vermittlung des Werks große Bedeutung beigemessen – nicht zuletzt durch die sechsbändige Ausgabe *Aus dem Bleistiftgebiet*, mit der die in 20-jähriger Arbeit von Werner Morlang und Bernhard Echte entzifferten Mikrogramme teilpubliziert wurden.

---

17 Von der Fahndung nach unveröffentlichten Manuskripten, die auf Redaktionsstuben liegen geblieben waren, kann in diesem Zusammenhang nicht die Rede sein.

18 Greven konnte in den Bänden GW VI–X weit über 200 zusätzliche, in der nachgelassenen Abdrucksammlung nicht enthaltene Veröffentlichungen nachweisen, vgl. ders.: *Robert Walser – ein Außenseiter wird zum Klassiker*, S. 72.

Gegenwärtig gehört die bereits fortgeschrittene Digitalisierung des Katalogs einerseits, die reprografische Sicherung der Handschriftenbestände durch Verfilmung andererseits zu den vordringlichsten Aufgaben des Archivs.

3.2 Editorische Werkdokumentation

Als er seine Sammelarbeit vorläufig abgeschlossen hatte, entschloss sich Greven nach vielfacher Überlegung zu editorischen Prinzipien, die in sehr radikaler Weise die publizistische Zerstreuung rückgängig machen sollten, der Walsers Werk unterlegen hatte.[19] Er ordnete sämtliche Einzeltexte in den Bänden 13 sowie 15 bis 20 der *Sämtlichen Werke* (SW) – wie auch schon in den entsprechenden Bänden der Kossodo-Ausgabe (GW) – in thematisch zusammengestellten Gruppen, die soweit als möglich auch chronologisch orientiert waren. Dabei unterschied er nicht zwischen veröffentlichten Texten und nachgelassenen Manuskripten, sondern stellte die nur zu ›ephemerer‹ publizistischer Präsenz gelangten Texte den unveröffentlichten gleich. Und er wandte sehr radikal das Prinzip der Veröffentlichung nach dem Autorisierungsgrad letzter Hand an, das heißt des Drucks nach der Textgestalt, die als letztwillige Intention des Autors zu erschließen war: Texte, die Robert Walser zunächst einzeln veröffentlicht hatte und die er dann nochmals in einen seiner Sammelbände aufgenommen hatte, wurden nur in dieser Fassung veröffentlicht und nicht mehr in der teilweise stark varianten Gestalt des Einzel-Erstdrucks. Textgruppen wurden dabei, wo die Konsequenz es erzwang, aufgelöst.[20] Beide Grundprinzipien waren ausgerichtet auf das Prinzip einer Leseausgabe, die Walsers Werk für eine möglichst große Leserschaft zugänglich machen und bewahren sollte.

Die in Planung befindliche Kritische Ausgabe wird nun das Prinzip des Bewahrens und Dokumentierens fortsetzen, wenngleich in anderer und teils konträr radikalisierter Weise. Sie kann dies vor allem deshalb tun, weil sie auf der Existenz der vorhandenen Lese- und Studienausgabe aufbauen und diese voraussetzen kann.

Sie wird, gegliedert in 6 Abteilungen, sämtliche Texte Walsers in der Gestalt ihres Ersterscheinens darbieten – und zwar als Faksimile und als edierten Text mit philologischem Kommentar.[21] Sie wird also sämtliche Manuskripte, einschließlich der Mikrogramme, integral veröffentlichen und sie wird sämtliche Einzeldrucke geordnet nach ihren Erstpublikationsorten publizieren, das heißt geordnet nach

---

19 Vgl. hierzu seine *Nachworte* zu den Bänden SW 1, 15 u. 20.
20 Vgl. z. B. die Textgruppe *Dornröschen* und *Der Feigling*, die unter dem Obertitel *Zwei kleine Prosastücke* zuerst im *Sonntagsblatt des Bund* Nr. 12 (25. 3. 1916), S. 190f. abgedruckt war und ungeachtet des nichtssagend-neutralen Obertitels einen inhaltlichen Zusammenhang hat, wie Matthias Sprünglin in den *Mitteilungen der Robert Walser-Gesellschaft* 13, 2006, S. 10, gezeigt hat. In den *Sämtlichen Werken* sind die beiden Texte, von denen einer in stark umgearbeiteter Form in die Autorsammlung *Poetenleben* aufgenommen wurde, dem Editionsprinzip entsprechend auf die Bände 6 und 16 verteilt und in der Textfassung des Erstdrucks nicht mehr lesbar.
21 Vgl. den Editionsplan im Anhang zu diesem Beitrag.

den Zeitschriften (Abt. II) und Zeitungen (Abt. III), in denen sie zuerst gedruckt worden sind. Die in den Autorsammlungen wieder veröffentlichten Texte wird man im Zusammenhang und in der Textgestalt, die sie dort angenommen haben, in Abt. I lesen können. Sind für einen gedruckten Text noch Manuskripte oder Mikrogramm-Entwürfe erhalten, werden diese mit Faksimile und Umschrift in Abt. IV bzw. VI lesbar gemacht. Unveröffentlichte Manuskripte werden in Abt. V ediert. Abt. VI wird die vollständige und integrale Edition der Mikrogramm-Blätter bieten. Bisher liegen erst diejenigen Bleistift-Entwürfe im Druck vor, die unbekannte Texte enthielten, das heißt solche, für die bislang noch kein Druck bekannt ist. Auf die Entwürfe gedruckter Texte wurde in der Edition *Aus dem Bleistiftgebiet* verzichtet, mit der Konsequenz, dass die edierten Entwurfstexte aus ihrem Notationszusammenhang gelöst werden mussten. Diese Trennung wird in der Kritischen Ausgabe rückgängig gemacht werden. Durch ein abteilungsübergreifendes Verweissystem werden textgenetische Zusammenhänge zwischen Bleistiftentwürfen, Reinschriftmanuskripten und Drucken angezeigt werden.

Die Print-Ausgabe wird in Kombination mit einer elektronischen Komponente realisiert werden, die sich noch in der Konzeptionsphase befindet. Sie wird insbesondere für die Edition der Mikrogramme neue Darstellungsmöglichkeiten bieten und wird neben den Faksimiles und den Manuskript-Umschriften ergänzende Materialien zur publizistischen Kontextualisierung der Einzelerstdrucke enthalten.

Es wird also bei der neuen Ausgabe um die editorische Rekonstruktion und Dokumentation des Werks in seiner kreativen, also schreibprozessualen und in seiner publizistischen Entfaltung gehen. Der Rückgriff auf die Werkdokumentation im Archiv ist dabei die unerlässliche Voraussetzung. Ein Fallbeispiel möge dies illustrieren:

4. *Gärten und Pavillons* – Ein Fallbeispiel

Am 3. August 1928 erschien in der Berliner Zeitschrift *Sport im Bild* ein Text von Robert Walser mit dem Titel *Gärten und Pavillons* (Abb. 3–5, 8, 10). Diese Zeitschrift, die im Medienkonzern des Pressezaren Alfred Hugenberg als Unterhaltungsblatt »der guten Gesellschaft« lanciert wurde, war keineswegs eine reine Sportzeitschrift,[22] sondern führte ein gewähltes Feuilleton, in dem unter anderen auch Bertolt Brecht, Robert Musil, Heinrich Mann und Erich Maria Remarque[23] veröffentlichten. Im gleichen Heft wie der vorliegende Walser-Text sind Texte von Franz Blei, Kasimir Edschmid und Frank Thiess zu lesen (Abb. 4). Walser hat in *Sport im Bild* von 1927 bis 1932 insgesamt 23 Texte veröffentlicht.

---

22 Sie erschien von 1895 bis 1934 in 40 Jahrgängen, seit 1904 im Scherl-Verlag, der 1916 Teil des Hugenberg-Konzerns wurde.

23 Remarque war von Januar 1925 bis November 1928 Redakteur der Zeitschrift, seit 1928 in leitender Funktion.

Zu diesem Erstdruck haben sich in der nachgelassenen Druckbelege-Sammlung Walsers zwei Druckbelege erhalten, einer davon auch als Xerox-Nasskopie in der archivarischen Druckbelegesammlung (Abb. 6 u. 7). Er stammt aus der Zeit, in der Elio Fröhlich als Anwalt und Nachlassvollstrecker Seeligs die Geschäfte der Seelig-Stiftung führte.[24] Diese Druckbelege sind besondere Exemplare der Sammlung,[25] und sie bilden ein interessantes editorisches Problem. Walser hat den Druck nicht nur nach seiner Gewohnheit mit der Schere radikal dekontextualisiert und mit Klebstoff sorgfältig zu zwei einzelnen, durchlaufenden Textkolumnen collagiert. Er hat die Separierung in zwei Einzeltexte auch durch eigenhändig kalligrafierte, ange-klebte Titel (»Gärten« und »Der Pavillon«) autorisiert. Im Falle von *Der Pavillon* hat er außerdem drei Zeilen des Originaldruckbelegs von Hand in seine Klebcol-lage eingetragen[26] – möglicherweise, weil ihm hier der Zuschnitt misslungen war (Abb. 9).

Jochen Greven hat die beiden Texte in den Sämtlichen Werken (SW) nun nicht in der zusammenhängenden Gestalt des Erstdrucks veröffentlicht, sondern, wie dies die nachgelassenen Einzeldrucke nahe legten, als Einzeltexte – zugeordnet der thematischen Gruppe *Wissen und Leben*.[27] Auch hier galt also das Prinzip letzter Hand, denn der Autor selbst hatte die Texte auseinandergeschnitten und hand-schriftlich als Einzeltexte umgestaltet.

Ein Manuskript hat sich zu diesem Druck nicht erhalten. Aus dem Bleistiftge-biet gibt es jedoch zu unserem Textensemble zwei Einzelentwürfe. Sie stehen auf den Mikrogrammblättern 77 und 78 und sind noch unveröffentlicht (Abb. 1 u. 2). Ihre getrennte Notierung zeigt, dass Walser jedenfalls ursprünglich beide Texte als Einzeltexte konzipiert hatte. Liest man sie im Ensemble des Erstdrucks, ergeben sich jedoch durchaus Resonanzen und Korrespondenzen, die die Zusammenstel-lung als nicht ganz beliebig erscheinen lassen können.

Die Kritische Ausgabe wird, entsprechend ihren Prinzipien der Textträgerdoku-mentation und der textgenetischen Auffächerung, diese Textlage in verschiedenen Abteilungen entfalten. Sie wird in Abt. II den Erstdruck edieren und die Umge-staltung des Druckbelegs durch den Autor philologisch erläutern. Der Original-erstdruck ebenso wie der von Walser bearbeitete Druckbeleg wird auf der editions-begleitenden DVD im Faksimile dokumentiert. Der Originalerstdruck wird auf der DVD durch Zusatzabbildungen wie Deckblatt und Inhaltsverzeichnis des Zeit-schriftenheftes (Abb. 3 u. 4) kontextualisiert.

---

24 Vgl. dazu Greven: *Robert Walser – ein Außenseiter wird zum Klassiker*, S. 81–87, bes. 84.

25 Es gibt nur einen weiteren Beleg dieser Art, auch er stammt aus der Zeitschrift *Sport im Bild*: Es handelt sich dabei um den Text *Weltstadt*.

26 Ohne Abweichung, abgesehen von der Weglassung eines im Druck gesetzten Gedanken-strichs.

27 Vgl. SW 19, 178–180 (*Der Pavillon*), u. SW 19, 180–182 (*Gärten*). Die Erstdrucknach-weise im Inhaltsverzeichnis geben an, dass beide Texte im August 1928 in *Sport und Bild* erschienen waren. Weder hier noch in den Textanmerkungen wird erkennbar, dass sie dort, in umgekehrter Reihenfolge und unter dem Obertitel *Gärten und Pavillons* zu einem Text-ensemble zusammengestellt waren.

Wäre das Manuskript erhalten, das Walser als Reinschrift der mikrografischen Entwürfe an die Redaktion von *Sport und Bild* geschickt haben muss, so würde es als Faksimile und Umschrift in Abt. IV ediert.

Die Textentwürfe auf den Mikrogrammblättern 77 und 78 werden in Abt. VI lesbar gemacht werden und dokumentieren in der integralen Wiedergabe der Einzelblätter, dass Walser die in *Sport und Bild* als Ensemble gedruckten Texte zunächst als Einzeltexte konzipiert hat.

Der besonderen Textsituation der von Walser nachbearbeiteten Druckbelege wird allerdings auch die Kritische Ausgabe nicht in vollem Umfang entsprechen können, denn wir haben es hier ja gewissermaßen mit einem (abteilungsüberspringenden) Zwitter von Handschrift und Druck zu tun. Diese Textsituation ist authentisch und integral nur im Archiv dokumentiert und einsehbar.

Die Edition wird jedoch den Text in seinem Werkzusammenhang rekonstruieren, beschreiben und präsentieren.

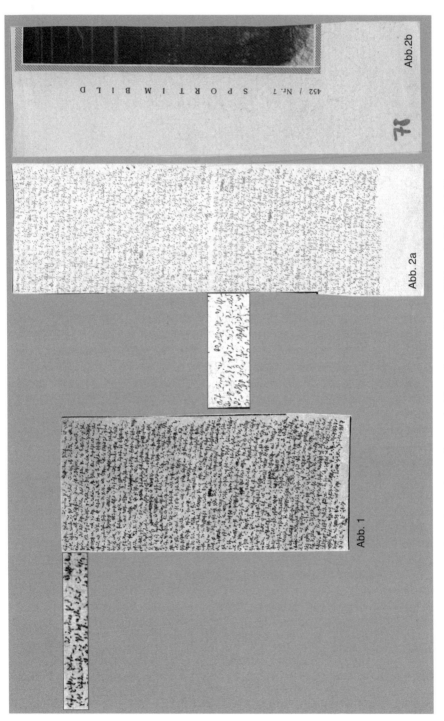

Abb. 1: Mkg. 77, recto (ca. 4x9 cm): »Sehr prächtige Gärten sind irgendwo ...« (Robert Walser-Archiv, Zürich)
Abb. 2a: Mkg. 78, recto (4x13 cm): »Auf einer von bläulichem Wasser umflossenen ...« (Robert Walser-Archiv, Zürich)
Abb. 2b: Mkg. 78, verso: Zeitschriften-Ausschnitt aus *Sport im Bild* (Robert Walser-Archiv, Zürich)

SPORT im BILD

Das Blatt der guten Gesellschaft

Nr. 16   34. JAHRGANG   BERLIN 3. AUGUST 1928   PREIS 1.50 MK.

Abb. 3: *Sport im Bild*, Jg. 34, Nr. 16, 3. August 1928, Titelblatt der Originalausgabe

NR. 16 · 34. JAHRGANG   BERLIN 3. AUGUST 1928

SPORT IM BILD

INHALT Nr. 16

Umschlag: Gemälde von Georg Walter Rössner, im Besitz der Stadt Kottbus

Fünf Minuten mit Büchern:

Melchior Ernst: Der Bücherschrank der Dame 1154
Buchbesprechungen 1156
FRANZ BLEI: Wandlung der Oberfläche, farbige Zeich-
nungen von Erica von Roux 1160
LUCY VON JACOBI: Kleiner Cocktail 1162
KASIMIR EDSCHMID: Schloß-Purks 1162
JEANNE ZAMBONA: Drei Ringe 1165
C. VETH: Der brasilianische Orden 1168
GRÄFIN NORA VON BEROLDINGEN: Deutsche Woche
in Zoppot 1169
Chronik der Gesellschaft 1172

ROBERT WALSER: Gärten und Pavillons, Zeichnungen
von Marlice Hinz 1174
FRANK THIESS: Kleine Blumengesänge 1176
HAIREDDIN: Mr. Anchor und Elisabeth Müller, farbige
Zeichnungen von F. F. Albrecht 1179
F. TH. CSOKOR: Abendstadt 1180
OLIVER CURWOOD: Das Bärenkind (Roman) 1183
P. G. WODEHOUSE: Die magischen Plus-fours 1188
Küche im August 1198
Clubnotizen 1210
Bädernotizen 1212
Kleine Randschau 1212

MODISCHER TEIL

Revue der Bubiköpfe 1191
Die ersten Herbsthüte 1192
Der sportliche Anzug für den Vormittag 1194
Tanz im Kasino 1196

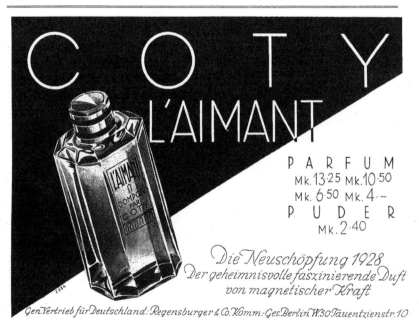

Abb. 4: *Sport im Bild*, Inhaltsverzeichnis der Originalausgabe

Abb. 5: *Sport im Bild*, S. 1174 der Originalausgabe mit dem Text »Gärten und Pavillons«
Abb. 6: *Sport im Bild*, S. 1174: Xerox-Nasskopie der Druckbeleg-Collage aus dem Nachlass Robert Walsers, angefertigt im Auftrag der Carl-Seelig-Stiftung, Zürich, Blatt 1 (Robert Walser-Archiv, Zürich)
Abb. 7: *Sport im Bild*, S. 1174–1175: Xerox-Nasskopie der Druckbeleg-Collage aus dem Nachlass Robert Walsers, angefertigt im Auftrag der Carl-Seelig-Stiftung, Zürich, Bl. 2 (Robert Walser-Archiv, Zürich)

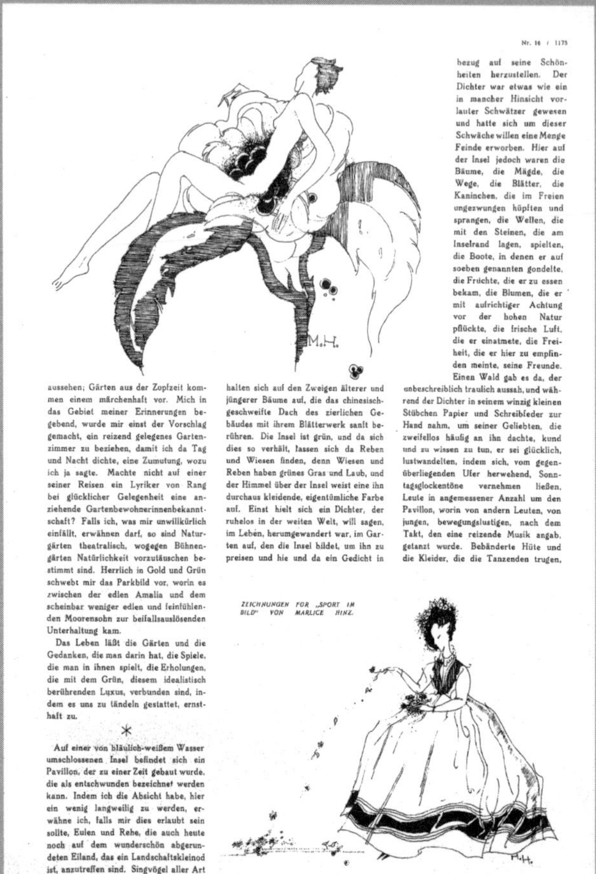

Abb. 8

Abb. 9

Abb. 8: *Sport im Bild*, S. 1175 der Originalausgabe mit dem Text »Gärten und Pavillons«
Abb. 9: *Sport im Bild*, S. 1175–1176: Original-Druckbeleg-Collage mit handschriftlichen
Ergänzungen von Robert Walser (Robert Walser-Archiv, Zürich)

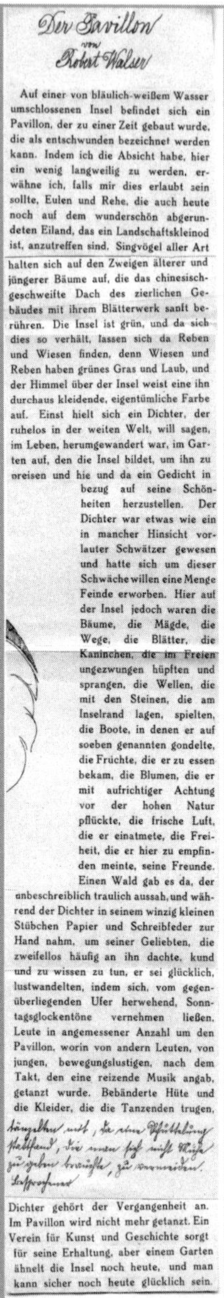

tänzelten mit, da eine Schüttelung stattfand, die man sich nicht Mühe zu geben
brauchte, zu vermeiden. — Besprochener
Dichter gehört der Vergangenheit an.
Im Pavillon wird nicht mehr getanzt. Ein
Verein für Kunst und Geschichte sorgt
für seine Erhaltung, aber einem Garten
ähnelt die Insel noch heute, und man
kann sicher noch heute glücklich sein.

KLEINE BLUMENGESÄNGE

von Frank Thieß

M eine kleine Gartenwiese ist schneeweiß von Klee. Wenn
die Sonne scheint, flimmert Honigduft über Millionen
Blüten, und das Gesumm der Bienen ist wie das dumpfe
Schwingen einer Saite, die unsichtbare Hände überstreichen.
Wie nun der Wind vom Wasser her eingreift, hebt die weiße
Wiese zu atmen an, es ist ein leises Brausen, Duften, Wogen
und Leuchten im Garten, ein Menuett von Wind und Blüten,
Bienen und Sonnenschein.

Ich stehe eine kleine Zeit und genieße den reinen Glanz
dieses Spiegels, darin der Sommertag sein Antlitz auffängt,
dann aber bücke ich mich und betrachte eine Blüte, die soeben von einer betriebsamen Biene ausgeschleckt worden ist.
Ich erkenne zum ersten Mal dieses winzige Wunder, den
weißen Klee. Liebt ihn nicht alle Kreatur, die Bienen, die
Ziegen, die Kälber, die Menschen und die Winde?
Ein kleines Wesen mit buschigem Kopf auf dünnem Stengel.

Abb. 10: *Sport im Bild*, S. 1176 der Originalausgabe mit dem Text »Gärten und Pavillons«

Kritische Robert Walser-Ausgabe (KWA) – vorläufiger Editionsplan

---

Abteilung I:	Buchpublikationen (9 Bde.)	
	I.1	Fritz Kocher
	I.2	Geschwister Tanner
	I.3	Der Gehülfe
	I.4	Jakob von Gunten
	I.5	Aufsätze, Geschichten
	I.6	Kleine Dichtungen
	I.7	Prosastücke, Kleine Prosa, Der Spaziergang
	I.8	Poetenleben, Komödie, Gedichte
	I.9	Seeland, Die Rose

Abteilung II:	Zeitschriften (6 Bde.)	
	II.1	Deutsche Monatshefte/Die Rheinlande
	II.2	Neue Rundschau
	II.3	Die Schaubühne/Die Weltbühne
	II.4	Die Ähre – Der Morgen
	II.5	Der Neue Merkur – Schweizerland
	II.6	Simplicissimus – Die Zukunft

Abteilung III:	Zeitungen (5 Bde.)	
	III.1	Berliner Tageblatt
	III.2	Der Bund
	III.3	Neue Zürcher Zeitung
	III.4	Prager Presse und Prager Tagblatt
	III.5	Basler Nachrichten – Wiener Tag

Abteilung IV:	Druckmanuskripte (4 Bde.)	
	IV.1	Geschwister Tanner
	IV.2	Der Gehülfe
	IV.3	Seeland
	IV.4	Einzelmanuskripte [Prag u. verstreute Bestände]

Abteilung V:	Unveröffentlichte Manuskripte (2 Bde.)	
	V.1	Zürcher Manuskripte
	V.2	Verstreute Bestände

Abteilung VI:	Mikrogramme (ca. 14 Bde.)

Abteilung VII:	Briefe (ca. 4 Bde.)

Abteilung VIII:	Wirkung
	Rezensionen und andere Texte über Robert Walser (1 Bd.)

Findbuch	(1 Bd., DVD)
	laufend aktualisiertes Titelregister mit Ausgabenkonkordanz

Jochen Greven (Gaienhofen)

POETIK DER ABSCHWEIFUNGEN.
ZU ROBERT WALSERS PROSASTÜCK *DIE RUINE*

Als Robert Walser das Manuskript *Die Ruine* an Max Rychner für dessen Zeitschrift einsandte, schrieb er dazu, das Prosastück stelle »etwas wie eine Kombination dar« (»und wie ich glaube, ist sie ganz nett gemacht«) (Br, 233)[1]. Die Einsendung lässt sich nur ungefähr, nämlich über die Absenderadresse, auf April/August 1925 datieren; der Text stammt also aus etwa derselben Schaffenszeit wie der Entwurf des ›Räuber‹-Romans. In einem kleinen Einschub im Text spricht Walser von ihm als von einer »Komposition« (SW 17, 135), was sich wie »Kombination« einfach auf eine Assemblage unterschiedlicher Elemente beziehen kann. Womöglich will Walser damit aber auch eine Analogie zur Arbeitsweise eines Musikers andeuten – mit solchen bewusst gesetzten Mehrdeutigkeiten muss man bei ihm rechnen.[2]

Tatsächlich ist der im Buch fast 16 Seiten einnehmende Text (vgl. SW 17, 126–142) aus neun auf den ersten Blick völlig divergenten, nur mit rhetorischen Floskeln verknüpften Mini-Erzählungen zusammengefügt. Hinzu kommen Zwischenbemerkungen, die mit dem Kontext an den betreffenden Stellen wenig oder nichts zu tun haben und geeignet sind, den Eindruck eines bunten Motivsalats noch zu verstärken. Auch Stil, Ton und Haltung des Textes wechseln. Der Erzähler spricht bald von sich selbst als Erlebendem und Nachdenkendem, er holt auch zu längeren autobiografischen Berichten aus, bald ist er wieder nur Beobachter oder referiert Vorgänge, die sich ›da draußen‹ beziehungsweise in der Imagination abspielen. Er wendet sich plaudernd an den Leser, äußert Selbstbetrachtungen; partienweise ist seine Darstellung voller Ironie und Selbstironie. Dann wieder wird er zum ernst reflektierenden Essayisten oder verfällt in lyrisches Schwärmen, ja hebt zu bildstar-

---

1 Die Zeitschrift hieß zur Zeit der Einsendung 1925 noch *Wissen und Leben*, ab 1926 dann *Neue Schweizer Rundschau*.

2 Die im gleichen Einschub erwähnte »Atelier«-Kündigung könnte sich, wenn sie nicht überhaupt fiktiv war, auf das Zimmer in Bern, Thunstraße 21, beziehen, das Walser im Februar/ März 1925 innegehabt hatte; das hieße, dass der Entwurf bereits in dieser Zeit entstanden wäre. Oder, und dies ist wahrscheinlicher, es war sein anschließend April bis August 1925 bewohntes Domizil Gerechtigkeitsgasse 29 gemeint; dann müsste dort die Kündigung dem tatsächlichen Auszug einige Zeit vorausgegangen sein, da Walser die inzwischen hergestellte Reinschrift auch noch unter dieser Adresse an Max Rychner absandte. *Die Ruine* wäre in diesem Fall also erst nach dem ›Räuber‹-Roman entstanden. Echte und Morlang haben die betreffenden Mikrogrammblätter 508 und 509 hypothetisch auf August/September 1925 datiert (vgl. AdB 2, 630f.).

ken Aussagen in ›hohem Ton‹ an, und zuletzt mündet das Stück in ein quasi-alle-
gorisches Tableau.

Wie kommt es, dass uns dieses große Prosastück trotz der Heterogenität seiner Elemente, der umherschweifenden Gedanken und des ständigen Tonwechsels
spontan doch als Einheit, als vollendetes sprachliches Kunstwerk erscheint? Wir
müssen auf die feinen Korrespondenzen und Akkorde achten, die da anklingen,
auf die zunächst unter der Schwelle bewusster Wahrnehmung bleibenden Bezüge
zwischen den linear gereihten Gedanken, Bildern, Erlebniswelten. Dann erscheint
Sinn hinter den Abschweifungen. Im Übrigen zeigt uns der Blick auf den in einem
Zug durchgeschriebenen Bleistiftentwurf, dass *Die Ruine* von vornherein so kom-
plex als »Kombination« bzw. »Komposition« verschiedener Elemente angelegt war.

Zwar hat Walser bei der abschreibenden Bearbeitung eine der erzählerischen
Einlagen durch eine andere ersetzt, die ursprünglich wohl ein selbständiges Prosastück darstellen sollte, eine andere Passage des Entwurfs fortgelassen und schließlich
die mittleren drei der neun größeren Abschnitte in der Reihenfolge vertauscht.[3]
Alles Übrige jedoch – auch die diversen Einschübe mit ihren scheinbar beziehungs-
losen Themen oder die gelegentlichen Apropos-Bemerkungen – war von Anfang an
so konzipiert, wie wir es im Druck vor uns sehen. Walsers Redaktion des Entwurfs
hat sich, wie ich überprüfen konnte, von den erwähnten größeren Eingriffen abgesehen auf glättende Verbesserungen und Straffungen des sprachlichen Ausdrucks
sowie kleine Streichungen oder Ergänzungen an einigen Stellen beschränkt – und
auf das Einfügen der zahlreichen Absätze.

Als verbindendes Grundthema der ganzen Textmontage erscheint zunächst die
Spannung von Leben und Tod, das Wissen von der Vergänglichkeit alles Menschlichen. Das rahmende Hintergrund-›Setting‹ bildet in diesem Sinn der Friedhof,
auch wenn er erst in Abschnitt drei als vergegenwärtigende Erinnerung eines kürz-
lichen Besuchs ins Bild kommt. Der Anfang, die Geschichte eines zum Direktor
aufsteigenden Waisenknaben, bereitet darauf vor, indem es darin um einen Lebens-
lauf von der Kindheit bis zum Grabe geht: Eine Karriere, zu der die Existenz eines
»bodenlos erfolglos[en]« (SW 17, 127) Schriftstellers in Kontrast gestellt wird,
wobei der Tod die Unterschiede jedoch zuletzt relativiert. Damit ist der Erzähler als
Betroffener eingeführt: Dieser Schriftsteller kann nur er selber sein, und sein nach
bürgerlichen Maßstäben devianter Lebensentwurf stellt ein Problem dar, bedarf
der Rechtfertigung.

Eine Exklamation: »Wie war's auf einem Bahnhof neulich still« (SW 17, 127)
fokussiert die Aufmerksamkeit unvermittelt auf das erlebende Erzähler-Ich und leitet über zu einer Szene, in der die Zeit stillzustehen scheint. Zwischen auf einem
Bahnsteig Wartenden geht etwas um und ›klöpfelt‹ ihnen »mit einem Fingerchen
auf die Schulter«: Das kann nur eine Todesahnung sein. Ein selbstbezüglicher Einwurf, wieder als Exklamation: »Wie ich das nun so mit meinem Knaben verknüp-
fe«, stellt die montierende Machart des Textes heraus, und der Autor fordert die

---

3 Zu diesen Eingriffen vgl. AdB 2, 495 ff., wo die in der gedruckten Fassung entfallenen größeren Textpassagen transkribiert wiedergegeben sind.

Leser, burschikos-vertraulich in der zweiten Person angeredet, zum Beifall heraus: »Wenn ihr das nicht geistreich findet, enttäuscht ihr mich.« (SW 17, 128) Damit ist, natürlich mit der gehörigen Ironie, auf einer Metaebene ein gespielter intimer Dialog mit dem Leser eröffnet, der den Text reflektierend begleitet.

Nun der Sprung auf den Kirch- oder Friedhof, wo ein Arbeiter menschliche Knochen zusammenrecht. Aber an diese Erinnerung wird zunächst noch eine andere angeschlossen, ein am selben Tag absolvierter Konzertbesuch. Daran knüpft sich die Reflexion, dass Dichter nicht so viel »Geräusch« machen dürfen wie bravouröse Pianisten, »weil das Publikum die Sprache der Töne glücklicherweise nicht versteht« (SW 17, 128). Auf der etablierten poetologischen Metaebene erhalten wir also den Hinweis, dass der Autor ›leise‹ verfahren will oder muss: Seine Kunst bedarf einer Verdeckung und Verrätselung, muss sich in Andeutungen mitteilen.

Der Friedhof, auf den die Erzählung zurückblendet, wird mit dem ganzen »Erdreich« (SW 17, 128) gleichgesetzt: Überall liegen darin Gebeine unserer Vorfahren. Aber der Erzähler macht sich zum Anwalt der Fröhlichkeit, mit der Menschen darüber hinweggehen: Trauernde Sorge ändert nichts an ihrem Schicksal. Es gibt freilich, so führt der Text in seinem Fortgang vor, etwas, das bei den Lebenden die Vergänglichkeit aufzuheben vermag: erinnernde Imagination, geschichtliches Bewusstsein. Grabsteine können Tote in der Vorstellung wieder lebendig werden lassen und uns mit ihnen verknüpfen.

So nimmt der Erzähler unwillkürlich Achtung vor dem Anarchisten Bakunin an, als er zufällig auf dessen Grab trifft. Michail Bakunin liegt tatsächlich in Bern-Bremgarten begraben, aber dass gerade er hier mit solchem Respekt zitiert wird, setzt doch einen bemerkenswerten ›Link‹ ins Gesellschaftlich-Politische. Es bleibt zweifelhaft, ob der Erzähler, der von sich nur sagt, er habe »[z]ufällig einige Zeilen« (SW 17, 128) von ihm gelesen, sich damit geradezu als Sympathisant identifiziert; aber offenbar beschäftigen auch ihn Probleme der Gesellschaftsordnung und ihrer möglichen Veränderung, und er nimmt Anteil an der historischen Gestalt eines Mannes aus altem russischem Adel, der sich radikal der Revolution verschrieb.

Seine Gedanken schweifen indessen gleich wieder ab: Er bedenkt, dass Namen allein genügen, um Vorstellungen in uns zu wecken, und führt mit den Beispielen Paris und Pompeji ganz gegenwärtige und zugleich tief in die Vergangenheit zurückreichende Assoziationsfelder an. Er malt aus, wie er diejenigen, deren Namen er auf Grabsteinen liest, sogleich als Lebende in ihrem einstigen Alltag, ihren Tätigkeiten und sozialen Beziehungen vor sich zu sehen vermag: der Friedhof als Geschichtsbuch. Vor einer trauernden jungen Frau, die ihm bekannt vorkommt, verbirgt er sich jedoch: nicht bloß aus gesellschaftlicher Diskretion offenbar, sondern weil das Aufeinandertreffen der Vorstellungen, die ihn bewegen, mit der akuten Wirklichkeit eines menschlichen Verlusts und Beziehungsabbruchs eine Dissonanz enthält.

Aus der schützenden »Laube« (SW 17, 129) eines Baums heraus folgt, immer noch auf dem Friedhof, die zunächst als fiktiver Einfall entwickelte Geschichte von einer anderen jungen Frau, einer Dame, die sich ihrer Zofe zu Füßen wirft. Das Milieu wird durch den asienbefahrenen Ehemann gekennzeichnet, der »wie ein wahrhaft großer Kaufmann« (SW 17, 130) aussieht – es klingt also wieder ein

Motiv aus dem ersten Abschnitt an, der Geschichte vom karrieretüchtigen Waisenknaben. Hier jedoch geht es um ein Heraustreten aus den sozialen Rollen: Die
Herrin fleht ihre Dienerin um Abbitte an. In den Augen des dazukommenden
Ehemanns kann es sich nur um eine bizarre Laune handeln, die seine Frau sich
da erlaubt. Der Erzähler, der sich inzwischen als Beobachter der Szene eingeführt
hat und beim Zuhören seinerseits »beinah vor Lachen platzen« (SW 17, 130)
wollte, bezeugt jedoch, dass die unterwerfungswillige Herrin im Verlauf des Vorgangs immer schöner wurde. Zuletzt gilt seine Anerkennung der sich intelligent
und anpassungsfähig verhaltenden Zofe. Im Übrigen serviert er das Geschichtchen
dem Leser als Farce, sein mokant-gezierter Ton scheint sich davon zu distanzieren,
macht alles lächerlich.

Indes – die empfindsame Dame bekommt an einer Stelle den Namen Klara
(vgl. SW 17, 130)[4]. Das legt dem Walser-Kenner eine Spur: Sie kann wohl nur die
Klara aus dem Roman *Geschwister Tanner* sein, jene Villenbesitzerin und Ehefrau
des weltbefahrenen, sonderlinghaften Herrn Agappaia, die die Brüder Simon und
Kaspar bei sich aufnimmt und aus der später die bewunderte »Königin der Armen«
(SW 9, 295) wird. Wir haben es mit einem Selbstzitat Walsers zu tun, wobei das
Motiv, das dem Autor einst Gegenstand schwärmerischer Idealisierung war, nun
eher karikiert wird. Immerhin blieb die Idee einer Freiheit: Menschen haben die
Option, aus ihren Positionen im sozialen Gefüge herauszutreten – so, wie auch
Bakunin es tat.

An dieser Stelle hatte Robert Walser, das ergibt der Vergleich mit dem Mikrogramm-Entwurf, zunächst eine andere Geschichte vorgesehen. Sie handelte von
einem »vorrevolutionären Mädche[n]«, einer »Art weiblicher Vorkrieglichkeit«
(AdB 2, 496), die sich viel darauf zugute hielt, als Studentin emanzipiert genug
gewesen zu sein, selbst einen Stuhl über die Straße zu tragen, als sie einmal umzog,
und auch noch einen Gedichte schreibenden Professor ausgelacht zu haben. Damit
war sie damals sich und andern »interessant« (AdB 2, 496) erschienen. Nachdem
Weltkrieg und Umsturz über die Zeitgenossen hinweggegangen waren, wurde sie
mit ihrem Stolz auf jene Heldentaten jedoch zur lächerlichen Person. Sie verkann-
te, wie sehr sich die Verhältnisse gewandelt hatten: Niemand gab mehr etwas um
Unkonventionalitäten bei Eliteangehörigen, Kühnheiten und träumerisches Wesen
betrachtete man mit Misstrauen. Der Erzähler macht sich über das Mädchen und
seine blinde Selbstbezogenheit lustig; andererseits tut sie ihm leid, und den Wandel
im öffentlichen Bewusstsein beurteilt er auch eher ambivalent.

Warum hat Walser in der Endfassung zugunsten der Klara-Episode, die er vor
Die Ruine konzipiert hatte, diese Geschichte entfallen lassen? Sie war im Entwurf
recht breit geraten, und da sie vor allem aus etwas ermüdend kommentierender
Erörterung bestand, mangelte es ihr an Anschaulichkeit. Insofern leuchtet ein,
dass ihm die Klara-Szene an ihrer Stelle besser erschien, nämlich unterhaltsamer.
Gemeinsam haben die Parabeln, dass eine weibliche Person sich über Standes-

---

4 Wohlgemerkt bereits auch im ursprünglich selbständigen, unmittelbar vor dem Anfang des
   Entwurf zu *Die Ruine* auf dem gleichen Blatt stehenden Bleistiftentwurf dieses Textes.

regeln hinweggesetzt. Durch den Austausch ist allerdings der direkte Blick auf die Zeitgeschichte und den sozialen und zugleich Mentalitätswandel, der sich in ihr vollzogen hat, verloren gegangen. Die Ahnung davon muss der Leser selbst hinzutun. Herrinnen, die sich Kammerzofen hielten, waren wohl auch Mitte der 1920er Jahre schon deutlich vorgestrig, und mit der Bezugnahme auf seinen 20 Jahre früher entstandenen Roman hat Walser selbst eine historische Marke gesetzt. Auch Klara war eben eine »weibliche Vorkrieglichkeit«; die Ironie, mit der ihr Auftritt geschildert wird, entspricht dem Spott, der das »vorrevolutionäre[ ] Mädchen« mit seinem überholten Stolz auf Konventionsbrüche traf.

Dass mit der Zeit die Maßstäbe sich wandeln und relativieren, nach denen das Verhalten von Menschen beurteilt wird, führt der Erzähler nunmehr in einer sich über fast vier Buchseiten erstreckenden Schilderung einer eigenen Lebensphase vor. Wir merken, es sind seine in Biel verbrachten Jahre 1913 bis 1920, die Walser dafür den Stoff boten, aber natürlich dürfen wir seine Sätze nicht etwa als letzte autobiografische Wahrheit nehmen. Aspekte werden ausgewählt, anderes hinzu erfunden und das Ganze unter eine eigenwillige Beleuchtung gestellt. Der Erzähler beschreibt sich als einen fortwährend »verdrießlich« (SW 17, 131) dreinschauenden, in der Enge verharrenden und monotonen Gewohnheiten folgenden Mann, der allzu streng mit sich umging. Sein Grundfehler war, so heißt es, dass er zu sehr Erinnerungen nachhing. Gegenüber seinen Mitmenschen, sogar gegenüber Vertreterinnen des anderen Geschlechts, die um ihn warben, verhielt er sich abweisend und lebte nur seinem schreibenden Beruf, seinem Willen zum vollendet schönen Stil nach. Rückblickend kritisiert der Erzähler dieses ›Ein-tadelloser-Typ-Sein-wollen‹ (vgl. SW 17, 133) und stellt das Lob der Lässigkeit dagegen, auch wenn jene Lebensweise guten Appetit, wundervollen Schlaf und strotzende Gesundheit mit sich brachte. Das exemplarische Porträt des Schriftstellers als eines asketisch sich dem Ideal verpflichtenden und die Gemeinschaft darüber vernachlässigenden »Arbeiters« (SW 17, 134) – so sah er sich damals – wird mit einem großen Fragezeichen versehen.

Gewisse anekdotische Details lockern die Schilderung im Übrigen komisch auf; der Bericht sollte nicht problemüberladen erscheinen, eher als beiläufige Plauderei – wie auch der nachfolgende Einschub, in dem der Erzähler von der Kündigung seines »Ateliers« Mitteilung macht; »aber man kann überall arbeiten, d. h. munter sein« (SW 17, 135), bemerkt er dazu, seine nunmehr gewonnene souveräne Lässigkeit vorführend. Wie die jedoch zuvor begründet wurde, bleibt gleichwohl atemberaubend:

> Alle schauten mich sentimental an oder taten so, weil sie glaubten, daß sich das schicke. Wir sind aber mit unserem Schicklichkeitsempfinden vielfach Narren. Welt und Schicksale rollen und tönen, das Ewige dreht sich, die große Gleichgültigkeit ist beständig um uns; wir sehen an schönen Abenden das, was wir Firmament nennen, sich nicht um uns kümmern, warum erleichtern wir uns nicht das Leben, derart, daß wir mehr Lässigkeit an den Tag legen? Wir sind noch sehr, sehr klein. (SW 17, 134)

»Hier flechte ich wieder wie ein Korbflechter eine Novelle ein« (SW 17, 135), sagt der Erzähler. Die Novelle ist zwar, ironisch aufgewertet, eine bloße Anekdote, aber sie gehört betont zum Ganzen des ›Korbes‹: Einem Beamten, den er kennenlernte, hat er Ratschläge hinsichtlich einer klügeren Behandlung seiner Ehefrau gegeben, nämlich sich, statt fortgesetzt ihren Willen zu erkunden und zu bedienen, lieber ungezwungen zu geben, sie zu überraschen und zu amüsieren. Der Erzähler lobt sich für sein altruistisches Engagement und hängt eine Betrachtung zu seinem eigenen Verhältnis zu Frauen an, wobei er sein anfänglich oft »unartig[es]«, das heißt »[u]nsoziales« (SW 17, 137) Benehmen als ursprüngliches, das heißt natürliches Vergnügen verteidigt.

Im Entwurf ging dieser Abschnitt dem autobiografischen Bericht des Erzählers voraus, gefolgt noch von der Besprechung eines Maupassant-Romans[5], die in der Endfassung ganz entfiel. Darin ging es um eine Salondame, die mit ihren Verehrern nur kühl spielt, womit sie dem in sie verliebten Helden Schmerzen bereitet. Der Erzähler fand diese Geschichte etwas »fade«, er hat den Autor im Verdacht, sie »bloß für Geld« (AdB 2, 499) geschrieben zu haben. Ihm selber würde es auch durchaus gefallen, eine kühl und unerreichbar bleibende Dame zu verehren. Dieser Reflex auf einen Leseeindruck erwies sich Walser nachträglich wohl zu sehr als ›loses Ende‹, das im übrigen Motivgewebe zu wenig Anschluss fand. Die veränderte Abfolge stellt hingegen das Exempel der radikal selbstbezogenen Künstler-Haltung, indem es nun unmittelbar an Friedhofszene und Klara-Episode anschließt, noch provokanter heraus, und die erst darauf folgende Beamten-Anekdote betont wiederum die wiedergewonnene Lässigkeit und gesellschaftliche Aufgeschlossenheit.

Übergangslos findet sich der Leser jetzt in einer ländlichen Idylle mit einem einfältig-redundant immer nur das Augenfällige aussprechenden Pfarrer wieder, der mit Frau und Tochter im Glück zu leben scheint und dem es »das ganze Jahr spielerisch und zugleich heilig zu Mut« ist. Das friedliche Bildchen wird, was es zunächst noch zu erhöhen scheint, auf dem Umweg übers liebe Vieh auf »Abrahams Zeiten« (SW 17, 137) rückprojiziert. Aber gerade damit brechen Dissonanzen in die scheinbare Harmonie hinein: Dem Erzähler fallen die Beinahe-Opferung Isaaks durch Abraham und auch noch die Verstoßung Hagars in die Wüste ein. Von ihr ist als von Abrahams Frau die Rede, obwohl sie eigentlich nur deren ägyptische Magd war, zugleich aber Abrahams Nebenfrau, an die ihn der Herrn höchstselbst verwiesen hatte, damit er mit ihr seinen erstgeborenen Sohn zeugte. Irrtum oder bewusste Überschreibung der biblischen Überlieferung: Die scheinbare Idylle ist dahin, von Gottes Grausamkeit zerstört – »[w]ie schade« (SW 17, 137), sagt der Erzähler.

Die Bedeutung dieses kleinen Abschnitts im Gesamtzusammenhang ist eines der schwierigeren Rätsel, die Walser uns stellt. Ich sehe darin eine verdeckte selbstkritische Anspielung auf das, was er in der zuvor angesprochenen Bieler Phase schriftstellerisch immer wieder versucht hatte: die Restitution der Idylle als eines Gegenbilds zur in Dekadenz und Kampf untergehenden modern-intellektuellen Kultur.

---

5 Von Echte und Morlang als *Notre Cœur* (1890) identifiziert, vgl. AdB 2, 495.

»Und nun berichte ich von einer Havelfahrt, zu der mich im Vorkriegszeitalter eine Künstlerfrau einlud« (SW 17, 137), fährt der Erzähler einfach fort. Ein heiteres Erinnerungsbild: Ausflug in angenehmer Gesellschaft, animierte Unterhaltung, träumerische Eindrücke von den Seen in der Berliner Umgebung, und, wieder in die Stadt heimgekehrt, zuletzt noch ein feines Souper. Die Bootspartie war von einem Offizier arrangiert worden, und beim Souper tat sich dessen Bursche »aus Takt« (SW 17, 139) drollig-linkisch hervor – wir sehen die guten alten Zeiten mit noch eindeutigen gesellschaftlichen Verhältnissen vor uns. Den Erzähler erinnern sie gleich wieder ans sagenhafte Altertum:

> Unsere Fahrt glich einer Kleopatrafahrt, die Havel dem Nil, und die Mark Brandenburg dem Land Ägypten. Rittergüter und Schlösser zierten das Ufer, das wie die Geduld aussah. (SW 17, 138)

An dem jüngeren Ich zeigt sich jedoch, gerade indem es seinen nachhaltigen Stolz vermerkt, als Witzerzähler und Komplimentemacher Erfolge gehabt zu haben, ein prekär-außenseiterisches Verhältnis zu den bürgerlich Etablierten. Als es den Spott der Dorfjugend über seinen absonderlichen Hut gutmütig hinnahm, wurde es von der Gastgeberin sogleich ob seiner »Weltliebe« (SW 17, 139) bewundert. Dagegen war es ein Fauxpas, als es einer Freundin von ihr den Arm um die Taille legte, und dass seine Handschrift »den exaktesten Aufschluss über« seine »Art und Weise« gibt, wie die Hausherrin beim Eintrag ins Gästebuch sagt, dürfte ihm kaum ganz recht gewesen sein. Solche Zuschreibungen einer offenliegenden Identität lösen Betroffenheit aus, das unterstreicht der folgende Einschub: Bei einer nächtlichen Begegnung hat dem Erzähler jemand auf die Auskunft, er sei Journalist, erwidert: »›So siehst du aus.‹« (SW 17, 139)

Noch vor diesem Apropos notiert er: »Vielleicht schreib' ich nächstens einen Aufsatz über Hofdamen.« (SW 17, 139) Diesen Einwurf möchte ich als selbstironischen Kommentar zu seiner anhaltenden Beschäftigung mit »Vorkrieglichkeit[en]« nehmen, mit inzwischen untergegangenen gesellschaftlichen Verhältnissen, zu denen er sich in Beziehung zu setzen versucht hatte, um einen Platz in der Welt zu finden. Und so kehren wir jetzt folgerichtig in die demokratischere Schweiz und die egalitärere Gegenwart zurück, das heißt auf den Friedhof als Schauplatz des Versuchs, sich den aufgeworfenen Fragen zu stellen und, Erfahrungen abwägend, die rechte Orientierung zu finden.

Ein lebendes Bild entsteht: Zunächst ist da eine Sängerin, die dem Erzähler auf der Platanenallee entgegenkommt. Ihr »Schweizerlied« (SW 17, 139) ist allumgreifend, es fasst Landschafts- und Geschichtswelt in eins, die engere heimatliche sowohl wie die weitere europäische. Die Wirkung dieser Kunst ist jedoch paradox: Der von ihr Ergriffene ist hin und her gerissen zwischen Bleiben- und Fortgehenwollen, Genügsamkeit und Begehrlichkeit. Zu diesen verführerischen »Freiheitstönen« der Kunst bildet nun eine andere, still auf einer Bank sitzende Frau, als »häusliche, wirtliche« (SW 17, 140) gekennzeichnet, den gebieterischen Gegenpol: Der Erzähler vermerkt auf der einen Seite »Gefälliges, Gebendes«, auf der anderen Vereinnahmung, das Festgehaltenwerden in der Alltagsrealität menschlicher

Beziehungen. »Ich schaute auf beide, und alles war eigentümlich still« (SW 17, 140): ein sich dehnender, gebannt und gespannt die Balance haltender Augenblick, das Ich in einem archimedischen Punkt. Die Verzauberung fällt allerdings mit dem ironisch-banalen Kommentar »Die Stimmung war jedenfalls ganz einfach großartig« wieder zusammen, und es folgt nicht etwa die Entscheidung, sondern – eine Abschweifung: »In der Nähe wußte ich eine die einstige Größe des Katholizismus kennzeichnende Ruine, worin auf weißem Gips die schönsten Ornamente prangten.« (SW 17, 140)

Hier haben wir sie endlich, fast am Ende des Prosastücks und nur in einem darüberschießenden Vorstellungsblitz aufleuchtend: die Ruine, die dem ganzen Text den so symbolkräftigen Titel leiht. Einmal eingeführt, weckt sie Assoziationen, nämlich ähnlich wie der Friedhof Gedanken an Vergänglichkeit und Untergang, nicht nur auf das Bauwerk bezogen, sondern gleich auch auf die zitierte Religionsgemeinschaft, der es sich verdankt, und deren einstige Bedeutung in der Welt. Andererseits ist da Bewunderung für die Schönheit der Relikte, an die sich sogleich geschichtliche Bildungsinhalte schließen: »Die Ruine stammte aus dem siebzehnten Jahrhundert. Was das für eine stilvolle Epoche war! Diese Großzügigkeiten.« (SW 17, 140f.) Es spricht sich ein kulturbewußt ›romantisches‹ Verhältnis zum Vergangenen aus, und dessen Reste geben in der Vorstellung prompt den angemessenen Rahmen für eine Dichterlesung vor weiblichem Publikum ab. Ist das eine resignierte Absage an die Gegenwart, passen Gedichte nur noch in Kirchenruinen, mit deren Gipsdekor als schmückendem Beiwerk und selbst nur noch ein schwaches Echo des vormaligen, auf Transzendentes ausgerichteten Kultus darstellend? Oder will Walser hier diese bürgerliche Auffassung ironisieren?

Ich glaube, er konstatiert einfach, gibt einer Diagnose des Zeitgeistes Ausdruck. In meiner Ausgabe habe ich mir in der Anmerkung zum Prosastück erlaubt, einen Brief von ihm an Frieda Mermet zu zitieren, in dem es im November 1925, also nicht lange nach der Entstehung des Textes, heißt:

> Man liest zur Zeit immer irgend etwas von der Ruine, d. h. Kirche zu Bellelay, die gesäubert vom Alltagsdreck werden soll, der mir persönlich so wunderbar gut gefiel, weil gerade er zum Noblen dieser historischen Architektur in einem so anziehenden, poetischen Gegensatz stand. […] Wie schön, wie hübsch fand ich es, in dem herrlichen, hohen, hellen Halbdunkel, in diesem Ruinenhaften, umherzuschwengeln und zu bengeln, und dann durch die Kegelbahn in's Eßzimmer mich von den Abenteuerlichkeiten zu retten. O, wie nüchtern, prosaisch, nützlich, hochanständig, fad ist unsere Zeit. Aber es hat vielleicht auch wieder sein Gutes, man kann dann davon seltsam abstechen. (Br, 248 [Nr. 272])[6]

Es muss, meine ich, diese inzwischen längst restaurierte Kirche des einstigen Prämonstratenserklosters Bellelay gewesen sein, an die Walser auch in seinem Prosastück gedacht hat. Er besaß einen hohen Sinn für das ›Poetische‹, das sich an Monu-

---

6 Nach dem Poststempel auf dem Briefumschlag zu datieren auf 10. 11. 1925.

menten historischer Baukunst zeigt, und zwar gerade in ihrem Verfall. Er hing am
Vergangenen und bekannte sich dazu, so ja auch in seinen Erinnerungen an ›vor-
kriegliche‹ gesellschaftliche Zustände. Aber das hieß nicht, dass er ›konservativ‹
gesinnt war, gar Restauration wollte. In der fad-nüchternen säkularisierten Moderne, der es allein auf Karrieretüchtigkeit, materiellen Erfolg ankommt und die ver-
drängt, was jenseits der rationalen Tageshelligkeit liegt, fühlte er sich als Außenseiter. Für ihn besaß das Poetische eben eine Affinität zum Ruinenhaften, zum nicht
mehr Verwertbaren, zwecklos Schönen und zugleich erhebend Geschichtsträch-
tigen.[7] Wer den Tod, die Sterblichkeit im Bewusstsein trägt, dem bietet sich die
Ruine als symbolischer Ort sowohl des subjektiven, Grenzen übertretenden ›Aben-
teuers‹ wie der Kunstübung an, so, wie er den Friedhof zur Bühne nehmen kann,
wo umgreifende Lebensentwürfe und Lebensentscheidungen erörtert werden.

Dort fliegt nun »auf eilenden Schritten ein Mädchen herbei« (SW 17, 141). Der
Erzähler, noch zwischen den beiden personifizierten Anspruchsmächten mit ihren
gegensätzlichen Geboten ›pendelnd‹ und ›tändelnd‹, steigert sich in einer Schlei-
fe der Beobachtung, Selbstbeobachtung und Reflexion zu der mystisch-paradoxen
Aussage empor: »Ich bin blind und sehe alles, bin stumm und rede, horche auf
nichts und bin der begabteste Horcher.« (SW 17, 141) Das Mädchen, die Geliebte
wirft ihm ein gebrochenes Versprechen vor, aber dem Ich wird jetzt das Emotionale
zu etwas rein Ästhetischem. Es entflammt bewundernd vor der so schön Erregten
und verweist sie nur auf die Ruine, die als »›prachtvolles, halbverfallenes Bauwerk
in der Nähe barock in die Luft emporlodert‹«. – »›Unsere Heimat ist uns eine unbekannte Bekanntheit, ein bewußtes Unbewußtes‹« (SW 17, 141) – dieser Gedanke weckt bei ihm ein Lächeln, das sie besiegt, und eine stumme Geste, unter den
Augen der beiden Frauen vor ihr ausgeführt, bringt die Lösung jeden Konflikts:
»Ich verbarg etwas Nehmendes, Egoistisches vor ihrem Blick, nämlich die Hände«
(SW 17, 142). (Im Bleistiftentwurf hieß es von den Händen noch zusätzlich: »die
ich ja dazu habe, um etwas, das mir gefällt, an mich zu nehmen.«[8]) Der unmittelbar darauf folgende knappe Schlusssatz des Prosastücks öffnet diese in hoher
subjektiver Erregung erlebte Szene wieder ins allgemein Menschliche und nimmt
sie zugleich ins Zufällig-Alltägliche zurück: »An der Hand seiner Mutter ging ein
Knabe vorbei.« (SW 17, 142)

Die befreiende Entsagung gegenüber der Geliebten, die auch für die gesamte
Mitwelt stehen könnte, war das Ziel, auf das der Text, durch seine diversen Stationen mäandrierend, hinsteuerte. Einen sicheren sozialen Ort hat das Ich nicht
gefunden, insbesondere blieb seine Beziehung zu Frauen, von der fast leitmotivisch

---

7 Vgl. auch das Gedicht »Sahen Sie schon einmal eine Ruine« (AdB 2, 333f.), dessen Entwurf nach der Datierung von Echte und Morlang aus der Zeit Dezember 1924/Januar 1925
stammt und in dem der Ruine »eine Lausbubenmiene« zugeschrieben wird: »Ich zweifle
nicht, Sie erlabten / sich sehr am Abgeschabten. / Es ist jugendlich und morsch, / hinkt
und ist forsch. In der Ruine / spiegelt sich Melusine. […] Die Art, wie sie spricht, / besitzt
Gewicht. / Ihr verwittertes Gesicht, / tönt's nicht wie ein Gedicht?«

8 Mikrogramm 509/I, Robert Walser-Archiv, Zürich.

die Rede war, heikel: anbetend verehrend, aber der Bindung sich entziehend. Hin und her gerissen zwischen den freiheitlichen Träumen der Kunst und der Macht der zwischenmenschlichen Verhältnisse, fand es auf dem Friedhof als Weltbühne der Geschichte wie des Lebens aber ausdrücklich ein leises bestätigendes Einverständnis der Geliebten, als es dort, die Grenzen von Vernunft und Bewusstsein anerkennend, zur menschlichen Natur als ›Heimat‹ ja sagte und alle begehrenden Ansprüche vor ihr aufgab.

Robert Walser hat in *Die Ruine*, wie ich den Text verstehe, einmal mehr Antworten auf existenzielle Fragen gesucht, die ihn zur Zeit seiner Entstehung sehr beschäftigten und umtrieben, ihn vielleicht schon in seiner seelischen Balance bedrohten – als 47-jährigen Mann, der sich vom einst hoffnungsvollen Schriftsteller definitiv zum hausierenden Feuilletonisten herabgekommen sah, der als ewiger Junggeselle und durch die Stadt nomadisierender Zimmerherr bürgerlich marginalisiert war und sich doch als Dichter fühlte.

Er lässt das räsonnierende Ich dabei zur paradigmatischen Figur werden, dessen Bewusstsein wird zu einer Art Prisma, in dem typische Fragen und Probleme der Moderne gebündelt und zugleich spektral zerlegt anschaulich werden: Fragen, die das Individuum in seinem Verhältnis zur Gesellschaft betreffen, seine Beziehung zu Jetztzeit und Geschichte, seine moralische und psychische Selbstanalyse, seinen weltanschaulichen Ort. Hoch zu bewundern ist die souveräne intellektuelle Unabhängigkeit, Wachheit und Offenheit dieses eigentlich philosophischen Diskurses, der sich äußerst verdichtet in literarischen Ausdruck kleidet, in mehr oder weniger verdeckte parabelhafte Erzählungen und raffinierte Sprachspiele.

Ich hoffe, meine Paraphrasen und Interpretationsversuche haben zumindest deutlich machen können, wie sehr die zunächst so heterogen erscheinenden Elemente dieser »Kombination«, die doch eher als quasi-musikalische »Komposition« anzusprechen wäre, aufeinander bezogen und motivlich wie gedanklich miteinander verwoben sind. *Die Ruine* und andere Groß-Prosastücke Walsers gerade aus der Mitte der 1920er Jahre bilden eine experimentelle Literaturgattung eigener Art, eine erzählerisch-essayistische Mischform mit mehreren darstellerischen Ebenen und starken selbstreferentiellen Anteilen, deren Leistung, wie ich meine, noch nicht genügend erkannt und anerkannt ist. Es lag mir daran, in diesem Sinne womöglich eine Anregung zu geben und an einem Beispiel zugleich zu zeigen, wie der Rückgriff auf den Mikrogrammentwurf – hier durch die bereits geleistete Vorarbeit von Bernhard Echte und Werner Morlang erleichtert – geeignet sein kann, Vorgehensweisen und Intentionen des Autors zu erhellen und damit hermeneutische Ansätze zu stützen.

Vielleicht ist auch erahnbar geworden, wie nah unser Text tatsächlich mit dem ›Räuber‹-Roman verwandt ist; dies noch auszuführen, hätte den Rahmen leider gesprengt.

Lucas Marco Gisi (Basel)

GESCHICHTSDENKEN BEI ROBERT WALSER AM BEISPIEL VON *DER HÖHLENMENSCH*

»Schläfern uns die Zivilisation, die Bequemlichkeit, der Luxus ein? Ist das Natur-hafte das Aufrüttelnde?« (SW 17, 144) fragt der Erzähler in Walsers Prosastück *Nachtgedanken* (1925). Walsers Reflexion der eigenen Zeit erfolgt auffällig oft über den Entwurf historischer ›Lebenswelten‹.[1]

Sein Geschichtsdenken äußert sich dabei vornehmlich in zwei Modi des geschichtlichen Vergleichs. Zum einen durch einen Blick auf die Gegenwart mit-tels einer Parallelisierung historischer Epochen – etwa indem Erzähler oder Figuren in entfernte, oft idealisch gestaltete Zeiten versetzt werden. Zum andern mittels der Kontrastierung von ›Jetztzeit‹ und Vergangenheit, wobei hier die Entgegensetzung von einer durch Antagonismen geprägten Vergangenheit und deren Nivellierung in der Moderne dominiert.[2]

Die Untersuchung des Geschichtsdenkens erweist sich als besonders relevant, weil sich damit die Frage nach Walsers ›Modernität‹ aus einer anderen Perspektive stellt. Nicht als Zuschreibung von externen Merkmalen von ›Modernität‹, sondern in der ursprünglichen Bedeutung des Begriffs ›Moderne‹ als relationaler geschichts-philosophischer Kategorie, anhand der sich das Selbstverständnis einer Zeit über die Positionierung gegenüber der Vergangenheit artikuliert.

Meine Lektüre des Prosastücks *Der Höhlenmensch* (vgl. SW 16, 357–363) ver-steht sich als eine Kontextualisierung in drei Richtungen: erstens innerhalb des zeitgenössischen Interesses an der geschichtlichen Urzeit, zweitens innerhalb der Diskurse um die so genannte Krise des Historismus und schließlich drittens inner-halb von Walsers Werk.

Der Höhlenmensch erscheint am 31. Mai 1918 in der *Neuen Zürcher Zeitung* und bündelt zentrale Elemente von Walsers Geschichtsdenken. Gleichzeitig legt der Text unter der Oberfläche auch Zeugnis von einem radikalen Bruch innerhalb dieses Geschichtsdenkens ab. Zudem belegt er, dass Walser in der Bieler Zeit nicht

---

1 Vgl. Greven: *Figuren des Widerspruchs*, S. 174–176.
2 Diese Entgegensetzung hat eminente poetologische Konsequenzen, wie sich an Walsers Aus-einandersetzung mit der Gattung der Novelle zeigt. Nach ihm beraubt die fehlende Span-nung zwischen Normen und Individualität in der Moderne die Literatur ihrer Stoffe; vgl. Unglaub: *Robert Walser*.

bloß weltabgewandt Idyllen schreibt,[3] während Europa die Realität des Krieges erfährt. Vielmehr durchziehen die zivilisations- und kulturkritischen Diskurse der Zeit – wiewohl oft verdeckt – sein Werk. Walsers Texte bilden dabei meist Aussagen zweiter Ordnung. Das heißt die Zeitdiskurse werden mal kommentierend überschrieben, mal ironisch unterlaufen und müssen vom heutigen Rezipienten erst rekonstruiert werden – was oft dazu verleitet hat, Walser außerhalb seiner Zeit zu situieren. In den Feuilletons der Bieler Zeit schimmert die Verunsicherung in Walsers Geschichtsdenken, in der Beurteilung des Verhältnisses zwischen Vergangenheit und ›Jetztzeit‹, immer wieder durch. Er beklagt das »Nützlichkeitswesen« der eigenen Zeit, schränkt aber gleich wieder ein: »Es kann sein, daß uns die Vergangenheit manchmal nur allzu schön vorkommt.« (SW 16, 211 f.) Er bezeichnet sich ironisch als

> Mitglied und sicherlich in jeder Hinsicht beglückwünschenswerter Anteilhaber
> und -nehmer einer bekanntermaßen ohne Zweifel und ohne jede lange und ban
> ge Frage an denkbar höchster Spitze von Kulturerrungenschaft und Fortschritt
> wie Bildung, Menschlichkeit usw. angelangten, in bezug auf schlagende, klaffen
> de Beweise tatsächlicher Veredelung vermutlich kaum noch zu überflügelnden
> – Jetztzeit (SW 16, 49).

Doch ihm träumt von der »bösartige[n] Sippschaft, genannt zivilisierte Menschen« (SW 16, 176), und er stellt fest: »Aufgeklärt ist längst alles. Was hab' ich davon? Manches erkenne ich. 's ist etwas und nichts.« (SW 16, 119)

Im Stil der für Walser typischen Rollenprosa maskiert sich das Prosastück *Der Höhlenmensch* als Vortrag über die Urgeschichte. Das Leben des Höhlenmenschen sei – auch wenn Quellen fast gänzlich fehlten – fraglos »überaus eintönig« gewesen. Der Text listet die ›Mängel‹ auf, unter denen dieser litt; von den »höchst wahrscheinlich dumpfen, sumpfigen Stein- oder Eiszeiten«, über die etwas behaglichere Zeit der Pfahlbauer bis sich durch Karl den Grossen »Fortschritt und Zivilisation« (SW 16, 357) durchsetzen konnten.[4]

Anschaulich werden Aussehen, Kleidung, Wohnung, Lebensweise und Kultur des Höhlenmenschen geschildert, jeweils in Antithese zu den Vorzügen der modernen Zivilisation. Zwar gibt der Redner vor, kaum der Rede werte »Allgemeinverständlichkeiten« (SW 16, 363) zu referieren, doch der Plausibilität der menschlichen Fortschrittsgeschichte widersprechen auf stilistischer Ebene bereits die gespielte Naivität und Umständlichkeit des Vortrags.

---

3 So idealisiert Walser etwa die Kleinheit und Zartheit eines Blumenstraußes im Gegensatz
   zur Größe eines »Kohlenbergwerk[s]«, einer »Massendemonstration«, von »Flugmaschinen«
   oder »Riesenkanonen« (SW 16, 34).
4 Vgl. die Skizze der Evolution der »literarische[n] Bemühungen« von den Römern bzw.
   Pfahlbauern bis in die Gegenwart im Prosastück *Die literarische Schweiz* (1931/32). »Einst
   zogen die Römer kulturbringend durch das Schweizerland. Schon vor ihnen mögen Ansiedelungen respektabler Art vorgekommen sein.« (SW 20, 421)

Seit Ferdinand Keller 1854 die Pfahlbauten an Schweizer Seen entdeckt hatte, ergriff das Land ein regelrechtes ›Pfahlbau-Fieber‹[5]. Flankiert durch Höhlenfunde reichen die Wellen der Begeisterung für die menschliche Frühzeit weit ins 20. Jahrhundert. Die bedeutsame Sammlung von Gegenständen aus dem Paläo- und Neolithikum im Museum Schwab in Biel musste Walser seit seiner Schulzeit bekannt sein.[6]

Die Zeit der Höhlenbewohner und Pfahlbauer ist bereits im letzten Drittel des 19. Jahrhunderts Teil des Geschichtsunterrichts. Walsers Beschreibung der ›Lebenswelt‹ des Höhlenmenschen erinnert teilweise bis in den Wortlaut an die Unterrichtsmittel der Zeit um 1900.[7] Allerdings mit einer entscheidenden Umwertung: Während diese die einigermaßen beachtlichen Kulturleistungen gerade der Pfahlbauer hervorheben,[8] betont Walser – jedenfalls an der Textoberfläche – gerade deren »Mangelhaftigkeit« (SW 16, 358).

Wie gegen Ende von Walsers Text bildet auch in den Schulbüchern und populären Darstellungen über die Pfahlbauten die Dankbarkeit gegenüber den Kulturbemühungen der Vorfahren die didaktische Maxime.[9] In dieser kontrapunktischen Überschreibung des Schulstoffs gründet Walsers naiv anmutende und dadurch ironisch wirkende Darstellung.

Indem sie ihren ›Nullpunkt‹ offen legen, restituierten die archäologischen Entdeckungen der Schweiz die Ganzheit ihrer Geschichte: von den mit lebenden unzivilisierten Völkern vergleichbaren Kulturen der Frühzeit bis in die zivilisierte Gegenwart. Bei Victor Gross heißen die ersten Bewohner des Bieler- und Neuenburgersees entsprechend »Les Protohelvètes«[10]. In darwinistisch grundierten bzw. evolutionistischen Kulturgeschichten und in mit Methoden einer komparativen Ethnologie arbeitenden Schriften zur Paläontologie erscheint die Frühzeit als Ausgangspunkt einer von Stufe zu Stufe höher steigenden Zivilisation.[11]

Tatsächlich ist die Betrachtung des Höhlenmenschen aus der Perspektive eines geschichtsphilosophischen Fortschrittsdenkens auch das Thema von Walsers Text. Bei Mitgliedern der »sozusagen auf annähernd höchster Kulturspitze angelangter menschlicher Gesellschaft« müsse sich die »felsenfeste Überzeugung, daß er [der Höhlenmensch] auf unsäglich niederer Stufe stand« (SW 16, 361) von selbst aus-

---

5 Vgl. *Pfahlbaufieber. Von Antiquaren, Pfahlbaufischern, Altertümerhändlern und Pfahlbaumythen. Beiträge zu »150 Jahre Pfahlbauforschung in der Schweiz«.*

6 Vgl. Bähler: *Biel und seine Umgebung.*

7 Vgl. Schraner: *Die Höhlenmenschen*, S. 65–90, u. Dändliker: *Kleine Geschichte*, S. 4–6.

8 Walser bezeichnet die Pfahlbauer als Erfinder der Architektur. Zeitgleich wurde Le Corbusier vom Pfahlbau-Fieber zu seinen Bauten auf ›Pilotis‹ angeregt; vgl. Vogt: *Le Corbusier.*

9 Vgl. Reinerth: *Pfahlbauten*, S. 3.

10 Vgl. Gross: *Les Protohelvètes.*

11 Vgl. Heierli: *Urgeschichte*, S. 3–10, 66–92, 158–200 u. 256–303; Müller: *Der Mensch*, S. 1–11 u. 53–60; Reinerth: *Pfahlbauten*, S. 10f. Vgl. über ein menschenscheues »Unikum« in *Eine Weihnachtsgeschichte*: »Es war, als rede ein Bär oder ein Mensch aus der Eiszeit, eine Art Australier.« (SW 16, 62)

bilden. Dieser könne bei jenen nichts als »Mitleid« und »Grauen« (SW 16, 358, 360) provozieren.[12]

Seit dem Ende des 19. Jahrhunderts bis in Walsers Zeit lösten die Funde von Skeletten in Höhlen auch Kontroversen innerhalb der physischen Anthropologie aus. Rückten die einen Schädelmessungen den Urschweizer in verwandtschaftliche Nähe zum Neandertaler oder Hottentotten, so konstatierten neuere Forschungen eine mit dem lebenden Menschen weitgehend identische Schädelbildung, was etwa für den Arzt Rudolf Virchow belegt, »dass diess Fleisch von unserm Fleisch und Blut von unserm Blute war«[13].

Auch Walser fragt, ob der Höhlenmensch schon Sprache, Verstand und Moral besaß (vgl. SW 16, 360). Und erinnert den zivilisierten Menschen zugleich daran, was er dem Höhlenmenschen verdankt, denn: »Wo wären wir, wenn er gewankt, versagt oder die mühsalbeladene Geduld verloren hätte?« (SW 16, 362f.)[14]

Die »Kulturspitze«, von der die Fortschrittsgeschichte der Menschheit betrachtet werden kann, ist bei Walser allerdings bloß eine ›scheinbare‹. Auf die rhetorische Frage, welche nennenswerten »kulturellen Einrichtungen« der Höhlenmensch vorweisen könne, folgt die Antwort: »Ich wage der Meinung zu sein, daß er sich auf ein absolutes Nichts stützte.« (SW 16, 358)[15] Das »absolute Nichts« des Höhlenmenschen erscheint als geschichtliche Transponierung der Verweigerung einer individuellen Entwicklung des Jakob von Gunten, dessen Streben, eine »reizende, kugelrunde Null« (SW 11, 8, auch 53, 43, 164) zu werden, die internalisierte Maxime des Instituts Benjamenta ist.

Der Bruder rät Jakob eine »Null« zu sein, da es »nichts Erstrebenswertes« gebe und das »Schöne« und »Gute« in der modernen Welt bloß noch geträumt werden könne:

Es gibt ja allerdings einen sogenannten Fortschritt auf Erden, aber das ist nur eine der vielen Lügen, die die Geschäftemacher ausstreuen, damit sie um so frecher und schonungsloser Geld aus der Menge herauspressen können. Die Masse, das ist der Sklave von heute, und der Einzelne ist der Sklave des großartigen Massengedankens. (SW 11, 66f.)

Was hier konstatiert wird, ist die Diskrepanz zwischen einer Massenideologie des Fortschritts und der Realität verunmöglichter Entfaltung des Individuums. Die Frage, ob dessen ›Nullpunkt‹ vor oder jenseits der bzw. in einer höheren Kultur lie-

---

12 Vgl. die ursprüngliche ideale ›Lebenswelt‹ in *Notizen*; sie lässt sich als positives Gegenbild zur Frühzeit in *Der Höhlenmensch* lesen (vgl. SW 16, 391f.).

13 Virchow: *Préface*, S. vi; auch Staub: *Die Pfahlbauten*, S. 80.

14 Vgl. die Darstellung der mittelalterlichen Ritter als »›Kulturpioniere‹« im *Aufsatz* von 1931 (SW 18, 195f.).

15 Bezüglich des Wagnisses, sich in das »Gebiet freien Schriftsteller- oder unabhängigen Dichtertumes« zu begeben, wird in *Zwei Männer* das ›Nichts‹ auf die individuelle Entwicklung übertragen: »Er verglich sich mit einem hilflos dem Verderben überlieferten armen, kleinen, weinenden Kind. [...] Auf was würde er sich von nun an stützen können als auf ein Nichts?« (SW 16, 197)

ge, wird von Jakob explizit gestellt: »Sind wir Produkte einer höheren Kultur, oder sind wir Naturkinder?« (SW 11, 93)

Auch im Prosastück *Bedenkliches* (1910) wird das Selbstverständnis der Kulturliten der »schwatzhaften Moderne« (SW 15, 119) beklagt, deren gesellschaftlicher Status nicht den Fortschritt, sondern vielmehr »Zerklüftung, Zerflatterung und Zerfaserung« (SW 15, 120) und letztlich einen Niedergang repräsentiere. Im Roman von 1909 vermag der Protagonist – wie Peter Schlemihl – durch seine Flucht vor »dem, was man europäische Kultur nennt« (SW 11, 162), einen Nullpunkt der Kultur jenseits der Kultur zu imaginieren. Im Prosastück von 1918 hingegen ist es das Fortschrittsgeschichtsmodell selbst, das zur Diskussion gestellt wird. Eine Auflösung auf einer ›höheren‹ Ebene der Kultur erscheint nicht mehr möglich.

Das »absolute Nichts« findet in *Der Höhlenmensch* zunächst als doppelte Negation Ausdruck: »An Mangelhaftigkeit litt er nicht den allergeringsten Mangel.« (SW 16, 358) Das ›absolute Nichts‹ führt aber direkt in eine Aporie: Der auf die Urzeit zurückblickende moderne Mensch wird »an den Menschen, der er schließlich ist, erinnert« (SW 16, 362). In der Doppeldeutigkeit der Formulierung – der Humanismus gegenüber den Mühen der Vorfahren wie die Humanität des ›vorkulturellen‹ Menschen selbst – erscheinen Natur und Kultur des Menschen, Höhlenmensch und Zivilisierter, absoluter Nullpunkt und »annähernd höchste[ ] Kulturspitze« zirkulär aufeinander bezogen. »Wir sind Arbeiter, Christen! Er aber, was war er? Rund um ihn war alles derart, wie weder ich es sagen kann, noch er erfaßt haben wird.« (SW 16, 362)

Die Fortschrittsgeschichte erweist sich als Aporie: Wie dem ursprünglichen Menschen ihr Telos unbekannt bleiben muss, ebenso wenig kann der moderne Mensch ihren Ursprung erkennen. Beide, der Höhlenmensch und der Kulturmensch, bleiben ganz an ihre Gegenwart gebunden.

Die Skepsis gegenüber einer Fortschrittsgeschichte, die in Walsers *Der Höhlenmensch* durchscheint, zeigt eine gewisse Nähe zu den 1905 posthum erschienenen *Weltgeschichtlichen Betrachtungen* Jacob Burckhardts, dessen 100. Geburtstag 1918 mit beträchtlichem Medienecho begangen wurde. Das geschichtsphilosophische Problem, das Burckhardt artikuliert, ist die Unmöglichkeit, einen objektiven Maßstab für den Vergleich historischer Zeitalter zu fixieren. Die Zuschreibung von Glück und Unglück geschichtlicher Epochen, die Annahme von Blüte- und Verfallszeiten kritisiert er als »optische Täuschung«, die ihre Ursache in den aus »Selbstsucht«[16] gezogenen Analogieschlüssen von der Gegenwart auf die Vergangenheit habe.

Was sich in Walsers Text abzeichnet, ist die 1922 vom Religions- und Geschichtsphilosophen Ernst Troeltsch konstatierte »Krisis des historischen Denkens«[17] als Resultat der durch Weltkrieg und Revolution auf die Probe gestellten teleologischen Geschichtsphilosophien. Walsers Text grundiert – um mit Rein-

---

16 Burckhardt: *Werke*, Bd. 10, S. 527 u. 532.
17 Troeltsch: *Der Historismus*, S. 4 u. 6f.

hart Koselleck zu sprechen – eine Asymmetrie zwischen »Erfahrungsraum« und
»Erwartungshorizont«[18], zwischen der Erfahrung des Krieges mit der daraus resultierenden Unmöglichkeit zu bestimmen, was der Mensch überhaupt ist, und einem
geschichtlichen Fortschrittsdenken. In Walsers Prosastück indes findet diese Asymmetrie ihre Repräsentation gerade im Paradox der Ironie.

Der Schluss von Walsers *Der Höhlenmensch* scheint merkwürdig: Der Text endet
mit einem Lob auf »das, was wir im Augenblick begreifen können« (SW 16, 363).
Die Krise des Historismus versucht Walser durch den ›Präsentismus‹ zu überwinden. Die Prävalenz der Gegenwart resultiert nach François Hartog aus der Erschütterung der Ordnungen der Erfahrung von Temporalität und führt als Antwort
auf die Krisensituationen des 20. Jahrhunderts bis in unsere Gegenwart.[19] Noch
in einem Manuskript von 1926/27 lokalisiert Walser den ›Motor‹ des geschichtlichen Fortschritts in der »Zivilisationslust« des Menschen, seinem »Willen[ ] zum
Leben«. Wie *Der rote Faden* ziehe sich dieses »Ich will« der Klio durch die Welt-
geschichte, vom »Verlust des Paradieses« über das Mittelalter bis zu den »Entde-
ckungsreisen« (SW 19, 186f.). In der Gegenwart jedoch sei die Entwicklung zu
einem »einstweilige[n] Stillstand« (SW 19, 189f.) gekommen.

Dem Präsentismus kommt in Walsers Geschichtsdenken vom Motiv des Rousseauschen ›Promeneur‹ bis ins Spätwerk eine zentrale Stellung zu. Das Gegenstück
zu der bloß noch in der Negation formulierbaren Entwicklung der Protagonisten
in den Berliner Romanen ist eine Zentrierung auf die Gegenwart.[20] Das Problem
der Relation zwischen Vergangenheit, Gegenwart und Zukunft reflektiert Walser
noch auf dem Mikrogrammblatt 195b. Walser beklagt hier eine die Gegenwart
erstickende Orientierung an vergangenen Kulturleistungen:

> Unsere hastige, unruhige Zeit blickt ja viel zu sehr auf Vergangenes […]. Warum
> glauben wir nicht mutig an die Zeit, in der wir leben? Alles dieses aus einstiger
> Schaffensgröße bewunderungsvoll Hervorgeholte, meine ich, schade uns. (AdB
> 1, 225, auch 227)

Simon Tanners Präsentismus – »Ich will keine Zukunft, ich will eine Gegenwart
haben« (SW 9, 44) – war noch unter umgekehrten Vorzeichen formuliert: Während die Figuren in Walsers frühen Romanen die Gegenwart gegenüber einer
Entwicklung, einer Zukunft zu behaupten suchen, sieht sich das Erzähler-Ich des
Spätwerks veranlasst, die Gegenwart gegenüber einer traditionsbeladenen Vergangenheit zu verteidigen.

Walsers Eintreten für die Gegenwart tönt wie das ferne Echo einer durch Nietzsche angeregten Kulturkritik. Dieser hatte in seiner *Zweiten Unzeitgemäßen Betrachtung* vor einer das Leben erstickenden Historie gewarnt.[21]

---

18 Koselleck: *Vergangene Zukunft*, S. 349.
19 Vgl. Hartog: *Régimes d'historicité*, S. 119–127.
20 Vgl. dazu auch den Beitrag von Peter von Matt in diesem Band.
21 Vgl. Nietzsche: *Sämtliche Werke*, Bd. 1, S. 243–334.

Walser enthielt sich weitgehend expliziter Kommentare zur Katastrophe des Ersten Weltkriegs, die durch den Verlust von Publikationsmöglichkeiten im deutschsprachigen Ausland auch einer persönlichen Katastrophe gleichkam.[22] Trotzdem
hat er sich nur scheinbar in ›zeitferne‹ Idyllen geflüchtet. Der Text, dem diese Lektüre galt, belegt vielmehr Walsers Suche nach einem ›historischen Ort‹, aus dessen
Perspektive sich die Gegenwart erschließen ließe.

Allerdings führt gerade diese Suche zur Einsicht, dass die weltgeschichtliche
Betrachtung kein ›kosmisches Exil‹ kennt und wird damit zum – über die Ironie
formulierten – Ausdruck eines erschütterten Geschichtsdenkens.

Das Prosastück erschien im Feuilleton der *Neuen Zürcher Zeitung*. Den oberen Teil der Seite füllen Kriegsberichte, Walsers darunter stehendem Text kommt
gleichsam der Status einer historischen Annotation zu. Die Suche nach dem
geschichtlichen Ort des Höhlenmenschen führt über die Urzeit in die Schützen-
gräben der Gegenwart.

---

22 Vgl. Mächler: *Ein Friedensfreund.*

Jan Loop (London/Bern)

»GOTT IST DAS GEGENTEIL VON RODIN.«
WALSERS MARKT UND DAS PHÄNOMEN DER VERMISCHUNG

Das kurze Prosastück *Markt*, an dem die folgenden Überlegungen entwickelt werden sollen, erscheint 1908 in der *Neuen Rundschau* und 1913 in der Sammlung *Aufsätze*. Eingerahmt ist der Text zeitlich und in der Buchpublikation von Walsers Großstadtschilderungen aus den Berliner Jahren.[1]

Er hebt an mit einer bildhaften Beschreibung einer Marktszenerie und lässt den Leser dann unvermittelt über folgende rätselhaft anmutende Stelle stolpern:

> Man steht so, und dann tut man einen Schritt. Man tut. Es kommt so genau nicht darauf an, ob der geplante, probierte und ausgeführte Schritt ein wahrhaftiger Schritt ist. (GWJ I, 293)

Diese Sätze thematisieren ein Tun, dem auf einer ›wahrhaftigen‹ Ebene nichts Wirkliches korrespondieren muss und können so ungezwungen als Hinweis auf den fiktiven Charakter des vorliegenden Textes gelesen werden. Forciert man diese Interpretation, lässt sich die Stelle aber auch als ein für den frühen Walser typisches poetisches Programm deuten, das *Markt* in geradezu paradigmatischer Weise einlöst und in dessen Kontext auch seine ›Poetik des Kleinen‹, um die es hier gehen soll, gesehen werden muss: Es ist ein lakonischer Hinweis auf ein fiktionales Spiel, das auf einer Oberfläche etwas zu tun vorgibt, das es in Wirklichkeit gar nicht einlöst.

Auf den vorliegenden Text bezogen bedeutet dies, dass hier ein Reigen von wertbesetzten Gegensätzen inszeniert wird: Erst werden die Gegensätze einer ans Groteske grenzenden Inversion unterworfen[2], dann wird die Umwertung, sozusagen durch die Hintertür, wieder abgeschliffen und eingeebnet. Es handelt sich also um die übertragene Beschreibung eines sprachlichen Tuns, das vordergründig eine Umkehr von Werten evoziert, sich dabei aber gleichzeitig jeglicher Verbindlichkeit und Inanspruchnahme von Wahrhaftigkeit entzieht und damit nicht nur die Gültigkeit aller überkommenen Ordnungs- und Orientierungsmuster in Frage stellt, sondern den Fokus gleichzeitig auf dieses ordnende und wertende Tun selbst zurückrichtet.

Die Sonne – Symbol von Größe, Ewigkeit, Erhabenheit und Einzigartigkeit – wird in den Dienst von Dingen gestellt, »die Haushaltungen und Familien tag-

---

1 Walsers kleine Prosatexte aus und über Berlin wurden 2006 von Jochen Greven neu herausgegeben; vgl. Walser: *Berlin gibt immer den Ton an.*
2 Zur poetischen Methode der Inversion bei Walser vgl. Söring: *Innovation durch Inversion.*

täglich nötig haben« (GWJ I, 292). Sie, die sonst selbstherrlich ihre Bahnen zieht, wird zur Beleuchterin einer Ansammlung von Alltagsgegenständen degradiert, und es wird mithin auf der sprachlichen Ebene ein Umsturz von Hierarchien evoziert: Ist es gewöhnlich die Sonne, die wie ein orientalischer Despot »herrisch und träge« herumliegt, so sind es nun schlechterdings Würste, die ihre ganze Pracht entfalten dürfen, es ist das Fleisch, das mit Herrschaftsinsignien ausgestattet »prahlt« und »prunkt« und »stolz« und »purpurrot« (GWJ I, 292) am Haken hängt.

Die unscheinbare ›Nature morte‹ wird ins Rampenlicht gestellt, und die Beschreibung spielt nicht zuletzt mit dem in der Textmitte angerufenen Vanitasmotiv auf frühneuzeitliche Stillleben an: Alles erinnert »ans lebhaft Vergängliche« (GWJ I, 293) – Esswaren und Küchengeschirr, Kleidungsgegenstände, ein Hut, eine Schürze und Abfälle, ein Hosenknopf und ein Strumpfband – triviale, weggeworfene und vergängliche Dinge werden benannt, in den Vordergrund gerückt und mit Ausdruck, Persönlichkeit und Leben versehen. So beginnt Gemüse zu grünen und zu lachen, während Apfelsinen neben schwimmenden Fischen miteinander scherzen.

Diese Bewegung vom Einmaligen und Ewigen zum Kleinen, Austauschbaren und Vergänglichen wird am Schluss des Textes auf den Punkt gebracht: Aus allen angebotenen Waren wählt der Erzähler für sich das kleinste Ding aus – eine Nuss: »Übrigens habe ich ein Pfund Wallnüsse eingehandelt. […] Ich esse so ziemlich alles gern, aber wenn ich Nuß esse, bin ich direkt glücklich.« (GWJ I, 294) *In nuce* verdichtet sich in diesem letzten Satz mit dem Glücksversprechen, das er mit dem Verspeisen einer Nuss verbindet, die den gesamten Text bestimmende Affirmation von Einfachheit und Bescheidenheit und die rhetorische Umkehrung von etablierten Wertungen.

Mit der Beschreibung eines bäuerlichen Wochenmarktes bedient Walser die Klischee-Vorstellung des Städters vom idyllischen Landleben. Er greift damit aber auch einen Topos auf, der als Ort der Inversion etablierter Wahrheiten und Ordnungen eine jahrhundertelange literarische und ikonografische Tradition hat. Mit der dort herrschenden derb-ländlichen Sprache, der Präsenz von Körperlichkeit, von Esswaren und Gerüchen, mit seiner familiären und ungezwungen Atmosphäre bildet der Markt seit je eine exterritoriale Insel in der Welt offizieller Ordnung und Ideologie.

Bachtin hat den Markt denn auch als den ausgezeichneten Raum der Groteske in den Mittelpunkt seiner *Rabelais*-Interpretation gehoben und als den Ort definiert, »wo das Hohe und das Niedrige, das Heilige und das Profane gleiche Rechte genießen und einen freundschaftlichen sprachlichen Reigen bilden«[3]. Bereits Bachtin verwies in seiner Analyse von Rabelais' ›Marktsprache‹ auf Parallelen zu Gemälden der flämischen und holländischen Schulen. Dort wird der Markt im 16. und 17. Jahrhundert zu einem beliebten Sujet der Genremalerei, in der sich Stilllebendarstellungen mit profanen Alltagsszenen anonymer bäurischer Figuren

---

3 Vgl. insbesondere das Kap. *Die Sprache des Marktplatzes*, in: Bachtin: *Rabelais*, S. 187–237, hier S. 200.

mischen und die als solche neben die Gestaltung sakraler oder heroisch-historischer Motive treten.[4]

Diese bildliche Tradition des ›Genus humile‹, der Nivellierung von Profanem und Sakralem ruft auch der Beobachter in unserem Text nicht zuletzt mit der pointierten Abgrenzung gegenüber einer klassizistischen Tradition der Darstellungen wohlgeformter menschlicher Körper auf, die er in Rodin exemplifiziert sieht:

> Unfeine Menschenfiguren mahnen so recht an die Erde, an das Landweben und -leben, den Gott selbst, der sicher auch keinen gar so übertrieben schönen Leib hat. Gott ist das Gegenteil von Rodin. (GWJ I, 293)

Dieser lakonischen Bemerkung lassen sich Bildbeschreibungen von Walser an die Seite stellen, die wiederum die Inversionsbewegung von Hohem und Niedrigen ins Zentrum rücken:[5] Zu denken ist etwa an die Beschreibungen von van Goghs *Arlesienne (Madame Ginoux)* (1888)[6], ein Gemälde, das weiter nichts sei, als das Bild einer Frau aus dem täglichen Leben: »Ein Mensch, wie wir alle.« (GWJ VIII, 341) Doch genau in dieser »Geringfügigkeit« sieht der Betrachter »das Große, das Ergreifende, das Erschütternde«: »So großartig wie schlicht; so ergreifend wie still; so bescheiden wie hinreißend schön ist das Bild der Frau aus Arles.« (GWJ VIII, 58f.)

Pointierter noch auf die erwähnte frühneuzeitliche Bildtradition der ›Sakralisierung‹ des Profanen bezieht sich der Text *Untergasse* von 1912. Die unscheinbare Bieler Kleinstadtgasse erscheint dem Dorfflaneur dort wie »eine Straße in Jerusalem [...], in die Jesus Christus, der Erlöser und Befreier der Welt, bescheiden hineinreitet«, und sie erinnert ihn dabei an »gewisse rührend schöne rembrandtische Darstellungen aus der biblischen Geschichte«, in denen das »Geringfügige und Demütige so wunderbar gestaltet« (GWJ VIII, 130) sei. Auch *Untergasse* gewinnt seine rhetorische Dynamik aus einer steten Koppelung und Inversion von Gegensätzen und einer Bewegung vom Großen zum Geringen, die bereits in den ersten Zeilen zum Thema gemacht wird: Explizit grenzt der Erzähler dort die Beschreibung der Untergasse von »Schilderungen und Beschreibungen von Avenuen und Prachtstrassen« ab:

> So viel ist jedenfalls ziemlich sicher, daß ich mich durch Schilderungen und Beschreibungen von Avenuen und Prachtstraßen in der Überzeugung und im

---

4 Vgl. hierzu exemplarisch Wied: *Markt- und Küchenstilleben.*

5 Walsers Bildbeschreibungen wurden von Bernhard Echte gesammelt und 2006 herausgegeben; vgl. Walser: *Vor Bildern.*

6 1912 erschien in *Kunst und Künstler* die kurze Bildbeschreibung *Zu der Arlesierin von van Gogh* (vgl. GWJ VIII, 58–59). Sechs Jahre später veröffentlichte Walser in der *Neuen Zürcher Zeitung* nochmals einen kurzen Text *Das Van Gogh-Bild* (vgl. GWJ VIII, 339–342). Er habe bereits einmal einen Aufsatz darüber geschrieben, heißt es dort. »Der Inhalt des Aufsatzes ist mir entflogen, weshalb ich ihn zu erneuern wünsche, was hierdurch geschehen ist.« (GWJ VIII, 342)

angenehmen Glauben, daß die Untergasse auf ihre Art schön sei, keineswegs beirren lasse. (GWJ VIII, 130)

Im Falle des vorliegenden Textes *Markt* verschärft die oben erwähnte paratextuelle Stellung zwischen Walsers Schilderungen des Lebens und Treibens der Großstadt diese Inversionsbewegung noch einmal. Explizit verweist der Text selbst auf den Gegensatz von Stadt und Land: »Der Markt läßt immer ein Stück Landahnung im Stadtviertel zurück, gleichsam, um es aus seinem monotonen Hochmut aufzurütteln.« (GWJ I, 294) Diese Bemerkung fordert geradewegs dazu auf, den Wochenmarkt als ländliches Gegenstück zu den großen städtischen Kaufhäusern zu lesen, die um die Jahrhundertwende die Physiognomie Berlins veränderten und die deutsche Hauptstadt mit dem von Walter Benjamin beschriebenen Paris und seinen Passagennetzen vergleichbar machten.[7]

Der Marktschreier – »Drei Abbelsinen for'n Jroschen« (GWJ I, 293) – erscheint dann als das lebendige Gegenstück zu den abstrakten Leuchtreklamen und Werbetafeln, die die *Friedrichstraße* zieren (vgl. GWJ I, 298); die hier benannten und hervorgehobenen Waren sind noch eingerahmt in ihre bäurisch-ländliche Produktionsumgebung und verströmen den Geruch von Leben und Tod, von Vegetation, Sinnlichkeit und Zeugung.

Und als ein wiederkehrendes, zeitlich immer abgeschlossenes Ereignis exemplifiziert der Markt nicht nur das in der Mitte des Textes so emphatisch dem Unsterblichen gegenüber gestellte Vergängliche, sondern er bildet auch einen Kontrast zum unaufhörlichen Treiben in der Großstadtstraße: Dort sterben die »Bewegungen und Erregungen« niemals ganz aus, denn »wenn das Leben am obern Ende der Straße beinahe aufhören will, so fängt es am untern Ende von neuem an« (GWJ I, 298).

Doch bemerkenswerter Weise löst nun Walsers *Markt*-Text diese hier über paratextuelle, topische und ikonografische Bezüge untermauerte Inversion von Gegensätzen, die Aufwertung der kleinen unscheinbaren Dinge und die Erhöhung des Ländlichen gegenüber dem Städtischen gar nicht wirklich ein. Diesem, wie allen anderen seiner Texte ist mit schlichten binären Oppositionen nicht beizukommen. Vielmehr steht der emphatisch inszenierten Benennung und Umwertung von Gegensätzen auf der Beschreibungsebene eine bemerkenswerte Tendenz zur Typisierung und *Vermischung* gegenüber.

Der Blick des Beobachters geht vom Himmel zum Boden und dann zur Mitte.[8] Nirgends bleibt er an gesonderten, individuellen Dingen und Menschen haften, auf die er sich einlassen und die er in ihrer Eigenart beschreiben würde. Er geht im Gegenteil immer nur auf »jedes«, auf »alles«, auf jedermann, auf »Menschenfiguren« und auf »Durchschnittsmenschengesichter«, um dann in einer für Walser so typischen rhetorischen Frage zu gipfeln: »Ist denn nicht das Durchschnittliche das Festeste und Beste?« (GWJ I, 294) Seriell werden Phänomene – Menschen

---

7 Vgl. dazu Köhn: *Straßenrausch*, insbes. S. 128ff.
8 »Blick man hoch auf, so ist es ein Himmel, blickt man gerade vor sich, so ist es ein Durchschnittsmenschengesicht […].« (GWJ I, 293)

und Dinge – nebeneinander angeordnet, oberflächlich und stereotyp benannt und dann bis zur Ununterscheidbarkeit nivelliert: Der Ruf des Marktschreiers löst sich auf in seiner Wiederholung – »Wie oft, Mann, hast du das eigentlich schon bald mal gesagt« –, die flüchtige Beschreibung der Auslagen an prächtigem Gemüse und Würsten geht unvermittelt in die »Auswahl an prächtigen, dicken Weibern« (GWJ I, 293) über und während anonyme Jungens warme Würste verzehren, wecken die üppigen Blumenkohlbüschel beim Erzähler unweigerlich Assoziationen zu weiblichen Brüsten (GWJ I, 294).

Wie der Text selbst inmitten von Schilderungen des turbulenten Großstadtlebens steht, so ist auch unser Marktbeobachter in der modernen Großstadt zu Hause. Seine Emphase des sinnlich-bäurischen Treibens auf dem Marktplatz, sein durch frühneuzeitliche Bildbezüge untermaltes Pathos des Kleinen, Ländlichen und Vormodernen vermischt sich mit der Wahrnehmungsweise des modernen Großstadtflaneurs.[9] Denn das Verfahren der Benennung von Differenzen und Gegensätzen und ihrer gleichzeitigen Auflösung und Vermischung ist *das* poetische Verfahren, das Walsers Großstadtschilderungen prägt.

Das beherrschende Thema aller zwischen 1908 und 1912 entstandenen Texte ist die paradox anmutende Beschreibung der Ansammlung von unterschiedlichsten Individuen und der Überflutung des Beobachters durch heterogenste Sinneseindrücke bei gleichzeitiger Vermischung und Auflösung dieser Heterogenität und Individualität in der Masse. Hier ist alles »gemischt, alles durcheinander […] alle Linien und Gewohnheiten gehen ineinander über«, beschreibt der Beobachter im *Tiergarten* dieses Phänomen, dem er sich auch selbst nicht entziehen kann: »Ich selbst sorge mit meiner eigenen Person ebenfalls für Buntheit und trage mit zur Gemischtheit bei. Ich bin gemischt genug.« (GWJ I, 309) Und als das »Wunder der Stadt« bezeichnet der morgendliche Spaziergänger in *Guten Tag, Riesin* die Auflösung des Einzelnen und Individuellen in der Menge: »Das ist das Wunder der Stadt, daß eines jeden Haltung und Benehmen untertaucht in all diesen tausend Arten […].« (GWJ I, 287)

Walsers Großstadttexte vollziehen diese phänomenologische Auflösungs- und Vermischungsbewegung sprachlich nach, indem sie immer wieder mit parataktischen Aneinanderreihungen heterogenster Eindrücke operieren, die sich in den Reihungen verschleifen, durcheinander gehen und selbst aufheben:

> Arbeit und Vergnügen, Laster und guter Trieb, Streben und Müßiggang, Edelsinn und Niedertracht, Liebe und Haß, feuriges und höhnisches Wesen, Buntheit und Einfachheit, Armut und Reichtum schimmern, glitzern, blöden, träumen, eilen und stolpern hier wild und zugleich ohnmächtig durcheinander. (GWJ I, 298)

Mit dieser sprachlichen Nivellierung und Auflösung individueller und heterogener Eindrücke im beobachtenden Subjekt inszenieren Walsers Texte poetisch, was Georg Simmel in *Die Großstädte und das Geistesleben* (1903) zu den »tiefsten

---

9 Eine ähnliche Beobachtung macht auch Annette Fuchs in ihrer Analyse des Spaziergangs; vgl. Fuchs: *Dramaturgie des Narrentums*.

Probleme[n] des modernen Lebens«[10] zählt, nämlich die Auflösung der Eigenart und Selbständigkeit des Individuums unter den Bedingungen eines modernen »gesellschaftlich-technischen Mechanismus«[11].

Dabei ist die Bedrohung des individuellen Subjekts nach Simmel gerade in den modernen Metropolen akut, verlangten doch die psychologischen und soziologischen Bedingungen des großstädtischen Lebens nach einer umfassenden nivellierenden und uniformierenden Rationalisierung des Lebens. Simmel sieht in dieser vereinheitlichenden Rationalisierung zunächst vor allem eine Schutzfunktion gegenüber der »*Steigerung des Nervenlebens*, die aus dem raschen und ununterbrochenen Wechsel äußerer und innerer Eindrücke hervorgeht«[12]. Zum anderen aber bedingt auch der spezifische wirtschaftliche, soziologische und technische Charakter der Metropole diese »großstädtische Intellektualität«, ohne die der Gang dieses »vielgliedrigen Organismus« nicht aufrechtzuerhalten wäre:

> Die Pünktlichkeit, Berechenbarkeit, Exaktheit, die die Komplikationen und Ausgedehntheiten des großstädtischen Lebens ihm [dem Leben, J. L.] aufzwingen, steht nicht nur in engstem Zusammenhange mit ihrem geldwirtschaftlichen und ihrem intellektualistischen Charakter, sondern muß auch die Inhalte des Lebens färben und den Ausschluß jener irrationalen, instinktiven, souveränen Wesenszüge und Impulse begünstigen, die von sich aus die Lebensform bestimmen wollen, statt sie als eine allgemeine, schematisch präzisierte von außen zu empfangen.[13]

Als eine Folge dieser Rationalisierung sieht Simmel die für die Großstadt typische »seelische Erscheinung« der »Blasiertheit«, deren paradoxes Wesen genau den oben beschriebenen paradoxen Beobachtungsweisen in Walsers Berliner Texten entspricht:

> Das Wesen der Blasiertheit ist die Abstumpfung gegen die Unterschiede der Dinge, nicht in dem Sinne, daß sie nicht wahrgenommen würden, wie von den Stumpfsinnigen, sondern so, daß die Bedeutung und der Wert der Unterschiede der Dinge und damit der Dinge selbst als nichtig empfunden wird.[14]

Aus einer raumsoziologischen Perspektive beschreibt auch Simmel die Stadt als den Ort sich gegenseitig bedingender extremer Gegensätze, wo Sinnesüberflutung zu Rationalisierung und massenhafte Heterogenität zu Vereinheitlichung und Nivellierung führen.

In Walsers Großstadtschilderungen fließen diese von Simmel analysierten psychologisch-soziologischen Bedingungen modernen Lebens ein. Der 1910 in den *Deutschen Monatsheften* erschienene Text *Die Großstadtstraße* etwa kann geradezu als poetische Illustration von Simmels Rationalisierungsthese gelesen werden. Die

---

10 Simmel: *Die Großstädte und das Geistesleben*, S. 192.
11 Ebd.
12 Ebd.
13 Ebd., S. 195.
14 Ebd., S. 196.

regierenden Gesetze der Maße und der unaufhaltsam vorwärts drängenden Bewegungen erscheinen auch hier als soziale Bedingungen, die nach einer Überlebens-
strategie der rational-pragmatischen Anpassung des Einzelnen und einer Verdrän-
gung aller irrationalen Impulse und Gefühle verlangen:

> Der Verdrossene und der Mutlose müssen ihre Verdrossenheit und Mutlosig-
> keit schon aus rein praktischer Vorsicht dämpfen, der Unbeherrschte sieht sich
> gezwungen, sich zu beherrschen, der, der vor Lust laut auflachen möchte, sieht
> augenblicklich ein, daß er das nicht tun darf, und der, dem Tränen in die Augen
> treten, biegt rasch um, schaut in ein Schaufenster, als ob er sich wunder wie inter-
> essierte. (GWJ VIII, 86)

›Vermischung‹ ist auch hier der Begriff, den Walser zur Beschreibung der Auflösung individueller emotionaler Impulse anführt:

> O gewiß! Man ist oft von Zorn, Wut oder Haß erfüllt, aber dann geht man und
> vermischt sich, d. h. man geht unter Menschen, und siehe, das Seelenübel ist
> wieder verschwunden. (GWJ VIII, 88)

Doch diese irrationalen Gefühle und Emotionen sind es letztlich, die als Ausdruck
der persönlichen Lebensschicksale der Menschen ihre Individualität und Einzigartigkeit ausmachen. Ihre Auflösung in den rationalisierten Lebensstrukturen der
Großstadt führt denn auch zur äußerlichen Auflösung der Unterschiede zwischen
den Menschen und begründet das phänomenologische Paradox der Vermischung
und Vereinheitlichung des Heterogenen:

> In vielen Augen glänzt heimliche Sehnsucht, viele Lippen sind zugebissen, viele
> Gemüter erzittern, aber alles will Art und Weise haben, *alles will den vernünftigen
> Gang gehen*, alles kann und will sich erhalten. Die Straßen sehen einander ähnlich
> wie die Schicksale der Menschen und doch hat jede Straße ihren eigenen Charak-
> ter, und ein Schicksal ist nie zu vergleichen mit einem andern. (GWJ VIII, 87;
> Hervorh. J. L.)

Die Großstadt erscheint in Walsers Texten aber nicht nur als der Raum der phä-
nomenologischen und psychologischen Auflösung des Irrationalen und Heterogenen, sondern auch der sozialen Vermischung. Deutet bereits der Eingang des
Markttextes bildhaft eine Umkehr gesellschaftlich-politischer Hierarchien an, so
stilisieren Walsers Texte über Berlin die Metropole in ungewohnter politischer
Terminologie als Ort, an dem sich zwangsläufig gesellschaftliche Hierarchien und
Ordnungen auflösen: »Eine Art edler weitausschauender Sozialismus gewinnt hier
auf natürliche Weise immer mehr Boden, und der Klassenhaß scheint nur noch in
den Zeitungen zu existieren« (GWJ VIII, 88), beschreibt er in *Die Großstadtstrasse*
einen sozialen Nivellierungsprozess, der die Stadt zur Heimat »der Nichtswürdigen,
der Kleinen, nein der ganz Kleinen« (GWJ I, 300) werden lässt.

Doch auch diese Umkehr der sozialen Ordnung ist den eigentümlichen Lebens-
bedingungen der Großstadt geschuldet und somit gerade nicht Resultat einer
besonderen Aufmerksamkeit für die Kleinen und Geringen: Im Gegenteil ist das

JAN LOOP

ungestörte großstädtische Nebeneinander der unterschiedlichsten Existenzen letztlich wiederum die Folge von Interesselosigkeit für das Einzelne und Individuelle:

> Hier billigt man alles, weil jeder einzelne, durch den Zwang des zusammengeknebelten Verkehrs genötigt, ohne Zaudern alles, was er hört und sieht, billigen muß. [...] [H]ier herrscht Duldung, und zwar deshalb, weil sich niemand mit Ungeduld und Unfrieden aufhalten will. (GWJ I, 299f.)

Werfen wir von hier nun nochmals einen Blick auf Walsers Marktschilderung, so zeigt sich deutlich, dass es gerade dieser Blick des modernen Großstadtmenschen ist, der als spannungsreicher Subtext die Schilderung des Marktbeobachters konterkariert: Die Emphase des Ländlichen und Bäurischen, des Kleinen und Unscheinbaren und die Evokation frühneuzeitlicher Bildlichkeit werden durch das Prisma eines modernen Großstadtblicks gebrochen, der die evozierten Dinge und Menschen in typisierende Vermischungen aufgehen und das Einzelne und Kleine gar nicht wirklich in den Blick kommen lässt. In einem prototypischen Sinn ist Walsers *Markt* damit eine »hybride Konstruktion«, in der sich »zwei Äußerungen, zwei Redeweisen, zwei Stile, zwei Sprachen, zwei Horizonte von Sinn und Wertung vermischen«[15], die sich als solche auch nicht auf eine eindeutige poetologische Ideologie – etwa einer ›Poetik des Kleinen‹ – reduzieren lässt.

---

15 Bachtin: *Ästhetik des Wortes*, S. 195. Es ist bemerkenswert, dass Roberto Calasso das Phänomen der »Vermischung« auch als zentrales Moment der Prosa Franz Kafkas herausgestrichen hat; vgl. Calasso: *K.*, S. 28; ich danke Reto Sorg für den Hinweis.

previous times – c.f. archaic formulation Schlegel used). The Romanti

transformation was so successful that even Shakespeare himself could

considered British.

Ich hoffe, Sie werden in Ihrer Schrift [Briefe über Shakespeare

beweisen, Shakespeare sey kein Engländer gewesen. Wie kam er

frostigen, stupiden Seelen auf dieser brutalen Insel? Freylich müs

damals noch mehr menschliches Gefühl und Dichtersinn gehabt ha

jetzt. (Schlegel an Tieck 1791)

...ed in 2nd generation of Romantics. Grimms' e

Bernhard Echte (Zürich)

»BEDENKLICHES«.
ÜBERLEGUNGEN ZUR KULTURKRITIK BEI ROBERT WALSER

Eines der letzten Zeugnisse, die wir über Walsers Leben besitzen, stammt von einem Besuch, den der Psychiater Theodor Spoerri im Frühling 1954 in Herisau machte. Ich meine hier nicht das in der Literatur schon mehrfach zitierte und zweifellos ungemein interessante Protokoll, das Jochen Greven im Jahr 1968 über ein Gespräch mit Spoerri anfertigte, das neunzehn Jahre nach dessen Herisauer Besuch stattfand.[1] Nein, ich spiele auf einen kurzen Brief von Spoerri an, den er schon im Januar 1955 an Hans Bänziger richtete, der sich damals für Walser zu interessieren begann. Spoerri schreibt darin:

> Ich habe Herrn Walser im Mai 1954 besucht, und mich übrigens recht gut mit ihm unterhalten. Es wird Sie interessieren, daß er mir auf die Frage, warum er nicht mehr schreibe, plausibel erklärte, daß seiner Ansicht nach heute die Zeit der Literaten vorbei sei. Er hatte eine recht eindrückliche Art zu sprechen; es fiel mir auf, wie sehr er gewisse Grundwerte der menschlichen Existenz betonte, wie Gemeinschaft, Verantwortung den andern gegenüber und sich selbst und seine Art, sich in seinen literarischen Werken auszudrücken, leichtsinnig und tadelnswert nannte.[2]

Diese summarischen Sätze legen eine Frage nahe: Was waren die Gründe, die Spoerri Walsers Verzicht auf sein Schreiben so plausibel erscheinen ließen? Darüber sagt das kurze Schreiben leider nichts, so dass es scheint, man könne darüber allenfalls spekulieren.

Dies will ich im Folgenden ungescheut tun, auch wenn sich dies für einen Wissenschaftler eigentlich verbietet. Indes, auch die Wissenschaft lebt nicht nur von der Befolgung ihrer methodischen Gebote, sondern bisweilen vielleicht auch von ihrer Übertretung.

Was mir an der oben angeführten Passage – zu der sich übrigens eine Parallele in Grevens Protokoll findet – besonders auffallend erscheint, ist Folgendes: Walser beantwortet die an ihn gerichtete Frage nicht mit persönlichen Gründen, etwa derart wie sie Carl Seelig in seinen *Wanderungen mit Robert Walser* überliefert: Die Literatur liege doch weit hinter ihm.[3] Es ist auch nicht der mangelnde Erfolg seiner Bücher und Texte, den andere für Walsers Verstummen verantwortlich gemacht

---

1 Vgl. Greven: *Notiz über Gespräch mit Prof. med. et phil. Th. Spoerri, Bern, 10. 6. 1968.*
2 Theodor Spoerri an Hans Bänziger, 11. 1. 1955.
3 Vgl. Seelig: *Wanderungen mit Robert Walser*, S. 63.

haben, auch nicht seine Internierung in der Psychiatrie, die ihn mundtot gemacht
habe. Nein: Sofern man dem Zeugnis Spoerris Glauben schenken darf – und es
besteht kein Anlass, dies nicht zu tun –, so hat Walser den Geist der Epoche selbst
zum Zeugen dafür genommen, dass nicht nur sein eigenes Schreiben unzeitgemäß
geworden sei, sondern die Dichtung, die Poesie als solche.

Derart weitgreifende und kategorische Thesen muten uns bei Walser gewiss
ungewohnt an, doch vielleicht lohnt es sich gerade deswegen, einmal auf Spurensuche in seinem Werk zu gehen, ob sich Anklänge daran nicht schon früher finden,
und wenn ja, was man daraus für die Gründe schlussfolgern kann, die uns Spoerri
leider nicht überliefert hat und zu denen es in Grevens Protokoll lediglich heißt,
»was jetzt zähle, das seien die politischen Schriftsteller«.[4]

Mit diesem lapidaren Hinweis wird man sich jedoch kaum begnügen wollen,
gab es doch auch zu Walsers schriftstellerisch aktiver Zeit politische Schriftsteller
genug – man denke nur an die Jahre des grassierenden Expressionismus, als proklamiert wurde, der Schriftsteller habe in die Politik zu steigen. Diese Forderungen
kannte Walser zweifellos hinlänglich und hatte sie oft genug mit kurzen, quasi
beiseite gesprochenen Bemerkungen kommentiert. Schon sein erstes Buch *Fritz
Kochers Aufsätze* enthielt im Prosastück *Der Maler* dazu einen kleinen Passus, der
sich wie folgt liest:

> Es gibt unter Kunstkennern und Künstlern herrliche Ausnahmen, die aber meist
> still und ruhig sind, wenig von sich reden machen, also zu erkennen geben, daß
> es nicht ihr Plan ist, Einfluß auszuüben. Diese wissen genau, wieviel neuer Irrtum
> und wie wenig Fortschreitendes aus Einfluß sprießt. (SW 1, 70)

›Wenig von sich reden machen‹. Dies sei unter Künstlern und vor allem auch
Kunstkennern die Ausnahme, eine ›herrliche‹ Ausnahme heißt es im zitierten Text
sogar. Dabei fällt einem unwillkürlich Walsers Prosastück *Brief an Alfred Kerr* ein.
Darin heißt es: »Eines muß man Dir lassen: Du begriffest, daß es von Vorteil ist,
von sich reden zu machen.« (SW 19, 25) Auch in diesem kurzen Satz finden sich
gleich weitere Wörter, die allerlei Assoziationen auslösen und Hellhörigkeiten
wachrufen. ›Daß es von Vorteil ist‹, wird da scheinbar empfehlend formuliert, als
solle der bloßen Opportunität das Wort geredet werden: nach einem Vorsprung zu
streben, sich herauszustreichen und Geltung zu verschaffen vor anderen, bisweilen sogar auf Kosten von diesen. Und dieser Vorteil bestehe darin, zu Thema und
Tagesgespräch zu werden, und zwar als Person und erst in zweiter Linie der Sache
wegen. Und das alles will ›gemacht‹ werden, zielbewusst und strategisch, nach den
Regeln eines instrumentellen Handelns, das bekommt, was es will – und nicht
etwa darauf vertraut, dass sich etwas organisch ergäbe aus dem Gang der Dinge.

»Es wird hier auf gar nicht schöne Art ›Kunst‹ gemacht«, schrieb Walser dazu im
Herbst 1907 aus Berlin an Flora Ackeret. Und er schloss die Reflexion an: »Der äußere Erfolg ist immer eine, wenn auch recht schöne, so doch vorsichtig einzuschätzende

---

4 Greven: *Notiz über Gespräch mit Prof. med. et phil. Th. Spoerri, Bern, 10. 6. 1968, S. 2.*

Sache, und der Mißerfolg ist lange nicht so übel, wie er angeschaut wird.«[5] Walser schrieb dies zu einem Zeitpunkt, da er selber gerade so etwas wie Erfolg hatte: Sein erster Roman *Geschwister Tanner* war mit erstaunlich viel Aufmerksamkeit bedacht worden, man denke nur an die vierspaltige Rezension in der *Vossischen Zeitung*[6] und andere ausführliche Besprechungen; die Zeitschrift *Schaubühne* hatte im zurückliegenden halben Jahr mehr als ein Dutzend Texte von Walser gedruckt, bei so renommierten Blättern wie der *Neuen Rundschau* des S. Fischer Verlags oder der *Zukunft* Maximilian Hardens hatten sich ihm die Türen geöffnet. Und: Als Protegé des genialen Kunsthändlers Paul Cassirer war er soeben während der großen Sommerausstellung der Berliner Secession drei Monate lang deren Sekretär gewesen. In ganz Berlin gab es für die intellektuelle und mondäne Welt keinen prominenteren Ort als die Secession; wer immer in der Kunst oder Gesellschaft Berlins etwas bedeuten wollte, drängelte sich hier; im Prosastück *Der Sekretär* wird davon eine Aufzählung gemacht:

> Spitzen der Gesellschaft, elegante Agenten, armes Wandervolk, gerissene Zigeuner, wilde Dichter, beängstigend vornehme Damen, mürrische Fürsten, bildhübsche jugendliche Offiziere, Schriftsteller, Schauspielerinnen, Bildhauer, Diplomaten, Politiker, Kritiker, Publizisten, Theaterdirektoren, Virtuosen, gefeierte Gelehrte, Verleger und Finanzgenies. (SW 16, 273)

Walther Rathenau, den Industriekapitän mit schöngeistigen Ambitionen, den Fürsten von Lichnowsky mit seiner schönen blassen dichtenden Ehefrau Mechthilde lernte Walser hier kennen; Offiziersgattinnen luden zu Motorbootausflügen auf der Havel ein, junge Malerinnen und adlige Fräuleins wollten auf Droschkenfahrten im Tiergarten begleitet und gewinnend unterhalten sein, man verbrachte »die Hälfte der Nächte in bankettierender Gesellschaft«, wo die Beteiligten »Witze rissen und Überlegenheit zur Schau trugen« (SW 20, 294). »Geistvolle Klubabende«, so Walser im *Sekretär*-Text, »zeigten mich scheinbar regelmäßig auf der Höhe. Mit Delikateßplatten verstand ich meisterlich umzugehen. [...] In solcher und ähnlicher Hinsicht bewährte ich mich glänzend.« (SW 16, 274) »Einmal setzte ich den Fuß in eine Gesellschaft von mindestens vierzig vollblütigen Berühmtheiten. Man suche sich den Glanz vorzustellen!« (SW 16, 272)

Kein Zweifel: Walser war dort, wo man verstand, von sich reden zu machen, er war dort, wo die Erfolgreichen, Schönen und Reichen verkehrten – und er trat dort nicht etwa als eine folkloristische schweizerische Randfigur auf, sondern als eines der beachteten Jungtalente der Szene. Kurz: Er war dort, wo – in den Worten des Jakob von Gunten – »Macht und Einfluß gebieten« (SW 11, 145).

Und nach eben diesen Erlebnissen schrieb er den oben zitierten Satz: »Es wird hier auf gar nicht schöne Art ›Kunst‹ gemacht.« Und als er in denselben Tagen für die einflussreichste Zeitung der Hauptstadt, das *Berliner Tageblatt*, ein Prosastück mit dem Titel *Der Schriftsteller* verfasste, hielt er darin antithetisch zu seinen Erlebnissen fest:

---

5 *Mitteilungen der Robert Walser-Gesellschaft*, Heft 3 (Oktober 1998), S. 9.
6 A. E. [= Arthur Eloesser]: *Neue Bücher.*

Der Schriftsteller ist im Leben oft eine sogenannte lächerliche Person, jedenfalls
ist er immer im Schatten, er ist immer daneben, wo andere das unaussprechliche
Vergnügen haben dürfen, mitten drin zu sein.[7]

Man mag versucht sein, diese Haltung als Rationalisierung einer Unfähigkeit zu
deuten. Damit würde man es sich aber gewiss zu leicht machen. Das Bedürfnis,
beiseite zu treten, auf Distanz zu gehen, war bei Walser kein Rückzug aus Schwäche, keine Flucht aus fehlender persönlicher Sicherheit. Weder im Literarischen
noch im Gesellschaftlichen war Walser in die Berliner Jahre eine Verlierer-Figur,
die Anlass gehabt hätte, ihren Misserfolg durch Rückzug in eine Exklave des Inner-
lich-sich-Besser-Dünkens zu kompensieren.

Bei Walser liest sich die Sache im Gegenteil schnörkellos klar und zeigt einen
Menschen, der unbeirrbar ist in der Verfolgung des eigenen Weges. Da heißt es
einerseits – und zwar ganz unvermittelt in einem eher ironischen Kontext: »Er
erstrebt das Höchste, und alle, die ganz Hohes erstreben, mögen nicht recht ver-
traulich zu den Nebenmenschen sein.« (SW 15, 56) Und andererseits – jeder
Walser-Leser und -Liebhaber kennt diese fast brutalen Sätze:

Und höbe und trüge mich eine Hand, ein Umstand, eine Welle bis hinauf, wo
Macht und Einfluß gebieten, ich würde die Verhältnisse, die mich bevorzugten,
zerschlagen, und mich selber würde ich hinabwerfen ins niedrige nichtssagende
Dunkel. Ich kann nur in den unteren Regionen atmen. (SW 11, 145)

›Ich kann nur‹, heißt es da – nicht etwa ›man kann nur‹ oder gar ›man soll nur‹.
Dieses ›ich kann nur‹ ist so wenig Moral und so sehr Bekenntnis, dass sich womöglich erneut der Verdacht regt, hier spreche einer aus Bedrängnis und bringe *nolens
volens* die Limitiertheit seiner Möglichkeiten zum Ausdruck.

Was Jakob von Gunten hier bekennt, ergibt sich im Roman jedoch als Quint-
essenz eines überaus klaren diagnostischen Blicks auf die gebildete ›bessere‹ Gesellschaft – im Buch vermittelt und personifiziert durch Jakobs Bruder Johann, einen
›namhaften bekannten Künstler‹ (vgl. SW 11, 53). Noch bevor Jakob ihn in der
großen Stadt trifft, ahnt er schon, was da womöglich auf ihn zukommt:

Er ist vielleicht umgeben von lauter feinen, gebildeten Menschen und von weiß
Gott was für Formalitäten, und ich respektiere Formalitäten, deshalb suche
ich nicht einen Bruder auf, wo mir möglicherweise ein soignierter Herr unter
gezwungenem Lächeln entgegentritt. [...] Um meinen Bruder gibt es sicher das
beste gewählteste Salon-Benehmen. Merci. Oh, ich danke. Da werden Frauen
sein, die den Kopf zur Türe herausstrecken und schnippisch fragen: ›Wer ist
denn jetzt wieder da? Wie? Ist es vielleicht ein Bettler?‹ – Verbindlichsten Dank
für solch einen Empfang. Ich bin zu gut, um bemitleidet zu werden. Duftende
Blumen im Zimmer! O ich mag gar keine Blumen. Und gelassenes Weltwesen?
Scheußlich. (SW 11, 53ff.)

---

7 Walser: *Feuer*, S. 26.

Das klingt noch nach Rebellion aus bloßem Affekt. Eins aber dürfte schon hier hellhörig machen: Jakobs Respekt vor Formalitäten, ein Zug, den im Übrigen alle Walserschen Helden mit ihm teilen. Wenn es bei Walser eine Kulturkritik gibt, so keineswegs in der Art, wie wir sie aus der philosophischen Tradition Europas in den letzten zweihundert Jahren gewohnt sind. In Walsers Texten wird nicht gegen eine Kultivierung anargumentiert, die von Rousseau über Nietzsche bis Freud und Marcuse entweder als Verbiegung des natürlichen Menschen, als Dressur zum furchtsamen Herdentier oder als System zur Etablierung von Triebverzicht erscheint. Nein, Walser ist durchaus ein Freund des Zwanges zum Selbstzwang; sein Jakob von Gunten will sich ausdrücklich Regeln und Zeremonien unterziehen, die das launische, selbstische Ich bändigen und eine Null daraus machen.

Das heißt: nein – nicht eine bloße Null, sondern eine »reizende« und »kugelrunde«! (SW 11, 8) »Seien Sie, wenn es Sie auch oft schwer ankommt, in allem schön«, hatte es schon in Walsers *Brief eines Mannes an einen Mann* von 1905 geheißen. »Prüfen Sie sich jede Stunde, rechnen Sie mit sich.« (SW 2, 13) Nicht einer Befreiung ins Willkürliche hinaus wird bei Walser das Wort geredet, sondern einer achtsamen Selbsterziehung, einer Eigenständigkeit, die ihr Selbstbewusstsein aus der unbestechlichen Unnachsichtigkeit gegen sich selbst gewinnt und aus der Arbeit an der eigenen Form.

Sofern dabei Bildung gefragt ist, dann zumindest nicht im Sinne von Wissen und Kenntnis, rät doch der eben zitierte Briefautor dem jungen Mann: »Unterhalten Sie sich lieber mit Ihrem eigenen Geist als mit dem Verstand gelehrter Menschen. Meiden Sie die Gelehrten, denn es sind, mit wenigen Ausnahmen, herzlose Menschen.« (SW 2, 13)

Auf uns beargwöhnte Gelehrte wird im Verlauf dieser Überlegungen noch zurückzukommen sein. Zunächst will ich aber noch einen Moment bei dem soeben gefallenen Stichwort ›Unterhaltung‹ verweilen. Wir sind vielleicht gewohnt, dieses Wort mit Leichtigkeit, Unverbindlichkeit und Zerstreuung zu assoziieren. Walser setzt diesbezüglich andere Akzente. Das Tändelnde und Spielende, das guter Unterhaltung eigen ist, schätzt Walser zwar keineswegs gering – im Gegenteil: Er begreift sich sogar ohne Angst, für zu leicht genommen zu werden, ganz ausdrücklich als unterhaltenden Autor. Dennoch reicht der Bedeutungshorizont seines Unterhaltungsbegriffs weiter als der heute übliche, wie aus dem Prosastück *Brief an einen Zeitschriftenredakteur* hervorgeht. Hier gibt der Briefschreiber seinem Adressaten unter anderem zu bedenken, dass »Sie vielleicht ganz falsch rechnen würden, wenn Sie hauptsächlich auf denjenigen Teil der Gesellschaft zählen wollten, der in Bezug auf Wohlhabenheit und Intelligenz an der Spitze steht. Wenn es mich selbst beträfe«, so heißt es statt dessen, »würde ich mit einer Zeitschrift einer unscheinbaren Gruppe von zunächst ausschließlich sich mit sich selbst Unterhaltenden das Leben zu geben versuchen.« Diese Sich-mit-sich-selbst-Unterhaltenden sind es nämlich, die »scheinbar ganz für sich selbst Kultur hervorbringen«. (SW 18, 152)

Nur wer fähig ist, sich mit sich selbst zu unterhalten – über sich selbst zu lachen oder sich ernsthaft zu prüfen, sich Fragen zu stellen oder auch nur unklaren Gedanken nachzuhängen –, nur ein solcher Selbstunterhalter wird sich lösen können von der Macht derer, die von sich reden machen und die heute diese scheinbare Wichtigkeit in Umlauf setzen und morgen jene, ohne im entfernten zu ahnen, dass – wie es im *Brief an Alfred Kerr* heißt – gerade ihr Tun, ja, ihr ganzes Lebenswerk »rührend« ist – »wie jedes« (SW 18, 26). Jene Sich-mit-sich-selbst-Unterhaltenden dagegen haben zumindest eine vertiefte Ahnung von der Begrenztheit ihrer eigenen Bedeutung, da sie innere Stimmen kennen, die mit ihnen sprechen, die sie befragen und von denen sie sich leiten lassen können.

Johann hingegen, Jakob von Guntens namhafter Künstlerbruder, scheint nicht mehr einer inneren Orientierungsinstanz zu folgen, sondern nur noch äußeren Motivationen. Als er Jakob zufällig auf der Straße trifft konfrontiert er ihn sogleich mit seiner nihilistischen Desillusioniertheit, die er als Erfahrung und Erkenntnis auszugeben versucht: »Oben«, so sagt er, »da lohnt es sich kaum noch zu leben.« Und er fährt fort:

> Präge dir ein: nichts, nichts Erstrebenswertes gibt es. Es ist alles faul. […] Es gibt nichts Schönes und Vortreffliches mehr. […] Die Reichen, Jakob, sind sehr unzufrieden und unglücklich. Die reichen Leute von heutzutage: sie haben nichts mehr. Sie sind die wahren Verhungerten. (SW 11, 65 ff.)

Diese wegwerfende Kritik ist bei genauerem Hinsehen allerdings ebenso maßstabslos wie widersprüchlich, denn im gleichen Atemzug, da er die Reichen als die wahrhaft Verhungerten apostrophiert, empfiehlt er seinem Bruder ausgerechnet Folgendes: »Versuche es fertig zu bringen, viel, viel Geld zu erwerben. Am Geld ist noch nichts verpfuscht, sonst an allem.« (SW 11, 67) Und um das Programm des neuzeitlichen Zynismus komplett zu machen, rät er Jakob zuletzt: »Schau empor an etwas, ja gewiß, denn das ziemt dir, du bist jung, unverschämt jung, Jakob, aber gesteh' dir immer, daß du's verachtest, das, an dem du respektvoll emporschaust.« (SW 11, 68) Jakob hört sich das alles aufmerksam an, besucht dann sogar den Bruder in seiner Wohnung, der ihn mit allerlei so genannten interessanten Menschen bekannt macht. Er stellt jedoch fest:

> Eigentlich gleichen sich die Leute, die sich bemühen, Erfolg in der Welt zu haben, furchtbar. Es haben alle dieselben Gesichter. Eigentlich nicht, und doch. Alle sind einander ähnlich in einer gewissen, rasch dahinsausenden Liebenswürdig-keit, und ich glaube, das ist das Bangen, das diese Leute empfinden. Sie behandeln Menschen und Gegenstände rasch herunter, nur damit sie gleich wieder das Neue, das ebenfalls Aufmerksamkeit zu fordern scheint, erledigen können. Sie verachten niemanden, diese guten Leute, und doch, vielleicht verachten sie alles, aber das dürfen sie nicht zeigen, und zwar deshalb nicht, weil sie fürchten, plötz-lich etwa eine Unvorsichtigkeit zu begehen. […] Und sie scheinen sich nie ganz wohl zu befinden. Wer kann sich wohl befinden, wer auf die Achtungsbezeu-gungen und Auszeichnungen der Welt Wert legt? Und dann glaube ich, fühlen diese Menschen […] stets den Nachfolger hinter sich. Jeder spürt den unheim-lichen Überrumpler, den heimlichen Dieb, der mit irgendeiner neuen Begabung dahergeschlichen kommt, um Schädigungen und Herabsetzungen aller Art um sich herum zu verbreiten. (SW 11, 115 f.)

Das also soll das Ergebnis von Bildung sein? Angst, Flüchtigkeit, Konkurrenzneid, völlige Abhängigkeit von den wechselnden Konjunkturen des Neuen? »Ich fühle, wie wenig mich das angeht, was man Welt nennt«, notiert sich Jakob resümierend. (SW 11, 116)

Wer genau genug hinsah und hinhörte, der konnte schon in Walsers *Jakob von Gunten* eine verkappte Fundamentalkritik an der Welt des Erfolges, der Macht und des Einflusses erkennen. Ein halbes Jahr nach Erscheinen des Buches schob Walser dann ein Prosastück nach, das explizit wie ein Frontalangriff daherkam: *Bedenkliches*, publiziert im Januar 1910 in der Düsseldorfer Zeitschrift *Rheinlande/Deutsche Monatshefte*. Der Text dürfte dort Aufnahme gefunden haben, weil er die antimoderne Linie des Blattes scheinbar bestätigte und auf den ersten Blick den Eindruck erweckte, als ob er den Vorbehalten gegenüber der Großstadt Berlin, die damals in der deutschen Provinz aufkamen, beredten Ausdruck verleihe.

> Wie doch die Menschen einander das Leben unklar und schwer machen. Wie sie einander herabsetzen, zu verdächtigen und zu verunehren bestrebt sind. Wie doch alles nur geschieht, um zu triumphieren,

so hebt der Text an. Das klingt noch recht allgemein. Doch dann werden Beobachtung und Kritik präziser, schärfer:

> Wie sie nie ermüden, zu nörgeln, wie sie nie auf den einfachen Einfall kommen, zu hoffen, es gebe Großes, Gutes und Redliches auf der Erde. Daß die Erde das Ehrenwerte sei, will ihnen, so einleuchtend das auch ist, niemals einleuchten. Nur vor ihren eigenen Tändeleien empfinden sie den Respekt, der der Welt, dieser Kirche voller Majestät, gebührt. Wie sie ernst nehmen, was sie sündigen, wie sie noch nie, solange sie erwachsene Menschen sind, geglaubt haben, etwas Feineres und Beherzigenswerteres könne existieren, als sie selber. Wie sie das Unanbetenswerte immer und immer wieder anbeten, das uralte goldene Kalb, das ausdruckslose Scheusal, wie sie emsig glauben ans Unglaubwürdige. [...] Wie sie Angst um sich herum zu verbreiten wissen, im Bewußtsein, daß sie sich selber immer ängstigen vor irgend einem dunklen, dummen und dumpfen Etwas. Wie sie sehnsüchtig wünschen, nie Dummheiten zu begehen, während doch gerade dieser unedelherzige Wunsch das Dümmste ist, was unter der Sonne empfunden werden kann. [...] In der Tat, sie geben zu Bedenken Anlaß.

> Wie sie sich verkennen in der engbegrenzten Überzeugung, mehr wert zu sein als der andere. Ganz naiv nennen sie sich gebildet, die hochgestülpte Nase rümpfend übereinander. Die Armen. Wenn sie wüßten, wie ungebildet und ungeschult der Hochmut ist, wie schlecht erzogen man ist, beherrscht von der Unfähigkeit, sich selbst zu beurteilen. »Komm, wir wollen zusammen Reue empfinden gehen, an einem Ort, wo es still ist, all des Anmaßenden und Lieblosen wegen, von dessen Herrschaft wir uns nicht losreißen können.« So würde der Mensch reden, wenn er einen Hauch Bildung spürte. »Willst du mitgehen? Ein Tempel wird dastehen, ein heiliger, unsichtbarer. Komm doch. Du wirst sehen, es wird dir Vergnügen machen und uns beiden wird es wohl ums Herz tun!« So oder ähnlich würde ein Mitmensch zum Mitmenschen reden. Was sind sie für Barbaren, die von Kultur reden, von all dem Vortrefflichen, von dem Schönen, das ihnen immer

fremd bleiben wird, solange sie sich nicht entschließen können, es zu üben. Wie
ist Übung und Bewegung ihnen fern. Immer reden, reden und reden sie, und
sinken doch gerade dadurch immer tiefer in die Mitternacht der Unfeinheit hinunter, denn nur das Tun ist fein; das Gerede ist finster und unsauber wie die
Hölle. Wie verlieren sie ihre Zeit und den goldig-leichten, flüssigen Wert ihres
Daseins mit stundenlangem Zubringen an Orten, wo sie sich die Ohren und
die Gemüter müde reden über Dinge, die der vernünftige, arbeitsame Mensch
in der Eile bedenkt und beschließt. Sie wollen offenbar, indem sie reden, über
gewisse Bedeutungen ins reine kommen, aber das werden sie nie. Nein, sie wollen
das auch gar nicht, sie wissen ganz genau, daß sie sich einer Rede-Schlemmerei
hingeben. [...] Die Nächte, die heiligen Tempel im Leben, wie unsagbar werden
sie entwertet, entehrt und entheiligt durch Phrasen wie die: »Kommen Sie, wir
gehen rasch noch da und da hin!« Der Gebildete, er muß immer rasch noch da
und da hin gehen, warum, das weiß er wahrhaftig selbst nicht. [...] Wie empört
stellen sie sich gegenüber der Zumutung, ein wenig gelassen dem Wandel der
Wochen zuzuschauen, in der Stille sich eine Andacht vernünftiger, lieblicher Art
zuzubereiten oder – ganz einfach – in die Kirche zu gehen. O bei Gott, dem Un-
überwindlichen, die Kirche kann den Menschen das Furchtbare, das sie auf dem
Gewissen hat, vergessen machen und ihn locken zur Unterwerfung. Es ist nach-
gerade genug all der Leerheiten, Widerlichkeiten, Seelen- und Herzlosigkeiten
auf seiten dieser schwatzhaften Moderne.
      Und wie leiden sie. Man muß unter ihnen gelebt haben, man muß die Tor-
heiten, denen sie huldigen, und deren abgerupfte Reize weder den Geist noch die
Sinne beleben können, mitgemacht haben, um zu verstehen, wie sie leiden. Ihr
Trost ist, daß sie den Ton in der Welt angeben. Welch ein Trost. Ihr Stolz ist, in
der Presse genannt zu werden. Welch ein Stolz. Ihr Triumph ist, an der Spitze dessen zu stehen, was man Fortschritt zu nennen liebt. Welch eine Errungenschaft.
Und daneben sieht man diese ermüdeten, welken, halblebendigen Männer, diese
seelenvollen Frauen, deren ganze Seele zerfressen und zerstört ist von wütenden,
hoffnungslosen, halb irrsinnigen Unzufriedenheiten. Arme an der Spitze der
Bildung stehende und tändelnde Frauen, unbeneidenswerte Männer, verarmte
Menschen. Und halb geben sie es zu, daß sie verarmt sind. Aber wodurch sind
sie so arm? Es sind liebe Menschen. Ja wahrhaftig. Aber warum sind gerade sie so
unzuverlässig, so verstimmt, verwelkt und verdrossen? Auch dies gibt zu Bedenken Anlaß.
      Geister und Götter reden nicht mehr zu ihnen. Auf lauter Sinnenlust und
-kram fußt ihr Leben, das sich auf Vernunft und festen Gedanken an ein Höheres
gründen sollte. Auf Emporkommen will es sich gründen, aber dieses leere Steigen von Stufe zu Stufe ist kein gerechter, ehrenwerten Grund und Boden. Mit
dem Emporkommen müßte wackeres edles Wesen fortschrittlich verbunden sein,
aber das ist durchaus nicht der Fall, das Gegenteil ist der Fall: die Zerklüftung,
Zerflatterung und Zerfaserung. Da hoch oben, da ist nichts mehr. Den oberen
Regionen ist sonderbarerweise die Entfaltung untersagt. (SW 15, 116ff.)

Wer es schlagworthaft verkürzt haben will, kann die verschiedenen Partien des
Textes auch in antithetische Begriffspaare fassen:
– aggressives Geltungsbedürfnis und Dominanzbestreben *versus* friedlicher Selbst-
  bescheidung

– Kritiksucht und nörgelnde Geringschätzung der Welt *versus* Respekt vor dem
  Gutem und Redlichem
– hedonistisches Abwechslungsgejage *versus* Vernunft und festem Gedanken an ein
  Höheres
– Zerstreuung und Zersplitterung *versus* Konzentration und Einkehr
– endloses Raisonieren *versus* selbstverständliches Handeln
– Leerheit der schwatzhaften Moderne *versus* Stimmen der Geister und Götter.

Auch wenn der Text in seinem kategorischen Furor einzigartig in Walsers Werk
dasteht, so kommen die Überlegungen, die er zum Ausdruck bringt, auch in allen
anderen Werkepochen vor. Hier sind die entsprechenden Äußerungen meist eher
nur kurz eingestreut oder in Frageform formuliert, was ihnen eine gewisse Relati-
vierung verleiht:

> Eine ganze Welt von bloß halb oder überhaupt nicht am Leben Beteiligten pflegt
> sich an Kunst- und Lebensbeurteilereien zu sättigen. Sollte das nicht ein unemp-
> fehlenswerter Bildungszustand sein? (SW 19, 117)

So lautet eine der beliebig vermehrbaren Zitate in dieser Richtung.

Einen ähnlichen Stellenwert wie das Prosastück *Bedenkliches* hat allenfalls noch
der lange, aus dem Jahr 1925 stammende Text auf dem Mikrogrammblatt 195, in
dem Walser erneut zu einer grundsätzlichen Gesellschaftskritik ausholt, ohne dass
er das Stück allerdings ins Reine geschrieben oder veröffentlicht hätte (vgl. AdB
1, 225ff.). Auch hier hat er die so genannten gebildeten Schichten und die Welt
der Salons im Auge. Literatur und Dichtung erscheint in diesen Sphären allenfalls
noch als Dekor, das heißt als Accessoir zu persönlicher Profilierung oder als Kenn-
zeichen eines gesellschaftlichen Status. Sie ist mithin nur noch Mittel zum Zweck
persönlicher Stilisierung oder Gesellschaftsspiel eines bestimmten Milieus. Zur
Abdichtung gegen inhaltliche Botschaften oder Aussagen wird eine konsequente
Historisierung betrieben, die den Text zum Bildungsgut verdinglicht und weitgehend sterilisiert. Zeitgenössische Autoren werden entweder nur in vergleichendem
Hinblick auf frühere beurteilt oder dank ihres Erfolges gesellschaftlich (nicht etwa
literarisch) geachtet und bewundert.

Mit anderen Worten: Die Literatur ist zu einer gesellschaftlichen Institution
geworden, die einen gehobenen Status verleiht und zur Abgrenzung gegenüber
so genannten Ungebildeten dient, die jedoch kaum als Kunst geachtet und noch
weniger als gedankliche Welt erlebt und als praktische fortgelebt wird. Und da dies
so ist, gleicht sie einem leer laufenden Betrieb, in welchem ein kurzlebiger Auftritt
den nächsten ablöst: »Bald ist's ein Herr, bald eine Dame. Wie sie sich Mühe geben
müssen, und gewiß auch geben. Nachher folgt jeweilen ein achtungeinflößender
Artikel. Doch stimmt bei all dem etwas nicht.« (SW 8, 59) Um so mehr muss die
Leere von immer neuen Ankündigungen überschrien werden:

> Immer künden frische Plakate frisches Futter für Leute an, denen man Gelegen-
> heit bietet, einen bildenden Abend zu verbringen. Wohin führt das? Einige kom-

men mehrmals, sie sind *en vogue*, aber der Dichter- und Dichterinnenvorrat hört eines Tages auf. Was dann? Wir leben in plakätischen Zeiten. Die Kerls mit der Fülle von Ideen im Kopf machen sich ganz ordinär. Keiner von ihnen bleibt noch irgendwie umwoben. Seltsames schrumpft von Tag zu Tag mehr ein. Eine Fabrik zur Gewöhnlichmachung des Ungewöhnlichen scheint im Gang. (SW 8, 59)

Walser erkannte diese Tatsache schon früh, und zog daraus die Schlussfolgerung, der Schriftsteller müsse, wie es im bereits zitierten Text heißt, immer etwas »daneben«[8] sein. Dies betraf nicht nur seine Position als exterritorialer Beobachter, sondern auch sein Verhältnis zu den Regeln jenes Gesellschaftsspiels Literatur. In all seinen Sätzen, Formen und Werken wich Walser von den literarischen Konventionen seiner Zeit ab und verschob sie auf eine ebenso subtile wie irritierende Weise. Kein Satz, den Walser schrieb, fügt sich der gängigen Erzähltradition; von Anfang an ist er, wie es in *Fritz Kochers Aufsätze* heißt, ein »Schurke im Stil« (SW 1, 38).

Es ist ein Grundzug der literarischen Moderne, keine Dokumente der Erbauung, sondern nur solche der Paradoxie zu hinterlassen, wie es Hugo Ball einmal formuliert hat.[9] So gesehen, erscheinen Walsers Texte geradezu exemplarisch modern. Dennoch zeiht er die Moderne, die ihm so nahe zu sein scheint, der Schwatzhaftigkeit und Leere. Wieso?

Vielleicht deswegen, da die Moderne immer das Bedürfnis hatte, sich selbst zu erklären und ihre Absichten thesenhaft zu proklamieren. Die Zahl der Manifeste, die sie produzierte, ist fast ebenso groß wie die Zahl ihrer Autoren. Obwohl die Moderne den ach so verachteten Spießbürger permanent irritieren, düpieren und aufrütteln will, gibt sie ihm zugleich permanent irgendwelche gut gemeinten Handreichungen, die ihr schockierendes Auftreten sogleich wieder leichter fasslich machen sollen. Die Avantgarde wollte nicht nur von sich reden machen, sondern sie wollte auch, indem sie sich fortlaufend erklärte, einen Erfolg erzielen, und sei es auch nur in den Annalen der Literaturgeschichtsschreibung.

Keine einzige der Avantgarde-Bewegungen der Moderne suchte – wie Walser – das Unaussprechliche zu umkreisen und das Geheimnis des Lebendigen spürbar zu machen, indem sie es nicht beschrieb und bezeichnete, sondern den Lesern die Möglichkeit schenkte, durch Anregung zur Unterhaltung mit sich selbst lebendig und immer lebendiger zu werden.

Dagegen suchte selbst die gewagteste Avantgarde meist sehr rasch das heimliche Einverständnis mit ihren angeblichen bürgerlichen Gegnern und entpuppte sich in der Regel binnen kurzem als eine weitere Variante jenes Spiels, das der Gesellschaft und ihren Positionen gilt und nicht der Kunst oder gar der namenlosen Poesie.

Vielleicht ist es dieser Prozess, der Walser daran zweifeln ließ, ob es für die Dichtung in der Moderne überhaupt noch einen Ort gibt. Denn jedes ›Daneben‹ wird sogleich analysiert, etikettiert und integriert, und wenn es das Publikum oder die Kritik nicht tut, so tun es die kaltherzigen Gelehrten, die in diesem Geschäft ihre Meriten verdienen.

---

8 Ebd.
9 Vgl. Ball: *Die Flucht aus der Zeit*, S. 75.

Wo stehen wir in dieser Sache heute? Ich frage dies, auch wenn ich befürchten muss, damit endgültig gegen die guten wissenschaftlichen Sitten zu verstoßen. Benehme ich mich hier wie der alte Oberlehrer, der die alte einfältige Frage zu ergründen versucht, was der Dichter uns denn eigentlich sagen wolle? Will ich, einem Sonntagsprediger nicht unähnlich, eine Botschaft aufzeigen – vielleicht gar im Wunsche, dass ihr nachgelebt würde? Heute, da wir nicht einmal mehr von Interpretationen reden, sondern nur noch vom Diskurs der Lektüren? Heute, da wir gar keine Aussagen mehr machen, sondern lieber fragen, durch welche Muster frühere Aussagen zustande kamen? Heute, da wir vom Verlust der Signifikanten sprechen und deshalb uns gerne der bloßen Schrift, dem reinen Zeichen zuwenden? Heute, da wir den Autor als Fiktion methodisch eskamotieren, wie Walser dies bereits kommen sah, als er bemerkte, für die Literaturwissenschaft sei der Autor eine »inopportune« (AdB 4, 106) Erscheinung? Will ich in einem solchen Kontext plötzlich menschliche Verbindlichkeit anmahnen?

Nun, ich glaube lediglich, dass uns Walser mit Prosastücken wie *Bedenkliches* oder dem Text auf dem Mikrogramm-Blatt 195 eine Art Stein in den Weg legt, in der Absicht, dass wir *persönlich* Anstoß daran nähmen, dass wir jenes ›Bedenkliche‹ für uns selbst tatsächlich bedächten und nicht nur mechanisch nach unseren methodischen Instrumenten greifen, um die Sätze ›herzlos‹ zu sezieren. Denn dann gehörten wir wohl zu jenen, denen »sonderbarerweise die Entfaltung versagt« (SW 15, 120) bleibt, wie es im vorletzten Satz von *Bedenkliches* heißt.

Die Wissenschaft hat sich gegen diese Überlegungen bislang dadurch immunisiert, dass sie darauf hinwies, Walser habe in der ihm eigenen, schon von Benjamin hervorgehobenen »Geschwätzigkeit«[10] der ›schwatzhaften Moderne‹ ja selber angehört; seine Kritik komme von innen und relativiere sich in dem Maße, in welchem sie ihn selbst trifft. Dieser Einwand vergisst jedoch das Wesentliche: Dass Walser aus seinen Sätzen nicht eine literarische, sondern eine reale biografische Konsequenz zog: »Man kommt nicht weiter, und daher heißt es zurückgehen« (SW 15, 120f.), damit schließt das Prosastück *Bedenkliches*. In der Tat: Er ging dann zurück, und am Ende hörte er gänzlich mit dem Schreiben auf.

---

10 Benjamin: *Robert Walser*, S. 327.

Sonja Osterwalder (Zürich)

Das Ich als Stilfigur.
Zu Robert Walsers *Schlossgeschichte*

Die Berner Jahre gelten als die produktivsten überhaupt im Schriftstellerleben Robert Walsers. Dass sie auch zu seinen erfolglosesten gehören, ist längst eine ironische Anekdote der Literaturgeschichte. Die sehr kurzen und damit auf den Feuilletonbetrieb zugeschnittenen Prosastücke blieben zu großen Teilen unveröffentlicht; *Schloßgeschichte* ist eines davon.

Man findet in diesem Prosastück viele der so häufig beschriebenen Merkmale, die Walsers Spätwerk ausmachen. Dazu gehören der Verweis auf den Schein, der strategische Gebrauch des Konjunktivs, die ebenso umständlichen wie treffsicheren Neologismen, eine Theatralität der Szenen und vielleicht auch das, was man grob als den Vorzug der Form gegenüber dem Inhalt bezeichnet hat.[1]

Walser wird damit unter der Hand in den Rang eines eifrigen Klassizisten gehoben, der Schillers Votum, dass der Stoff durch die Form getilgt werden solle, auf etwas eigensinnige Weise umsetzt. Genau dieser so oft konstatierte ›Triumph‹ der Form über den Stoff soll hier zur Diskussion stehen.[2] Zwar wird nicht die gegenteilige Behauptung – etwa: der Stoff beherrsche die Form – ins Feld geführt, aber immerhin der Versuch unternommen, die Geschichte nicht in der Beschreibung des Stils untergehen zu lassen, sondern Form und Inhalt einander gegenüber zu stellen, um sie dann neu miteinander zu verschränken.[3]

---

1 Vgl. zur späten Prosa Walsers: Roser: *Fingierte Mündlichkeit*, S. 15ff., u. Rodewald: *Sprechen*, S. 75ff.

2 Vgl. etwa Siegrist: *Glück des Unglücks*, S. 64: »er drängte den Stoff durch kunstvolle Formalisierungen immer stärker in den Hintergrund, ließ das ›Wie‹ immer ausschließlicher über das ›Was‹ triumphieren.« Vgl. hierzu auch Benjamin: *Robert Walser*, S. 325: »Walsern ist das Wie der Arbeit so wenig Nebensache, daß ihm alles, was er zu sagen hat, gegen die Bedeutung des Schreibens völlig zurücktritt.« Eine sanfte Kritik der Trennung von Form und Inhalt findet sich bei Rodewald: *Sprechen*, S. 76.

3 Es gibt in den Mikrogrammen einen gleichnamigen Text, der jedoch, abgesehen vom Motiv des Ehebruchs, wenig Ähnlichkeit mit dem ausgearbeiteten Manuskript aufweist. Eine vergleichende Analyse der beiden Prosastücke könnte aber zeigen, wie Walser in der Überarbeitung den Stoff gegenüber der Form stark macht; vgl. AdB 4, 110–113.

1. Ehebruch und Untergang

Bereits mit dem Titel werden Inhalt und Form der darauf folgenden Erzählung in einer Wortverbindung zusammengefasst: ›Schloß‹ eröffnet einen ganzen Motivkreis, der die Ständegesellschaft, den Adel, das Märchen, etwas Romantik und längst vergangene Zeiten miteinschließt. Die Bezeichnung ›Geschichte‹ wiederum, die Walser für viele seiner Prosastücke wählt, liefert einen Hinweis auf traditionelles Erzählen; eine Geschichte, so die seit Aristoteles geläufige, etwas grobianische Definition, besitzt einen Anfang, eine Mitte und ein Ende.[4]

Doch was auf einen ersten Blick belanglos zu sein scheint, kann später durchaus als wesentlich wiederkehren. So wird es für die Interpretation der *Schloßgeschichte* entscheidend sein zu bestimmen, wo die Markierungen für den Anfang und das Ende der Geschichte liegen.

Einführung in die Geschichte und Erläuterung des Themas besorgt der Erzähler selbst: »Ich erzähle hier eine Geschichte«, heißt es zu Beginn, »worin eine Familie, zwar nur allmählich, aber dafür um so sicherer ihrem Verfall entgegeneilte.« (SW 20, 90) Diese Ankündigung ist kein leeres Versprechen, denn tatsächlich wird in der Folge ein Panorama familiären Niedergangs entworfen.

Als erstes Familienmitglied hat die alte Haushälterin ihren Auftritt, von der berichtet wird, sie besitze eine jugendliche Seele und blicke ab und an sorgenvoll zum Fenster hinaus.[5] Wenig später wird die Herrin des Hauses vorgestellt; auch sie hat sich in den Zeiten des Unglücks etwas zu bewahren gewusst, im Unterschied zur Haushälterin aber keine jugendliche Seele, sondern bloße Äußerlichkeit: standesgemäße Allüren. Dann tritt der Herr des Hauses in Erscheinung; von ihm, so der Erzähler, »könnte zu sagen sein, daß er zu sämtlichen hübschen Bewohnerinnen der Umgebung müßiggängerische Beziehungen unterhielt« (SW 20, 91). Mit dieser euphemistischen Blüte, die natürlich eheliche Untreue meint, wird nun nicht nur der Ehemann geschmückt, sondern ebenso die Ehefrau, die vom Gatten »in nicht sonderlich viel Genugtuung einflößender Gesellschaft« (SW 20, 91) überrascht wurde.

Schließlich taucht der Erzähler selbst in der Geschichte auf: Er ist eine Art Untermieter der verarmten Familie und beschäftigt sich, wie er sagt, damit, »daß ich Verständnis für die Haushälterin, in deren Antlitz sich der Familienverfall abspiegelte, an den Tag legte« (SW 20, 91).

---

4 Aristoteles: *Poetik*, S. 25: »Ein Ganzes ist, was Anfang, Mitte und Ende hat. Ein Anfang ist, was selbst nicht mit Notwendigkeit auf etwas anderes folgt, nach dem jedoch natürlicherweise etwas anderes eintritt oder entsteht. Ein Ende ist umgekehrt, was selbst natürlicherweise auf etwas anderes folgt, und zwar notwendigerweise oder in der Regel, während nach ihm nichts anderes mehr eintritt. Eine Mitte ist, was sowohl selbst auf etwas anderes folgt als auch etwas anderes nach sich zieht. Demzufolge dürfen Handlungen, wenn sie gut zusammengefügt sein sollen, nicht an beliebiger Stelle enden, sondern sie müßen sich an die genannten Grundsätze halten.«

5 Walser verfolgt hier wie stets das Modell des ›ganzen Hauses‹, das die Bediensteten mit zur Familie zählt.

Mit dem Auftritt des Erzählers wird in der Erzählung mit der Bildung zweier
Paare eine erste Symmetrie erreicht: Ehefrau und Ehemann auf der einen, Haushälterin und Erzähler/Untermieter auf der anderen Seite. Dabei ist auf einen raschen
Blick hin das Verhältnis der beiden Paare zueinander ein ähnliches wie in der grie-
chischen Tragödie jenes zwischen Helden und Chor – das Ehepaar als die handeln-
den Personen, die Haushälterin und der Erzähler, wenn auch nicht als über das
Schicksal klagende, so doch als stumme, das einfache Leben vertretende Zuschauer
einer häuslichen Tragödie.

Die Symmetrie zeigt sich aber auch in der Gegensätzlichkeit der Paarbezie-
hungen; während das Ehepaar im Ehekrieg steht, regiert zwischen Haushälterin
und Erzähler Harmonie, da der Erzähler Verständnis »an den Tag legt«. In der Tat
wird die einzige Begegnung zwischen den Eheleuten (das Ertappen bei der eheli-
chen Untreue) auch vom Text selbst vollzogen, indem die Personalpronomen »er
sie« direkt aufeinander folgen.

Die Handlung erreicht ihren Höhepunkt in der Beschreibung der Jagd des Ehe-
mannes auf die Anbeter seiner Frau. An diesem Punkt kippt die Familienverfalls-
geschichte in eine Mordgeschichte. »Er erlegte«, so die Auskunft, »während der
Dauer der Ausübung seines Gattenberufes etliche.« (SW 20, 91)

Am Ende des kurzen Textes setzt der Erzähler, der sich als Dichter zu erkennen
gibt, in Entsprechung zur Einführung (»Ich erzähle hier eine Geschichte [...]«) den
sowohl mit Eigenlob als auch mit Selbstversicherung versehenen Schlusspunkt:
»Ich dichtete schon manches, gewiß jedoch noch nie etwas so Schönes wie dieses.«
(SW 20, 91)

2. Diesseits und Jenseits der Geschichte

Am Anfang und Ende des Textes also schwingt der Ich-Erzähler das Zepter, in beiden Sätzen steht das Pronomen »Ich« exponiert an erster Stelle (»Ich [...]«). Es gibt
einen solchen Satz auch innerhalb der Geschichte, und zwar genau in der Mitte des
Textes, dort, wo der Erzähler selbst in die von ihm erzählte Geschichte hineinmar-
schiert.

Dieser Eintritt in die Geschichte erfolgt exakt auf dem Gipfel der Dramatik.
Eben wurde in Andeutungen berichtet, dass der Ehemann die Frau beim Treue-
bruch überrascht habe, da fällt ein Satz, der gleichsam die beredte Pause zwischen
Blitz und Donnerschlag ist: »Prägnant hob sich der nahegelegene Berg vom Himmel ab.« (SW 20, 91) Im dunklen Schatten des Bergs eilt nun aber nicht die Familie ihrem Verfall entgegen, sondern das Ich feiert seinen Auftritt in der Geschichte:
»Ich bewohnte im Hause ein dreifenstriges Gemach, das ehedem zu Repräsentationszwecken gedient haben mochte« (SW 20, 91), heißt es anstatt des erwarteten
Donnerschlags.

Man sieht, der Einfall des Ichs in die Geschichte folgt einer erzähltechnischen
Funktion: der Verzögerung, dem Aufschieben der Spannung und der Verlangsamung der rasch aufeinander folgenden Handlungselemente. Noch deutlicher wird

dieses Sperren des Erzählflusses bei der Jagdszene. In geschwungenen und gewun-
denen Sätzen schildert der Erzähler, wie der Ehemann die Lieblinge der Ehefrau
aufs Korn nimmt.[6] Die Vorgehensweise des Ehemanns wird ironischerweise als
eine von der Literatur gelehrte vorgestellt: »Was er tat, entsprang literarischen Ein-
flüßen, indem er gern Gerstäcker las.« (SW 20, 91)[7] Eine weitere ironische Wendung erhält der Satz, wenn man bedenkt, dass der Erfolgsautor und Abenteurer
Friedrich Gerstäcker genau den umgekehrten Weg zurückgelegt hat: vom Schießen
zum Schreiben. Er behauptete von sich gern, in jungen Jahren besser mit der Büch-
se als mit der Feder umgegangen zu sein.[8]

Der Ehemann also kommt vom Lesen zum Schießen, doch ehe die Jagd richtig
begonnen hat, bricht sie schon wieder ab, und das Ich tritt auf. »Wenn ich mitunter in die Nachtlandschaft hinaufschaute«, heißt es in der nächsten Passage, »wob
wunderbare Einsamkeitsschönheit rund ums Schloß, das mir wie ein Hauch vor-
kam.« (SW 20, 91) Erst dann findet die Beschreibung der Jagd ihre Fortsetzung.

Wie sehr der ganze Text vom Sprung des Ichs in die Geschichte und aus der
Geschichte geprägt ist, auch wenn das Personalpronomen zuweilen ausgespart bleibt, macht auch die Fortsetzung der Jagdbeschreibung deutlich. Da wird
zunächst die Herrlichkeit des Jagdszenarios gepriesen und mit Augen geschaut, die
sich aus sicherer Entfernung am Anblick des Sterbens vergnügen. Bezahlt wird dieser rein ästhetische Genuss mit einer Kühle der Schilderung und geschuldet ist er
wiederum dem Aufenthalt des Ichs im Jenseits der Geschichte. Schon im nächsten
Satz jedoch meldet sich das Ich zurück und demonstriert emotionale Beteiligung,
indem es die »kaltblütige Art« (SW 20, 91) des Hausherrn beklagt.

Zur Verlangsamung der Geschichte, die tatsächlich drängend voll von Hand-
lungselementen ist, trägt auch der Stil bei. Die Wortwahl der späten Prosa Walsers
mit ihren Schnörkeln, ihren Manieriertheiten, ihren Umständlichkeiten ahmt, als
sprachliche Geste, die beflissenen Bücklinge eines Subalternen nach, der sich seiner
Rolle genau bewusst ist. Man kann, mit einer Vorliebe für harmonische Entwick-
lungslinien, behaupten, dass nach Berlin und der Dambrauer Episode die ›verrück-
te Dieneridee‹ aus Walsers Leben verschwunden ist, um von nun an die Sprache zu
bewohnen.[9]

---

6 Der Hausherr besitzt in seinem Hang zum Schießen eine gewisse Ähnlichkeit mit Herrn
   Agappaia aus *Die Geschwister Tanner*; dieser schießt nachts im Wald, allerdings nicht auf
   lebendige Ziele, sondern aus ästhetischem Vergnügen, »um den Schuß knallen und wider-
   hallen zu hören« (SW 9, 55). In ihrer Eifersucht geben sich die beiden Hausherren jedoch
   die Hand.

7 Walser hat über Gerstäcker ein kurzes Prosastück verfasst, in dem er sich sowohl vor dem
   schriftstellerischen Werk des Deutschen als auch vor dessen sozialem Engagement verneigt;
   vgl. SW 17, 176–178.

8 Vgl. Gerstäcker: *Streif- und Jagdzüge*, S. 5.

9 So zieht Peter Gronau eine schnurgerade Linie zwischen Dambrau und Galanterie: »Bekanntlich hat er [Walser] es sich nicht nehmen lassen, eine Zeitlang auf einem schlesischen
   Schloß sich als veritabler Lakai zu verdingen, ohne daß auch nur eine Spur hochmütige

Das Ideal des schweigsamen, artigen, beinahe unsichtbaren Dieners des *Jakob von Gunten* wird in der späten Prosa, auf einer rein sprachlichen Ebene, gegen ein geschwätziges Exemplar eingetauscht, keinen Diener mehr im beruflichen Sinn, sondern eine Rolle, die in der höfischen Gesellschaft ihre Vollendung fand: den Galan.[10] Zwar handelt es sich bei dem in den Romanen vermittelten Dienerbild um ein durchaus ambivalentes, in dem sowohl Höflichkeit, Artigkeit als auch Stolz und eine Rhetorik des Standes- und Selbstbewusstseins Platz finden, die das simple Herr-Knecht-Verhältnis wortreich verabschiedet. Doch auch wenn die Dienerfiguren immer auch herrschaftliche Züge zum Ausdruck bringen, bleibt zwischen Lakai und Galan ein eklatanter Unterschied bestehen.

Er betrifft zum einen die Positionierung auf der sozialen Leiter, zum anderen die Absicht, die hinter den Gesten und dem Sprechen liegen. Während der Diener in einem Abhängigkeitsverhältnis zu seinem Herrn steht und die eine Seite eines ebenso beruflichen wie sozialen Vertrages erfüllt, verfolgt der Galan mit seinen Höflichkeiten und Zuvorkommenheiten ein klares Ziel: die Gunst einer umworbenen Frau zu gewinnen.

3. Schlossherr und Dichterfürst

Wenn man nun diese Bemerkungen über die Struktur der Geschichte und den Erzählstil berücksichtigt, wenn man Wert darauf legt, wann das Ich jeweils auftritt (Dramatik), wie es sich benimmt und wie es spricht, dann wird es möglich, die *Schloßgeschichte* nicht als Erzählung eines familiären Verfalls zu lesen, sondern als eine Geschichte, die davon erzählt, wie das Schloss einen würdigen Hausherrn erhält.

An dieser Stelle wird es auch entscheidend zu bestimmen, wo die Geschichte beginnt und wo sie endet. Denn setzt man den Beginn nicht beim Anfang der eigentlichen Geschichte über den Familienverfall, sondern beim ersten Satz, bei der Ankündigung der Erzählung an und das Ende beim großzügigen Eigenlob des Erzählers, so zeigt sich als das die Handlungsabfolge bestimmende und verbindende Element, als Anfang, Mitte und Ende der Geschichte, nicht der angekündigte Plot, sondern das Ich, das sich zum einen als *erzählendes* gleichsam um das

Koketterie dabei eine Rolle gespielt hätte. Das wird das eine der beiden Grundelemente seines Stils der Stile sein.« (Gronau: *Garten der Stile*, S. 131)

10 Marion Gees und Gronau haben beide auf Elemente des Rokoko-Stils in Walsers später Prosa hingewiesen. Mit dem Rokokostil gemein hat Walsers späte Prosa die Leichtigkeit, die ironische wie vornehme Umständlichkeit sowie die Vorliebe für Nichtiges; vgl. Gronau: *Garten der Stile*, S. 138–141. Gees setzt Walsers Rokoko-Stil vor allem mit parodistischen Verfahren trivialer Vorlagen in Verbindung; vgl. Gees: *Galante Damen*, S. 142–154.

Erzählte spannt und das zum anderen als *erzähltes* die angekündigte Geschichte immer wieder durchkreuzt.[11]

Entscheidet man sich weiter, die Trennung zwischen erzählendem und erzähltem Ich nicht aufrechtzuerhalten, sondern Ich und Ich für Eines zu nehmen, so kann man dieses galante Ich, die Schnörkel des Erzählers, das Benehmen der Ich-Figur, als eine Art zur Figur geronnenen Stil bezeichnen, als reine Stilfigur im wahrsten Sinn des Wortes.

Es ist bemerkenswert, dass das im Titel erwähnte ›Schloss‹ im Text kaum aufscheint, stets ist vom ›Haus‹ oder ›Gebäude‹ die Rede – mit einer Ausnahme. Als die Ich-Figur sich von der Nachtlandschaft und Einsamkeit bezaubern lässt, fällt, ebenso federleicht wie gezielt, die Bezeichnung ›Schloss‹. Dazu erfahren wir, dass die Ich-Figur in diesem Schloss »ein dreifenstriges Gemach« bewohnt, »das ehedem Repräsentationszwecken gedient haben mochte« (SW 20, 91).

Sowohl in seinem galanten Verhalten gegenüber der Haushälterin (Verständnis) als auch in seiner galanten Art zu sprechen zeigt sich das Ich nun als einziger würdiger Bewohner des Schlosses, als der wirkliche Herr des Hauses. Das Gemach mit seinem repräsentativen Charakter ist nur ein weiterer diskreter Fingerzeig auf Stand und Stellung seines Bewohners. Während sich das hochwohlgeborene Paar in den Niederungen des Ehekriegs ergeht, übt sich der neue Hausbewohner in nobler Zurückhaltung. Schafft es im Regelfall immenser repräsentativer Aufwand, Rangstufen zu verschieben und Hierarchien zu verkehren, erreicht der Ich-Erzähler denselben Effekt durch Diskretion und vornehme Bescheidenheit.[12] *Noblesse* bedeutet dann nicht nur, dass »das ›Wie‹ eines Vorgehens gegenüber dem ›Was‹ immer einen besonderen Akzent«[13] besitzt, sondern dass die Art und Weise des Vorgehens und Benehmens das ›Was‹, den Inhalt umzukehren vermag.[14] Der Abstieg der Adelsfamilie wird so zum Aufstieg des Ichs erklärt.

Doch da sich das Ich am Ende der Geschichte nicht nur als eigentlicher Schlossherr, sondern ebenso als Dichter zu erkennen gibt, scheint es möglich, auch eine poetologische Lesart zu unternehmen. Es gibt im Text zumindest zwei zarte Hinweise, auf die sich eine solche Deutung zu stützen vermag. Zum einen bleibt die Erzählung in ihren Bezeichnungen und Benennungen stets vage und vermeidet das Konkrete, doch fällt mit Friedrich Gerstäcker ein einziger Name, der gleichsam ein Autorenname ist.

---

11 Dies ließe sich mit dem legendären ›Ich-Buch‹ der späten Jahre in Verbindung bringen. Was jedoch mit den drei enigmatischen Buchstaben des Pronomens genau gemeint sein könnte, lässt sich im Grunde nicht klären.

12 Vgl. hierzu und allgemein zum Zusammenhang von Repräsentation und Macht in der höfischen Gesellschaft: Schweinitz: *Repräsentation*, S. 89.

13 Holona: *Sozialethik*, S. 161.

14 Hier ließen sich erneut Vergleiche zum Rokoko ziehen, das mit dem »Schleier schützender Diskretion […] die Dinge beim Namen nennen konnte« (Gronau: *Garten der Stile*, S. 139).

Zum anderen erfährt das Ich, das flink nach der Erwähnung Gerstäckers wieder in die Geschichte schlüpft, das Schloss des Nachts als einen »Hauch« (SW 20, 91). Es bedeutet keinen Tigersprung, diesen Hauch als schöpferischen Atem, als Inspiration zu lesen. Damit fiele dem Schloss die Rolle der Fantasie zu, die als nächtliche Besucherin dem Dichter die Worte einhaucht.

Übersetzt man eine solche Lesart auf die Inhaltsebene zurück, so wird der dichtende Schlossherr am Ende elegant gleichsam zum Dichterfürsten wie zum augenzwinkernden Bewohner eines Luftschlosses erkoren.

Robert Leucht (Zürich)

»Die Komik ist ein begrenztes Gebiet«. Robert Walsers früher Theatertext *Mehlmann. Ein Märchen*

1. Märchenhafte Textbewegung

Mehlmann. Ein Märchen, 1904 in der Münchner Zeitschrift *Freistatt* und dann 1913 in der Sammlung *Geschichten* erschienen, gehört zu jenen Theatertexten Robert Walsers, die nicht nur das Bühnengeschehen, sondern auch Empfindungen und Reaktionen der Zuschauer ins Bild setzen. Diese doppelte Perspektive zeigt sich schon im ersten Absatz des Textes, in dem die Darbietung des Mehlmanns dargestellt ist und zugleich mit den Formulierungen »Das Publikum«, »es« und »man« ein Publikumskollektiv bezeichnet ist:

> der Mehlmann [...], legte den Finger dumm an die spitze, rötliche Nase, sann, wie es schien, nach und machte dann Gesichter. Das war seine Gewohnheit. Das Publikum kannte es zur Genüge. Es wußte, wann es kam; es kam pünktlich wie ein Wechsel am Verfalltage. So ein Mehlmann verfügt über seine zwanzig Gesichter im Gesicht. Es ist nur dumm, daß man sie alle auswendig kennt wie die Knöpfe an seinem Gilet. (SW 2, 27)

Die zitierte Passage zeigt noch etwas anderes, nämlich, dass die Beschreibung des Mehlmanns durch Formulierungen gekennzeichnet ist, welche die Begrenztheit seiner künstlerischen Mittel und die Vorhersagbarkeit seiner Darbietung signalisieren. Dabei ist nicht nur auf semantischer, sondern auch auf rhetorischer Ebene von Redundanz die Rede. Der Pleonasmus vom »weiße[n] Mehlmann« (SW 2, 27), sowie die Sequenzen »es kam; es kam« und »Gesichter im Gesicht« exemplifizieren jene Wiederholung von Bekanntem, von welcher der Text auch inhaltlich spricht.

Mit dem Mehlmann, der in Walsers Werk synonym für die Figur des Pierrot verwendet ist, wird eine für die literarische Jahrhundertwende typische Gestalt ins Bild gesetzt, die hier allerdings in einer epochen-untypischen Variante erscheint. Walsers Mehlmann erinnert weniger an den melancholischen ›Pierrot décadent‹, wie er sich in Gedichten, Dramen, Pantomimen und Balletts von Zeitgenossen wie Franz Blei, Richard Beer-Hofmann, Arthur Schnitzler und anderen findet, als vielmehr an die dumme, tollpatschige Pierrot-Figur, wie sie für die Adaption der Commedia dell'arte-Tradition im volkstümlichen französischen Theater kennzeichnend ist.

Der Begriff des ›Mehlmanns‹ ist in diesem Text aber nicht nur als Anklang an eine zeittypische Figur zu verstehen, er hat zudem konkrete Funktion für die Struk-

tur dieses Prosastücks: Mit dem Eingangsbild des »weiße[n] Mehlmann[s]« auf
»schwarzverhangene[r] Bühne« (SW 2, 27) wird schon in den ersten beiden Sätzen ein Kontrast-Modell statuiert, das für die Textbewegung konstituierend ist und
mit der im Untertitel angezeigten Genrebezeichnung *Ein Märchen* in Zusammenhang steht. Denn ähnlich wie in einem Märchen wird mit der künstlerisch allzu
beschränkten Darbietung des Mehlmanns unmittelbar nach der Eingangsformel
»Es war einmal« (SW 2, 27) ein Zustand des Mangels statuiert, der durch die dar-
auffolgende Darbietung eines Knaben sofort behoben wird. Der Auftritt des Knaben ist durch die Exclamatio »Ein Knabe kam!« (SW 2, 28) markiert, die in ihrer
Prägnanz einen Gegensatz zu der formelhaften Phrase »Es war einmal« darstellt,
welche die Darbietung des Mehlmanns einleitet.

Abb.: Karl Hofer: *Marionettentheater*, Holzschnitt, in: *Die Insel* 3
(4 1902), S. 73. (Für den Hinweis auf diese Abbildung danke ich Kurt
Ifkovits.)

Ähnlich wie in Karl Hofers 1902 erschienenem Holzschnitt (siehe Abb.), auf dem
auf einer schwarzverhangenen Bühne neben einer tanzenden eine an einen Pierrot
erinnernde Figur zu sehen ist, setzt auch Walser zwei Figuren ins Bild, die sich
durch ihre Gegensätzlichkeit auszeichnen. Diese zeigt sich etwa anhand der Kostü-
me: Zwar sind beide Figuren weiß gekleidet, im Gegensatz aber zu der schlicht als
»weißer Mehlmann« (SW 2, 27) bezeichneten Figur trägt der tanzende Knabe ein
raffiniertes und detailliert beschriebenes »schneeweiße[s], enganliegende[s] Kleid

[…] mit goldenen Rissen, Schlitzen und Umschlägen!« (SW 2, 28) Sie zeigen sich ebenso in der Art und Weise, in der die beiden Figuren die Bühne verlassen. Dem bemitleidenswerten Abgang des Mehlmanns steht der spektakuläre des Knaben gegenüber. Der zentrale Gegensatz wird aber anhand der Darbietungen sichtbar. Über die des Knaben heißt es:

> Jetzt flog der Knabe mit einem Male durch die Luft, ohne daß man einen Abstoß bemerkt hatte, nicht wie ein Akrobat, nein, wie ein Engel. Das Herabfallen aus dem Raum auf den Boden war namentlich unvergleichlich schön. Der erste Tritt auf dem Boden war zugleich der erste Schritt zu einem leise hin und her wiegenden Tanz. (SW 2, 28)

Aus dieser Sequenz wird gleich auf den ersten Blick ersichtlich, wie sehr sich die Bewegungen des Knaben von denen des Mehlmanns unterscheiden. Der Reim zwischen »namentlich« und »unvergleichlich« und der zwischen »Tritt« und »Schritt« markieren das reibungslose Ineinander der hier beschriebenen Bewegungen.

Die zitierte Passage zeigt zudem, dass auch bei der Beschreibung des tanzenden Knaben vorerst mit dem Indefinitpronomen »man« eine kollektive Publikumswahrnehmung miteingewoben ist. Überhaupt wird der Tanz des Knaben nur unter dem Aspekt seiner Außenwirkung auf die Zuseher und gerade nicht als Ausdruck von etwas im Inneren Verborgenen beschrieben. Diese Außenwirkung des Tanzes manifestiert sich in einer Form von Illusionsbildung, die darin besteht, dass eine spektakuläre Bewegung sichtbar wird, deren erzeugende Mechanismen jedoch unsichtbar bleiben. Dieses Verborgenbleiben des auslösenden Moments der Bewegung ist durch die Formulierung »ohne daß man einen Abstoß bemerkt hatte« angezeigt. Rhetorisch ist das Illusionsbildende in der Bewegung des Knaben auch durch einen Wie-Vergleich zum Ausdruck gebracht, »nicht wie ein Akrobat, nein, wie ein Engel«.

In sehr ähnlicher Weise geschieht das in Walsers 1914 erschienenem Tanz-Feuilleton *Der Tänzer* (vgl. SW 4, 100f.), wo der Vergleich mit einem Engel den Tanz in ein ebenso religiöses Licht taucht. Dort heißt es: »Wie ein Engel flog er durch die Luft, die er mit seiner Schönheit zu versilbern, zu vergolden und zu verherrlichen schien.« (SW 4, 100) Die Metapher des Fluges, die sowohl in *Mehlmann. Ein Märchen* als auch in *Der Tänzer* zu beobachten ist, wurde im Falle von *Der Tänzer* als Versuch gelesen, die Bewegung des für seine enorme Sprungkraft berühmten, russischen Tänzers Waslaw Nijinski sprachlich zu fassen. Nijinski, als dessen Porträt *Der Tänzer* gelesen wurde, war für seine Fähigkeit berühmt, scheinbar für einen Augenblick in der Luft zu verharren.

Die Emphase der äußeren, illusionsbildenden Erscheinung des Tanzes verbindet sich in den Folgesätzen von *Mehlmann. Ein Märchen* mit seiner gleichzeitigen Tiefenwirkung auf das Publikum. Während der Knabe nur über seine Kleidung und Bewegung beschrieben ist, gibt der Text präzise Auskunft über die Empfindungen des Publikums, die aus dessen explizit beschriebenen Reaktionen lesbar werden.

Dabei ist es bemerkenswert, dass während der Knabe tanzt, eine Zersplitterung des mit »man« gekennzeichneten Publikumskollektivs in kleinere Segmente,

Frauen, Damen, große Künstler, beziehungsweise in Einzelpersonen, die Baronin, eine Dame, einen Mann sowie ein Mädchen, zu beobachten ist. So werden plötzlich verschiedene Publikumsstimmen hörbar, die den Tanz, in ihrer emphatischen Reaktion über Geschlechter- und Generationengrenzen hinweg einig, dennoch verschieden deuten: »Es ist die Sonne, die ihn davongetragen hat, sagte eine Dame. Nein, der Mond, sagte ein Mann. Nein, sein Herz, sagte ein Mädchen, und errötete.« (SW 2, 28) Diese verschiedenen Interpretationen für den Abgang des Knaben zeigen, dass den Zusehern während seiner Darbietung ein Deutungsraum eröffnet wird, der verschieden genutzt wird. Damit stellt der Text der Vorhersagbarkeit in der Darbietung des Mehlmanns die Mehrdeutigkeit im Tanz des Knaben entgegen und beschreibt so die Auflösung einer Erstarrung.

Dieses In-Bewegung-Geraten zeigt sich auch auf der Ebene sprachlicher Bilder: Während zur Beschreibung des Mehlmanns, der »in seiner Komik eingezwängt [erscheint] wie der Irrsinnige in der Zwangsjacke« (SW 2, 27), ein Bild verwendet wird, das Enge und unterdrückte Bewegung impliziert, ruft der ›Flug des Knaben‹ die Vorstellung von Weite und Bewegungsfreiheit auf. Diese frei gewordene Bewegung auf der Bühne überträgt sich auch auf die Zuschauer, deren Reaktionen ebenso in Bewegung geraten.

2. Gegenbewegung

Würde der Text hier enden, wäre die durch den Untertitel implizierte märchenhafte Textbewegung von einem Mangel hin zu dessen Behebung abgeschlossen. Mit den letzten Absätzen aber, den Einwürfen der Kellner, dem Auftritt einer Sängerin, sowie dem Schlussbild, in dem ein Dichter außerhalb des Theaterraumes in Erscheinung tritt, erhöht der Text in einer raschen Abfolge von Geschehensmomenten noch einmal sein Tempo.

Mit seiner Schlusswendung geht der Text über den Punkt eines märchenhaften Endes hinaus und vollzieht eine zusätzliche Wendung, die auch deshalb einen neuralgischen Punkt dieses Textes bildet, weil hier mit dem In-Erscheinung-Treten eines Dichters an der Peripherie von Text und Textgeschehen ein Moment von Selbstreflexivität erzeugt ist.

Mit dem letzten Absatz des Textes wechselt die Perspektive plötzlich und zum einzigen Mal überhaupt vom Innen- zum Außenraum:

> Die Baronin Wertenschlag stieg mit gesenkten Augen und träumend in ihren Wagen. Ein Dichter komplimentierte. Der Kutscher rollte davon. So ein Flegel von Kutscher! (SW 2, 29)

Dieses Schlussbild zeigt den Dichter zum einen am Rande des Geschehens, zum anderen als einen, der ausgerechnet von jener Publikumsfigur, der Baronin von Wertenschlag, übersehen wird, die dem tanzenden Knaben zuvor im Theaterraum begeistert zujubelt. Damit steht der Dichter in Hinblick auf die Wahrnehmung durch die Baronin in einem Konkurrenzverhältnis zum tanzenden Knaben: Während sie diesem zujubelt, übersieht sie den sie komplimentierenden Dichter, der, so die Implikation dieses letzten Geschehensmoments, am Rande des Theatergeschehens steht.

Zugleich erzeugt der Text zu dieser Implikation eine Gegenbewegung, indem er auf Diskursebene seine Überlegenheit gegenüber den Darbietungen im Theaterraum erweist: In expliziter Form ist das dort zu beobachten, wo der Erzähler des Textes mitleidig über die Darbietung seiner eigenen Figur spricht und den Mehlmann als »Armer, armer Mehlmann!« (SW 2, 28) bezeichnet. Apostrophen dieser Art, beispielsweise auch die Zurechtweisungen der eigenen Figuren als »Spitzbuben!« (SW 2, 29) oder »Flegel« (SW 2, 29) haben einen komischen Effekt, durch den sich der Text gegenüber der missglückten Komik des Mehlmanns ebenso implizit abhebt wie von der mangelnden Komik in den Liedern der Sängerin, über die es heißt: »Ein Lied ist ein Schmerz! Es gibt keine lustigen Lieder, nur lustige Sinnesarten, Gemüter!« (SW 2, 29) Aufgrund dieser ironisch-witzigen Signale zeichnet sich dieser literarische Text sowohl der Darbietung des Mehlmanns als auch den Liedern der Sängerin gegenüber aus.

Ambivalenter gestaltet sich die Beschreibung des tanzenden Knaben. Hier oszilliert der Text zwischen Stilisierung und Ironisierung. In der Sequenz »Es war ein wunderschöner Anblick, man rief ah!« (SW 2, 28) stimmt die Beschreibung des Bühnengeschehens durch den Erzähler im ersten Teil des Satzes mit der im zweiten Teil geschilderten Publikumsreaktion überein. Eine ähnliche Übereinstimmung ist auf den ersten Blick darin zu sehen, dass sowohl in Publikumsrede als auch in der Beschreibung des Erzählers stellenweise eine überhöhende, religiöse Rhetorik zu beobachten ist. Es wurde bereits evident, dass der Erzähler den Tanz des Knaben ins Licht des Religiösen taucht, wenn sein Flug mit dem eines Engels verglichen wird. Andererseits lassen sich aber Momente beobachten, in denen sich der Text in subtiler Weise von dieser überhöhenden Rhetorik in Publikumsrede distanziert:

> Eine Baronin, die Baronin von Wertenschlag, warf dem Tanzenden ein Veilchenbukett zu. Er erhaschte es mit dem Mund an seinem kleinen Stiel. Man jubelte über die süße, zartsinnige Geschicklichkeit. Ein junger Gott ist er, der Sohn einer Göttin, so sagte man wieder. (SW 2, 28)

Während der Tänzer auf das Publikum wie »ein junger Gott« und der »Sohn einer Göttin« wirkt, setzt der Text mit dem Knaben, der das Bukett an einem markiert kleinen Stiel ausgerechnet mit dem Mund auffängt, eine Pose ins Bild, die wenn nicht überhaupt komisch, so zumindest an der Grenze zum Komischen angesiedelt ist. Damit hält der Text an dieser Stelle der emphatischen Reaktion des Publikums eine überzeichnete Pose entgegen und ironisiert sowohl das Bühnengeschehen als auch die Publikumsreaktion.

Die aufgezeigten Ironiesignale des Textes stehen der Implikation des Schlussbildes entgegen: Während einerseits ein Dichter ins Bild gesetzt wird, der am Rande des Geschehens und vom Publikum übersehen ist, profiliert sich dieser literarische Text, in dem auch explizit von Komik die Rede ist, – es heißt: »Die Komik ist ein begrenztes Gebiet, und hochgebildete Komiker gibt es selten.« (SW 2, 27) – in seiner sprachlichen Gestaltung gegenüber der missglückten oder fehlenden Komik seines Gegenstandes als überaus ironisch und witzig.

Diese Gegenbewegung zwischen der Diskursebene und der des Geschehens gewinnt zusätzliche Bedeutung, wenn man sie vor dem Hintergrund von Walsers Schreibgegenwart, das heißt vor dem Hintergrund eines Zeitdiskurses liest, in dem intensiv über das Verhältnis der Literatur zu jenen Künsten nachgedacht wurde, die, um eine Formulierung Hofmannsthals zu verwenden, »schweigend ausgeübt werden«[1].

Mit den im Zuschauerraum von Walsers Text »anwesende[n] große[n] Künstler[n]« (SW 2, 28) gibt der Text selbst ein Indiz für jenes Interesse, das dem Tanz um die Jahrhundertwende in der Kunstwelt zuteil wurde. Zudem erinnert *Mehlmann. Ein Märchen* auch aufgrund der Verbindung von Märchen- und Tanzelementen sowie aufgrund seines Figurenpersonals an jene dramatischen Genres der Pantomime, Tanzpantomime und des Balletts, in denen um 1900 auf praktischem Wege eine Erneuerung des Dramas durch eine Inkorporation von Tanz und Pantomime erprobt wurde.

Neben dem – hier tollpatschig gezeichneten – Mehlmann sind es vor allem die Figuren der Baronin und des tanzenden Knaben, die einen Spur zu diesen dramatischen Genres zeigen: Ähnlich wie in Walsers Text wird beispielsweise in Otto Julius Bierbaums Fabelspiel *Die vernarrte Prinzeß* eine aristokratische Frauenfigur durch einen Tänzer, der dort als ›Lachender‹ bezeichnet ist, verzaubert. Bierbaums Stück ist 1899 in der *Insel* erstveröffentlicht worden, jener Literaturzeitschrift, in der eine Reihe anderer Texte dieser Genres publiziert wurden und zwei Jahre später auch Walsers Märchendramolette erschienen.

Bezieht man *Mehlmann. Ein Märchen* auf den skizzierten Problemzusammenhang und liest den Text vor dem Hintergrund eines Zeitdiskurs, in dem das Verhältnis der Dichtung zu den »schweigend ausgeübten Künsten« theoretisch und praktisch verhandelt wurde, dann ergibt sich ein facettenreiches Bild: Der Text zeigt den Tanz im Lichte seiner Wirkungsmacht ebenso wie im Lichte des Konventionellen. Er zeigt ihn aber vor allem als Publikumsereignis, was der eingangs erwähnten Doppelperspektive geschuldet ist, durch die auch die Reaktionen der Zuschauer ins Bild gesetzt werden.

Der Dichter erscheint am Rande dieses Publikumsereignisses, in einem literarischen Text, der aufgrund seiner Komik und Ironie seine Überlegenheit und Distanz zum Geschehen behauptet. Es ist deshalb eine Außenseiterposition, die um ihr eigenes Potenzial weiß.

---

1 Hofmannsthal: *Eine Monographie. »Friedrich Mitterwurzer« von Eugen Guglia*, S. 479.

Alexandra Kleihues (Zürich)

Robert Walsers dramatische Szenen der Berner Zeit im theaterhistorischen Kontext

I.

Die Theatertexte Robert Walsers, insbesondere die vielen kleinen dramatischen Szenen von jeweils wenig mehr als ein paar Seiten Länge, die in den 20er Jahren entstanden,[1] wurden in der Forschung lange Zeit recht selbstverständlich als Lesetexte qualifiziert, die, so etwa Dieter Borchmeyer, »nicht auf die Bühne drängen«[2]. Berufen konnte man sich dabei auf den Autor selbst, der eine mögliche Aufführung seiner Dramolette als »völlig nebensächlich«[3] eingestuft hatte. Eine zweite Stütze schien Walser in seiner Charakteristik der Kleistschen Dramen anzubieten: »Hauptsächlich lassen sie sich lesen, sie besitzen als sogenannte Buchdramen Wert« (SW 19, 258). Allerdings ging es Walser im ersten Fall darum, einen Verleger vom Nutzen einer Buchpublikation zu überzeugen – wer würde da nicht die Bühnenrealisation als zweitrangig bezeichnen? In der vermuteten Selbst-Charakteristik des Kleist-Portraits andererseits scheint die affirmative Komponente mindestens zwiespältig zu sein, zumal, wenn man sie neben andere, wenngleich frühere, Aussagen stellt, in welchen das Problem der Aufführbarkeit eindeutig den Bühnenkünstlern und nicht etwa dem Dramatiker angelastet wird.[4] Wenn wir überdies davon ausgehen, dass Walser in vielen seiner Texte eigene Erfahrungen verarbeitet hat, so mag dies vielleicht auch für die dramatische Szene *Was macht mein Stück?* (vgl. SW 15, 41–44) gelten, in der sich ein Autor in einem Theater nach dem Schicksal des von ihm eingereichten Manuskripts erkundigt.

Was Peter Utz anhand der Märchendramolette, namentlich am *Aschenbrödel*, nachgewiesen hat – dass Walser an der zeitgenössischen Arbeit an einer Erneuerung der dramatischen Gattung teilhatte – mag, so zuletzt auch Marion Gees,

---

1 Vgl. SW 8, 93–104; SW 17, 370–485; AdB 2, 403–472; AdB 4, 323–371, u. AdB 6, 511–521.

2 Borchmeyer spricht sogar von bewusst eingebauten »Blockaden […], die ihre Aufführbarkeit verhindern« (Borchmeyer: *Robert Walsers Metatheater*, S. 141).

3 Brief an Rowohlt vom 12. 12. 1912, zit. n. Utz: *Tanz auf den Rändern*, S. 44.

4 Vgl. *Was braucht es zu einem Kleist-Darsteller?* (SW 15, 23–26) Dass Kleist undramatisch und nicht aufführbar sei, wird hier wohl eher als Vorurteil zitiert als auktorial vertreten. Denn nachdem das »wir« alle Einwände und Unmöglichkeiten aufgezählt hat, schließt der Text mit den Worten: »Wie wir doch da schwatzen. Ist's nicht dumm, zu sagen, wir können nichts?« (SW 15, 26) Zum Kleist-Komplex vgl. auch Huber: *»Dem Dichterunstern gänzlich verfallen«*.

ebenso für die dramatischen Szenen der Berner Zeit gelten: Verstanden als Experimente mit einer problematisch gewordenen Form, fügen sie sich in einen größeren dramen- und theatergeschichtlichen Kontext.[5] Ein erstes Merkmal dieses Kontexts ist die »Spaltung von Theater und Text«[6], welche sich bereits seit dem Ende des 19. Jahrhunderts abzeichnete. Die Durchbrechung der Bühnenkonvention kam dabei nicht etwa einem freiwilligen Verzicht auf theatrale Umsetzung gleich, sondern verstand sich als Anregung zur Erweiterung sowohl des ästhetischen als auch des technischen Spielraums der zeitgenössischen Bühne. Als prominentestes Beispiel sei hier auf Bertolt Brecht verwiesen, der ausdrücklich forderte, »die Autoren sollten mit ihren Texten den Theaterapparat nicht ›beliefern‹, sondern verändern«[7]. Walsers ›Unspielbarkeit‹ ist demnach typisch für seine Zeit, gilt aber nur im Bezugsrahmen einer bestimmten Theaterpraxis. Dass Walser in der deutschen Theatergeschichtsschreibung keinen Platz gefunden hat, liegt daran, dass seine Stücke nicht aufgeführt wurden. In die Theorie über das Theater der Moderne aber passen sich seine Texte, wie ich an einem Beispiel zeigen möchte, bestens ein.

2.

Eine (wie gewöhnlich unbetitelte) dramatische Szene aus den Mikrogrammen der Jahre 1924/25 reduziert das 5-Akte-Schema auf fünf Bilder und nimmt seinen Anfang mitten in einer Konflikthandlung, die in beschleunigtem Tempo auf den Zusammenbruch der patriarchalen Familienordnung zuläuft (vgl. AdB 2, 442–446). Eine erste, für Walsers Szenen typische Besonderheit besteht darin, dass der inhaltliche Skandal mit einem formalen zusammenfällt, denn schon nach wenigen Repliken ereignet sich das, was als dramatischer Eklat zu bezeichnen wäre: die Durchbrechung der inneren Kommunikationssituation:[8] »Was nehmen Sie sich heraus?« (AdB 2, 442) – die empörte Reaktion des Vaters auf die provokativ zur Schau gestellte Schadenfreude seiner Tochter, richtet sich nicht an diese selbst, sondern an denjenigen, der diese Geste zugelassen respektive sich ausgedacht hat und der den Gattungskonventionen gemäß gar nicht in Erscheinung treten dürfte: den Verfasser der Szene.

Dies hat zunächst Ähnlichkeit mit der romantischen Illusionsaufhebung: Der Autor mischt sich unter die fiktiven Figuren und stellt damit die Fiktionalität der

---

5 Vgl. Utz: *Tanz auf den Rändern*, Kap. 2, u. Gees: *Schauspiel auf Papier*, S. 58–65.
6 Lehmann: *Postdramatisches Theater*, S. 79.
7 Ebd., S. 80. In diesem Sinne auch Heiner Müller, für den ein Theatertext »nur gut [ist], wenn er für das Theater, wie es existiert, gar nicht machbar« (ebd.) ist. Eine Distanzierung gegenüber der tatsächlichen Aufführung als Kriterium der Aufführbarkeit eines Dramentextes findet man allerdings auch schon früher. So unterscheidet etwa Friedrich Hebbel, von dem im Folgenden noch die Rede sein wird, strikt zwischen »*Darstellbarkeit*« und »faktische[m] *Dargestelltwerden*« (Hebbel: *Maria Magdalene*, S. 319f.).
8 Zur Differenzierung der Kommunikationssituationen vgl. Pfister: *Das Drama*.

dargestellten Handlung aus. Und doch ist es anders, denn der Vater wendet sich nicht als Schauspieler an den Erfinder seiner Rolle, sondern als Geschöpf an seinen Schöpfer. Die Auflehnung gegen die Autorinstanz, die im Sprechen des Vaters überhaupt erst materielle Gestalt gewinnt, das heißt wie ein *deus ex machina* auf der Bühne erscheint, hat damit einen ungleich existentielleren Charakter. Die Illusion, die hier kenntlich gemacht wird, betrifft nicht die Theaterkonvention, sondern den Subjektcharakter der Figuren: das vermeintlich autonom handelnde Subjekt erkennt sich als Marionette eines willkürlichen Strippenziehers. Diese Erkenntnis trifft den Vater umso heftiger, als er sich zuvor als souveräner Darsteller eines ihm wohl bekannten Romanstoffs präsentiert hatte (»Ich will Ihnen beweisen, daß ich Romane gelesen habe.« [AdB 2, 442]). Der formale Konventionsbruch fällt mit dem inhaltlichen zusammen, denn er findet sich dort, wo der Umschlag zwischenmenschlicher Dialektik in eine vollständige Isolation der Antagonisten droht. Damit weist er über die selbstreflexive Dimension des Theatertextes hinaus.

Im Gegensatz zum Vater begehrt die jüngere Generation keinen »eigenen Willen« (AdB 2, 442), der Eklat bleibt von ihr unbemerkt. Die Willfährigkeit der Kinder gegenüber ihrem Schöpfer wird im Folgenden zum Einfallstor für dessen Willkür. Denn nun, da er mithilfe des protestierenden Vaters einmal in den Text eingedrungen ist, richtet sich der Autor dort erst richtig ein – ohne jedoch sein auktoriales Wissen produktiv, das heißt im Sinne einer psychologischen Ausleuchtung des Geschehens, umzusetzen. Die konventionelle Regieanweisung »Wohnung der Verlobten« wird, aufgeschwemmt durch eine Reihe von Abtönungspartikeln (»vielmehr doch wohl eigentlich schon« [AdB 2, 443]), keineswegs präziser, der Auftritt des Dieners durch die Auffüllung mit pleonastischen Adjektiven (»theatermäßig, dienermäßig« [AdB 2, 444]) nicht individueller und das Erscheinen Leonhards als Lebensretter »wie aus dem Himmel gefallen« (AdB 2, 445) nicht motivierter. Dem Autor ist ganz offensichtlich die *Idee*, um es mit Friedrich Hebbel zu sagen, der hier parodiert wird, abhanden gekommen. Entsprechend vertreten auch seine Figuren keine Ideen mehr, sondern haben nur noch Einfälle. Die tradierte Pyramidalstruktur einer dramatischen Konflikthandlung wird zum folgenlosen Hintereinander verflacht und die Tragik durch flotte Sprüche gleichsam aus dem Stück herausgespült. Der moderne Mensch, so das Fazit, kann gar nicht mehr tragisch werden.

Episierende Tendenzen sind charakteristisch für die Theaterszenen Walsers.[9] Sie machen sich in einer Entgrenzung von Haupt- und Nebentext bemerkbar. So übernehmen einerseits die Figuren oftmals Handlungsbeschreibungen, die traditionell in die Regieanweisung gehören, in ihren Sprechtext,[10] während selbst die rein funktionale Sprecherangabe sich zu einem auktorialen Kommentar ausweiten kann.[11] Beide Tendenzen weisen jedoch nicht nur voraus, auf das »Sprachflächen«-The-

---

9 Vgl. zum Folgenden auch Borchmeyer: *Robert Walsers Metatheater.*
10 Vgl. etwa »Iwan: [...] Meine Treuherzigkeit kann nicht anders als sie aufheben.« (AdB 2, 444)
11 Vgl. »Der ebenso Junge wie Unglückliche« (AdB 2, 443).

ater einer Elfriede Jelinek oder das »Metatheater« eines Peter Handke.[12] Den dramaturgischen Pleonasmus von Rede und Aktion hatte Walser selbst bereits in den
Dramen Kleists aufgespürt, ebenso vertraut wird er mit den ausladenden, narrativ-
perspektivierenden Regieanweisungen gewesen sein, mit welchen das Bühnengeschehen in naturalistischen Dramentexten exponiert zu werden pflegt. Nach dem
»deutschen Pirandello-Jahr« 1921 schließlich dürfte ihm auch der als Bühnensensa-
tion gefeierte Konflikt zwischen Dramenfigur und Autor bekannt gewesen sein.[13]

3.

Eine weitere Perspektive auf den zeitgenössischen Diskussionszusammenhang tut
sich auf, wenn wir dem Hinweis der Kommentatoren auf das Personal der *Maria
Magdalene* von Hebbel nachgehen (vgl. AdB 2, 566f.). Walsers Bevorzugung des
Namens »Klara« für seine weiblichen Hauptfiguren ist bekannt. Als Hebbel-Tra-
vestie wird die Szene aus den Mikrogrammen daher erst von dem Moment an lesbar, da der Bräutigam »in der Verlegenheit« den Namen »Leonhard« (AdB 2, 443)
erhält. Rückwirkend erscheint dann auch der durch eine Geste ausgelöste dramatische Eklat als eine erste Anspielung auf das 1843 entstandene Trauerspiel. War es
dort der Tischlermeister Anton, der angesichts der Katastrophe, in die seine Tochter
durch den Entsagungsbrief Leonhards gerät, in die Hände klatschte,[14] so wirkt der
Jubel der Walserschen Klara nun wie eine späte Rache für die Egozentrik und Hart-
herzigkeit des Vaters. »Gesten zitierbar zu machen« so Walter Benjamin, »ist eine
der wesentlichen Leistungen des epischen Theaters«[15]. Auch insofern Klaras Geste als Zitat erkennbar wird, vertieft der Eklat die theaterästhetische Entgrenzung,
welche sich im Einsatz der Handlung auf dem Gipfel des (klassisch-)dramatischen
Konflikts und der sich selbst kommentierenden Rede der Figuren andeutete.

Auf Hebbel beruft sich auch Peter Szondi in seiner *Theorie des modernen Dramas*, wenn es darum geht, die Krise der dramatischen Form im 19. Jahrhundert
und die aus ihr hervorgegangenen Rettungs- und Lösungsversuche zu belegen.
Bekanntlich geht Szondi davon aus, dass in der Krisenzeit des Dramas dessen drei-

---

12 Im Horizont der Genealogie des postdramatischen Theaters könnte man sagen, dass Wal-
    sers Szenen zu jenen »*Text*arten« zählen, welche »literarisch Elemente der postdramatischen
    Theaterästhetik vorweg[nehmen]« (Lehmann: *Postdramatisches Theater*, S. 79; Hervorh. im
    Orig.). Zu Walsers Privilegierung des Worts als schauspielerischen Ausdrucksmittels vgl.
    Kleine Komödie: »In einem Schauspiel bildet das Wort, das den Spielern von den Lippen
    strömt, genügend Grund, sich diese und jene Gegend, sei es ein Gebäude oder eine Land-
    schaft, mit Leichtigkeit zu vergegenwärtigen. Ich möchte sogar der Meinung sein, die Abwe-
    senheit jeglicher Dekoration wirke auf der Bühne belebend, d. h. vorteilhaft, womit ich
    natürlich durchaus nichts behaupte. [...] Zauber des Wortes, wie bin ich dir gut gesinnt,
    wie finde ich dich schön!« (SW 19, 293)
13 Vgl. Melchinger: *Nachwort zu Pirandello*, »*Sechs Personen suchen einen Autor*«, S. 110.
14 Vgl. Hebbel: *Maria Magdalene*, I. 7, S. 352.
15 Benjamin: *Was ist das epische Theater?*, S. 536.

fach bestimmte Absolutheit – als Gegenwärtigkeit, als räumliche Einheit und als zwischenmenschliche Dialektik – ins Wanken gerät. Konzentrieren wir uns auf das Moment der Dialektik: »Von der Möglichkeit des Dialogs«, so Szondi einprägsam, »hängt die Möglichkeit des Dramas ab«[16]. Mit dem Problematischwerden des zwischenmenschlichen Bezugs, mit der Vereinzelung der Subjekte, ihrem Rückzug ins Innenleben, entsteht ein Formproblem, das sich, so Szondis Hinweis, bereits bei Hebbel abzeichnet. Ausgehend von »aller Dialektik unfähigen Individuen«, preist Hebbel im Vorwort zu *Maria Magdalene* das Bürgerliche Trauerspiel als diejenige Gattung an, in der diese Individuen gleichsam ins Gespräch gezwungen werden, da sie sich hier im »beschränktesten Kreis gegenüberstehen«[17].

Tatsächlich weist das Stück *Maria Magdalene*, auf dessen Figurenpersonal Walser in der angeführten Szene Bezug nimmt, Anzeichen jener Krise auf, deren Höhepunkt Szondi am Beispiel von Ibsen, Tschechow und Strindberg dokumentiert hat: Monologe, Schein-Dialoge, häufiges Beiseite-Sprechen, abgebrochene Repliken. Dass dieses Problematischwerden der Form den Keim zur Episierung bereits in sich trägt, das habe, so Szondis Beobachtung, »vielleicht zum ersten Mal Rudolf Kassner gesehen«[18]:

> Hebbels Menschen […] gleichen eigentlich Menschen, die lange in der Einsamkeit, mit sich selbst allein gewesen waren und geschwiegen haben und jetzt plötzlich reden sollen. Im allgemeinen wird da das Reden dem Dichter leichter als dem Menschen, und darum muß auch oft der Dichter das Wort nehmen, wo wir es nur seinen Menschen lassen möchten.[19]

Zu lesen waren diese Sätze in der Januar-Ausgabe der *Schaubühne* von 1906, also derjenigen Zeitschrift, in der Robert Walser wenig später auch publizierte. Eine gekürzte Fassung seiner Abhandlung über Hebbel nahm Kassner aber auch in die Sammlung *Essays* auf, die 1923 als Buch erschien.[20] Mindestens eine der beiden Fassungen könnte Walser bekannt gewesen sein. Dies lässt jedenfalls das Beispiel vermuten, mit dem Kassner seinen Eindruck belegt, bei Hebbel »liefe das Wort schneller als die Menschen«[21]. Es handelt sich um einen Wortwechsel aus dem ersten Akt von *Herodes und Mariamne*:

Mariamne:	Leb wohl! Ich weiß, du kehrst zurück.
	Dich tötet *(sie zeigt gen Himmel)* Der allein.
Herodes:	So klein die Angst?
Mariamne:	So groß die Zuversicht!

---

16 Szondi: *Theorie des modernen Dramas*, S. 19.
17 Hebbel: *Maria Magdalene*, S. 326.
18 Szondi: *Theorie des modernen Dramas*, S. 98.
19 Kassner: *Hebbel* [1906], S. 170f.
20 In der Fassung von 1923 fehlt der Satz »Im allgemeinen […] lassen möchten.« (Kassner: *Hebbel* [1923], S. 111) Alle weiteren Formulierungen, die im Folgenden angeführt und nach der ersten Fassung zitiert werden, sind erhalten geblieben.
21 Kassner: *Hebbel* [1906], S. 171.

Herodes:	Die Liebe zittert.
	Sie zittert selbst in einer Heldenbrust.
Mariamne:	Die meine zittert nicht.
Herodes:	Du zitterst nicht.[22]

Die Sprache macht sich hier insofern selbstständig, als die Sprecher weniger die Bedeutung der Worte voneinander aufnehmen als deren Lautlichkeit. Die Ästhetik des Wechselgesangs täuscht Harmonie und gegenseitiges Verstehen vor und über den Abgrund hinweg, der die Figuren moralisch voneinander trennt. Wenn Walsers Liebespaar sich in vergleichbarer Art Stichworte gibt, funktioniert selbst das harmonische Spiel mit den Worten nicht mehr. Der Rhythmus zerbricht und mit ihm jeder Rest zwischenmenschlich-dialektischen Aufeinander-Bezogenseins.

Leonhard:	Wir haben kein Geld mehr.
Klara:	Aber eine Fülle von Siegeszuversicht.
Leonhard:	Die uns nicht hilft.
Klara:	Wollen wir nicht zusammen den Tod aufsuchen?
Leonhard:	Gewiß, das wäre schön. [...] Weißt du was, geh' zu deinem Vater!
Klara:	Doch nicht etwa zu Fuß? (AdB 2, 443)

Walsers scheinbar launenhafte Anspielung an das Hebbel-Personal vertieft sich demnach in der radikalisierten Gestaltung von Figuren, die »dem Spiele, in das [sie] der Dichter bringt, auch zusehen könnte[n]« und die sich mangels innerer Notwendigkeit auf literarische Motive berufen, die sie »ein wenig zu offen [...] mit sich herum[tragen]«[23].

Konterkariert wird im nächsten Bild aber auch der expressionistische Lösungsweg: Der einsame Auftritt auf freiem Feld (»Landschaft« [AdB 2, 444]) steht nicht im Zeichen des Aufbruchs, sondern in dem der Heimkehr. Nicht auf Erneuerung, sondern auf Einrichtung im Ewig-Gleichen zielen Klaras Worte. Dass der Selbstmord, in den sie die vergebliche Sinnsuche nach Georg Kaisers Vorbild eigentlich treiben müsste,[24] vom Vater beansprucht wird, führt – auf einem kleinen Umweg – noch einmal zu *Maria Magdalene* zurück.

4.

Eine Erklärung dafür, wie Walser dazu kam, sich 1924/25 ausgerechnet mit Hebbel, der ansonsten keine Rolle in seinem Werk zu spielen scheint,[25] zu beschäftigen, gibt, neben der mutmaßlichen Rezeption des Kassnerschen Essays der Spielplan des Berner Stadttheaters. Wie oft Walser in der Berner Zeit noch ins Theater

---

22 Hebbel: *Herodes und Mariamne*, I,4, zit. n. Kassner: *Hebbel* [1906], S. 171.
23 Kassner: *Hebbel* [1906], S. 171f.
24 Vgl. Kaiser: *Von morgens bis mitternachts*.
25 Für entsprechende Auskünfte danke ich Jochen Greven, Wolfram Groddeck und Karl Wagner.

gegangen ist, gilt als ungewiss. Gees zufolge hat er immerhin »gelegentlich«[26] das Provinztheater besucht. Als mindestens wahrscheinlich könnte angenommen werden, dass Walser von dem Gastspiel des Berliner Schauspielerehepaars Else und Albert Bassermann Notiz genommen hat, das am 2. Februar 1924 in Ibsens *Nora* auftrat. Albert Bassermann, »der größte unter den realistischen Schauspielern der deutschen Sprache«[27], gehörte dem Ensemble von Otto Brahm an, bevor er 1904 ans Lessingtheater wechselte.[28] Die Berner Besprechungen rühmten einhellig die Genialität seiner Darstellungskunst, welche sich in einem besondern Ausdrucksspektrum bemerkbar machte, durch das selbst eine so erbärmliche Figur wie Helmer bis zuletzt die Aufmerksamkeit, ja sogar die Sympathie des Publikums auf sich zog. So preist etwa das *Berner Tagblatt* die »Unzahl seiner belebenden Einfälle«[29]. Die schauspielerische Aufwertung des Durchschnittsmenschen Helmer durch ein Moment von Unberechenbarkeit mag Walser zu seiner fiktiven Aufführungsbeschreibung *Ibsens Nora oder die Rösti* inspiriert haben, welche ein Jahr später in der Sammlung *Die Rose* erschien (vgl. SW 8, 26f.). Dem Rezensenten der *Berner Tagwacht*, der sich für den Ausgang des Stückes »einen guten Komödienschreiber herbei[wünschte], der sich der Sache annähme«[30] hätte diese Variante zweifellos gefallen.

Für die Spielzeit 1923/24 sind vier Aufführungen von *Maria Magdalene* im Berner Stadttheater verzeichnet.[31] Walsers direkte Anspielung an das Schaudern des Tischlermeisters vor dem »von niedrigen Organismen bevölkerte[n] Wasser« (AdB 2, 445),[32] könnte demnach ihren Anlass in einem Theaterbesuch gefunden haben. Spekulation muss überdies bleiben, ob im glücklich-unglücklichen Überleben als Inversion antiker Tragikkonzepte nicht ebenfalls ein Echo der zeitgenössischen Hebbel-Rezeption zu vernehmen sein könnte. Aus Anlass der Premiere vom 22. Januar 1924 schrieb *Der Bund*:

> Vom letzten Akt fällt Licht in das Dunkel der abschreckend gerechten Geistesart des alten Anton. Und die kleine Welt wird heroisch. Das primitive, geradlinige Denken kennt nur eine Lösung des Konfliktes: Tod. Darum müssen Klara, die Mutter, Leonhard und der Sekretär sterben. Nur einem ist der ihm am ersten zukommende Weg verwehrt – Meister Anton. In seiner altadelig stolzen Standes-

---

26 Gees: *Schauspiel auf Papier*, S. 12.

27 So Henning Rischbieter, zit. n. Sucher: *dtv-Lexikon Theater*, S. 192.

28 Zu Bassermann als Hamlet vgl. Gees: *Schauspiel auf Papier*, S. 153.

29 *Berner Tagblatt* vom 5. 2. 1924. Für die Möglichkeit zur Einsicht in die Pressedokumentation des Berner Stadttheaters danke ich der Schweizerischen Theatersammlung Bern.

30 *Berner Tagwacht*, 5. 2. 1924.

31 Das Stück wurde in der modernisierten Schreibweise *Maria Magdalena* angekündigt. Im Jahr zuvor (1921/22) standen gleich vier Stücke von Hebbel auf dem Spielplan, in der folgenden Saison (1924/25) keines. Für die Möglichkeit zur Einsicht in die *Statistischen Jahresrückblicke* danke ich dem Archiv des Berner Stadttheaters.

32 Vgl. Hebbel: *Maria Magdalene*, II,1, S. 354f.: »Meister Anton: [...] Hu, mich schauderts vor der Zukunft, wie vor einem Glas Wasser, das man durchs Mikroskop [...] betrachtet hat.«

und Menschenwürde erkennt er die Grenzen traditioneller und sittlicher Ehre nicht. So wird er, der knorrig Aufrechte und einzig Haltfeste, um sein Heldentum gebracht, weil er klein, furchtbar kleinlich wird.[33] Während der Jugendfreund seinen Fehler mit dem Leben bezahlen *darf* und somit wenigstens die Ehre des Tragischwerdens für sich beanspruchen kann, *muss* Hebbels Vaterfigur überleben und ist somit »um sein Heldentum gebracht«. So die Logik des Rezensenten, welche sich erstaunlich gut mit Walsers Exponierung einer uneingelösten Tragik trifft. Die unfreiwillige Komik, die Trauerspiele, wie zeitgenössisch ebenfalls bemerkt wurde,[34] produzieren können, wird darüber zum Programm erklärt. Auch der Ausruf »Fahr hin, natürliches Verhalten!« (AdB 2, 445) ist lesbar als parodierende Antwort auf ein Formproblem, das sich im Widerspruch zwischen Natur (natürlichem Verhalten) und Kunst (Tragödie), der das Hebbelsche Stück an die Grenzen der Darstellbarkeit treibt, niederschlägt.

Nicht alle szenischen Entwürfe der Berner Jahre nehmen so deutlich wie die hier vorgestellte Bezug auf das zeitgenössische Theatergeschehen. Es scheint vielmehr so zu sein, dass in diesem editorischen Zusammenschluss grundsätzlich zwei literarische Traditionen zu unterscheiden sind. Die eine führt, wie im Beispiel gezeigt, entlang der Entwicklung des Dramas vom 18. bis zum 20. Jahrhundert. In diesem Zusammenhang bedeutet Episierung immer eine besondere Herausforderung an die Gegebenheiten der Bühne. Die Tradition des literarischen Dialogs hingegen, auf die Walser insbesondere in den eher philosophisch-abstrakt angelegten Zweiergesprächen Bezug nimmt,[35] stand immer schon in fruchtbarer Wechselbeziehung zur erzählenden Prosa. Die Entgrenzung eines Dialogs hin zur Erzählung oder zum Roman ist beispielsweise bei Diderot eine häufige Erscheinung, während die Grenze zwischen Dialog und Drama bei ihm recht undurchlässig bleibt.[36] Jene Texte, die nachweislich eher mit der Dialog- als mit der Dramentradition spielen, werden demnach mit Recht als Lesetexte qualifiziert.

---

33 *Der Bund*, 24. 1. 1924.
34 Vgl. *Oltener Tagblatt*, 3. 1. 1924 (anlässlich eines Gastspiels des Berner Stadttheaters in Olten): »Beim Trauerspiel gibt es immer Momente, die eine vollständig unangebrachte Komik hervorrufen, d. h. der Zuhörer lacht, wo er eigentlich weinen sollte.« Dieser Gefahr, so der Rezensent weiter, entgeht Hebbel mit *Maria Magdalene* nur, weil er seinen Stoff hier »*aus dem Volk* und nicht aus der Gesellschaft – im volkstümlichen Sinne des Wortes –« holte.
35 Vgl. z. B. das im vorliegenden Band von Valerie Heffernan analysierte Gespräch zwischen einer Chinesin und einem Chinesen (AdB 2, 460ff.).
36 Zur Tradition des literarischen Dialogs vgl. Kleihues: *Der Dialog als Form*.

Valerie Heffernan (Dublin)

Walsers hybrides Subjekt.
Zur dramatischen Szene *Die Chinesin/Der Chinese*

1. Walsers inszeniertes Spiel mit Konventionen

Unter den 526 Mikrogrammen, die in Robert Walsers Nachlass gefunden wurden, befinden sich die Entwürfe zu insgesamt 35 kurzen dramatischen Szenen. Zu
Lebzeiten veröffentlichte er 42 solcher Kurzdialoge in den wichtigsten Zeitungen
in Berlin, Prag und Zürich und bereitete weitere 31 für die Publikation vor. Aus
unerfindlichen Gründen ist das Genre in der Walser-Forschung bislang kein großes
Thema.[1]

Die dramatischen Szenen, die in den Mikrogrammen enthalten sind, stellen
eine Vielzahl von zwischenmenschlichen Interaktionen und Situationen dar. Sie
sind bevölkert von einer Reihe unterschiedlicher Charaktere aus Geschichte und
Mythologie, Literatur und Alltagsleben. Die Kurzdialoge offerieren ein breites
Spektrum an Themen. Manche beruhen auf alltäglichen Interaktionen, andere spielen auf bekannte Szenen, Bilder und Konstellationen aus Literatur und Geschichte
an. Und viele scheinen sich auf nichts Konkretes zu beziehen, sind Gespräche, die
weder ein eigentliches Sujet noch ein klares Ziel haben. Form und Stil der kleinen
Dramen machen deren Eigenart und Originalität aus, ihre Rätselhaftigkeit führt
aber auch dazu, dass man sich zu fragen beginnt, was sich der Autor dabei gedacht
haben könnte.

Die menschlichen Beziehungen, die in den dramatischen Szenen verhandelt werden, verdienen besondere Aufmerksamkeit. Wie bei Walser oft geht es um hierar-
chische Verhältnisse, die auf seltsame, oft komische Weise umgewertet werden. Die
Konstellationen, welche die Basis der Dialoge bilden, beruhen meist auf Machtver-
hältnissen: Herr und Diener, Lord und Straßenfegerin, Vermieter und Mieter.

Möglicherweise skizziert Walser seine Sicht einer auf Macht beruhenden Gesellschaft und Kultur, um eben diese Machtverhältnisse in Frage zu stellen. Zumindest innerhalb des Rahmens des Mikrogrammblatts kann er eine literarische Welt
fantasieren, in der solche Hierarchien unterminiert und sublimiert werden. In den
kleinen Dramen verstoßen die Charaktere gegen die Normen und Konventionen
der Kultur und stellen somit die Gesellschaft und ihre Machtverhältnisse in Frage.

Die Beziehungen zwischen den Geschlechtern, die in Walsers kurzen dialogischen Szenen vorkommen, basieren auf Macht und Dominanz. Dies bedeutet

---

1 Als Ausnahmen wären hier Borchmeyer: *Robert Walsers Metatheater* und Schaak: »*Das Theater, ein Traum*« zu nennen.

jedoch nicht, dass die Verhältnisse zwischen Männern und Frauen normativen Mustern folgen, in denen der Mann immer die dominante Rolle spielt, während die Frau die Unterlegene bleibt.

Wie wir anhand der folgenden Analyse sehen werden, stimmen Walsers Männer- und Frauenfiguren nicht unbedingt mit den traditionellen Erwartungen überein. Zwar werden traditionelle Geschlechterrollen ins Spiel gebracht, doch spielt der Autor mit diesen Vorstellungen weiter. Auf diese Weise werden die herkömmlichen Gender-Kategorien in Frage gestellt.

2. *Die Chinesin/Der Chinese*

Auf Blatt 421 der Mikrogramme befindet sich der Entwurf zur kleinen dialogischen Szene *Die Chinesin/Der Chinese* (vgl. AdB 2, 460–462).[2] Niedergeschrieben um 1925, präsentiert sie ein dynamisches Wechselspiel zwischen einer Chinesin und einem Chinesen. Sie wurde wegen ehelicher Untreue zum Hungertode verurteilt; er betrachtet sie, während sie hinter Gittern sitzt und auf den Tod wartet. Beide Figuren sind Chinesen, was suggeriert, dass Walser hier einen philosophischen Dialog in chinesischer Manier inszeniert. Auf den ersten Blick scheint sich die Szene auf das Dilemma des Mannes zu konzentrieren, der zwischen Menschenliebe und bürgerlicher Tugend entscheiden muss.

Wenn man allerdings ein ruhiges Hin- und Herreden über den Konflikt zwischen menschlicher Natur und Zivilisation mit abschließender Auflösung erwartet, so werden diese Erwartungen nicht erfüllt, denn die Szene kommt zu keiner Lösung des Dilemmas. Stattdessen löst sie sich bald in andere, scheinbar nebensächliche Themen auf, so dass man sich bald zu fragen beginnt, ob hier nicht etwas völlig anderes besprochen wird.

Wie in anderen dialogischen Szenen Walsers auch beruht das Gespräch zwischen der Chinesin und dem Chinesen auf einem Machtverhältnis. Die Frau ist wegen ihres Hungers geschwächt und bittet den Mann, diesen zu stillen und ihr damit das Leben zu retten. Er will ihr aber nichts zu essen geben, weil sie seines Erachtens rechtmäßig zum Tode verurteilt wurde und deshalb kein Anrecht auf Gnade hat. Statt ihr zu helfen, versucht er, sie zu überzeugen, ihr Schicksal zu akzeptieren und sich mit dem bevorstehenden Tod abzufinden. Trotz ihrer Frustration darüber, dass man einem sterbenden Mitmenschen nicht helfen kann, beharrt der Chinese auf seinem Standpunkt und verweigert ihr Essen. Die Szene endet damit, dass die Chinesin dem Wahnsinn verfällt und er sich vom Gitter zurückzieht.

Das Ziel der Verhandlung ist offenbar weniger wichtig als die Dynamik zwischen den Protagonisten, die in einer ausgesprochen ambivalenten Beziehung zueinander stehen. Die Ambivalenz erweist sich schon in ihrer Bezeichnung: Sie werden nicht beim Namen genannt, sondern treten nur als »die Chinesin« und »der Chinese« auf.

---

2 Vgl. die ausführliche Analyse in Heffernan: *Provocation from the Periphery*, S. 128–137.

Insofern erfahren wir nicht mehr über sie als ihre Nationalität und ihr Geschlecht. Innerhalb der Szene werden die Protagonisten als nahezu identisch dargestellt und nur durch ihr Geschlecht unterschieden. Doch ist diese Minimaldifferenz signifikant, denn das Geschlecht erweckt beim Leser unmittelbar gewisse Erwartungen, was ihr gegenseitiges Verhalten betrifft. Die wechselseitige Dynamik und die Darstellung der Geschlechterrollen eröffnen neue Perspektiven auf das Verständnis von ›Männlichkeit‹ und ›Weiblichkeit‹, ja von Identität überhaupt.

Wenn wir die Darstellung der Geschlechter näher betrachten, so wird bald klar, dass auf traditionelle Geschlechterrollen angespielt wird. Die Frau wird mit vermeintlich ›weiblichen‹ Charakteristika assoziiert, mit Sinnlichkeit und Gefühl und mit körperlichen Trieben. Die Tatsache, dass sie ihrem Ehemann untreu war, weist darauf hin, dass sie mehr Wert auf die Erfüllung ihrer Triebe legt als auf gesellschaftliche Ordnung und Gesetz. Für sie ist ihre Transgression natürlich und auch verständlich. Sie erklärt ihr angebliches Verbrechen wie folgt: »Er liebte mich nicht. Ich lernte einen kennen, der mich liebte.« (AdB 2, 461)

Die Lust der Frau, ihren Trieben zu folgen, spiegelt sich auch im Wunsch, ihren Hunger zu stillen. Überhaupt wird zwischen Hunger und sexuellem Begehren eine Parallele hergestellt. Die Frau versteht nicht, warum der Mann ihr Lebensmittel verweigert, denn für sie impliziert dies eine Negierung der natürlichen Triebe. Sie bemerkt die Ironie ihres Urteils, indem sie fragt: »Muß ich den Tod dulden, weil ich duldete, daß ich mich im Leben ergötzte?« (AdB 2, 461) Ihr Ehebruch wird also mit »Ergötzen« gleichgesetzt, und als Strafe für ihr Begehren darf sie ihren Hunger nie mehr stillen. Es ist paradox, dass ihre Lebenslust zu ihrem Tod führen soll.

Die Parallele zwischen Hunger und sexuellem Verlangen wirft neues Licht auf ihre Bitte an ihn, ihren Hunger zu stillen. Auch wenn er dazu tendiert, ihrem Wunsch zu entsprechen, weigert er sich letztendlich doch, ihr zu helfen. Dies ist ein klares Zeichen dafür, dass er das Gesetz über die Triebe und physischen Bedürfnisse stellt. Der Mann entspricht insofern den Erwartungen vom ›Männlichen‹, als er mit Vernunft, Pflicht und Gesetz gleichgesetzt wird. Ihm scheinen Gesetz und gesellschaftliche Ordnung wichtiger zu sein als Mitleid. Er will auf den Hunger der Frau nicht eingehen, weil dies einem fundamentalen Regelverstoß gleichkäme.

Trotzdem ist der Chinese im Verlauf der ganzen Szene zwischen der Lust, den weiblichen Hunger zu stillen, und seinem Pflichtgefühl hin- und hergerissen. Dies wird in den folgenden Zeilen besonders klar:

Die Chinesin: Wagst du das Gesetz nicht aus Menschenliebe nichtzuachten?
Der Chinese: Ich hätte wohl Lust, es zu wagen, aber ich habe ebensoviel Lust, zum Gesetz ja und zum Wagnis nein zu sagen. (AdB 2, 460)

Die Wiederholung der Phrase ›Lust haben‹ ist bemerkenswert, denn sie deutet auf die ambivalenten Gefühle gegenüber der gefangenen Frau. Der Konjunktiv »[i]ch hätte wohl Lust«, der seinem Verlangen Ausdruck verleiht, wird durch den Indikativ »ich habe ebensoviel Lust« ausgeglichen. Seine Lust, dem Gesetz zu gehorchen, wird allerdings konkreter geäußert als sein vager Wunsch, den Hunger der Frau zu stillen.

Zum Teil scheint es, als ob die Art und Weise, wie der Mann das Gesetz als Verteidigung einsetzt, eine Angst vor der Frau verbirgt. Wegen ihrer Leidenschaft und ihrer absoluten Hingabe an ihre Gefühle erscheint sie wild und unkontrolliert. Er ist offenbar von ihr angezogen, aber er leugnet seine ambivalenten Gefühle, indem er sich hinter dem Gesetz versteckt. Als Vorwand für seine vermeintliche Unempfindlichkeit erklärt er: »ich [bin] von meinem Rechtlichkeitsgefühl abhängig, das mir nicht erlaubt, mich Ungerechtigkeiten hinzugeben« (AdB 2, 460).

Er tut also so, als ob er keine Kontrolle über sein Tun hätte; er muss sich an das Gesetz halten und darf sich nicht von den Reizen der Frau irreführen lassen. Der Chinese ist unwillig oder unfähig, der eigenen Urteilskraft zu trauen und Gnade walten zu lassen. Immer wieder beruft er sich auf das Gesetz, um sich und sein Verhalten zu rechtfertigen. Die wiederholte Betonung der Macht des Gesetzes erscheint allerdings als schlechte Ausrede für seinen Mangel an Menschenliebe. Er mag wohl das Gesetz auf seiner Seite haben, doch wird seine Unbeugsamkeit als Schwäche dargestellt. In seinem Unwillen, sich über das Gesetz hinwegzusetzen und einem leidenden Mitmenschen zu helfen, wirkt er empfindungslos und feige.

Obwohl der Chinese der Chinesin gegenüber unbeugsam bleibt, zeigt er an ihrem Leiden doch eine eigenartige Anteilnahme. In seinem zähen Nicht-Nachgeben erscheint er nicht nur als gnaden- und gefühllos, sondern teilweise sogar als sadistisch. Einmal hinterfragt sie sein offensichtliches Interesse an ihrem Leiden und zielt auf die Beweggründe: »Nennst du Zuschauen, wie ich umkomme, etwas Sittliches?« (AdB 2, 460) Die Frau impliziert hier, dass seine Unbeugsamkeit nicht nur dem Wunsch, dem Gesetz zu gehorchen, zuzuschreiben ist, sondern dass er einen gewissen Genuss an ihrem Leiden empfindet. Ihre Bemerkung suggeriert, dass die Haltung des Mannes gegenüber der Frau auch sexuelle Lust und sadistische Grausamkeit miteinschließt.

Die Darstellung der Geschlechter mag wohl auf den ersten Blick traditionelle Konzepte widerspiegeln, doch werden die gewohnten Bilder zugleich dekonstruiert. Zwar ist die Frau physisch gefangen, trotzdem scheint sie nicht der schwächere Partner zu sein. Im Gegenteil, sie ist es, die das Gespräch beherrscht und kontrolliert. Manchmal provoziert sie ihn, treibt ihn in die Enge oder mokiert sich über ihn. Wenn er vage erklärt, ihr gerne helfen zu wollen – er sagt »Das täte ich vielleicht ganz gern« –, so reizt sie ihn: »Warum tust du's nicht, da du's gerne tätest?« Und provoziert weiter: »Wagst du das Gesetz nicht aus Menschenliebe nichtzuachten?« (AdB 2, 460) Sie demonstriert intellektuelle und charakterliche Stärke, obwohl sie als Hungernde physisch schwächer ist.

Er versucht immer wieder, im Gespräch die Führung zu übernehmen, doch dies gelingt ihm nicht. Er übernimmt zum Beispiel die Rolle eines Lehrers, der seine Schülerin überzeugen will, sich mit ihrem Schicksal und dem bevorstehenden Tod abzufinden. Dies wird explizit in seiner Antwort auf ihre wiederholten Bitten: »Wenn ich dir zu essen reichen würde, so unterbräche ich die Schule, in die du getreten bist.« Wenn sich die Chinesin nach dem Ziel der Schule erkundigt, so erklärt er ihr, sie sei »die [Schule] der Gehorsamkeit bis ins Äußerste« (AdB 2, 462).

Die Tatsache, dass die Frau vor seinen Augen verhungert, scheint ihn nicht zu stören und ändert sein Verhalten nicht.

Die Situation entwickelt eine komische Perspektive auf die scheinbare Autorität
des Mannes. Auf der einen Seite übernimmt er die autoritäre Rolle eines Lehrers,
der über seine Schülerin herrschen will. Auf der anderen Seite unterwirft er sich
bedingungslos dem Gesetz. In dieser Konstellation erscheint er als Herr *und* als
Knecht, indem er der Frau Herr und dem Gesetz Knecht sein will. Insofern kann
sein Bestreben, seiner Gesprächspartnerin gegenüber eine dominante Position ein-
zunehmen, nur scheitern.

Gegen Ende der Szene artikuliert sie den Gedanken, dass er im Gespräch an
Boden verliere. Als er kurz schweigt und zu zögern scheint, bemerkt sie: »Dich ver-
läßt deine Geisteskraft.« (AdB 2, 462) Angesichts ihrer körperlichen Schwäche ist
das ironisch. Während sie physisch schwächer und schwächer wird, erweist sie sich
als die geistig und seelisch stärkere.

3. Walsers hybride Subjektivität

Wie werden in Walsers dialogischer Szene ›Geschlecht‹ und ›Identität‹ inszeniert?
Die Figuren repräsentieren einerseits herkömmliche Geschlechterrollen, anderer-
seits kämpfen sie gegen die vorgeschriebenen Rollen. Zwar werden traditionelle
Vorstellungen von Männlichkeit und Weiblichkeit inszeniert, aber die Art und
Weise, wie Walser mit den Konventionen umgeht, unterstreicht gleichzeitig seine
Unzufriedenheit mit der Beschränkung, welche die rigiden Denkmuster bedeuten.

In *Das Unbehagen der Geschlechter* (1990), ihrer einflussreichen Studie über
Geschlecht und Identität, geht die amerikanische Theoretikerin Judith Butler auf
die Inszenierung traditioneller Geschlechterrollen ein. Butler betont, dass es keine Geschlechteridentität hinter den Äußerungsformen von Geschlecht gebe, keine
feststehenden Definitionen von Männlichkeit und Weiblichkeit also, sondern dass
diese Identitäten gerade durch die Äußerung von ›Geschlecht‹ performativ konstituiert würden. Diese ›Gender-Performance‹ ist nicht als reine Ausdrucksform
des biologischen Geschlechts zu verstehen, sondern als Widerspiegelung kulturell
geprägter Vorstellungen von dem, was es bedeutet, ein Mann oder eine Frau zu
sein.

Für Butler ist also die rigide Einteilung der Welt in Männer und Frauen
nicht biologisch, sondern kulturell bedingt. Wie also können die traditionellen
Geschlechterkategorien dementiert werden? Paradoxerweise sieht Butler gerade in
der Nachahmung gesellschaftlicher Gender-Vorstellungen die Möglichkeit, normative Geschlechterrollen zu hinterfragen. Die Parodie – als ›verzerrte‹ Form der
Nachahmung – bietet Spielraum für die Produktion neuer, alternativer Geschlech-
teridentitäten. Wenn durch eine ›Performance‹ von Geschlecht dieses Geschlecht
gleichzeitig konstituiert wird, so besteht auch die Möglichkeit, durch übertrie-
bene oder parodistische Nachahmung der traditionellen Geschlechterkategorien
neue Formen von Geschlecht herzustellen. Insofern können durch die parodisti-

sche Nachahmung konventioneller Geschlechterrollen die rigiden Kategorien von Männlichkeit und Weiblichkeit hinterfragt und erodiert werden.

In Walsers dramatischer Szene *Die Chinesin/Der Chinese* wird offenbar auf traditionelle Gender-Vorstellungen angespielt. Indem die Figuren ihre Geschlechter inszenieren, repräsentieren sie herkömmliche Bilder von Männlichkeit und Weiblichkeit jedoch so, dass diese Identitäten als vollkommen unpassend erscheinen. Je mehr die beiden versuchen, ihre vorbestimmten Rollen zu spielen und ›männlich‹ oder ›weiblich‹ aufzutreten, desto künstlicher erscheinen sie. Walsers Dialog impliziert, dass jeder Versuch, sich den gesellschaftlichen Erwartungen von dem, was ›männlich‹ oder ›weiblich‹ sei, anzupassen, scheitern muss. Seine stilisierte Nachahmung von normativen Formen, Ausprägungen und Spielarten von Geschlecht enthüllt eine Differenz, die über eine bloße Wiederholung hinwegsieht und unser Verständnis der Geschlechterrollen in Frage stellt.

Der Grad der Klischierung der Dialog-Rollen deutet an, dass eigentlich etwas anderes verhandelt wird, nämlich ›Identität‹ selbst. Walsers kleines Drama impliziert, dass jedes Individuum die Kapazität hat, sowohl ›Männlichkeit‹ als auch ›Weiblichkeit‹ zu artikulieren – oder gar eine Vielzahl von Geschlechter-Identitäten. Die Figuren gehen ineinander über, was ein Subjekt entstehen lässt, das nicht durch normative Gender-Vorstellungen begrenzt ist.

Walsers Text, der durch die Überlagerung zweier ›Welten‹ entsteht, befreit das Subjekt von den Einschränkungen herkömmlicher Geschlechterrollen. Und Walsers Subjekt trägt die Zeichen seines hybriden Ursprungs. Seine Fiktion begründet ein Konzept von Subjektivität, das die Unterscheidung von ›männlich‹ und ›weiblich‹, aber auch von ›Ich‹ und ›Anderem‹ unterläuft.

Denn wie es im späten Berner Prosastück *Er und Sie* (1933) heißt: »Sie schrieb weiblich, er männlich, doch das Schreiben tönt an und für sich weich, ist männlich und weiblich zugleich und stammt aus Seelen, die verklärt sind.« (SW 20, 183)

Werner Morlang (Zürich)

ZWEI EINZIGE UND IHR EIGENTUM.
ROBERT WALSER UND GERHARD MEIER

Robert Walser und Gerhard Meier – wie immer man die beiden um neununddrei-ßig Jahre und rund vierzig Kilometer getrennt auf die Welt gekommenen Dichter im Übrigen wahrnimmt: Man hat es bei ihnen mit unverwechselbaren Sprachwe-sen zu tun. Ihre Texte verraten Satz für Satz ihren Baumeister und Eigentümer, ein Befund, der in unseren postmodern cleveren Zeiten geradezu Seltenheitswert besitzt. Natürlich beschränkt sich ihr individuelles Gepräge nicht auf die sprach-liche Beschaffenheit. Wer bei ihnen einkehrt, begegnet einer ausgewachsenen dich-terischen Welt, die ihn alsbald vertraut anweht. Gewiss ist sie nicht nach jeder-manns Geschmack. Im Verlauf meiner Tätigkeit im Zürcher Robert Walser-Archiv musste ich stets das gleiche Polarisierungsphänomen feststellen. Entweder mag man Walsers quecksilbrige Kunstfertigkeit, oder man vermisst eine handfeste Seriosität und entdeckt nichts außer einer müßigen Spielerei.

Ähnlich eindeutig pflegen die Reaktionen bei Gerhard Meier auszufallen. Man ist ihm leidenschaftlich zugetan oder lässt es eben bleiben. Und da es hier gilt, die beiden zusammen zu sehen, sei bereits angemerkt, dass sich Walser- und Mei-er-Leser oft in Personalunion vorfinden, dass somit tatsächlich eine dichterische Wahlverwandtschaft zwischen den beiden bestehen könnte, der die Lesenden Rechnung tragen.

Nun ist es aber höchste Zeit, in die voreilige Versöhnung rabiat einzugreifen. Wenn die Walsersche und Meiersche Spezies durch ihre jeweilige Einzigartigkeit besticht, dürfte es wenig Sinn machen, ihrer beider Werke miteinander zu verglei-chen, geschweige denn deren markante Unterschiede in einträchtiger Familiarität aufgehen zu lassen. Bevor wir die ›Nähe‹ und ›Ferne‹ der beiden Dichter bestim-men können, gilt es erst einmal, ihre Besonderheit zu begründen.

Im Falle von Robert Walser hat es etliche Jahre gedauert, bis er zu seiner dich-terischen Identität gefunden hat. Bekanntlich hegte der juvenile Walser bis 1896 den Traum, Schauspieler zu werden, von dem ihn erst das Verdikt eines berühmten Theatermannes kurierte. Unverzüglich wurde von ihm diese schlecht fundierte Größenfantasie in die Literatur verlegt, denn der 18-jährige schrieb darauf hin sei-ner Schwester Lisa: »Mit dem Schauspielerberuf ist es nichts, doch, so Gott will, werde ich ein großer Dichter werden.«[1]

---

[1] Zit. n. Mächler: *Das Leben Robert Walsers*, S. 41.

Aber auch mit dem Schreiben haperte es zunächst. Der ungesellige Einzelgänger wurde vom Sozialismus angesteckt und versuchte sich in Gesinnungslyrik, die nicht das Mindeste seines Naturells zum Ausdruck brachte. Doch dann machte er sich im Winter 1897/98 stellenfrei, bezog eine Mansarde an der Peripherie von Zürich und verfasste »aus einem Gemisch von hellgoldenen Aussichten und ängstlicher Aussichtslosigkeit, [...] halb in Angst, halb in einem beinah übersprudelnden Frohlocken« (SW 16, 255) rund vierzig Gedichte: Ein zumindest privatim geleisteter literarischer Durchbruch, der ihn auch noch zwanzig Jahre post festum jubeln ließ: »Ja, es war herrlich!« (SW 16, 260) Diese Ernte schickte er dem damaligen Schweizer Literaturpapst Joseph Viktor Widmann, der im Mai 1898 eine Auswahl von sechs Texten im *Sonntagsblatt des Berner Bund* aus der Taufe hob.

Man darf diese Gebilde unterschiedlich bewerten, aber Originalität wird man ihnen schwerlich absprechen. Schon Widmann bekränzte die *Lyrischen Erstlinge* mit einer respektheischenden Girlande von Epitheta wie »wirklich neu«, »urwüchsig«, »echt«, »sehr fein«, »wahr«, »ungewöhnlich« und bescheinigte dem Anfänger gleich zweimal eine »Naturbegabung«[2]. Manch andere für Walsers gesamtes Schaffen gültige Merkmale sind hier vorhanden. Neben einem ungebrochenen Ausdruck der Gefühle, geht es bisweilen arg geziert zu. Bald hält es der Autor mit großen, feierlichen Worten – »those big words [...] which make us so unhappy«[3], wie sie Joyce einmal nannte –, bald mit diminutivischen Niedlichkeits-Vokabeln. Eine Ich-Instanz bekennt sich zu den Tugenden der Bescheidenheit und Armut und wendet sich mit Vorliebe den kleinen Dingen des Lebens zu. Einsamkeit und Sehnsucht finden Trost in der Natur und werden vom Schlaf gelindert. Etwas entschieden Kindhaftes steckt darin, und Züge eines Puer aeternus wird Walser Zeit seines Schaffens aufweisen. Vereinzelt treten ironische Wendungen auf, die in den späten Berner Dichtungen überhand nehmen.

Kurzum, jenes für Walser kennzeichnende Ineinander von Natürlichkeit und Künstlichkeit – das Naive, Unwillkürliche, Verspielte und dann wieder Schnörkelhafte, Sprunghafte, Artistische, Virtuose, fast alles, was einem zum Walser-Sound einfällt, ist hier bereits angelegt oder ausgebildet. Doch so genuin Walsersch sich diese Mischung ausnimmt, sie lässt sich zwanglos mit den zeittypischen Gepflogenheiten der Neuromantik und des Jugendstils vereinbaren.

Über die Publikation im Berner *Bund* lernte Walser den ungemein belesenen Franz Blei kennen, der ihn nicht nur an den Münchner Literatenkreis der Zeitschrift *Die Insel* vermittelte, sondern insbesondere mit den Schriften von Büchner, Lenz, Brentano und Novalis vertraut machte. Eine höchst folgenreiche Lektüreempfehlung! Walser hat sich alsbald diese Autoren so inständig zugeeignet, dass er später über sie mehrere biografische Fantasien dichtete. Er hat ihre Diktion beinahe unmerklich seiner eigenen Prosa anverwandelt. Am liebsten identifizierte er sich wohl mit Kleist, dem er eine seiner schönsten Prosadichtungen, *Kleist in Thun* (1907), widmete.

---

2 Kerr: *Über Robert Walser*, Bd. 1, S. 11f.
3 Joyce: *Ulysses*, S. 38.

Gelegentlich mochte er sich gar als dessen legitimen Nachfolger fühlen, denn während einiger Zeit hatte er die Absicht, Kleists nicht realisierten Plan, die Schlacht von Sempach zu dramatisieren, seinerseits auszuführen. Und da sich Lieblingsautoren gefälligst miteinander vertragen sollen, hat er seine Kleist-Prosa, die in wünschenswerter Grandezza von seinem eigenen Stil zeugt, bis in die Wortwahl von Büchners *Lenz*-Erzählung unterwandern zu lassen.[4] Offen bleibt, ob Walser sich im Sinne einer versteckten Huldigung der Büchnerschen Vorlage bediente oder ob ihm solche Anlehnung unbewusst in die Schreibfeder geriet. Jedenfalls wirkte das Verfahren ansteckend, denn achtzig Jahre später hat W. G. Sebald in vorsätzlicher Heimlichkeit eine Passage aus Walsers Kleist-Text (vgl. SW 2, 71, Zeilen 24–27) in seinen Roman *Schwindel. Gefühle* hinein geschmuggelt.[5]

Mit Recht gilt der Roman *Jakob von Gunten* (1909) als Walsers versponnenste, persönlichste, mithin bedeutendste Schöpfung, und ausgerechnet da, wo der Autor ganz bei sich und seiner Sache ist und nur von Selbsterlebtem, dem Besuch einer Berliner Dienerschule zu zehren scheint, veranstaltet er ein intertextuelles Feuerwerk. Um die Zeit der Niederschrift des *Jakob von Gunten* entdeckte Albert Steffen, als er Walser einen Besuch abstattete, in dessen Wohnung ein aufgeschlagenes Exemplar von *Wilhelm Meisters Wanderjahren*[6], und es ist anzunehmen, dass sich Walser von Goethes ›pädagogischer Provinz‹ zu den skurrilen Sitten seines Instituts Benjamenta ermuntern ließ.

In der Zeitschrift *Die Insel*, die regelmäßig Walser-Texte publizierte, erschien 1901 in drei Folgen der Schulmädchenreport *Mine-Haha* von Walsers Landsmann Frank Wedekind, und auch dessen erotisch parfümierte Schulordnung hat vermutlich in *Jakob von Gunten* ihre Duftmarken hinterlassen. Weiter dürfte das seinerzeit beliebte italienische Jugendbuch *Cuore* von 1886, ein Schülertagebuch, das drei Jahre später unter dem Titel *Herz* in einer Basler Übersetzung vorlag, den Weg in Walsers Elternhaus und von dort als Reminiszenz in Walsers Roman gefunden haben. Der biblische Einschlag der Namen Jakob und Benjamin ist nicht zu übersehen, ebensowenig der Umstand, dass das Gespann des Institutsleiters und seines Zöglings sich von den erlauchten Vorgängern Don Quixote und Sancho Pansa herleitet. Dass solche Anleihen der Originalität des *Jakob von Gunten* keinen Abbruch tun, braucht wohl nicht eigens betont zu werden.

Indessen entfaltete sich Walsers dichterische Eigenart am radikalsten Mitte der zwanziger Jahre, da seine Produktion nach zweieinhalb mageren Jahren einen exzessiven Aufschwung nahm, der bis zum Eintritt in die psychiatrische Klinik Waldau im Januar 1929 anhielt und um die zweitausend Prosastücke, Gedichte und dramatische Szenen zeitigte. Nur schon das Patent auf seine mikrografische Puppenstube mit ihren absonderlichen Zumutungen wird ihm keiner streitig machen wollen. Dabei handelt es sich weder um eine Marotte noch gar um ein pathologisches Phänomen, sondern um eine durchaus sinnreiche, Walsers schriftstellerischen Bedürf-

---

4 Vgl. dazu Kießling-Sonntag: *Gestalten der Stille*, S. 128–155.
5 Vgl. Sebald: *Schwindel. Gefühle*, S. 180, Zeilen 9–13.
6 Vgl. Kerr: *Über Robert Walser*, Bd. 1, S. 146.

nissen optimal entsprechende Einrichtung, die sein kontinuierliches Schaffen
überhaupt erst ermöglichte. Zur Unvergleichlichkeit dieser Produktion gehört aber
auch, dass er schlechterdings alles, was der Tag ihm zutrug, in Literatur umsetzte.

So rücksichtslos, rückhaltlos hat selten ein Autor aus seiner Subjektivität Ernst
gemacht und sein Eigentum ausgebeutet, was zugleich heißt: Wenn es ihm dien-
lich war, hat er sich an fremdem Besitztum vergriffen, als wärs ein Stück von ihm.
Kunstausstellungen oder Kino-, Theater- und Opernbesuche erwiesen sich als ver-
lässliche Inspirationsquellen, aber am meisten übte er seine Appropriationskunst an
literarischen Gegenständen. »Anlesen« nannte er diese unverfrorene Praxis, wobei
er nicht so sehr seinem Lesegeschmack frönte, als vielmehr an einer beliebigen Vorlage seine Formulierungslust demonstrierte. In einem Brief an Therese Breitbach
vom 11. 6. 1926 heißt es daher: »Ich las ein wunderbar schönes Buch, d. h. ich las
das Buch so, dass es mir zu etwas Wunderbarem wurde.« (Br, 281)

Literarische Niederungen waren ihm ebenso willkommen wie die hehren Klassiker, ja, er gefiel sich in einer fröhlichen Umwertung der gängigen Werte, da er
etwa Goethes *Wahlverwandtschaften* wie einen Trivialroman behandelte (vgl. AdB
4, 110ff.) und dafür eine mindere Lektüre ehrfürchtig pries. Ohnehin gönnte er
sich beim Nacherzählen jegliche Freiheiten, indem er Figuren und Handlung der
Vorlagen verzerrt wiedergab, nach Belieben Dialoge ersann und Begebenheiten
zusammenflunkerte oder etwa im ›Räuber‹-Roman den Fürsten Wronsky aus
Tolstois *Anna Karenina* in Dostojewskis *Erniedrigte und Beleidigte* umsiedelte (vgl.
AdB 3, 15).

Das inspirative Anlesen pflegte er nicht nur mit Wonne in seiner eigenen Werkstatt. Er wusste sich bei seinem ruchlosen Tun in bester Gesellschaft, wie er gelegentlich an einzelnen Beispielen erläuterte. Ähnlich Arno Schmidt, der das wechselseitige Anregen unter Kollegen als eine Art geheimbündlerischen Stafettenlauf
durch die Literaturgeschichte darlegt, entdeckte Walser in zwei Mikrogramm-Tex-
ten (vgl. AdB 4, 233ff.) eine Filiation, die sich von Puschkin über Stendhal bis
zu Flaubert zieht, wobei er nicht verschwieg, er, Walser, habe auch seinerseits bei
Stendhal Etliches stibitzt und sich sogar einmal selber bestohlen, indem er auf die
Kurzgeschichte *Simon* den Roman *Geschwister Tanner* gepfropft habe. In Walsers
Worten liest sich das folgendermaßen:

> In der Literatur und wohl auch sonstwie kommt es spaßhafterweise vor, dass Aus-
> beuter usw. selber wieder fröhlich und unentwegt benutzt, profitiert werden, wie
> dies nachmals dem Romancier arrivierte, der besagten Novellisten mit andau-
> erlichem Behagen gelesen zu haben schien und der jetzt von einem dritten mit
> ebensoviel Bedacht und Emsigkeit aufmerksamer Prüfung unterworfen wurde,
> nämlich zu einem Zeitpunkt, wo er nicht mehr unter den Lebenden weilte, also
> eventuell auch nicht mehr zu protestieren in der Lage war. Ungenauigkeiten, was
> geistiges Eigentum betrifft, begehen womöglich alle Intelligenten, und da es in
> allen oder den meisten Fällen nichts anderes als die Anerkennung ist, die auf den
> Pfaden der Aneignung fremden Eigentums wandelt, was auf dem Gebiet des geis-
> tigen Schaffens mit nur zu viel Leichtigkeit vorkommt, so kann meines Bedün-
> kens nach nicht viel ernstliches Aufhebens daraus gemacht werden. (AdB 4, 233)

Im Einzelnen führt Walser aus, Stendhal habe Julien Sorel, die Hauptfigur des Romans *Le Rouge et le Noir*, dem Titelhelden von Puschkins Novelle *Der Mohr Peters des Großen* nachgebildet, da beide ehrgeizigen Jünglinge ihre Karriere durch Liebschaften zu befördern trachten. Nun hat Stendhal in seinen diversen Monografien über Komponisten und Maler aufs Unbedenklichste bereits bestehende Literatur plagiiert, doch an Puschkin kann er sich nicht vergangen haben, da dessen Novelle sechs Jahre nach der Publikation von *Le Rouge et le Noir* erschien. Weiter behauptet Walser, Flaubert habe die Figur der Madame Arnoux in der *Éducation Sentimentale* Stendhals Madame de Rênal nachempfunden, zumal beide von Schuldgefühlen ob ihren unehelichen Beziehungen heimgesucht werden, als ihre Söhne lebensgefährlich erkranken. Es entzieht sich meiner Kenntnis, wie die Flaubert-Exegeten diese motivische Entsprechung beurteilen: Das Faktum scheint mir zumindest diskutabel. Zweifellos aber hat sich Walser seinerseits für *Ein Flaubertprosastück* (vgl. SW 19, 339ff.) bei der *Éducation Sentimentale* bedient und damit selbst reputierte Walserforscher hinters Licht geführt, die bei dem darin auftretenden namenlosen Helden ein mit Flaubert verschmolzenes *alter ego* Walsers vermuteten, während es sich in Wirklichkeit um eine Paraphrase des vorletzten Kapitels der *Éducation* handelt.

Die kritische Bewertung von Walsers Theorie und Praxis des »Anlesens« bleibe dahin gestellt. Das Phänomen belegt jedenfalls eindrücklich, dass Walsers »Persönlichkeitsstil« in den Berner Jahren seine buntesten und verwegensten Blüten treibt. Ausgerechnet zu einer Zeit, da er die Hoffnung aufgeben musste, je wieder auf dem Büchermarkt Fuß zu fassen und daher auf das Wohlwollen der Zeitungs- und Zeitschriftenredakteure angewiesen war, übte er sich nicht etwa in demütiger Anpassung, sondern verfuhr nach der Devise ›Anything goes‹. Neben etlichen Trotzgebärden, die er sowohl im brieflichen Verkehr mit seinen Abnehmern wie in seinen literarischen Texten an den Tag legte, verstand er sich auf jegliche Mystifikation, so auch im oben zitierten Plagiatsstück, das die Namen Puschkins, Stendhals und Flauberts rumpelstilzchenhaft verschweigt.

Und nirgends kommt seine Eigenart überschwänglicher, entfesselter auf ihre Rechnung als da, wo er sich auf fremde Stoffe bezieht. Doch mit seiner schrankenlosen Subjektivität hat es die irritierende Bewandtnis: Im selben Maß, wie er sein Naturell offen legte, entzog er sich dem verstehenden, deutenden Zugriff. Der hemmungslose Ausbeuter und Offenbarer seiner selbst war zugleich ein Flunkerer- und Verwandlungsgenie von hohen Graden, – in Canettis vielzitierten Worten: »der verdeckteste aller Dichter«[7]. Oder in den nicht minder viel zitierten Worten Walsers: »Niemand ist berechtigt, sich mir gegenüber so zu benehmen, als kennte er mich.« (GW 8, 78; *Das Kind III*)

Unter solchen Voraussetzungen, würde man annehmen, stehen die Aussichten für eine literarische Nachfolgeschaft schlecht, was nicht hindert, dass sich Schweizer Autoren gern auf ihn berufen. Ich erinnere mich an eine Umfrage der Schweizer

---

7 Canetti: *Die Provinz des Menschen*, S. 289.

Tageszeitung *Die Tat* aus den siebziger Jahren, bei der manche Schriftsteller Walser
als ihr Vorbild bezeichneten. Während unsere damals noch unangefochten Dios-
kuren Frisch und Dürrenmatt mit Äußerungen über Walser auffällig geizten, vermutlich nicht ohne bange Ahnung, er würde ihnen dereinst den Rang ablaufen,
hatten jüngere Autoren bedeutend weniger Skrupel. E. Y. Meyer etwa fraternisier-
te mit ihm, der sich zeitlebens solch plumpe Anbiederungen verbeten hatte, als
»Röbu«[8], und Franz Böni wurde nach einem Pilgergang durch Herisau die freilich
nur ihm selber plausible Erleuchtung zuteil: »Kein Zweifel, ich bin dazu ausersehen,
Robert Walsers Werk weiterzuführen.«[9] Sogar der in anderen publizistischen Berei-
chen operierende Niklaus Meienberg konnte sich in unbewachten Augenblicken
als eine Mischung aus Walser und Joyce imaginieren. Tatsächlich übt Walser einen
mächtigen Identifikationsappell auf Lesende und Selbstschreibende aus. Aber auch
Rezensenten sind bei ihrem kritischen Tun schnell bereit, den Walserschen Droh-
oder Schmeichelfinger zu erheben.

Und nun also Gerhard Meier. Auch ihm ist nicht erspart geblieben, des Öfteren
mit Robert Walser verglichen zu werden, und wenn damit eine Art literarischer
Klassenzusammenkunft gemeint war, hatte er bestimmt nichts dagegen einzuwen-
den. Er selber schwingt sich ja im *Land der Winde* auf seinen schwarzen Pegasus-
schimmel, um hinter den sieben Bergen jenes »Sneewittchenland«[10] aufzusuchen,
wo er zuversichtlich hofft, auf seine verehrten älteren Kollegen zu stoßen. Aber
nur schon die leise Möglichkeit, er hätte je einen Lieblingsautor zu seinem Vorbild
erkoren, pflegt Meier schaudernd abzuwehren. In unserem Gesprächsbuch *Das
dunkle Fest des Lebens* hat er dazu folgendes geäußert:

> Nein, nein, nein. Das Wort *Vorbild* erzeugt immer ein merkwürdiges Geräusch in
> meinem Magen. Ich bin ja ein Hysteriker in Sachen Freiheit, das muss man mir
> wirklich glauben. […] Mir zu sagen: Jetzt mußt du schreiben wie Claude Simon
> oder wie Robert Walser, das wäre mir ein Ekel. Aber mich mit ihnen in ihren
> Räumen, in ihrem Kosmos drin zu ergehen, das ist für mich, wie wenn ich durch
> die Parks von Schönbrunn und Versailles, im alten Bauerngarten vom »Kreuz« in
> Wolfwil oder auch in unserem eigenen Garten spaziere.[11]

»Übereinstimmungen vom Lebensgefühl her«[12] würde er wohl gelten lassen, und
im Gespräch mit mir hat er immer wieder die »Nähe« betont, die er Walser gegenüber empfinde. Diese Nähe hat ihm zum einen die intensivste Lektüre seines Lebens
beschert, *Jakob von Gunten*, zum andern hat sie ihm eine achtsame Distanz empfohlen. Daher heißt es zu Beginn der *Ballade vom Schneien* strikt: »*Der Gehülfe* ist
meinem Leben zu nahe. Im Kreis der *Geschwister Tanner* war ich nicht genehm.«[13]

---

8 Meyer: *Sympathie für einen Versager*, S. 51.
9 Böni: *Robert Walser*, S. 100.
10 Vgl. Meier: *Land der Winde*, S. 9.
11 Meier u. Morlang: *Das dunkle Fest des Lebens*, S. 420f.
12 Ebd., S. 420.
13 Meier: *Baur und Bindschädler*, S. 291f.

Nun ist Meier ohnehin ein höchst selektiver Leser, der etwa die *via regia* seines Favoriten Proust in jahrzehntelanger Gemächlichkeit hin und zurück abschreitet, ohne nach den Seitenwegen und -trieben des Hauptwerks zu spähen. Dennoch mochte ich mich mit Meiers genügsamer Walser-Ration nicht ohne Weiteres abfinden. Seit über zwanzig Jahren liege ich ihm periodisch mit homöopathischen Lockungen in den Ohren, und es ist mir vielleicht auch gelungen, das 500-seitige Sparpaket um ein paar Mikrogramm- und zwei, drei andere Texte anzureichern, aber gegen seine Abwehr der *Geschwister Tanner* war bislang kein verführerisches Kraut gewachsen.

Gewiss fällt es nicht schwer, eine erkleckliche Menge von Gemeinsamkeiten zwischen Meier und Walser anzugeben, die von lebensgeschichtlichen Berührungpunkten bis zu literarische Verfahren reichen. Beide haben als Lyriker debütiert, und merkwürdigerweise wurde ihnen beiden die Förderung des bedeutenden Zürcher Essayisten und Redaktors Max Rychner zuteil. Der Spaziergang als unverzichtbares existentielles Bedürfnis und Motor, ja strukturbildendes Merkmal des Schreibens findet sich auch bei Meier. Von daher auch das sorgsam gefertigte Netzwerk ihrer beider Texte, das weit ausholt, um scheinbar entlegene Dinge assoziativ miteinander zu verknüpfen. Das Collagieren unterschiedlichster Gegenstände ist ihnen nicht fremd. Das Große kann unmittelbar neben dem Kleinen stehen, das Erhabene neben dem Banalen, wie beide ohnehin den unscheinbaren Dingen zugetan sind. Sie greifen offenkundig auf vorgegebene Realien, insbesondere auf biografische Fakten zurück, wobei sie gleichzeitig auf Diskretion und Verschwiegenheit bedacht sind. Sie verwenden ungeniert helvetische Vokabeln und dialektale Wendungen, wie sie überhaupt unbekümmert um die Gepflogenheiten der Moden und des Marktes ihr Metier ausüben. Auf einen greifbaren Inhalt oder eine Handlung im herkömmlichen Sinn waren sie nie erpicht, indem sie durchwegs dem ›Wie‹ den Vorrang gegenüber dem ›Was‹ einräumen. Endlich gemahnt sogar der Umstand, dass Meier seine Romane zunächst mit Bleistift als von ihm so genannte »Sudel« entwirft, um sie dann mit der Maschine ins Reine zu schreiben, an Walsers mikrografische Werkstatt.

Man könnte diese Aufzählung von Affinitäten, Idiosynkrasien, Gemeinsamkeiten und Ähnlichkeiten beträchtlich erweitern und würde dennoch wenig über die Nähe, vielmehr die Präsenz von Walser in Meiers Prosa erfahren. Immerhin steht fest, dass der späte literarische Debütant erst nach seinem fünfzigsten Lebensjahr Walser gelesen hat, unter anderem die Erstausgabe des *Spaziergangs*, die ihm sein damals antiquarisch tätiger Sohn Peter geschenkt hatte. Insbesondere aber sind es zwei Walser-Texte, die Meier auf Anhieb und bis heute in ihren Bann zogen: das im November 1919 in der *Neuen Zürcher Zeitung* publizierte Prosastück *Winter* und der Roman *Jakob von Gunten*. Zu beiden Leseerlebnissen hat sich Meier wiederholt bekannt, am prägnantesten in einer Hommage, die er 1984 für ein Walser gewidmetes *Pro Helvetia-Dossier*[14] schrieb und die ein Jahr später fast unverändert den Anfang seines Romans *Die Ballade vom Schneien* bilden sollte. Das Prosastück

---

14 Vgl. *Robert Walser.*

Winter habe ihn »erschüttert – geradezu«, heißt es da, und *Jakob von Gunten* habe er »in einem Zuge« gelesen, »was schwere Träume absetzte, über drei Nächte hin«[15].

Zweifellos haben Gerhard Meier diese Werke in seinem Innersten, will sagen seiner eigenen *condition littéraire* getroffen, was allein schon daraus hervorgehen mag, dass er seine Kennzeichnung des Prosastücks als *Ballade vom Schneien* zum Titel seines Romans machte. Sind Walsers Winter-Stücke zumeist von Tod umwittert, trifft sich Meier mit Walser in solch metaphorischer Konnotation, indem sein Roman gleichfalls vom Sterben des *alter ego* Kaspar Baur an einem kalten, von Schneefall begleiteten Novembertag handelt. Im Verlauf seiner letzten Lebensstunden erwähnt Baur gegenüber seinem Freund Bindschädler einzelne Stationen aus Walsers Vita, und auf seinem Nachttischchen befindet sich neben Claude Simons *Das Gras*, Prousts *Im Schatten junger Mädchenblüte* und der Bibel auch *Jakob von Gunten*, aus dem Bindschädler auf Baurs Bitte hin eine »angezeichnete Stelle«[16] vorliest. In dieser Passage stellt sich der Titelheld vor, er würde als einfacher Soldat den Russland-Feldzug Napoleons bestreiten und inmitten seinesgleichen endlos durch ein winterliches Gelände marschieren. Nun gehören Napoleon und seine fatalen Eroberungsgelüste, zumal in der Spiegelung durch Tolstois Roman *Krieg und Frieden*, ohnehin zum festen Themenbestand der Tetralogie *Baur und Bindschädler*, aber die Mühsal soldatischen Marschierens gehört auch zum festen Bestand von Meiers Erinnerungen an den Aktivdienst.[17]

Die Walser-Huldigung auf den ersten Seiten der *Ballade vom Schneien* lässt nicht erkennen, was Gerhard Meier am Prosastück *Winter* erschüttert. Wenn man indessen die letzten vier Seiten des vorangehenden Romans *Borodino* beizieht, fällt Licht auf den hier relevanten Teil von Walsers Text. Baur besucht den Eisenplastiker Oscar Wiggli, der im Juradorf Muriaux das ehemalige Wirtshaus Café National bewohnt. Zum Abschied spielt der Plastiker seinem Besucher auf einer Schallplatte *Trois Gymnopédies* von Erik Satie vor, und diese Musik versetzt Baur

in Robert Walsers Traum vom Schweben über einer Eisfläche, die dünn und durchsichtig ist wie Fensterscheiben und sich auf- und niederbiegt wie gläserne Wellen. Man schwebte hin und her und war glücklich. Mitten auf der Eisfläche stand ein Tempel, der sich als Wirtshaus entpuppte, *Café National* angeschrieben, in verwaschenen Buchstaben. – Die Krokusse verneigten sich, als Robert Walser unten ankam […].[18]

Man wundert sich vielleicht über Walsers Ankunft in den etwas vage angegebenen unteren Regionen, aber darf vermuten, dass der Autor die Reverenz-Gebärde der Krokusse gegenüber Walser mitvollzogen haben wird. In Walsers *Winter*-Prosa lautet das Ende folgendermaßen:

15 Meier: *Baur und Bindschädler*, S. 292f.
16 Ebd., S. 255.
17 Vgl. Meier u. Morlang: *Das dunkle Fest des Lebens*, S. 45f., u. Meier: *Bauer und Bindschädler*, S. 393 (*Die Ballade vom Schneien*).
18 Ebd., S. 286 (*Borodino*).

Kürzlich träumte mir, ich flöge über eine runde, zarte Eisfläche, die dünn und durchsichtig war wie Fensterscheiben und sich auf- und niederbog wie gläserne Wellen. Unter dem Eise wuchsen Frühlingsblumen. Wie von einem Genius gehoben, schwebte ich hin und her und war über die ungezwungene Bewegung glücklich. In der Mitte des Sees war eine Insel, auf der ein Tempel stand, der sich als Wirtshaus entpuppte. Ich ging hinein, bestellte Kaffee und Kuchen und aß und trank und rauchte hierauf eine Zigarette. Als ich wieder hinausging und die Übung fortsetzte, brach der Spiegel, und ich sank in die Tiefe zu den Blumen, die mich freundlich aufnahmen.
Wie schön ist's, dass dem Winter jedesmal der Frühling folgt. (SW 16, 375)

Baurs allerletzte Mitteilungen vor seinem Tod an Freund Bindschädler nehmen auf diese Stelle Bezug. Er erwähnt einige um die Jahrhundertwende aufgenommene Fotografien von Amrain, die ihm kürzlich zu Gesicht gekommen seien, darunter

das Foto mit dem Teich darauf, in welchem sich die Kirche spiegelte und der Jura-südhang. Solche Teiche konnten auftreten bei Regenfällen oder Schneeschmelze. Gelegentlich legte sich eine Eisschicht darüber, dünn und durchsichtig wie Fens-terscheiben. Bindschädler, die Kirche entpuppte sich mir als Tempel aus Wals-ers Ballade vom Schneien – und der vergilbte Jura als Berg der Seligpreisungen. – Unter besagter Eisschicht übrigens blühten Maßliebchen. – Und der Weg zum Nachbardorf bildete die Scheidelinie zwischen Gespiegeltem und Ungespiegel-tem [...].[19]

Die hier unversehens auftauchenden Maßliebchen weisen darauf hin, dass die alte Postkarte samt Walsers Traumbild dezidiert dem Amrainer Kosmos zugeeignet wer-den, denn wie keine andere Blumengattung durchwachsen sie in Hülle und Fülle die *Baur und Bindschädler*-Romane. Mit dem abgebildeten Überschwemmungs-tümpel hat es freilich eine Bewandtnis, die tief in Meiers Kindheit hinunterreicht. Meier erzählte mir einmal, er sei als Knabe auf diesen vereisten Teichen Schlitt-schuh gefahren, und ich stehe nicht an, den Satz aus der *Borodino*-Stelle: »Man schwebte hin und her und war glücklich«, auch auf solch vergnügliches Treiben zu beziehen. Dabei habe ihn stets fasziniert, führte Meier weiter aus, wie unter der Eisfläche das Gras sichtbar geblieben sei.
Nun sind die an den Teichen beobachteten Erscheinungen: Transparenz und Spiegelung, zentrale Verfahren in Meiers Poetik, und nicht zuletzt sind sie bezeich-nend für Meiers Umgang mit geliebten Kunstwerken und deren Schöpfern, die in seinen Texten bald offenkundig, bald verdeckt, in einer unabsehbaren Vielfalt von Zitaten, Assoziationen, Brechungen, Anklängen und Echos wiederkehren.
So gelangt man auf den Gleitbahnen seiner Prosa beinahe unmerklich von Walser zu Tolstoi, denn wenn es von Walsers Welt heißt, dass über ihr

jener Nebel gelegen haben muß, der beim Hervortreten der Sonne vergeht, zer-fließt, das Licht durchläßt, und allem, was man durch ihn sieht, zauberhafte For-

---

19 Ebd., S. 420 (*Die Ballade vom Schneien*).

men und Umrisse gibt, und in dem überall der Widerschein des Morgenlichts aufblitzt, hier auf dem Wasser, da im Tau, dort auf den Bajonetten der Truppen, und der dahinzieht, so daß sich alles zu bewegen scheint[20],

hat man es mit einem Satz von Tolstoi aus *Krieg und Frieden* in der Übersetzung von Erich Boehme zu tun, der die Witterungsverhältnisse am Morgen der Schlacht von Borodino beschreibt.[21] Kaum hat man sich dessen versehen, rekurriert man auf Walser, der zu Beginn seines Winterstücks ebenfalls des Nebels und der Sonne gedenkt (vgl. SW 16, 373), um im letzten Satz der *Ballade vom Schneien* wieder bei Meier einzukehren: »Über Amrain trieb der Nebel hin, der sich verfärbte in der aufgehenden Sonne.«[22]

Hier ist nicht der Ort, den Motiv-Reihen im einzelnen nachzugehen, etwa dem Zusammenhang von Schneeflocken und Schmetterlingen, in deren Umkreis natürlich auch *Jakob von Gunten* in mancherlei Metamorphosen herum taumelt. Im Unterschied zu Walser, der sich beliebiger Vorlagen bedient, um sie nach Lust und Laune zu verfremden, bleiben Meiers literarische Kronzeugen in ihrem Daseinsrecht unangetastet, behalten sie durch alle Verwandlungs- und Anverwandlungskünste hindurch ihre Eigenart.

Ich wüsste nicht, wie man einem Lieblingsautor taktvoller huldigen könnte, als unlängst Gerhard Meier in einer Robert Walser gewidmeten Wochenend-Beilage der *Neuen Zürcher Zeitung* vom 27./28. 5. 2006, nämlich einzig mit dem folgenden Fragesatz:

Ist Robert Walser nicht der grosse Meister, der Jakob von Gunten in die Wüste schickte, abgetragene Schuhe trug, den Schnee mochte, die Veilchen, Eleven und die schöne Lisa Benjamenta?[23]

---

20 Ebd., S. 291.
21 Vgl. Tolstoi: *Krieg und Frieden*, III, S. 326.
22 Meier: *Bauer und Bindschädler*, S. 421 (*Die Ballade vom Schneien*).
23 Wochenendbeilage der *Neuen Zürcher Zeitung* zu Robert Walser, *Literatur und Kunst*, 27./28. 5. 2006, Nr. 147, S. B 3.

Walo Deuber (Zürich)

›Hoffnung auf eine unbekannte Lebendigkeit der Sprache‹. Die Handkamera des Robert Walser

Wie kommt man auf die Idee, Robert Walser eine Kamera in die Hand drücken zu wollen? Indem der Spieß für einmal umgedreht werden soll und – entgegen jeder gängigen Theorie vom Verhältnis von Literatur und Film – die Frage gestellt wird: Wäre es nicht möglich, dass die Literatur von allem Filmanfang an von diesem gelernt hat? Ist denkbar, dass das Schreiben dem Kino bereits zu einer Zeit etwas verdankt, als dieses noch fast allein durch die Form der ins Bild gesetzten Bewegung und weniger durch erzählten Inhalt faszinierte? Und ist plausibel, dass Schriftsteller das kaum geborene Medium alsbald um seine nachahmerische, seine umfassend mimetische Unmittelbarkeit beneideten?

50 Jahre nach Erfindung des Kinos war eben diese Unmittelbarkeit der emanzipatorische Ansatz einer Gruppe von französischen Filmemachern rund um die *Cahiers du Cinéma*. Filme sollten fortan nicht mehr den Umweg über das Drehbuch nehmen, sondern allein durch die Kamera erzählt werden. Das Schlagwort zur Geburt des ›Cinéma d'auteur‹ formulierte 1948 der 1923 geborene Autor und Theoretiker Alexandre Astruc: Die Kamera sei als ›caméra-stylo‹ zu verwenden, als Kamera-Stift, den eine dem Schriftsteller vergleichbare Persönlichkeit (auteur) führt und damit seine Filme ›schreibt‹.[1]

40 Jahre zuvor, so lautet meine These, hat ein junger Schriftsteller nach ›Unmittelbarkeit‹ gesucht, indem er das spätere Postulat umgekehrt anging, und seinen ›stylo‹ zur ›caméra‹ machte: zur ›stylo-caméra‹, zur Handkamera des Robert Walser.

1. »… und dann berührt mich die Technik im Kino als etwas ungemein Einnehmendes …«

Es ist eine historische Tatsache, dass der Film seinen Aufstieg zum narrativen Leitmedium des 20. Jahrhunderts vorab literarischem Ausgangsmaterial verdankt. Was aber den jungen Robert Walser angeht, so hat er sich nach der Jahrhundertwende

---

1 Vgl. Astruc: *Naissance d'une nouvelle avant-garde. La Caméra-stylo*, S. 325: »Le cinéma […] devient peu à peu un langage. Un langage, c'est à dire une forme dans laquelle et par laquelle un artiste peut exprimer sa pensée, aussi abstraite soit-elle, ou traduire ses obsessions exactement comme il en est aujourd'hui de l'essai ou du roman. C'est pourquoi j'appelle ce nouvel âge du cinéma celui de la Caméra-stylo.«

WALO DEUBER

in Berlin genüsslich jenem neuartigen, rohen ›Bewegungs-Junk‹ ausgesetzt, der zu Beginn des Kinozeitalters in umfunktionierten Quartierläden beim erholungsbedürftigen Proletariat populär war.[2]

Noch 1912, das Kino ist inzwischen salonfähig geworden, schreibt Walser für die *Schaubühne* das vergnügte Prosastück *Kino* über eine typische Quartierkino-Vorführung mit bierseliger Stimmung und einem vom Rollenwechsel vielfach unterbrochenen, zynisch-läppischen Verbrecherstreifen, stumm und vom Klavier begleitet (vgl. SW 3, 54).

Und noch 1927, im Prosastück *Die leichte Hochachtung*, verleiht Walser seiner lebenslangen Vorliebe für das Leinwand-Theater Ausdruck[3], was ihm leid tut, da das Bühnen-Theater mit ansehen musste, wie er ihm »[s]eine Anwesenheit huldvoll« entzog – eben ganz im Unterschied zum Kino, dessen Vorführungen ihn »hauptsächlich um ihrer Weltgeschichtlichkeit willen sozusagen zu bezaubern imstande« (SW 19, 114) waren.

Sein Verständnis für den Film als Erzählmedium war intuitiv:

Ich verstehe hierunter [der Weltgeschichtlichkeit] etwas Distanziertes, Abgetöntes, und dann berührt mich die Technik im Kino als etwas ungemein Einnehmendes, und dann die Schnelligkeit, dieses graziöse Vorüberhuschen der Bedeutungen, als sitze man abends beim Lampenlicht in einer Herberge oder in einem Kloster oder in einer Villa oder in einem Einfamilienhaus am Tische und blättere in einem Bilderbuch, das voll unaussprechlichen Lebens ist. (SW 19, 114)

Das »Vorüberhuschen« der Bilder indes hatte bereits Walsers erster Förderer Widmann angesichts von *Fritz Kochers Aufsätzen* (1904) empfunden: »Und ein Traumzauber umfing den Leser mit der Ahnung von etwas ganz nahe vorbeigeschwebtem sehr Schönem.«[4]

Nimmt man Filmen und Schreiben auf einmal in den Blick und setzt sich gleichsam mit Walser in eine der ersten Lichtspielbuden in Berlin oder Zürich, so wird klar: Dieser Kinobesucher beginnt zu schreiben, als die Bilder laufen lernen, und findet zu seiner Sprache, als das künftige Leitmedium des 20. Jahrhunderts die seine sucht und innert weniger Jahre finden wird.

Es scheint fast, als hätte sich der junge Autor an dieser Suche beteiligt – auf seinem Gebiet. Der aufkommende Filmstil deckt sich in einer Hinsicht mit dem eige-

---

2 Ab etwa 1908 verbreiteten die französischen Produktionsfirmen immer länger werdende Verfilmungen von Zola-, Balzac- und anderen Werken, u. a. auch Goethes *Die Leiden des jungen Werther*. Noch beherrschte aber der ›Schundfilm‹ zumindest die Ladenkinos der Arbeiterviertel von Berlin: »in 250 derartiger Streifen stellte man 1910 97 Morde, 45 Selbstmorde, 51 Ehebrüche, 19 Verführungszenen, 22 Entführungen, 35 Betrunkene und 25 Dirnen fest.« (Panofsky: *Die Geburt des Films*, S. 58, zit. n. Paech: *Literatur und Film*, S. 90)
3 Aus Walsers Berner Zeit (1921–1933) ist belegt, dass er oft ins Kino ging, um Filme wie Chaplins *The Kid* mit Jackie Coogan zu sehen.
4 Zit. n. Mächler: *Das Leben Robert Walsers*, S. 62.

nen Schreibstil: dem Stil der fortwährenden Bewegung auf den Gegenstand zu und in diesen hinein.⁵ Derweil sich seine ›filmische Handschrift‹ ausbildet, hat Walser von Anfang an seine ›handliche Filmschrift‹ zur Virtuosität entwickelt.

2. ›Die Beschreibung bleibt stehen und verwundert sich‹

Walsers erste gedruckte Erzählung findet sich bekanntlich am 2. Juli 1899 im Berner *Bund*. Da sind gerade einmal vier Jahre vergangen, seitdem die Filmpioniere Lumière in Frankreich reüssierten und Skladanowsky in Berlin der Durchbruch zum Kino gelang. Vor diesem Hintergrund verblüfft, was in *Der Greifensee* steht:

> Ich gehe immer weiter und werde zuerst wieder aufmerksam, wie der See über grünem Laub und über stillen Tannenspitzen hervorschimmert; ich denke, das ist mein See, zu dem ich gehen muß, zu dem es mich hinzieht. Auf welche Weise es mich zieht, und warum es mich zieht, wird der geneigte Leser selber wissen, wenn er das Interesse hat, meiner Beschreibung weiter zu folgen, welche sich erlaubt, über Wege, Wiesen, Wald, Waldbach und Feld zu springen bis an den kleinen See selbst, wo sie stehen bleibt mit mir und sich nicht genug über die unerwartete, nur heimlich geahnte Schönheit desselben verwundern kann. (SW 2, 33)

Es ist gar nicht der See selbst, der den von der Stadt her kommenden Erzähler anzieht, sondern der Umstand, dass jener ein »es« bildet, ein Bild nämlich und bald schon viele Bilder, die mittels »Beschreibung« eingefangen werden. Zu Beginn der zitierten Stelle verabschiedet sich der Erzähler als »ich« und setzt an die auktoriale Stelle ein »es«.

Dann aber steht der Erzähler mit seiner »Beschreibung« da, die mit ihm über Stock und Stein gegangen ist und geduldig aufgenommen hat, was ihr vor die ›Linse‹ gekommen ist. Bevor er das Registrierte dem »geneigte[n] Leser« weiterreicht, betrachtet er es erst einmal selber, wie im Sucher einer modernen DV-Kamera. Es heißt von der Beschreibung: »Lassen wir sie doch in ihrer althergebrachten Überschwenglichkeit selber sprechen« (SW 2, 33).

Was folgt, ist eine Abfolge von optischen und akustischen Eindrücken, organisiert in gereihten kurzen ›Einstellungen‹, aus unterschiedlicher Perspektive und mit verschiedenen Brennweiten, die sich zu einem Gesamteindruck von Kino-Qualität fügen:

> Es ist keine Störung da, alles lieblich in der schärfsten Nähe, in der unbestimmtesten Ferne; alle Farben dieser Welt spielen zusammen und sind eine entzückte, entzückende Morgenwelt. (SW 2, 33)

---

5 Vgl. Utz: *Tanz auf den Rändern*, S. 22. Utz begegnet Walsers Bewegungsstil nicht auf dem sägemehlbestreuten Kintopp-Boden, sondern auf dem Tanzparkett; vergnügungstechnisch war das für den Berliner Bohème-Walser an manchen Tagen und Abenden gewiss einerlei.

Mit anderen Worten: Schon in seiner allerersten Erzählung wird die Handkamera des Robert Walser aktiv. Die »Beschreibung« ist eine Kamera, welche Bilder beschreibt, dank der sich wie im Kino ›Blicke anblicken‹ (vgl. SW 20, 116)[6] lassen.

3. ›Der Verfasser gewinnt Zeit, auszuruhen‹

In der Liebesgeschichte *Simon* (1904) finden sich ähnlich kurz gefasste Einstellungsfolgen wie in *Der Greifensee*:

> Die Wolken lagen träge und breit am Himmel wie ausgestreckte Katzen. Dazwischen lag Blau von wunderbarer Frische und Feuchte. Die Vögel sangen, die Luft zitterte, der Äther triefte von Wohlgerüchen und in der Ferne lagen felsige Berge, zu denen unser Bursche nun geradenwegs hinlief. Schon fing der Weg an zu steigen und schon fing es an, zu dunkeln. Simon griff wieder in die Mandoline, auf welcher er Zauberer war. (SW 2, 16)

Was folgt ist eine Steigerung des *Greifensee*-Settings von Nähe und Distanz zum Text: »Die Erzählung setzt sich hinten wieder auf einen Stein und horcht ganz verblüfft. Unterdessen gewinnt der Verfasser Zeit, auszuruhen.« (SW 2, 16) Mehr noch als im *Greifensee* drängt sich im *Simon* das Bild des Erzähler-Autors auf, der mit der Kamera seinem Hauptdarsteller folgt, nein, der einen Kameramann dabei hat, der sich auch einmal erschöpft hinsetzt, dieweil der Autor-Regisseur in Ruhe wieder die Übersicht gewinnt und sich daran macht, für seinen Helden den weiteren Gang der Handlung auszudenken, samt Regie-Anweisung:

> Es wird lustiger. Ein Schloß zeigt sich; welch ein Fund für einen burgruinensuchenden Pagen. Nun zeige deine Kunst, Kind, oder du bist verloren. Und er zeigt sie. Er singt die Dame an, welche sich auf dem Balkon im ersten Stock zeigt, mit so süßer, lügenhafter Stimme, daß das Herz der Dame notwendigerweise gerührt wird. (SW 2, 17)

Stimmungs-Vorgabe, Dekor, Schauspieler-Anweisung: Einstellung für Einstellung, Szene für Szene, wie beim Film.

---

6 Vgl. im Prosastück *Der Knabe II*: »Er schaute den prüfenden Blick voll Artigkeit an. Für ihn war's gewissermaßen angenehm, den Blick anzublicken, ins Anschauen zu schauen, das Examiniertwerden möglichst nett zu examinieren.« (SW 20, 116) – Ich verdanke den Hinweis Jochen Greven, der sich zunächst in einem Nachwort mit dem *Greifensee*-Text auseinandergesetzt hat (vgl. SW 2, 125) und später weiteres Erhellendes zur Selbstreferenz bei Walser formuliert hat: »Was uns als ›da draußen‹ erscheint […] ist überhaupt kein Abbild, sondern eine Projektion.« (Greven: »… *den Blick anzublicken, ins Anschauen zu schauen*«, S. 18)

4. Die Freude am ›Wecken der Lebendigkeit der Sprache‹

Das neue Medium muss eine einzige Offenbarung gewesen sein: Ganze Heerscharen vermochte es in Bewegung zu setzen, Szenerien in einem Augen-Blick zu erfassen, gleichzeitig Vorder- und Hintergrund darzustellen und Nebensächliches mitlaufen zu lassen. Wie leicht hatte es die Kamera von Anfang an, mittels Subjektive in Figuren zu schlüpfen, und wie viel schwerer tat sich später noch Walsers ›Räuber‹ mit seinen wechselnden Verkörperungen? – Oder tun bloß wir Leser uns schwer damit?

Wie direkt fing der Kino-Apparat die Zeit ein, in der sich die menschliche Bewegung ganz allgemein beschleunigte – per Eisenbahn und auf der Straße, in den Schlagadern Berlins:

> Ich liebe den Lärm und die fortlaufende Bewegung der Großstadt. Was unaufhörlich fortläuft, zwingt zur Sitte. Dem Dieb zum Beispiel, wenn er all die regsamen Menschen sieht, muß unwillkürlich einfallen, was für ein Spitzbube er ist, nun, und der fröhlich-bewegliche Anblick kann Besserung in sein verfallenes, ruinenartiges Wesen schütten. (SW 11, 46; *Jakob von Gunten*)

Die Bewegung als sittlich-erzieherisches Movens – das steht im diametralen Gegensatz zu dem, was im kommunen Revolverkino über die Leinwände »unaufhörlich fortläuft« und ist gewiss ironisch gemeint. Die Kamera ist indes keineswegs (ironisch) distanziert beobachtend, sondern steht mittendrin im Geschehen:

> Und dann das Traumhafte, das Malerische und Dichterische! Menschen eilen und wirken immer an einem vorbei. Nun, das hat etwas zu bedeuten, das regt an, das setzt den Geist in einen lebhaften Schwung. Während man zaudernd steht, sind schon Hunderte, ist bereits hunderterlei einem am Kopf und Blick vorübergegangen, das beweist einem so recht deutlich, welch ein Versäumer und träger Verschieber man ist. (SW 11, 46)

Der Kamerablick als sittlicher Erzieher: Da liefert Walser eine verschmitzt-spielerische Vorwegnahme des von Sittenwächtern früh geforderten, später auch realisierten propagandistischen Kinos als ›Volkserzieher‹. Er bedient damit nebenbei und augenzwinkernd die Debatte um das neue Medium, die auch ein Streit um die Frage ist, was denn hohe und was niedere Kultur sei – eine Frage, die Walsers Werk – als anhaltende Grenzüberschreitung – konstant unterläuft.

Die Suche nach Bewegung im Text als Reflex der bewegten Wirklichkeit: 1930 dann wird Walser das so beschreiben: »ich experimentierte auf sprachlichem Gebiet in der Hoffnung, in der Sprache sei irgendwelche unbekannte Lebendigkeit vorhanden, die es eine Freude sei zu wecken.« (SW 20, 429f.; *Meine Bemühungen*)

5. Die ›kleine Gelegenheit grüßt mit großen Augen‹

Während 1907/08 das Publikum sich in die verqualmten Variété-Kinos drängt[7], setzt sich der junge Schriftsteller mit seinen Leinwand-Eindrücken hin und verfasst seinen zweiten Roman. Mit stilistischen Folgen.

Bis auf den heutigen Tag ist das Erzählkino dem aristotelischen Prinzip verpflichtet, wonach Drama nicht Beschreibung, sondern Handlung sei. Die Charaktere der Helden im Kino entfalten sich nicht qua Eigenschaften, sondern in ihrem Handeln. Kino ist Handlung, ob inszenierte oder beschriebene.

Vielleicht mit Verfolgungsjagden, Feuerwehreinsätzen, Überfällen, Mord und Totschlag, vielleicht mit witzigeren Action- oder Slapstick-Szenen der Lichtspiele seiner Zeit im Kopf, wendet Robert Walser in *Der Gehülfe*, dieses Grundprinzip des Kinos auf seine Literatur an. Dabei wird Überraschendes zur lebendigen Tat erweckt:

> Eines Tages kommt eine kleine mit großen Augen grüßende und bittende Gelegenheit, und da darf dann das Halbvergessene einmal erwärmen und lebendig werden, aber das wiederum nur für kurze Zeit. (SW 10, 52)

Und weiter:

> der hohe Gedanke selber besucht sie jetzt, und das tiefere Gefühl selber, angezogen von ihrer Unwissenheit, netzt ihr mit dem nassen Flügel das Bewußtsein. (SW 10, 52)

Da ›kann‹ der Schriftsteller mehr ins bewegte Bild setzen als Kino, ›Gestaltloses‹, wie eine Seite später, wo die »Tiefe« zum Subjekt des Handelns gemacht wird:

> Steige, hebe dich, Tiefe! Ja, sie steigt aus der Wasserfläche singend empor und macht einen neuen, großen See aus dem Raum zwischen Himmel und See. Sie hat keine Gestalt, und dafür, was sie darstellt, gibt es kein Auge. Auch singt sie, aber in Tönen, die kein Ohr zu hören vermag. Sie streckt ihre feuchten, langen Hände aus, aber es gibt keine Hand, die ihr die Hand zu reichen vermöchte. Zu beiden Seiten des nächtlichen Schiffes sträubt sie sich hoch empor, aber kein irgendwie vorhandenes Wissen weiß das. (SW 10, 53)

Es wird inszeniert: traumähnliche Handlung. Wie sehr der Traum es Walser angetan hat, ist bekannt. Und Traum und Kino sind sich der Handlungsqualitäten wegen sehr nahe, weil ›alles‹ möglich ist. *Der Gehülfe* entpuppt sich in der Hinsicht als wahre Filmstil-Fundgrube:

> Im Traum sah er sich mit einem Mal in die Wohnstube der Frau Wirsich versetzt. Er wußte, wo er war, und wußte es doch nicht recht, es war ziemlich hell in

der Stube, aber sie erschien ihm ganz voll Seewasser. Waren die Wirsichs Fische geworden? [...] Auch Tobler schien ganz in der Nähe zu sein, man hörte seine metallene Stimme, die reine Vorgesetztenstimme. Diese Stimme schien das Wohnzimmer umrahmt oder umarmt zu haben. Da ging die Türe auf und Wirsich erschien, noch blasser im Gesicht als sonst, und setzte sich in einen Winkel des Zimmers, das fortwährend zitterte unter der starken Umschlossenheit jener Stimme. Jawohl, die Wohnstube zitterte, sie hatte Angst, auch die Fensterscheiben zitterten. (SW 10, 56)

Eine Stimme, die umrahmt oder umarmt, ein Zimmer, das sich ängstigt und zittert: Ein späterer Text Walsers verweist auf großes Verständnis für das Jonglieren mit Illusion und Wirklichkeit, wozu das neue Medium, das magische Kino der Frühzeit, geradezu prädestiniert war:[8]

Man hat doch unter Wirklichkeiten nicht nur das zu verstehen, was sich der Dutzendverstand darunter vorstellt. In den Kreis des Wirklichen ziehe ich das Unwirkliche als bedeutungsvollen, in gewisser Hinsicht sogar ausschlaggebenden Faktor mit ein; denn das Unwirkliche bildet doch beim Wirklichen das Ergänzende. (SW 17, 387; *Kabarettbild*)

Unwirkliches in der Nachahmung zum Leben erwecken: Das kann kein Medium besser als die Leinwand.

6. »Meine Hand entwickelte sich zu einer Art Dienstverweigerin«

Den Prozess, bei dem ihm das Erzählen unter der Hand zum Film, der Stift zur Kamera wird, schildert Walser in einem Text über das Schreiben an den *Geschwister Tanner*:

Ich erinnere mich, daß ich die Niederschrift des Buches mit einem hoffnungslosen Wortgetändel, mit allerlei gedankenlosem Zeichnen und Kritzeln begann. [...] Ein Bild löste das andere ab, und die Einfälle spielten miteinander wie glückliche, anmutige Kinder. Voller Entzücken hing ich am fröhlichen Grundgedanken, und indem ich nur fleißig immer weiter schrieb, fand sich der Zusammenhang. (SW 4, 128)

---

8 1902 bereits führt Georges Méliès mit *Le voyage dans la lune* vor, was fantastisches Kino alles kann. Und dann gehören Doppelgänger und im wortwörtlichen Sinne zwielichtige Figuren zu den erfolgreichsten Sujets des frühesten Kinos. *Der Student von Prag* (1915) gilt als erster deutscher Spielfilm, der mit den Konventionen des Theaters bricht. Sein Thema: Ein Student verkauft sein Spiegelbild. Anders als das Theater vermag das Kino mit seinen technischen Tricks Menschen ›der Wirklichkeit nach‹ zu kreieren und ihnen im wahrsten Sinne des Wortes Doppelgesichter zu verleihen. *Der Golem* (1915), *Homunculus* (1916), später Dr. Caligari und Dr. Mabuse werden die kinematografischen Nachfahren von E. T. A. Hoffmanns Schöpfungen und Dr. Faustus.

Wie aber liegt Walser die ›Kamera‹ in der Hand? Zu seiner Beziehung zu Hand und Stift, zur bewussten Wahrnehmung einer Differenz von Idee und Ausführung, hat er sich mehrfach geäußert; am klarsten vielleicht hier:

> Ich ging seinerzeit vom Bücherverfassen aufs Prosastückschreiben über, weil mich epische Zusammenhänge sozusagen zu irritieren begonnen hatten. Meine Hand entwickelte sich zu einer Art Dienstverweigerin. Um sie zu begütigen, mutete ich ihr gern nur noch geringere Tüchtigkeitsbeweisablegungen zu und siehe, mit derartiger Rücksichtsnahme gewann ich sie mir allmählich wieder. (SW 20, 428; *Meine Bemühungen*)

Die ›Kamera‹ wird handlicher. Sie sammelt Gelegenheitsmaterial, vielfach in einem Zug, wie man weiß. Was Walser dabei vor das Objektiv des äußeren und inneren Auges kommt, wird notiert, alles andere fällt aus der Cadrage, wird nicht später nachgebessert. Mit dem im Alltag ›belichteten‹ Material zieht sich der Autor an den Schneidetisch zurück, und wenn man sich die Anordnung der Mikrogramme auf den unterschiedlichen Blättern vor Augen führt, dann wird einem klar, wie dieser Schnittplatz aussieht, wo der Autor die schönsten Prosastücke montiert.[9]

Wie systematisch Walser von allem Anfang an denkt – *die* Voraussetzung für filmische Montage –, zeigt sich an der höchst strukturierten Abfassung seines Erstlings *Fritz Kochers Aufsätze*. An den Verlag schreibt er am 12. Juni 1904:

> Der Umfang der Aufsätze ist überaus leicht abzuschätzen, da dieselben, wie Sie wohl schon werden bemerkt haben, *alle* in Abschnitten *von ganz genau* derselben Länge geschrieben sind. Man kann also einen Abschnitt drucken lassen und darnach den Buchumfang genau ermitteln, den Platz für die Zeichnungen [von seinem Bruder Karl] mitgerechnet. (Br, 30)

Hierin gleicht Walser einem frühen Produzenten-Verleiher, der mit dem Kinobetreiber über die zu erwartenden Filmrollen fürs kommende Programm korrespondiert und zugleich ein Maß zu deren Verrechnung kreiert.

Davon, dass der Bleistift in seiner Hand zur Kamera werden möge, ist meines Wissens nirgends explizit die Rede, indes scheint es auf der Hand zu liegen. Wo die ›auteurs-cinéma‹ sich in den 40er-Jahren von der Schrift lösen wollen, um mit der ›caméra-stylo‹ selbst ihre Filme zu schreiben, hat Robert Walser zwei, drei Jahrzehnte früher umgekehrt den Bleistift oft in einen ›stylo-caméra‹ verwandelt, der die Wirklichkeit schreibend ins bewegte Bild setzt.

Anders als die *auteurs* will Walser mit der Kamera keine ›aufwertende‹ Symbiose eingehen, im Gegenteil: Er zieht sich hinter die Kamera zurück, versteckt sich hinter dem beschreibenden Blick.

Manche seiner Schriftstellerkollegen – wie etwa Max Brod, Felix Salten, Kurt Tucholsky und Alfred Döblin – haben sich schon früh an der Debatte über das

---

9 Vgl. Evans: *Robert Walser. Writing Painting*, S. 24: »his sharp cuts and blanks especially during the Bern years are reminiscent of the montage work by avant-garde cineastes of the twenties.«

neue Medium und dessen Wirkung beteiligt.[10] Außer dem Prosastück *Kino* ist von Walser aus den ersten Kinojahren nichts Einschlägiges bekannt.[11]

Er war auch nicht an der Initiative des Expressionisten Kurt Pinthus beteiligt, der 1913 fünfzehn Szenarios namhafter Autoren wie etwa Else Lasker-Schüler, Max Brod und Walter Hasenclever zu einem *Kinobuch*[12] versammelte. Dazu hätte ein Text des damals doch schon recht bekannten Walser durchaus gepasst. Pinthus hatte in seinem Aufruf Folgendes verlangt: »Die Welt soll mit Abenteuern und Seltsamkeiten gespickt sein [...], eine plausiblere Logik soll obwalten, die Schwere und Kausalität soll von den Dingen abfallen.«[13]

Aus welchen Gründen auch immer Walser nicht zum frühen Drehbuchautor wurde, Tatsache bleibt: Statt des Umwegs über das neue Verwertungsmedium für Prosa wählte der Dichter die ›Direttissima‹. Statt fürs Kino schreibt er mit seinem ›stylo-caméra‹ ›Kino-direkt‹ und experimentiert damit, die Vorzüge der Film-Dramaturgie in die Prosa zu überführen.

Dabei trifft zu, was für den Film generell gilt: »Der Autor verschwindet im Film wie im Drama hinter seinen Figuren und ist nicht, wie im Autorentext der Prosa, permanent präsent. Dafür aber ist die Kamera als ›Erzähler‹ ständig anwesend.«[14]

Weiter nutzt Walsers Stift von Anfang an jenen dramaturgischen Vorzug, der dem Film vorbehalten scheint: die beiden aristotelischen Formen der Nachahmung (»Mimesis«), Epos und Drama, in einem Medium zusammen zu bringen:

> Der narrative Film [...] vereinigt durch die gattungsprägenden Eigenschaften der bewegten Photographie in sich das dramatische und das epische Prinzip. [...] Unabhängig davon, ob es sich um Kommerz oder Kunst [...] um eine poetische Auseinandersetzung über Grundfragen der menschlichen Existenz oder turbulente Unterhaltung [...] handelt: Alle nutzen bewußt oder unbewußt, gekonnt oder dilettantisch die Wirkungsmöglichkeiten beider Prinzipien, dramatische Plots mit ihren überraschenden Wendungen genauso wie kurze Episoden, Intrigen wie epische Breite, konzentriertes Kammerspiel wie romanhafte Vielfalt.[15]

---

10 Texte dieser und anderer Autoren in: Schweinitz: *Prolog vor dem Film*; darin u. a. von Max Brod *Kinematographentheater*; vgl. ebd., S. 15ff. (zuerst in *Neue Rundschau* 20, 1. Bd., 2. Heft [Feb. 1909], S. 319f).

11 Kürzlich ist das Manuskript zu *Kino* wieder entdeckt worden. Auf dessen Rückseite findet sich eine mit großer Wahrscheinlichkeit als ironischer Reflex auf die Kino-Debatte verfasste Polemik mit dem Titel *Rundschau* und den bemerkenswerten Zeilen: »Ich war neulich im Kintopp, und ich muss gestehen, es war grauenhaft. Ich will nie wieder an einen solchen Ort der Lüge und der Hirngespinste hingehen. Das Kino erscheint mir wie die Pest der Jetztzeit.« (Zit. n. Echte: *Dieses graziöse Vorüberhuschen der Bedeutungen. Robert Walser und das Kino*, S. 157) Echte bezeichnet den Text als »puren Hohn« (ebd., S. 158).

12 Vgl. Pinthus: *Das Kinobuch*; Pinthus hat 1915 Walsers *Kleine Dichtungen* äußerst positiv rezensiert.

13 Vorwort zu *Das Kinobuch*, zit. n. Rabenalt: *Filmdramaturgie* S. 9.

14 Ebd., S. 58.

15 Ebd., S. 57.

Wie nahe Walsers »Bildschreiben«[16] der filmischen *écriture* kommt, wie sehr der Autor mit seiner Handkamera und die frühen Cinéasten mit ihren sperrigen Stativen auf gleicher Augenhöhe waren, macht eine weitere Episode aus seinem Werk deutlich; sie steht in *Geschwister Tanner*.

7. Wie Robert Walser dem Simon Tanner am Haus gegenüber eine Leinwand aufspannt

Erzählt wird das Aufwachen Simon Tanners an einem schönen Sonntagmorgen in seinem Zimmer in einem Altstadthaus. Das fünfzehnte Kapitel beginnt – nach einer durchzechten Nacht – so:

> Am nächsten Morgen erwachte er erst, als die Glocken klangen. Er bemerkte von seinem Bette aus, daß ein herrlich blauer Tag draußen sein mußte. In den Fensterscheiben blitzte so ein Licht, das auf einen wunderbaren Morgenhimmel hoch über der Gasse schließen ließ. Etwas Hellgoldenes ließ sich ahnen, wenn man die gegenüberliegende Hausmauer länger ansah. Man mußte bedenken, wie schwarz und düster diese fleckige Wand bei beflecktem Himmel aussehen mußte. Man sah lange dahin und stellte sich vor, wie jetzt der See, mit den Segeln darauf, sich ausnähme, in dem goldenen blauen Morgenwetter. (SW 9, 247)

Diese Beschreibung entspricht weitgehend einer ›Wirklichkeit des Imaginären‹ wie es der russische Filmemacher und Theoretiker Sergej Eisenstein im Schlusskapitel von James Joyce' *Ulysses* ausmacht, wo im *stream of consciousness* eines Wachtraums Mrs. Bloom ihre verblichenen Liebhaber Revue passieren lässt: »Das Kapitel […] rekonstruiert überaus exakt den halb traumbefangenen Gedankenfluss eines Menschen kurz vor dem Einschlafen.«[17]

Ob Einschlafen wie bei Mrs. Bloom oder Aufwachen wie bei Simon Tanner ist mehr oder weniger einerlei. Wichtig in Bezug auf das Festhalten eines dem Kino-Erlebnis verwandten Vorgangs ist, was Joachim Paech im Standardwerk *Literatur und Film* bemerkt:

> dieser ›stream of consciousness‹ [ist] interessant, denn unter dem Gesichtspunkt der Mimesis (Nachahmung) von Wahrnehmungsweisen wird gerade die hier erkennbare Homologie (Strukturähnlichkeit) zwischen Filmrezeption (Bewußtseinsstrom) und Realwahrnehmung (Ereignisstrom) wesentlich: Das traumähn-

---

16 Gelegentlich ist auch Walsers Bilder-Beschreiben ein »Bildschreiben«, wie Tamara S. Evans an Texten über Bilder seines Bruders Karl diagnostiziert, wo die Bilder ›erzählt‹ werden: »Gradually then, with the introduction of these narrative elements, stasis turns into motion, the third dimension, i.e, the dimension of time, perforates the plane, additional figures come and go through the holes, and the picture that is now in the reader's head has ceased to be the simple reflection of the original work of art.« (Evans: *Robert Walser. Writing Painting*, S. 29); vgl. dazu *Der Traum (I)* (SW 4, 38).

17 Zit. n. Paech: *Literatur und Film*, S. 141.

liche Fließen des Bewußtseinsstromes verbindet nämlich eine Erfahrung der Realität mit der spezifischen Rezeptionsweise im Kino, so daß ihre literarische Wiedergabe als ›filmische Schreibweise‹ eben die Mimesis dieser doppelten Erfahrung ist.[18]

Paech dreht die analytische Spirale noch weiter und zitiert einen Kollegen Eisensteins, den Vertreter der russischen Schule der Formalisten Boris Ejchenbaum:

> Für das Studium der Gesetze des Films (vor allem der Montage) ist es sehr wichtig, zu erkennen, daß Wahrnehmung und Verstehen des Films unauflöslich verbunden sind mit der Bildung einer inneren, die einzelnen Einstellungen untereinander verbindenden Rede.[19]

Nichts anderes tut Walser, wenn er – ich zitiere die Fortsetzung von Simon Tanners Sonntagmorgen – in verbindender Rede anschließend an die Segelschiffe auf dem See seine weiteren einzelnen Bilder (›Einstellungen‹) in ›Totalen‹ und ›Nahaufnahmen‹, in einer kleinen ›Szene‹ sogar zum Ganzen eines seligen Menschensonntags montiert:

> Gewisse Waldwiesen, gewisse Aussichten und gewisse Bänke unter den grünen üppigen Bäumen, der Wald, die Straßen, die Promenaden, die Wiesen auf dem Rücken des breiten Berges, vollbesetzt mit Bäumen, die Abhänge und Waldschluchten, in denen das Grün nur so wucherte, die Quelle und der Waldbach mit den großen Steinen und dem leise singenden Wasser, wenn man daran saß und sich einschläfern ließ. Das alles war zu sehen, deutlich, wenn Simon auf die Wand hinüberblickte, die doch nur eine Wand war, aber die heute das ganze Bild eines seligen Menschensonntages widerspiegelte, nur weil etwas wie ein Hauch von blauem Himmel darauf auf- und abschwebte. Dazu klangen ja die Glocken in den bekannten Tönen, und Glocken, ja, die verstanden es, Bilder aufzuwecken. (SW 9, 247f.)

Das Setting ist verblüffend: Nicht nur hat Walser Simon Tanner eine Leinwand aufgespannt, er hat ihm schreibend einen Film gemacht und liefert am Schluss das, was schon das Stummfilm-Kino ausgemacht hat – die Live-Klänge, die das Imaginierte erst recht animieren.

Indes: Nicht erst wenn Walser ihnen eine Leinwand aufspannt, sehen seine Figuren die Wirklichkeit in eigentlich filmischer Montage: Auf ihren unzähligen Spaziergängen begegnen sie der Welt mit der ›Linse‹, und Walser setzt ihren ›Blick‹ mit einer Art fahrenden, zoomenden, schwenkenden Kamera Einstellung für Einstellung zu einem Kontinuum zusammen.

---

18 Ebd.
19 Ebd.

Dass Walser bei der Suche nach dem Bild auch immer wieder ›dazwischen‹ landet, ist seine herausragende stilistische Eigenart, die von Peter Utz als »Tanz auf den Rändern«[20] beschrieben wird.

Kein Zweifel: Walsers die Bewegung einfangender ›Jetztzeitstil‹ ist gleichzeitig der Jetztzeitstil des aufstrebenden Bewegungsmediums, das seinerseits mit Bild, Schnitt und Montage auf die ›moderne‹ Zeit reagiert und diese – wie Walser – in der Nachahmung mimetisch sozusagen ›kommentarlos‹ kommentiert.

---

20 Mit seinem Theorem von der »Ohralität« Walsers geht Utz wesentlich weiter in der Analyse des Verhältnisses von Wort und Bild bei Walser als die hier vorgelegte Analyse. Auch Utz haben es – wie Evans – insbesondere die Beschreibungen von Karl Walsers Bildern durch den Bruder angetan. Zur Rede des Subjekts in der Beschreibung des Bildes *Der Tanzsaal* (vgl. SW 16, S. 340ff.), heißt es abschließend: »Insofern schafft Robert Walser hier weit mehr als nur eine Tonspur zum Bild seines Bruders, eine bloße Ergänzung des Bildes durch den Text, die indirekt die alten Grenzen von Auge und Ohr, von Malerei und Dichtung nur bestätigen würde. Er öffnet uns die Ohren für jenen literarischen Raum, in dem sich sein eigenes Schreiben und Sprechen situiert, weil es sich dafür entscheidet, wachträumend und hellhörig zugleich zu bleiben.« (Utz: *Tanz auf den Rändern*, S. 275) – Was diesen ›Literaturraum‹ dem Kinoraum nahe bringt, wo Wachträumen und Hellhörigkeit die ganze Filmwirklichkeit ausmachen, in die wir eintreten, wenn es dunkel wird und der Projektor startet.

Kerstin Gräfin von Schwerin (Hamburg)

»Eine nicht uninteressante kunstgewerbliche Spielerei«. Spinnengewebe und Teppichweberei im Werk von Robert Walser und Paul Klee

Für Susan Sontag zählt Walser zu den bedeutenden deutschsprachigen Schriftstellern des 20. Jahrhunderts. Sontag schreibt in ihrem 1982 veröffentlichten Aufsatz über Walser: »Wer Walser einem Publikum nahe bringen sucht, das ihn noch nicht kennt, hat ein ganzes Arsenal glorioser Vergleiche zur Verfügung«[1], und bezeichnet Walser als einen »Paul Klee in Prosa – ebenso zart, listig und heimgesucht.«[2]

Es ist schon oft der Versuch gemacht worden, Walser und Klee in die eine oder andere der vielen Stilrichtungen und Kunstkonzeptionen der expansiven Literatur- und Kunstentwicklungen des 20. Jahrhunderts einzuordnen, was ohne Erfolg geblieben ist. Beide Künstler sind Einzelgänger gewesen, obwohl sie mit den allgemeinen Darstellungsproblemen ihrer Zeit eng verwoben waren; zwei stille Abseitige, in sich versponnene Individualisten, ohne jede Eitelkeit, die am Zeitgeschehen äußerst interessiert gewesen sind.

Man mag durchaus eine gewisse Skepsis bei eiligen und allzu leichtfertigen Vergleichen empfinden, zumal die Biografien von Walser und Klee keinerlei Aufschluss über eine direkte gegenseitige Beeinflussung bieten, wie es etwa für andere Zeitgenossen zutrifft. Die Geburtsdaten von Walser und Klee liegen dicht beieinander: Walser wurde im April 1878 in Biel, Klee im Dezember 1879 in Bern geboren. Sie hatten gemeinsame Bekannte in Deutschland und in der Schweiz. Beide standen unter anderem mit Franz Blei, Paul und Bruno Cassirer, Kurt Wolff, Hans Bloesch, Joseph Viktor Widmann und Christian Morgenstern in Verbindung. Doch es ist anzunehmen, dass sie sich persönlich nicht begegnet sind.

Von Carl Seelig ist überliefert, dass man Bruno Cassirer vorgeschlagen habe, die Gedichte von Walser und Morgenstern durch Klee illustrieren zu lassen.[3] In Klees Tagebüchern findet sich eine Notiz vom Dezember 1906 über die Lektüre von Walsers *Fritz Kochers Aufsätzen*, die er als »psychologisch sehr ansehnlich«[4] bezeichnet.

---

1 Sontag: *Walsers Stimme*, S. 76.

2 Ebd.

3 »Ich erzähle ihm, sein Bruder Karl habe mir berichtet, jemand habe Cassirer vorgeschlagen, die Gedichte von Robert und Christian Morgenstern durch Paul Klee illustrieren zu lassen. Morgenstern, der damals Lektor des Verlages Cassirer war, habe aber diesen Vorschlag abgelehnt, weil er Klee zu manieriert fand.« (Seelig: *Wanderungen mit Robert Walser*, S. 53)

4 Klee: *Tagebücher*, Nr. 782 | 81, S. 248.

In ihrer Arbeit über *Robert Walser und die Moderne* stellt Tamara Evans fest, dass Ansätze von Vergleichen, wie sie im Fall von Walser und Klee vorliegen, durchaus ihren Reiz haben, »weil sie zum Nachdenken auffordern und es mitunter auch ermöglichen, von einem neuen Blickpunkt her an ein Werk heranzutreten.«[5]

Nun kann man Literatur und bildende Kunst nicht bruchlos aufeinander beziehen. Es ist auch nicht der Gegenstand dieses Beitrags, der Kontroverse über die Möglichkeit einer ›wechselseitigen Erhellung der Künste‹, wie sie spätestens mit Lessings *Laokoon* eingesetzt hat, nachzugehen.[6] Im Folgenden geht es vor allem darum, parallele Entsprechungen unter Vorbehalt der medialen Grenzen zwischen dem Werk von Walser und Klee an einem Aspekt auszuführen und Vergleichbarkeiten zu erörtern. Um 1900 wurde die grundsätzliche Gemeinsamkeit und Austauschbarkeit der Künste von Kritikern und Kunstschaffenden allerorts diskutiert. Ernst Cassirer räumt 1923 der Untersuchung des sprachlichen Denkens[7] eine Vorrangstellung ein. Es gelte, die Funktion des sprachlichen Denkens und die Funktion der künstlerischen Anschauung derart zu begreifen, dass in ihnen eine ganz bestimmte Gestaltung nicht sowohl *der* Welt, als vielmehr eine Gestaltung *zur* Welt sich vollziehe.

In seinem bereits 1914 erschienenen Aufsatz stellt Joachim Benn eine Beziehung zwischen Walser und der »modernsten Malerei«[8] her, wobei er allerdings auch zwischen der Spontaneität der Walserschen Ausdrucksformen einerseits und dem schon von einer gewissen Rigorosität gekennzeichneten Kunststreben bei Klee andererseits unterscheidet. Benn macht deutlich, dass Walser sich keineswegs veranlasst fühlte, seine ›komparatistische‹ Methode apologetisch einzuführen. Die Verbindung mit der Malerei ergibt sich bei ihm wie von selbst. Durch seinen Bruder Karl war Walser mit der Kunstszene um 1900 vertraut.[9] In der Bieler und Berner Zeit konzentriert er sich in seinen Kunstbetrachtungen häufig auf den nar-

---

5 Evans: *Robert Walsers Moderne*, S. 86.

6 Vgl. Hermand: *Literaturwissenschaft und Kunstwissenschaft*, Wais: *Symbiose der Künste* u. Willems: *Anschaulichkeit*.

7 Vgl. Cassirer: *Philosophie der symbolischen Formen*.

8 »Wollte man Robert Walser historisch einstellen, so müßte man ihn in Verbindung mit einer bestimmten Richtung der modernsten Malerei bringen, die sich im Kampfe gegen eine Kunstübung, die in der Nachahmung ganz erstarrt und unwahr und unerlebt geworden war, sich nicht nur unter den Einfluß primitiver, also Urzeit- oder doch archaischer Kunst, sondern geradezu unter den Einfluß der Kinderzeichnung gestellt hat [...]. Robert Walser gehörte also in besonderer Weise zu der Kampffront, die sich ursprünglich gegen das deutsche Epigonentum der siebziger und achtziger Jahre formiert hat, nun aber nicht zu dem ersten Aufgebot, das sein Heil in der angeblich reinen Nachahmung der Natur suchte, sondern zu dem zweiten, das nach dem Durchgang durch den Realismus schon wieder eine Stil- und Formkunst und sogar eine neue Art der Romantik schuf [...]. Doch wäre Robert Walser wieder nicht jenen zuzurechnen, die, wie ein Klee oder Seewald und Campendonck, dies neue Kunststreben schon als einen neuen Schulbegriff übernehmen, sondern zu jenen, die spontan aus eigenen Entwicklungsnotwendigkeiten zu der neuen Ausdrucksform kamen [...].« (Benn: *Robert Walser*, S. 93 f.; ursprüngl. in: *Die Rheinlande* 14, Heft 4 [Apr. 1914])

9 Vgl. *Die Brüder Karl und Robert Walser*.

rativen Gehalt eines Bildes, oder er spricht einzelnen, auf der Leinwand dargestellten Objekten eine narrative Intention zu.[10]

Klee hat sich, im Gegensatz zu Walser, über viele Jahre systematisch und ausführlich zu seinen eigenen Schaffensprinzipien geäußert. Seine Tagebücher und Vorlesungen gelten heute als wesentliche Beiträge zur modernen Ästhetik und könnten auch als Schlüssel zu Walsers spezifischer Modernität gelten. Außerdem war Klee produktiv als Dichter. Er hat eine verhältnismäßig hohe Zahl an Epigrammen und poetischen Gedichten[11] hinterlassen; viele seiner merkwürdig-poesievollen Bildtitel beinhalten eine sprachliche Komik.[12]

In Walsers Prosastück *Ein dummer Junge*, das 1928 im *Berliner Tageblatt* erschien, hält der Ich-Erzähler seine Schriftstellerei für »eine nicht uninteressante kunstgewerbliche Spielerei« (SW 19, 146). Walser bezeichnet in zahlreichen Texten die Schriftstellerei als »ein Handwerk« (Br, 238) und nimmt auf seine literarische Tätigkeit als ›das Schreiben‹ wiederholt Bezug. So sieht sich der Verfasser als »Glossenschmied«, der unter der Pflicht steht, einen Essay »großformatig zusammenschmieden und -leimen zu müssen« (SW 18, 296), als »eine Art handwerklicher Romancier«, »einen schriftstellernden Drechsler« (SW 20, 322). Seiner handwerklichen Intuition zufolge kommt ihm der Gedanke, »ob er doch nicht lieber Korbflechter geworden wäre« (AdB 4, 111), dann wieder wird eine frei erfundene Figur zu einer »Art Einflechtung« (AdB 4, 355).

Der Begriff des Textes ist von Roland Barthes bis Jacques Derrida immer wieder von seiner Etymologie her profiliert worden. In Grimms *Deutsches Wörterbuch* findet sich für »Text« die folgende Definition: »das weben und gewebe, daher die zusammenfügung, der zusammenhang; […] textus, gewebe der schrift, da ein sentenz hin geflochten ist in den andern«[13]. Die poetologische Metapher des Textes als *textum*/Gewobenes konserviert Spuren jenes mytho-poetischen Stadiums der Dichtung und Dichtungstheorie, in dem mit Bezeichnungen handwerklicher Tätigkeiten eine erste Meta-Begrifflichkeit geschaffen wurde. Sie ist neben dem Textbegriff auch in vielen anderen normalsprachlich gewordenen Bezeichnungen für Verbindungen und Verknüpfungen aller Art und Redewendungen zu finden.

Textile Knoten und Schnüre bilden das älteste bekannte semiotische System. Einen vielfach zitierten Knotenpunkt bildet die Definition der Texttheorie bei Barthes als ›Hyphologie‹:

> *Text* heißt *Gewebe*; aber während man dieses Gewebe bisher immer als ein Produkt, einen fertigen Schleier aufgefaßt hat, hinter dem sich, mehr oder weniger verborgen, der Sinn (die Wahrheit) aufhält, betonen wir jetzt bei dem Gewebe die generative Vorstellung, daß der Text durch ein ständiges Flechten entsteht

---

10 Vgl. Walser: *Vor Bildern*.

11 Klee: *Gedichte*; vgl. Vogel: *Zwischen Wort und Bild*.

12 Vgl. Klees Illustrationen zu *Candide* von Voltaire, *Der Musterbürger von Johann Jakob Murner* (vgl. Sorg u. Okuda: *»Die satirische Muse« – Hans Bloesch, Paul Klee und das Editionsprojekt »Der Musterbürger«*) u. *Die Lehrlinge zu Sais* von Novalis.

13 Grimm: *Deutsches Wörterbuch*, XXI, S. 294.

und sich selbst bearbeitet; in diesem Gewebe – dieser Textur – verloren, löst sich das Subjekt auf wie eine Spinne, die selbst in die konstruktiven Sekretionen ihres Netzes aufginge. Wenn wir Freude an Neologismen hätten, können wir die Texttheorie als eine *Hyphologie* definieren (*hyphos* ist das Gewebe und das Spinnennetz).[14]

Ein ›hyphologisches‹ Verständnis der Texttheorie bedeutet folgerichtig, Textmetaphoriken und Texturmetaphern als theorierelevant zu behandeln.

Für Derrida bezieht sich der Intertextualitätsgedanke auf jedes Gewebe, ob literarisch oder nicht, weil jede Äußerung »schon durch und durch aus einem Gewebe von Differenzen besteht, insofern es bereits einen Text gibt, ein Netz von textlichen Verweisen auf andere Texte«[15]. In diesem Sinne wurde auch in der Intertextualitätstheorie die *textus*-Metaphorik genutzt.

Dagegen wird in der maltechnischen Literatur von Struktur, Strukturierung oder Textur gesprochen. Diese Begriffe werden, zumindest im deutschen Sprachraum, meist als Synonyme verwendet.[16]

Nun sind Beziehungen wie Geflecht, Teppich, Mosaik oder Kombination nicht als individuelle Prägungen Walsers oder Klees zu sehen, sondern sie stehen vielmehr in einem inneren Zusammenhang mit den literarischen und künstlerischen Gestaltungsprinzipien der Zeit. Als ein Beispiel sei Stefan Georges 1899 erschienener Gedichtband *Teppich des Lebens* erwähnt.

Betrachtet man Walsers Texte, vor allem jene aus der Berner Zeit, so zeigt sich, dass er in seinen Texten zahlreiche stoffliche und thematische Fäden eingewoben hat: Spaziergänge, Theater-, Kino und Opernbesuche, zufällige Begegnungen, andererseits wieder Lektüre, persönliche Befindlichkeiten, Erinnerungen, essayistische Überlegungen zur Kunst und Literatur, Anekdoten, ästhetische Reflexionen oder Assoziationen. Gleichzeitig werden die Texte mit mannigfaltigen Anspielungen oder Zitate anderer Autoren durchwirkt. Walser jongliert mit trivialliterarischen Vorlagen und Stoffen. Zeit, Raum und Gestaltung der Figuren werden aufgehoben und durchlässig gemacht für eine andere Wirklichkeit, in der Fiktion und Gedankenspiel ineinander übergehen. Dadurch entsteht eine Art ›Meta-Literatur‹.

Heterogene Motive werden variiert, bald fallengelassen, bald wieder aufgenommen, bis am Ende ein komplexes Gewirk aus verblüffenden Kreuz- und Querbezügen entsteht. Gerade die »Wucht der räuberlichen Angelesenheit« (AdB 1, 107), das produktive Nacherzählen, Variieren und Verarbeiten von fremden Texten, ist Walsers spezifische Art der Textualität. Bisweilen stellt er Bezüge her, die so fein gesponnen sind, dass sie selbst für den kundigen Leser schwer zu erkennen sind.

Die Diskontinuität des Erzählens in Walsers »Buchstabenhervorbringungsgebiet« (SW 19, 26) wird so zur »scheinbar völlig absichtslose[n] und dennoch bannende[n] Sprachverwilderung«, wie Walter Benjamin feststellt und bemerkt,

14 Barthes: *Die Lust am Text*, S. 94.
15 Derrida: *Positionen*, S. 77.
16 Vgl. Bäschlin, Ilg u. Zeppetella: *Paul Klees Malutensilien*, S. 186.

dass Walser sich mit »Sprachgirlanden«[17] schmücke. Doch hinter Walsers »Seltsamkeitsstil« (AdB 1, 90) verbirgt sich ein Schreibprinzip, das sich mit seinen eigenen Worten als »hinschweifend, flüchtig und doch schon so exakt wie möglich« (AdB 4, 328) bezeichnen lässt.

In *Fritz Kochers Aufsätzen* dürfte Klee folgende Stelle nicht entgangen sein:

> Ich bin gern an einen vorgeschriebenen Stoff gebunden. [...] Ich schreibe über alles gleich gern. Mich reizt nicht das Suchen eines bestimmten Stoffes, sondern das Aussuchen feiner, schöner Worte. Ich kann aus einer Idee zehn, ja hundert Ideen bilden, aber mir fällt keine Grundidee ein. Was weiß ich, ich schreibe, weil ich es hübsch finde, so die Zeilen mit zierlichen Buchstaben auszufüllen. Das »Was« ist mir vollständig gleichgültig. (SW 1, 24)

Klee griff auch auf die Musik zurück und versuchte, die Gesetzmäßigkeit – zum Beispiel einer Bachschen Fuge – als Grundlage seiner Bildgestaltung zu übernehmen. In Anlehnung an diese kunstvolle Form der kontrapunktisch mehrstimmigen Musik war er bei der Arbeit an seinen Bildern bemüht, ein Form-Thema zu entwickeln und, vielfältig variiert, nach relativ strengen Prinzipien zu verarbeiten.[18]

Häufig entwickelte er auch mehrere Themen gleichzeitig zu einem Bild. Während das eine führend auftritt, bleiben andere unter- oder nebengeordnet. Steigerungen, Rhythmen und Akzente erreicht er durch Kontraste, durch Ausspielung von Gleichartigem zu Gegensätzlichem, durch Annäherung oder Entfernung, Vergrößerung oder Verkleinerung, Umkehrung, Spiegelung, Vertauschung und Permutation von Formen und Formelementen als auch Helldunkel- und Farbwerten. Seine Zeichnungen und Malereien zeigen alle nur erdenkbaren Variationen.

Kommen wir wieder auf die Struktur des Gewebes zurück. Ein Gewebe besteht aus diskreten, abgesetzten, nie ineinander übergehenden Elementen (den verschiedenen farbigen oder verschiedenen dicken Fäden). Auch im Gewebe kommt der Zusammenhang durch Vermittlung von Differenz über die räumliche Trennung der Fäden hin zustande. Zwei verschiedenfarbige Fäden vermischen sich als getrennte und immer unterscheidbar bleibende zum erkennbaren Muster. Die verschiedenen Muster eines Gewebes bestehen aus den gleichen, nur je in verschiedener Anordnung und verschiedener Dichte miteinander verwobenen Fäden.

In dem Mikrogramm *Meines Wissens gab es einmal einen Dichter*, das von Walser im April 1927 auf der Rückseite eines Kalenderblattes notiert wurde, nimmt er explizit auf »arabeskische Ornamentik«, »Spinnengewebe« und »Teppichweberei« Bezug:

> Wenn dieser Dichter eines Nachts mitten im glühendheißen Winter auf eine seligeisigkalte und abwechslungsreich-monotone Art einen Wohnraum andichtete, den eine gelbe Lampe mit ihrem höchst rätselhaft-weichen, lieben Licht schmückte und erheiterte, so schließt dies durchaus nicht aus, daß ihm Roma-

---

17 Benjamin: *Robert Walser*, S. 33.
18 Vgl. Regel: *Das Phänomen Paul Klee*, S. 14.

ne mit spielender Leichtigkeit gelangen, die nichts als langgezogene, damasze-
nerklingenähnliche lyrische Töne und nichts als eine arabeskische Ornamentik,
demnach eine Art Spinnengewebe oder eine Teppichweberei zu sein schienen.
(AdB 4, 136)

Walser spricht hier von »arabeskische[r] Ornamentik«. Die Arabeske ist ein Ornament[19], das heißt, sie bildet nicht ab, stellt nicht dar. Friedrich Schlegel verbindet
mit dem Begriff der Arabeske den Gedanken einer literarischen Darstellung, die
sich selbst als darstellende, als Inhalt aufbringende und anschaulich vergegenwärtigende wieder aufhebt. Sie sind Elemente des Jugendstils, wie sie sich in Werken von
Walser und Klee finden, und sollen an dieser Stelle nicht berücksichtigt werden.

Was an Handlungen, Personen, Schauplätzen, Gedanken thematisiert wird, soll
hinter dem Eindruck ihres bizarren Verschlungenseins, des endlos Bewegten, Labyrinthischen zurücktreten. Neben der Metapher des Webens, die Text und Arabeske
verbindet, bildet die geometrische Linienführung arabesken Werkaufbaus ein Ana-
logon zwischen ornamentalem Muster und Textstruktur. Beiden gemeinsam sind
Verschlingung und Vermischung: innerhalb des Textes von Dingen der Außenwelt,
zwischen Welt und Bewusstsein, von Bewusstseinsvorgängen, von diversen Texttei-
len und Erzählebenen, von unterschiedlichen Gattungen und als kompositorisches
Prinzip.

Was für viele von Walsers Prosatexten gilt, gilt auch für dieses Mikrogramm: Die
Schreibweise ist ornamental, abschweifend und verschlungen; der epische Faden
wird zerschnitten, die Geradlinigkeit der Zeit zerbrochen. So bleiben Bruchstü-
cke übrig, die zu neuen Strukturen angeordnet werden. Die Bedeutungen gehen
verloren, bevor der Text seinen Schluss erreicht. Der Sinn verflüchtigt sich durch
Wortfülle und durch Verwendung adjektivischer Stilelemente wie Neologismen
und Oxymora.

Die beschreibende, belebende Funktion der sprachlichen Verfahrensweise löst
die gegenständlichen Konturen in Unschärfe auf, so dass der Text den Charakter
einer »kolossal zierliche[n] Zusammengeschobenheit von durchweg abenteuer-
lichem Charakter« (AdB 4, 136) besitzt. Immer genauer, immer detaillierter und
wortreicher, aber immer verwirrender und bedeutungsleerer.

In vielen seiner Texte finden sich zahlreiche Beispiele für die Verwendung von
Arabesken mit mannigfaltigen Wiederholungen, Verschlingungen und Überschnei-
dungen. Die zügellose Aneinanderreihung von immer neuen Sätzen oder die Kom-
plizierung eines Satzes durch ein verwirrendes Nebensatzgeflecht wird nicht von
Inhalten bestimmt, sondern entspricht dem Stilideal Walsers, das eine artistische
Funktion besitzt. Über die Entstehung des Prosastücks *Ein Dramatiker*, in dem
Büchner für Walser lediglich als »eine Art Modell, nur Halt, eine Imagination«
(SW 19, 468), dient, schreibt er, dass das Stück den »Charakter einer Teppichwebe-
rei, eines Spieles mit Worten, von etwas Mosaikartigem« (SW 19, 469) besitze.

---

19 Vgl. Andres: *Arabeske*.

Ein Blick in Walsers mikrografische Werkstatt zeigt, wie hier der Prozess des Flechtprinzips und der Kombination anhand der Textentwürfe und Reinschriften verfolgt werden kann. Aus seinem mikrografischen ›Textspeicher‹ konnte er auswählen, verwerfen, verbessern, zusammenstreichen oder verschiedene Textentwürfe zu einem einzigen zusammensetzen. In dem Prosastück *Elmenreich* (1928) teilt der Ich-Erzähler mit: »Meine Kombinationslust läßt mich von einem jungen Menschen sprechen, der mir kürzlich nicht ohne Eitelkeit gestand, er sei ein Taugenichts.« (SW 18, 48)

Die Reinfassung geht aus zwei mikrografischen Entwurfstexten hervor. Im zweiten Teilentwurf erhalten wir eine detaillierte Ausführung darüber, was unter »Kombinationslust« zu verstehen ist:

Ein echter Essay befaßt sich meiner Auffassung nach auf's Eingehendste und Glücklichste mit einem einzigen bedeutenden Gegenstand, während eine sogenannte Kombination die Eigenart aufweist, daß man sich zur selben Zeit teppichweberisch, möglichst viel Behendigkeit und Geschmeidigkeit an den Tag legend, mit Verschiedenheiten, deren Mannigfaltigkeit im Auge behaltend, beschäftigt. (AdB 6, 543)

Betrachten wir nun Klees 1914 entstandenes Werk *Teppich der Erinnerung*, das zu seinen frühesten, abstrakten Werken zählt. Klee verlieh diesem Werk erst 1921/22 seine endgültige Form. Bei der Bearbeitung entschied er sich, anstelle eines ovalen Formates das eigentliche Malfeld zu vergrößern und die Komposition mit aquarellierten Streifen einzurahmen. Diese Wirkung verdeutlicht die Analogie zwischen dem Bild und einem ›Teppich‹. Da die nachträgliche Bearbeitung des Werks mit einem Wechsel des Bildkonzeptes einhergeht – aus der ursprünglichen *Architectur*-Komposition wird ein *Teppich*-Gebilde –, vermutet Osamu Okuda, dass Klee erst 1921/22 die neue, im Titel *Teppich der Erinnerung* zum Ausdruck gebrachte Bildidee entwickelt hat.[20]

Der Titel weist bereits auf die Materialität des Handwerks hin. Teppich ist ein Gewebe, das sich als Textur und Struktur beschreiben lässt, nämlich als Aufbau oder Zusammenhang. Klee legt den Vergleich eines abstrakten Bildes mit einem Teppich ironischerweise bereits selbst nah, zunächst durch den Titel. Doch lässt sich im Grunde bald erkennen, dass das als ›Teppich‹ apostrophierte Werk kein Abbild eines alten Teppichs im herkömmlichen Sinne darstellt. Hinzu kommt die zeitliche Dimension, die Klee mit dem Titelwort »Erinnerung« einführt. Das Umdrehen des Bildes hat neben der räumlichen auch eine zeitliche Wirkung.

Wie seinen Tagebüchern zu entnehmen ist, hatte Klee die Technik des Bildumdrehens bereits 1908 praktiziert und wandte sie ab 1914 im Anschluss an die Tunesienreise häufig an. Indem Klee das Umdrehen eines Bildes professionell handhabe und ab 1917 mit Übermalungen kombinierte, war es ihm möglich, auf einem Blatt oder einer Leinwand die zeitliche Abfolge seiner wechselnden Bildkonzeptionen

---

20 Vgl. Okuda: *Paul Klee*, S. 382f.

sichtbar zu erhalten, im Übereinander, Durcheinander und Nebeneinander von Malschichten.

Als ›Teppich‹ lässt sich hier ein Gewebe aus Erinnerungen, Emotionen und Gedanken an Vergangenes bezeichnen, das sich aus Zeichen, Farbtönen und Strukturelementen zusammenknüpft.[21] Die Wirkung entsteht aus der von gegenständlichen Bezügen befreiten Sprache der Bildmittel, aus Form- und Farbkombinationen und der belebten Struktur der Oberfläche. Der Malgrund wurde von Klee mit Nesselstoff und einer dicken Kreidegrundierung präpariert und die Farben darüber in verschiedenen Schichten mit Wasser und Ölfarben aufgetragen. Alles fügt sich zu einem dichten Netz aus geheimnisvoll versinkenden, übermalten und neu erscheinenden Strukturen und Zeichen zusammen. Die verschiedenen Zeichen zählen für sich genommen wenig wie auch die Lesbarkeit der Einzelheiten hinter dem Gesamteindruck verschwindet. Doch verwendete Klee große Sorgfalt darauf, durch künstlich effektvolle Verschmutzungen der Oberfläche, durch absichtsvoll ausgefranste Ränder und Flecken sowie durch einen scheinbar ungepflegten Farbauftrag den Eindruck von stark abgenütztem Material hervorzurufen.

Die Formenelemente im *Teppich der Erinnerung*, Kreuze, Quadrate, Kreise und buchstabenähnliche Figuren, wirken auf den Betrachter wie unenträtselbare Runen. In Wirklichkeit liegt der Komposition eine formale Gliederung zugrunde, wie Jürgen Glaesmer nachweist.[22] Um sie zu erkennen, muss man das Blatt um 90 Grad nach links drehen.

Das von Klee verwendete Wort ›Teppich‹ setzt Okuda in einen bestimmten Kontext der zeitgenössischen Kultur. Es wurde in der Geschichte der Münchner Avantgarde immer wieder als Schimpfwort gegen Kandinskys abstrakte Bilder benutzt. Man kann davon ausgehen, dass von Klee keine Dokumente vorliegen, die unmittelbar Auskunft geben über seine Reaktionen auf die Debatten um Abstraktion und Ornament. Einige Indizien sprechen dafür, dass er sich mit ihnen beschäftigt hat. Es ist anzunehmen, dass die Titeländerungen und Überarbeitungen dieses Bildes mit den wiederkehrenden Debatten über das Phänomen, insbesondere mit dem Reizwort ›Teppich‹ zu tun hatten.

Im Zusammenhang mit dem Werkprozess am Beispiel von *Teppich der Erinnerung* lässt sich für Okuda »die allgemein verbreitete Vorstellung von einer linearen Entwicklung der Kunst Paul Klees revidieren«, da sie »wissenschaftlich endgültig unhaltbar«[23] geworden sei.

In diesen Jahren arbeitete Klee stark mit ornamentalen Wirkungen, wozu nicht nur sorgfältig ausgearbeitete Rahmen gehörten, sondern auch Miniaturen, aber auch Anspielungen auf Stickereien und Teppichen in den Bildtiteln und in der Darstellung selbst. Dazu zählen Werke aus den Jahren 1914–27 wie die wichtigen Aquarelle *Teppich* und *Stickerei, Composition in der Art einer Stickerei, Skizze im*

---

21 Vgl. Glaesmer: *Paul Klee*, S. 34.
22 Vgl. ebd., S. 35.
23 Okuda: *Paul Klee*, S. 395.

Charakter eines Teppichs, Vorhang, in der Art eines Lederteppichs, Landschafts Teppich und *Spinnennetz.*

Klee, der nie ein traditioneller Leinwandmaler war, scheint sich sogar während der Bauhausjahre immer stärker mit textilen Bildträgern auseinandergesetzt zu haben und experimentierte mit verschiedenen Gewebeträgern und unterschiedlichen Techniken. In diesem Zusammenhang ist sein Unterricht in der Webereiwerkstatt des Bauhauses von Interesse. Wie Jenny Anger nachgewiesen hat, belegen Mitschriften der Studentinnen der Webereiwerkstatt, dass Klees Unterrichtsthemen häufig viel praktischer und technischer ausgerichtet waren als es der oft kosmische Dimensionen streifende *Pädagogische Nachlaß* vermuten lässt.[24]

Die von Klee für den Unterricht erarbeiteten Kompositionsprinzipien wirkten durchaus auf sein eigenes Werk zurück, aber auch der Ursprung mit Textilien und ihre spezifischen Voraussetzungen könnten Einfluss auf sein eigenes Werk gehabt haben. Während einige Kritiker die abstrakte Qualität seiner dekorativen Arbeiten positiv herausstellten, unterstellten andere »Weiblichkeit«[25]. Klee ging es hier darum, Analogien zwischen abstrakten Farbflächen und grafischen Strukturen einerseits und gestickten Fäden oder aufgehäuften Teppichen andererseits herzustellen.

In dem Maße, wie sich Klees Zusammenarbeit mit den Weberinnen im Lauf der Bauhausjahre intensivierte, nahm auch die Verwendung ungewöhnlicher Bildträger zu. Dazu gehörten auch Baumwolle, Jute, Sackleinwand, Seide und Kombinationen wie Baumwolle auf Leinwand.[26] Ein Beispiel aus dieser Reihe, die *Polyphone Architectur* (1930), zeigt, was Klee selbst unter Polyphonie verstand. Überlappende Tonflächen, aber auch grafische Netze, die an ›Vorhänge‹ erinnern, bilden hier spielerisch eine Architektur.[27]

Vergleichbares ist auch für die Malutensilien festzustellen.[28] Traditionelle Werkzeuge und Pinsel werden zwar eingesetzt, jedoch änderte Klee sie für seinen persönlichen Gebrauch ab und verwendete auch Instrumente aus ganz anderen Werkbereichen. Auf diese Weise schuf er die beschriebenen Überlagerungen von Materialtexturen mit Strukturierungen der Werkstoffe durch mehrmaliges Auftragen, Applizieren, Überlasieren, Wegschaben, Kratzen und Durchbrechen. Er arbeitete nicht nur mit den gegebenen Materialeigenschaften, er bearbeitete sie, verzerrte Gewebetexturen, riss glatte Oberflächen auf und arbeitete mit den dabei entstehenden Körnungen und Graten genauso wie mit überstehenden Fadenenden ausgeschnittener Gewebeformen.

---

24 Vgl. Anger: *Klees Unterricht in der Webereiwerkstatt des Bauhauses*, S. 34f.
25 Ebd., S. 33.
26 Vgl. Bäschlin, Ilg u. Zeppetella: *Paul Klees Malutensilien*, S. 186.
27 Schlagl schreibt über die in Klees Kunst liegenden reichen Möglichkeiten für die Textilindustrie und erspart sich den Umweg anderer Kritiker über das Dekorative: »Alles Figurale setzt sich ins Ornamentale um. Dadurch werden seine Bilder zu Farbenteppichen, die sich den guten Tierteppichen der Perser vergleichen lassen.« (Schlagl: *Paul Klee-Ausstellung*)
28 Vgl. Bäschlin, Ilg u. Zeppetella: *Paul Klees Malutensilien*, S. 194.

Kommen wir abschließend auf den eingangs zitierten Vergleich zurück, Walser sei ein »Paul Klee in Prosa«. Die genannten Beispiele für ihre kunstgewerbliche Verfahrensweise zeigen, dass Walser und Klee unabhängig voneinander die zeitgenössische Literatur und Kunst auf höchst originelle und substantielle Weise repräsentieren. Beiden gemeinsam ist ihr beharrliches Ringen um neuartige Ausdrucksformen, an denen sich weitere künstlerische Ansätze und Parallelen verfolgen lassen.

Klee ist nie ein rein abstrakter Maler gewesen. So äußerte er sich darüber, wie er den Begriff ›abstrakt‹ verstanden wissen wollte, nämlich nicht als losgelöst von der Wirklichkeit:

Als Maler abstrakt sein heißt nicht etwa Abstrahieren von natürlichen gegenständlichen Vergleichsmöglichkeiten, sondern beruht, von diesen Vergleichsmöglichkeiten unabhängig, auf dem Herauslösen bildnerisch reiner Beziehungen.[29]

Klee versuchte, Unsichtbares auf neue, zeitgenössische Weise über die Augen erfahrbar ausdrücken zu wollen. Sein verändertes Verständnis der Beziehung zwischen Kunst und Wirklichkeit formuliert er im ersten Satz seiner *Schöpferischen Konfession*: »Kunst gibt nicht das Sichtbare wieder, sondern macht sichtbar.«[30]

Bei Walser ist es die Sprache selbst, aus der das Literarische sich konstituiert. Sprache und Wirklichkeit sind für ihn zwei grundverschiedene Dinge. Auf der einen Seite sind es die grammatikalischen Ordnungen und Begriffe, die sich durchdringen und erklären wollen, auf der anderen Seite ist es die Beweglichkeit der Dinge und Erscheinungen, die undurchsichtig sind und sich nicht festhalten lassen. In diesem Zusammenhang spricht Walser vom »Gedicht-Körper«:

Das schöne Gedicht hat meiner Ansicht nach ein schöner Leib zu sein, der aus den gemessenen, vergeßlich, fast ideenlos auf's Papier gesetzten Worten hervorzublühen habe. Die Worte bilden die Haut, die sich straff um den Inhalt, d. h. den Körper spannt. Die Kunst besteht darin, nicht Worte zu sagen, sondern einen Gedicht-Körper zu formen, d. h. dafür zu sorgen, daß die Worte nur das Mittel bilden zur Gedichtkörperbildung [...]. (Br, 266)

Die späte Wiederentdeckung der Werke dieser beiden Künstler, die gemeinsame heimatliche Wurzeln haben und sich auch in ihrem Hang zum Kleinen als auch Unscheinbaren ähneln, lässt sich nur so daraus erklären, dass der humane Grund-

---

29 Klee: *Das bildnerische Denken*, S. 72. An späterer Stelle erläutert er dies: »Früher schilderte man Dinge, die auf der Erde zu sehen waren, die man gern sah oder gern gesehen hätte. Jetzt wird die Relativität der sichtbaren Dinge offenbar gemacht und dabei dem Glauben Ausdruck verliehen, daß das Sichtbare im Verhältnis zum Weltganzen nur isoliertes Beispiel ist und dass andere Wahrheiten latent in der Überzahl sind. Die Dinge erscheinen in erweitertem und vermannigfachtem Sinn, der rationellen Erfahrung von gestern oft scheinbar widersprechend. Eine Verwesentlichung des Zufälligen wird angestrebt.« (Klee: *Schöpferische Konfession*, S. 63f.)
30 Ebd., S. 64.

ton ihres Werks dem Leser und dem Betrachter auch noch dort vernehmbar ist, wo die Formgestaltung im Einzelnen unverständlich bleibt.

Für die intermedialen Beziehungen der Werke Walsers und Klees bleiben jedoch grundlegend folgende Fragen von Interesse: Welchen Einfluss haben Sprache und bildende Kunst auf ihr Werk ausgeübt? Welche Verstöße gegen Darstellungskonventionen lassen sich feststellen und welche homologen Umformungen werden vorgenommen? Darüber hinaus stellt sich die Frage, welche allgemeinen Perspektiven sich für das Verhältnis von Literatur bzw. Kunst und Wirklichkeit, wie es zu Beginn des 20. Jahrhunderts gedacht werden kann, daraus gewinnen lassen.

Unter diesem Blickwinkel erscheinen uns Walser und Klee fern und nah zugleich.

Irene Weber Henking (Lausanne)

WALSER ÜBERSETZEN

Ein Gespräch mit Susan Bernofsky, Marion Graf, Fuminari Niimoto und Teresa Vinardell Puig. Mit englischen, französischen, japanischen und katalanischen Übersetzungsbeispielen von Robert Walsers Prosastück Watteau *und einer Darstellung der Walser-Rezeption in den jeweiligen Sprachräumen durch die Übersetzer*

Robert Walsers Werk wurde in den letzten fünfzig Jahren in über dreißig Sprachen übersetzt. Doch als der Dichter auf einem Spaziergang von Carl Seelig erfahren hatte, seine Bücher würden nun auch übersetzt, lautete sein viel sagender Kommentar: »So, so!«[1]

Dass Walsers Texte nicht nur zu den literaturwissenschaftlichen Dauerbrennern zählen, sondern trotz des etwas einsilbigen Kommentars ihres Autors vielfache Übersetzungen geradezu herausfordern, zeigt das Gespräch mit Susan Bernofsky, Marion Graf, Fuminari Niimoto und Teresa Vinardell Puig.

Übersetzungen, so heißt es, seien nicht original; sie zeichneten den Geniestreich des Autors mit zeitlicher Distanz nach und das Klangbild des Urtextes ertöne in der Übersetzung bestenfalls als Widerhall. Übersetzungen sind, wir kennen dies aus den wenigen Literaturkritiken, die ein Wort für diese Textsorte übrig haben, nur allzu selten ›kongenial‹.

Und wenn nun die Poetik Walsers weniger eine Poetik des ›Verschwindens‹, des ›Kleinen‹, der ›Abschweifungen‹ und des ›Winzigen‹ wäre als eine Poetik des ›Übersetzens‹? Wenn die von der vorwiegend monolingualen Literaturwissenschaft bei ihm so bewunderten Prinzipien wie ›Inszenierung‹, ›Subversion‹, ›Nomadentum‹ und ›Grenzgängerei‹[2] zum täglichen Geschäft jedes literarischen Übersetzers gehörten? Kurzum: Wenn Walsers Texte also gerade das als Funktionsprinzip aufwiesen, was das Wesen des Übersetzens ausmacht?

---

1 Vgl. Seelig: *Wanderungen mit Robert Walser*, S. 152f.: »Auf meine Neuigkeit, daß ein junger englischer Dichter, Christopher Middleton, der Literaturdozent in London ist, seinen *Spaziergang* und *Kleist in Thun* mit bewunderungswürdiger Einfühlungsgabe ins Englische übersetzt hat, antwortet er nur einsilbig: ›So, so!‹«

2 Vgl. dazu aus der reichhaltigen Walser-Sekundärliteratur folgende Titel: Böhler: *Dichten aus der Peripherie des Schreibens. Theoretische Prolegomena zur Frage nach Robert Walsers kulturpolitischem Ort im deutschsprachigen Raum*; Bolli: *Inszeniertes Erzählen. Überlegungen zu Robert Walsers ›Räuber‹-Roman*; Bungartz: *Zurückweichend Vorwärtsschreiten. Die Ironie in Robert Walsers Berner Prosa*; Fuchs: *Dramaturgie des Narrentums. Das Komische in der Prosa Robert Walsers* u. Utz: *Tanz auf den Rändern. Robert Walsers »Jetztzeitstil«*.

Auf der Basis der Hypothese, dass Walsers Schreiben dem Prinzip des Übersetzens folgt, indem es ein Spiel auf den Grenzen inszeniert, sich in einem sich ständig wandelnden Dazwischen bewegt, wo das Bekannte dem Fremden unmittelbar nah kommt, lässt sich vielleicht eine Erklärung für die Faszination finden, die von diesem Werk für Übersetzer ausgeht.

Im Gespräch mit vier Spezialisten, die alle seit Jahren Walsers Werk in ihren jeweiligen Kulturräumen verbreiten, soll die ›Poetik des Übersetzens‹, die auf den Differenzen zwischen Original und Übersetzung basiert, näher bestimmt werden.

Susan Bernofsky[3] gehört – zusammen mit Christopher Middleton[4] – zu den wichtigsten Übersetzern Walsers im englischsprachigen Raum. Sie hat nach dem ›Räuber‹-Roman (*The Robber*, 2000) den *Gehülfen* (*The Assistant*, 2007) übersetzt und arbeitet zur Zeit an den *Geschwistern Tanner* (*The Tanner Siblings*, voraussichtl. 2008).

Marion Graf[5] hat von Walser neun Bücher ins Französische übersetzt. Neben einer Auswahl der *Mikrogramme* (*Le Territoire du crayon*, 2003) sind insbesondere die beiden Bände *Seeland* (*Seeland*, 2005) und *Poetenleben* (*Vie de poète*, 2006) zu nennen.

Fuminari Niimoto[6] ist der bedeutendste japanische Walser-Übersetzer. Neben dem Dramolett *Schneewittchen* hat er Texte von Hermann Burger (*Der Puck. Ein Eismärchen*, 2003), Erica Pedretti (*Dunkel auf hellem Grund*, 2006) und Ilma Rakusa (*Gehen*, 2006) übertragen. Auch er bereitet eine Übersetzung der *Geschwister Tanner* vor.

---

3   Susan Bernofsky hat neben einer vielfältigen Lehrtätigkeit, insbesondere am Deutschen Seminar der Princeton University, eine große Anzahl von Artikeln und Beiträgen zu Themen aus dem Feld der Übersetzungswissenschaft publiziert und neben Walser auch andere deutschsprachige Autoren des 20. Jahrhunderts übersetzt.

4   Die englischsprachige Rezeptionsgeschichte blickt im nicht-deutschsprachigen Kulturraum auf die längste Tradition zurück. Middleton (geb. 1926), damals Lektor an der Universität Zürich, legte 1955 die ersten Walser-Übersetzungen vor und publizierte sie 1957 unter dem Titel *The Walk and Other Stories*.

5   Marion Graf ist Literaturkritikerin bei der Westschweizer Tageszeitung *Le Temps*, Mitherausgeberin verschiedener Lyrik-Anthologien und Literaturzeitschriften, Präsidentin der Herausgeberkommission der ch-Reihe und die aktivste Walser-Übersetzerin im frankophonen Raum. Seit über zwanzig Jahren übersetzt sie aus dem Deutschen und Russischen ins Französische. Insbesondere ihre Walser-Übersetzungen wurden mit mehreren Preisen ausgezeichnet: 2002 erhielt sie für die Übersetzung der Mikrogramm-Auswahl den Prix André Gide, und 2006 wurde ihr Schaffen mit dem Prix lémanique de la traduction geehrt.

6   Fuminari Niimoto ist als Germanist an der Universität Tsudajuku in Tokio tätig und setzt sich in seinen literaturwissenschaftlichen Arbeiten schwerpunktmäßig mit Heinrich von Kleist und Robert Walser auseinander. Bei seiner Tätigkeit als literarischer Übersetzer dominieren Autoren der deutschsprachigen Literatur der Schweiz.

Teresa Vinardell Puig[7] verdankt sich Walsers Präsenz im katalanischen Sprachraum. Maßgeblich sind vor allem die Übersetzungen von *Jakob von Gunten* (1999) und *Fritz Kochers Aufsätze* (2000).

Die Grundlage des Gesprächs bildet Walsers spätes Prosastück *Watteau* (vgl. SW 20, 245–247), in dem das Thema der ›Fernen Nähe‹ eine zentrale Rolle spielt. Der Text stammt aus Walsers Nachlass und entstand vermutlich 1930, während seiner Internierung in der Waldau. Wie die meisten Texte jener Jahre war wohl auch *Watteau* für ein Zeitungsfeuilleton bestimmt; gedruckt wurde er erstmals 1968 in Grevens Gesamtausgabe.

Die untenstehenden vier Übersetzungen ins Englische, Französische, Japanische und Katalanische wurden speziell für das Zürcher Symposium angefertigt und werden hier erstveröffentlicht.[8] Um den Vergleich zwischen dem Original und den Übersetzungen zu erleichtern, wird zuerst Walsers Originaltext wiedergegeben.

Robert Walser: *Watteau*

Wenig über ihn wissend, gehe ich dennoch, wie über Wiesen wandernd, ungesäumt in die Aufgabe wie in ein verlockendes Häuschen, das hübsch tapeziert ist, hinein, sein Leben zu beschreiben, das der Heiterkeit, will sagen der Kunst, mit andern Worten einem Mitsichselbstbeglücktsein gewidmet war. Als Lehrling in die Hauptstadt ziehend, bildete er sich in der Nötigung aus, irgend etwas zu können, und indem er sich emsig Wissenswertes aneignete, gewöhnte er sich an eine Liebe zum Leben, das er beklagte und infolgedessen idealisierte. Jung werde er wahrscheinlich vom Atmen und Gehen, vom Denken und Essen, vom Schlafen und Tätigsein Abschied nehmen müssen, glaubte er verhältnismäßig bald empfinden zu sollen, und Mansarden sowohl wie glänzende Säle, Menschen von verschiedenster Schattierung kennenlernend, begab er sich leise in ein durchaus eigenes Gebiet, eine ans Vollkommene streifende Freude in der Zurückgezogenheit findend. Wer gern lebt und es dankbar tut, lebt um so freundlicher und ruhiger, braucht nicht fieberisch oder hastig zu besorgen, was um so besser getan ist, je gelassener und unbesorgter es geschieht. Ich las bei Gelegenheit seine Biographie, die mir nicht viele Anhaltspunkte darbot. Ihn zu porträtieren versuchend, kommt er mir wie ein Wunsch, ein Sehnen vor, und ich wundere mich daher über das Hauchhafte, Zarte meiner Studie nicht im geringsten. Beispielsweise figurierte er einen sogenannten Gleichgültigen. Geschah dies zufällig oder wollte er mit solcher Verkörperung sagen, wie gleichgültig einem Fühlenden Äußerlichkeiten, bestimmtes Gegebenes sein können. Wie kaum ein anderer wußte er seinem Hoffen, Zagen, seinem Fliehen vor der Rauheit des Alltäglichen angenehmen, liebenswürdigen Ausdruck zu verleihen. Ich sagte übrigens eines Tages zu einer Frau, die mancherlei gesehen, erlebt hatte, man täte gut, wenn man die Dinge

---

7 Teresa Vinardell Puig ist Dozentin für deutsche Literatur und Sprache an der Universität Pompeu Fabra in Barcelona. Als Literaturwissenschaftlerin hat sie sich insbesondere mit der Rezeption spanischer Literatur in Deutschland und Österreich beschäftigt und verschiedene Publikationen zur deutschsprachigen Literatur des 19. und 20. Jahrhunderts vorgelegt.

8 Wir danken dem Suhrkamp-Verlag für die freundliche Überlassung der Rechte für diese Publikation.

mehr gehen lasse, als wie man es meist mache, eine Bemerkung, für die mir ein
gewisser Beifall zuteil wurde. Ihm, von dem ich spreche, fehlte es nicht an einem
Talent, das sich ihm als wahre Gabe offenbarte, mit der er wie sein Lebenswerk
beweist, allerlei Schönes anzustellen wußte. Aus seinen Bildern hört man teils
Glocken tönen, teils Blätter lispeln. Bäumen gab er mitunter eine romantische
Form, aber alles Romantische, das in ihm zu Hause war, besaß gleichsam sehr
gute Manieren, wie man sie auf Bildern von ihm widergespiegelt sehen kann,
deren Gegenstände Freiheit und Ländlichkeit sind, wo schöngekleidete Leute, zu
einer fröhlichen, gebildeten Gesellschaft vereinigt, auf musikalische oder dichterische Darbietungen lauschend, im Grünen sitzen. In einem seiner in der Tat
in reichem Maß anziehenden Gemälde tanzt ein kleines, mit geblümtem Kostüm geschmücktes Mädchen, die das Vergnügen und die Artigkeit selbst zu sein
scheint. Von weitem guckt dasjenige sanft und diskret in die Nähe herüber, das
man gern nahe haben möchte, das fremde und doch wieder vertraute, bekannte
Ferne. (SW 20, 245–247)

Abb.: Jean Antoine Watteau: *L'indifférent* (1717), 26 x 19cm; Öl auf Leinwand,
Louvre, Paris.

Robert Walser: *Watteau*

In englischer Übersetzung von Susan Bernofsky

Knowing little about him, I shall nonetheless proceed, as if rambling through meadows, promptly into this task as if entering an inviting little cottage with a prettily wallpapered interior, entering, that is, the task of describing his life, which was devoted to gaiety, by which I mean art, in other words a happiness found entirely within one's own person. Relocating to the capital as an apprentice, he educated himself in the exigency of mastering some skill or other, and while he was assiduously assimilating things well worth knowing, he grew accustomed to feeling love for the life he was lamenting and therefore idealizing. Young as he was, he would no doubt soon—as he rather quickly found himself compelled to feel—have to bid adieu to breathing and strolling, thinking and eating, sleeping and other activities, and so, making the acquaintance of both garrets and gleaming ballrooms along with individuals of various shadings, he betook himself quietly into quite personal terrain, finding a joy verging on the perfect in his reclusiveness. One who is glad to be alive and lives his life in gratitude will live all the more peacefully and kindly, he has no need to attend in a feverish or hasty way to matters that are better handled the more calmly and casually one approaches them. I once had occasion to read his biography, which didn't give me much to hold on to. As I am attempting to limn his portrait, he appears to me like a desire, a longing, and so I am surprised not in the slightest by the ethereal, delicate nature of my sketch. He depicted, for example, a so-called indifferent man. Did this occur by chance, or did he mean to point out by means of this incarnation how indifferent outward appearances, particular givens can be to a man of feeling. He was all but unrivalled at giving pleasant, amenable expression to his own flight from the harshness of everyday existence. I once, by the way, told a woman who had seen and experienced a great deal that one did well to let things go more than was generally the case, a remark for which I received a certain applause. He of whom I am speaking was not lacking in talent, which manifested itself to him as a true gift with the help of which he was able, as his life's work demonstrates, to achieve all manner of beautiful things. From his pictures you can hear, in part, bells ringing, and in part leaves whispering. Trees were sometimes given by him romantic shapes, but all this romanticism residing within him possessed, at the same time, excellent manners, as you can see reflected in his paintings that have as their subject freedom and pastoral life, canvasses upon which beautifully clothed people, a joyous, cultivated assembly, gather to partake of musical or poetic offerings while seated out of doors. In one of his indeed highly attractive paintings, a young dancer, a little girl adorned with a flowery costume, appears to be pleasure and graciousness itself. Far distant from where we are standing, the very thing we would most dearly love to have close beside us is now peering gently and discreetly in our direction, strange and yet familiar, removed from us and yet so well-known.

Robert Walser: *Watteau*

In französischer Übersetzung von Marion Graf

Ne sachant pas grand-chose à son sujet, je vais, pourtant, j'avance comme vaguant à travers prés, et j'entre de plain-pied, comme dans une attrayante maisonnette tapissée à ravir, dans la tâche de décrire sa vie qui fut vouée à l'allégresse, c'est-à-dire à l'art, autrement dit à une façon d'être comblé par soi-même. Ayant rejoint la capitale en tant qu'apprenti, il se forma parce qu'il fallait bien acquérir quelque métier, et tout en apprenant avec zèle ce qui valait d'être su, il prit l'habitude d'aimer la vie qu'il déplorait et donc, idéalisait. Jeune encore, à ce qu'il crut devoir pressentir relativement tôt, il lui faudrait sans doute renoncer à respirer et à marcher, à penser et à manger, à dormir et à travailler, si bien que tout en faisant la découverte de mansardes et de grandes salles brillantes, ainsi que des gens des plus divers, il s'engagea sans bruit dans un territoire qui n'appartenait qu'à lui, goûtant dans cette retraite une félicité qui frisait la perfection. Quiconque aime vivre et le fait avec gratitude n'en vit que mieux, et plus tranquillement, sans éprouver le besoin de se procurer avec une précipitation fébrile ce qui s'obtient d'autant mieux que l'on s'y prend à loisir et sans se mettre en peine. A l'occasion, j'ai lu sa biographie qui ne m'a pas donné beaucoup d'indications. M'efforçant de faire son portrait, je le vois comme un désir, comme une aspiration, et dès lors je ne m'étonne plus du tout du côté vaporeux, impalpable de mon étude. Par exemple, il a figuré un prétendu Indifférent. Pur hasard ? ou voulait-il, à travers cette incarnation, dire à quel point un être sensible peut être indifférent à des choses extérieures, à certaines données? Comme personne, ou presque, il a su rendre sous une forme agréable et séduisante ses espérances, ses hésitations, ses dérobades devant la dureté du quotidien. Un jour, à ce propos, j'ai dit à une femme qui en avait vu et vécu de toutes sortes qu'il était préférable de laisser aller les choses, plus qu'on ne le fait généralement, remarque qui me valut une certaine approbation. Quant à celui dont je parle, il n'était pas dépourvu d'un talent qui se manifesta à lui comme un véritable don grâce auquel, son œuvre en témoigne, il sut produire toutes espèces de belles choses. De ses tableaux, c'est tantôt le son des cloches qui nous parvient, tantôt le chuchotement des feuilles. Il donnait parfois aux arbres une forme romantique, mais tout le romantisme qui l'habitait affichait, si je puis dire, de très bonnes manières, telles que l'on peut en voir le reflet dans ses toiles qui représentent la liberté et la vie champêtre, avec des gens bien habillés installés dans la verdure en groupes joyeux et cultivés, prêtant l'oreille à des divertissements musicaux ou poétiques. Dans l'une de ses peintures, ô combien séduisante en effet, on voit danser une petite fille parée d'une robe fleurie, elle semble être le plaisir et la gentillesse en personne. Ce qui de loin jette un regard caressant et discret jusque dans nos parages, c'est cela que l'on aimerait avoir tout près, ce lointain tout à la fois étranger et connu, familier.

Robert Walser: *Watteau*
In japanischer Übersetzung von Fuminari Niimoto

ヴァトー

ローベルト・ヴァルザー

彼についての知識などはほとんどたずさえぬまま、彼方へと野をわたりゆくように歩をすすめ、道すがら瀟洒な装いの小亭にふと心ひかれ立ち寄るように、朗らかさ、すなわち芸術、言うなれば「わが為すところを歓び為すこと」に捧げられた彼の人の生を描くという課題に、つと足を踏み入れてみようと思う。見習いの身分で都へと上り、仕事をこなすかたわら修行してゆかねばならなかったその人は、刻苦勉励、学ぶべき技能を身につけてゆく日々の中いつしか生を愛しむようになり、ついには、その生を哀惜すればこそ、あらまほしき姿で描くようになったのである。おそらく自分は若くして、息しき歩き、考え食べ、眠り働くことに別れを告げねばならぬ、と予感したのはかなり早い頃だったのだろう、屋根裏から豪華絢爛たる大広間までをも知り、種々さまざまな人々の知遇を得ながらも、彼の人は、社交を逃れた生活のうちにこそ、無上の——といってしまいかねほどの——歓びを見出しつつ、まったく独自の領域へと足を踏み入れていったのである。生を楽しむ者、それも感謝しつつ楽しむ者は、ひそやかにもっと心静かに生きてゆくのであって、あくせくと血眼になりながら、好ましい愛らしい表現を与えるすべを心得ていた点、彼の人の右に出る者はいないといってよいのである。「無関心な男」と題された人物を描いたことがある。これは偶然のことだろうか、あるいは、そのような人物を描いたことで、心打ち震える者にとっては、眼に写すままの形、現にあるがままの姿など取るに足らぬものなのだ、と言いたかったのではないだろうか。みずからの望みに、膳すると、現実世界の荒々しさからの逃走に、好ましい愛らしい表現を与えるすべを心得ていた点、彼の人の右に出る者はいないといってよいのである。彼の人の絵からは、おりにふれ鐘の音のひびきが、木の葉のささやきが、聞こえてくる。樹々に時として浪漫的な形姿が与えられるけれど、その絵のうちに場所を得ている浪漫的なものはすべからくいわば良き作法にかなっているのであって、そのさまは、田園の暮らしと自由を描いた数々の作品——そこでは、あでやかな衣裳を身にまとった人々が朗らかでみやびなる宴へとつどい、楽の音、詩の朗誦に耳を傾けつつ、緑の野にまとった腰を下ろしてやまね作の一つ——に映し出されているとおりなのである。彼の人の手になる、観る者を目に焼きつけてやまぬ作の一つでは、花柄の衣裳をまとった小柄な少女が、歓楽と典雅さながらの姿で踊っている。あの、すぐそばにあってほしいもの、無縁でありながらなつかしいもの、よく知ってはいたけれど違く遥かなるものは、彼方から、やさしくつつましやかに、こちらをのぞきこんでいる。

（新本史斉訳）

Robert Walser: *Watteau*

In katalanischer Übersetzung von Teresa Vinardell Puig

Sabent d'ell tan poc com sé, m'endinso sense ronsejar, com si caminés per prades, en la tasca de descriure la seva vida—com qui entra en una caseta captivadora, entapissada amb gràcia—, una vida que va dedicar a la serenor, vull dir a l'art, amb altres paraules, a l'estar-ple-de-goig-amb-un-mateix. Havent-se'n anat a la capital com a aprenent, va formar-se en la coacció de dominar alguna cosa, i tot apropiant-se amb aplicació del que valia la pena saber, va anar-se acostumant a estimar la vida, que deplorava i, en conseqüència, idealitzava. De ben jove, probablement, ja no podria sinó sentir-se obligat a acomiadar-se del respirar i el caminar, del pensar i el menjar, del dormir i del ser actiu: això, va creure que hauria de sentir-ho força aviat, ell, i a mesura que anava coneixent tant cambres sota teulada com sales brillants i persones amb matisos d'allò més variats, va internar-se sense fer soroll en un àmbit del tot seu, i va trobar en el recolliment una alegria que fregava la perfecció. Qui viu de gust i ho fa agraït, viu una vida més amable i tranquil·la, i no li cal procurar-se, de manera febril i amb presses, allò que es fa millor si es produeix en l'equanimitat i la despreocupació més grans. Vaig tenir ocasió de llegir-ne la biografia, però no em va oferir pas gaires elements per agafar-m'hi. Quan l'intento retratar, se m'apareix com un desig, com un anhel, ell, i així, doncs, el caràcter eteri i delicat d'aquest estudi no m'estranya el més mínim. Posem a tall d'exemple que ell representés un d'aquells que anomenem ›indiferents‹. Era casual, això, o amb aquesta encarnació volia dir com li poden

resultar d'indiferents les aparences, determinats fets, a qui és sensible ... Com
gairebé ningú més, sabia dotar les pròpies esperances, les vacil·lacions, el fugir
davant l'aspror del que és quotidià, d'una expressió agradable i digna d'estimació.
Per cert, una vegada vaig dir a una dona que havia vist i viscut no poques situa-
cions, que faríem bé si deixéssim que les coses seguissin més el seu curs del que
s'acostuma, un comentari pel qual va ser-me concedida una certa aprovació. Tal
com demostra amb l'obra de tota una vida aquell de qui parlo, no li mancava pas
un talent que, en ell, es revelava com un veritable do: el de saber produir tota
mena de coses boniques. Sents com, dels seus quadres, en sorgeix en part un repic
de campanes i en part el xiuxiueig de les fulles. Als arbres, de vegades els donava
una forma romàntica; però tot allò romàntic que ell allotjava tenia, per dir-ho
així, molt bones maneres, tal com queda reflectit en els quadres que tenen com
a objecte la llibertat i el caràcter rural, on gent ben vestida, reunida en un grup
alegre i cultivat, seu a la fresca i para l'orella a actuacions musicals o poètiques. En
una de les seves pintures, certament plenes d'atractiu, hi balla una nena petita,
guarnida amb un vestit florejat, que sembla la joia i la gentilesa en persona. De
lluny mira cap aquí a la vora, plàcid i discret, allò que un voldria tenir ben a prop,
i que és estrany i, tanmateix, familiar i conegut en la distància.

Um den systematischen Vergleich der Übersetzungen zu ermöglichen, wird die Diskussion weitgehend auf den ersten und letzten Satz von Walsers Prosastück *Watteau*
beschränkt. Wir beginnen mit dem Anfang des Textes:

> Wenig über ihn wissend, gehe ich dennoch, wie über Wiesen wandernd, unge-
> säumt in die Aufgabe wie in ein verlockendes Häuschen, das hübsch tapeziert ist,
> hinein, sein Leben zu beschreiben, das der Heiterkeit, will sagen der Kunst, mit
> andern Worten einem Mitsichselbstbeglücktsein gewidmet war. (SW 20, 245)

Was wird hier beim Übergang von einer Sprache zur anderen passieren? Wie sind
die Übersetzer vorgegangen, um – mit den Worten Walsers redend – viel von den
Sprachen »wissend«, von einer zur anderen »wandernd«, dem »Mitsichselbstbeglücktsein« des Textes eine eigene Form zu geben?

Wie sagt man dasselbe »mit anderen Worten«?[9] Marion Graf, auf deren Vorschlag hin *Watteau* zur gemeinsamen Übersetzung ausgewählt wurde, rechtferti-
gte ihre Wahl unter anderem auch damit, dass im ersten Satz das Grundprinzip
des Übersetzens bereits zum Ausdruck komme: »mit anderen Worten«. Wenn Graf
es in ihrer Übersetzung ›anders‹ sagt, nimmt sie sowohl Walser wie dieses Prinzip
buchstäblich: »autrement dit«!

Weil Walsers Text das macht, was er sagt, und mit Worten und Klängen ein Wat-
teau-Bild malt, kann man nicht einfach andere Wörter benutzen, sondern muss
es anders sagen, ›le dire autrement‹. Der Gegenstand von *Watteau* ist nicht vorgegeben, sondern entsteht im klanglichen und syntaktischen Vollzug des Textes:
»Wenig über ihn wissend, gehe ich dennoch, wie über Wiesen wandernd«. Die Alli-

---

9 Vgl. dazu Utz: *Anders gesagt – autrement dit – in other words.*

teration und der Rhythmus gaben für die Übersetzung das Maß: »j'avance comme vaguant à travers prés«.

Auf Japanisch sieht das Ganze für uns Europäer im buchstäblichsten Sinne noch einmal ganz anders aus. Hier wird nicht nur etwas ›mit anderen Worten‹ ausgedrückt oder ›anders gesagt‹, sondern auch mehrfach anders geschrieben. Die unterschiedlichen Schriftzeichen des Japanischen – Kanji, Hiragana und Katakana – erlauben ein Spiel, von dem die Sprachen mit lateinischem Alfabet nur träumen können. Fuminari Niimoto erklärt sein Vorgehen, das mit demjenigen Grafs durchaus verwandt ist, anhand der stilistisch rekurrenten Formen im Ausgangstext und deren mögliche Umsetzung ins Japanische.

Tatsächlich stellt sich die Frage, ob die Wiederholung von ›w‹, ›i‹ und ›ie‹ auch im japanischen Text phonetisch wiedergegeben werden könnte oder überhaupt sollte. Vor allem scheint ja die Alliteration auf ›w‹, wie Graf ebenfalls bemerkte, überaus wichtig zu sein. Denn sie beginnt nicht erst im einleitenden Satz, sondern schon im Paratext, nämlich beim Autornamen »Walser« und in der Titelangabe *Watteau*.

Diese auch im Japanischen nachvollziehbare Alliteration wurde jedoch in einer zweiten Textfassung von Fuminari Niimoto aufgegeben zugunsten der verblüffenden Verschiebung von »wenig über ihn wissend« zu »wie über Wiesen wandernd«. In den beiden Syntagmen wird sichtbar, wie der Erzähler darauf verzichtet, aus der Distanz zum Bild zu erzählen, sondern sich dafür entscheidet, sich der Führung durch Watteau zu überlassen.

In der japanischen Schrift wird nun die Rhetorik des Ausgangstextes in den Zeichen selbst sichtbar gemacht: Das erste Schriftzeichen in der japanischen Übersetzung 彼 (kare) kommt aus dem Chinesischen und bedeutet eigentlich »dort«, »da drüben«, also »der Ort, der nicht in der Nähe ist«. Aber im Prozess der sprachlichen Modernisierung seit Mitte des 19. Jahrhunderts hat man in Japan angefangen, zuerst in der niederländisch-japanischen, dann in der englisch-japanischen Grammatik, danach auch in der normalen Schriftsprache dieses Wort 彼 (kare) als Äquivalent für die ›dritte Person, männlich‹ der europäischen Sprache, kurz als Übersetzung für »er«, »ihn«, »sein« etc. zu benutzen.[10] Dieses 彼 als Übersetzung von »er«, »ihn« bzw. »sein« hat Niimoto in seiner *Watteau*-Übersetzung nur zweimal verwendet, und zwar für »über ihn« (im ersten Satz) und »seine Biographie«.

An anderen Stellen erscheint das Wort 彼の人 (kanohito). 人 bedeutet »der Mensch«, und 彼の人 bedeutet als Ganzes »der da drüben«, »jener«, »der in der Ferne«. Obwohl es etwas gehoben klingt, kann damit der Eindruck geschaffen werden, dass »er« nicht zum Gegenstand gemacht, nicht aus der Meta-Ebene gesehen und objektiviert wird, sondern einfach auf der gleichen Ebene wie der Erzähler in der Ferne steht. Zudem steht in der ersten Zeile noch das Wort 彼方へ (kanata e). Das Schriftzeichen 方 bedeutet »Richtung«, und 彼方 (kanata: dort + Richtung) bedeutet fast so viel wie das Wort 彼 (kare) vormals bedeutet hatte: »dort«,

---

10 Es ist anzumerken, dass in der japanischen Sprache kein Kasus existiert. Die Funktion der Nomen im Satz wird durch Hilfswörter (Hiragana) bezeichnet: z. B. 彼に (kare ni) = »ihm« / 彼が (kare ga) = »er« / 彼の (kare no) = »sein«.

»drüben«. Und mit dem Hilfswort ⌒, das »zu« bzw. »nach« bedeutet, erhält 彼方へ (kanata e) als Ganzes die Bedeutung »dorthin«, »hinüber«, »in die Ferne«.

Wenn also die erste Zeile wörtlich ins Deutsche rückübersetzt wird, lautet sie nun so: »Wenig Wissen über ihn habend, gehe [ohne Nominativ], wie über Wiesen hinüber wandernd«. Wobei visuell noch eine weitere Bedeutung entsteht, da 彼方へ nämlich als »zu ihm« gelesen werden kann.

Zusammenfassend heißt dies, dass durch die Wiederholung des Schriftzeichens 彼 die Verschiebung von »*ihn* zum Gegenstand machen« zu »in die Ferne gehen« + »zu ihm gehen« bzw. »sich ihm annähern« in der Schrift selbst inszeniert wird.

Walter Benjamins *Aufgabe des Übersetzers*[11] klingt im Gespräch mit den Übersetzern immer wieder an, aber im Text von Walser selber ist davon ja bereits ein Echo zu finden: Da wo bei Benjamin die Übersetzung das Original in den »Bergwald der Sprache«[12] hineinruft, um dessen Echo als Widerhall wahrzunehmen, wandert bei Walser das Ich »ungesäumt in die Aufgabe wie in ein verlockendes Häuschen [...] hinein«.

In Susan Bernofskys englischer Übersetzung wird diese »Aufgabe« verdoppelt: »I shall [...] proceed [...] into this *task*« und »the *task* of describing his life [Hervorh. von mir]«. Und mit dieser Verdoppelung der »Aufgabe« tun sich mehrere, zumindest zwei Türen zum Text auf: «this *task* as if *entering* an inviting little cottage [...], *entering*, that is, the *task* of describing his life [Hervorh. von mir]«. Somit klingt in der Satzstruktur selbst etwas von der seltsamen Benjaminschen Verdoppelung des Echos des Widerhalls an, um so die Fremdartigkeit des ersten Satzes von Walser auszudrücken. Obwohl die Verdoppelung auf die strukturellen Unterschiede zwischen der deutschen und der englischen Syntax zurückzuführen sind, zeichnet die englische Übersetzung mit einem doppelten »entering« zugleich jenen Raum nach, der auf Deutsch im Spannungsbogen des Satzes als ein Aufschieben des Atems erfahrbar wird.

Die inszenierte Fremde, jene Neigung zum Unbekannten, wir haben dies nun schon mehrfach im Text gelesen, hat etwas mit Walsers Sprache zu tun. Sein übermäßiger Gebrauch des Partizip Präsens und die häufigen Substantivierungen von Verben und Adjektiven geben dem deutschen Text vielleicht jenen Ton, der im Pinselstrich auch auf dem Bild *L'Indifférent* (1717) von Antoine Watteau wieder zu finden ist: leicht, der Zeit enthoben, schwebend. Paul Claudel sagte von diesem ›Gleichgültigen‹: »Il est en position de départ et d'entrée, il écoute, il attend le moment juste«[13].

Im Katalanischen gibt es auch ein Partizip Präsens, man kann auch, wie dies die Übersetzung von Teresa Vinardell Puig zeigt, bis zu einem bestimmten Punkt nominalisieren, aber der Effekt ist nicht derselbe. Was bei der Lektüre des kata-

---

11 Vgl. Benjamin: *Die Aufgabe des Übersetzers*.
12 Ebd., S. 16.
13 Claudel: *Watteau. L'Indifférent*, S. 153.

lanischen Textes jedoch auffällt, ist die Zeichensetzung, die mit Bindestrichen, Gedankenstrichen und Auslassungspunkten einerseits die inhaltliche Dichte für den katalanischen Leser strukturiert und zugleich Momente inhaltlicher Öffnung markiert. Wenn Walser etwa eine Frage konstruiert, dann schreibt er sie ohne Fragezeichen: »Geschah dies zufällig oder wollte er mit solcher Verkörperung sagen, wie gleichgültig einem Fühlenden Äußerlichkeiten, bestimmtes Gegebenes sein können.« (SW 20, 246)

Auf Katalanisch weisen die Auslassungspunkte auf das ungesagte Fragezeichen hin, ohne es zu setzen, und die englische Version gibt die Vieldeutigkeit des Satzes durch eine Verdoppelung von ›mean‹ wieder: »Era casual, això, o amb aquesta encarnació volia dir com li poden resultar d'indiferents les aparences, determinats fets, a qui és sensible ...« Und: »Did this occur by chance, or did he mean to point out by means of this incarnation how indifferent outward appearances, particular givens can be to a man of feeling.«

Der letzte Satz von Walsers Text lautet:

> Von weitem guckt dasjenige sanft und diskret in die Nähe herüber, das man gern nahe haben möchte, das fremde und doch wieder vertraute, bekannte Ferne. (SW 20, 247)

Wie fremd und wie bekannt die beschriebene Ferne ist, hängt wohl auch mit dem Standpunkt zusammen, der hier eingenommen, beschrieben, umkreist und ausgespart wird.

In der katalanischen Übersetzung hat sich der Standpunkt bis kurz vor dem Podiumsgespräch noch einmal verschoben und verändert. Teresa Vinardell Puig erklärt, wie sie versucht hat, dem Rhythmus und der Struktur dieses Satzes, der als nicht fassbarer Kulminationspunkt eines komplexen Weges zwischen den Erzählinstanzen, zwischen einem Ich und einem Er gelesen werden kann, gerecht zu werden.

Es geht primär darum, und trotz aller struktureller Widerstände, den Satz wie im Deutschen mit der »Ferne« enden zu lassen und zugleich die satzinterne Symmetrie ›weit-nah‹ / ›nah-fern‹ beizubehalten, obwohl gerade hier das Katalanische aus rhythmischen Gründen eine andere Struktur verlangt hätte. Die Symmetrie beizubehalten und den Satz somit gegen die zielsprachige Erwartung zu setzen, ermöglicht es, auf die eigenartige Bewegung des Ausblendens im Original zu verweisen.

Dass die Bewegung des deutschen Originaltextes ihre Spuren hinterlässt, zeigen auch die drei anderen Übersetzungen. Während Marion Graf mit den deiktischen Pronomina »ce« spielt und den Raum auslotet, um schließlich den Ort der Erzählinstanz in der im Französischen semantisch schwach belegten ›Gegend‹ (»nos parages«) zu identifizieren, bringt Susan Bernofsky den im Deutschen suspendierten Standpunkt in ihrer Übersetzung deutlich zum Ausdruck: »the very *thing we* would most dearly love to have close beside *us* is now peering gently and discreetly in *our* direction [Hervorh. von mir]«.

Aus der unglaublich zweideutigen Formulierung im Original, wo die Grenzen zwischen Objekt und Subjekt der Wahrnehmung verwischt werden und sich wie die Striche in Watteaus Bild auflösen, muss im englischen Text der Wahrnehmende als »we« identifiziert und das Wahrgenommene als »thing« festgelegt werden. Gerade dadurch wird die Bewegung des Originals aber eigentlich erst lesbar: Es sind die Differenzen zwischen dem Original und den Übersetzungen, die als Spiel die Regeln des Originals entdecken.

Dies belegt auch die japanische Übersetzung und Interpretation von Fuminari Niimoto: Das Mädchen, »die das Vergnügen und die Artigkeit selbst zu sein scheint«, kann als eine Art Verkörperung der Lebensfreude gelesen werden. Diese Lebensfreude wird vom Maler, dessen Leben »einem Mitsichselbstbeglücktsein gewidmet war«, zwar meisterhaft zum Ausdruck gebracht, aber er kann sie nicht genießen. Sie bleibt für ihn das Fremde und doch wieder Vertraute, das bekannte Ferne.

Doch zu dieser ersten Interpretationsebene gesellt sich in den Augen Niimotos noch ein Weiteres hinzu: »Dasjenige« kann für den beschreibenden Walser der beschriebene Watteau sein, für den Lesenden der versteckte Autor und für den Übersetzenden der über-zu-setzende deutsche Text.

Das bereits von Vinardell Puig angedeutete Spiel zwischen Nähe und Ferne, zwischen Ich und Er, wird im japanischen Text in den Wörtern nachgezeichnet: Das Wort 彼方 (= kanata), das »dort«, »da, drüben«, »Ferne« bedeutet, wird zusammen mit から (= kara) benutzt, also mit dem Wort, das »von [irgendwo] her« bedeutet. Als Ganzes bedeutet 彼方から (= kanata kara) »von weitem her« aber optisch, schriftlich auch »von ihm her«.

In der japanischen Version wird damit der Richtungswechsel am Anfang und am Ende des Textes im doppelten Sinne lesbar: Einerseits beginnt der Text mit »in der Ferne« und endet mit »von der Ferne«, aber zugleich beginnt er mit »zu ihm hin« und endet mit »von ihm her«.

Im Gespräch mit den Übersetzern tauchen immer neue Problemkreise auf, die noch auf eine Auseinandersetzung warten. So stellt sich gegen Ende der Diskussion immer dringender die Frage nach dem Bezug zum Bild. Vom Text mit dem Titel *Watteau* lassen sich relativ einfach inhaltliche Bezugspunkte zur Biografie Watteaus und zumindest zu einem seiner Bilder, *L'Indifférent*, herstellen. Aber inwieweit hat die Malerei Watteaus als Stoff von Walsers Text, inwieweit hat diese Walsersche Übertragung der visuellen Wahrnehmungs- und Ausdrucksform in Sprache auch einen Einfluss auf die Übersetzungsarbeit?

Wie geht das Japanische mit seinen Schriftzeichen vor, welche noch Reste der chinesischen Piktogramme aufweisen? Wie verfährt man im Französischen, Katalanischen und Englischen, wo dieser Aspekt auf ein Minimum (oder ganz?) geschrumpft ist?

Inwieweit ist *Watteau* einer jener Texte, der nach Mehrfach-Übersetzungen in verschiedene Sprachen und Neu-Übersetzungen in derselben Sprache verlangt, um sein Aufbau-Prinzip, sein internes Transpositionsprinzip erst entfalten zu können?

Die Diskussion und die vergleichende Lektüre der verschiedenen Texte (Bild, Ausgangs- und Zieltexte) haben gezeigt, wie Walsers Poetik als eine ›Poetik des Übersetzens‹ gelesen und neu verstanden werden kann. Und vielleicht sind deshalb seine Übersetzer gar nicht seine Übersetzer, sondern eigentlich seine Autoren.

Susan Bernofsky (New York City)
Robert Walser im englischen Sprachraum

Robert Walsers englischsprachige Rezeption ist leider immer noch eine sehr kurze Geschichte, obwohl fünf Bücher von ihm in englischer Sprache vorliegen und obwohl die erste Walser-Übersetzung überhaupt eine ins Englische war. Der Engländer Christopher Middleton lernte Walsers Prosa 1954 kennen und schickte bald darauf seine Übersetzung von *Der Spaziergang* an Carl Seelig, der ihm »anstelle eines Honorars«[14] Kognak einschenkte.

Im Jahr 1957 erschien *The Walk and Other Stories* in London, und kurz danach hat Middleton seinen Aufsatz *The Picture of Nobody. Some Remarks on Robert Walser with a Note on Walser and Kafka* veröffentlicht.[15]

Middleton hat sich um Walser auf jeden Fall verdient gemacht. Ende der sechziger Jahre erschien seine Übersetzung von *Jakob von Gunten*, und 1982 hat er die Prosasammlung *Selected Stories of Robert Walser* beim New Yorker Verlag Farrar, Straus and Giroux veröffentlicht. Mit diesem Buch, das auch die Geschichten aus *The Walk and Other Stories* wieder aufnahm, gelang Walser endlich auch ein Durchbruch im englischen Sprachraum. Das Vorwort schrieb die damals schon recht angesehene Susan Sontag, und ein Vorabdruck des Vorworts neben zwei kleinen Geschichten und Fotos erschienen in der Modezeitschrift *Vogue*.

In ihrem Vorwort verglich Sontag Walser mit Paul Klee (»ebenso feinfühlig, verschmitzt und besessen«), und er erschien ihr als »ein wahrhaft wunderbarer, herzzerreißender Autor«[16]. Danach kannte man ihn in New York City, zumindest in literarischen und akademischen Kreisen, aber ein größeres Lesepublikum in den Vereinigten Staaten hatte er immer noch nicht gefunden.

Von Middleton stammt ebenfalls *Speaking to the Rose* (2005), ein Band, der hauptsächlich ungesammelte Kurzprosatexte aus Walsers mittlerer und späterer Schaffenszeit enthält. *Speaking to the Rose* wurde 2006 in der *London Review of Books* von Michael Hofmann sehr ausdrücklich gelobt; in der amerikanischen Presse dagegen wurde das Buch so gut wie ignoriert.

Neben den drei von Middleton übersetzten Büchern sind zwei von mir übersetzte Bände erschienen, ein dritter ist im Erscheinen begriffen und ein vierter unter Vertrag. Im Jahr 1990 erschien *Masquerade and Other Stories* (teilweise mit Tom Whalen als Mitübersetzer). Diese Prosasammlung wurde in den Vereinigten Staaten bisher zirka 3550 Mal verkauft, ein Ergebnis, das für amerikanische Verhältnisse leider als hervorragend angesehen werden muss.

The Robber, meine Übersetzung von Walsers ›Räuber‹-Roman, erschien 2000 und wurde vom späteren Nobelpreisträger J. M. Coetzee in der *New York Review of Books* besprochen, zusammen mit einer Neuausgabe von Christopher Middleton's *Jakob von Gunten*. Das Vorwort schrieb der wichtige amerikanische Autor William

---

14 Middleton: *Translation as a Species of Mime*, S. 50.
15 Vgl. Middleton: *The Picture of Nobody.*
16 Vgl. Sontag: *Walser's Voice*, S. vii u. ix.

H. Gass. *The Robber* wurde vom Starlyriker John Ashbery im *Times Literary Supplement* zum Favoriten des Jahres gewählt. Mittlerweile hat sich das Buch zirka 2 050 Mal verkauft.

Neben diesen fünf Bänden erschienen zwei Anthologien mit Texten von und über Walser. Die erste, *Robert Walser Rediscovered*, von Mark Harman herausgegeben, erschien 1985 und enthielt einige kürzere Übersetzungen von verschiedenen Händen (unter anderem die Dramolette *Schneewittchen* und *Aschenbrödel*, von Walter Arndt übersetzt), sowie viele der zeitgenössischen Zeugnisse zu Walser, die im ersten Band von *Über Robert Walser* enthalten sind. Die zweite Sammlung dieser Art erschien 1992 als Sondernummer der Zeitschrift *Review of Contemporary Fiction* und enthielt neben einigen weiteren Prosastücken neuere Texte zu Walser (viele davon aus dem *Pro Helvetia-Dossier*[17]), darunter zwei von New Yorker Schriftstellern, Lynn Sharon Schwartz und Phillip Lopate.

Nach wie vor bleibt es problematisch, dass es im englischen Sprachraum so wenig über Walser zu lesen gibt. Was vorliegt, sind das seinerzeit ausschlaggebende *Inquiry und Testament* von George Avery aus dem Jahr 1968, ein schmaler Band von Agnes Cardinal mit dem Titel *The Figure of Paradox in the Work of Robert Walser* von 1982, und erfreulicherweise neuerdings das Erstlingswerk von Valerie Heffernan aus Dublin, *Provocation from the Periphery. Robert Walser Re-Examined* (Würzburg 2007), das Walser in Hinblick auf die Geschlechtertheorie und postkoloniale Theorie Judith Butlers und Homi Bhabhas untersucht.

Eine auf das englischsprachige Publikum ausgerichtete Biografie von Robert Walser bleibt immer noch ein Desideratum.

Allein die Tatsache, dass so viele von Walsers Büchern in den Vereinigten Staaten bei den so genannten Universitäts-Pressen erschienen sind, stempelt ihn zum Außenseiter. Jetzt hat sich der mutige ›große kleine‹ Verlag New Directions in New York entschieden, *Der Gehülfe* und *Geschwister Tanner* zu drucken, jeweils in meiner Übersetzung. *Der Gehülfe* erscheint Sommer 2007, *Geschwister Tanner* voraussichtlich 2008. Damit werden endlich alle vier erhaltenen Romane Walsers in englischer Sprache erhältlich sein.

Bücher von Robert Walser in englischer Übersetzung (chronologisch)

The Walk and Other Stories. Ins Engl. übers. u. eingel. v. Christopher Middleton. London: John Calder 1957.

Jakob von Gunten. Ins Engl. übers. u. eingel. v. Christopher Middleton. Austin: Texas University Press 1969.

Selected Stories. Ins Engl. übers. v. Christopher Middleton u. a., mit einem Vorw. v. Christopher Middleton u. einem Nachw. v. Susan Sontag. New York: Farrar, Straus and Giroux 1982. [Enthält eine überarbeitete Fassung von *The Walk*, 1957.]

---

17 Vgl. *Robert Walser.*

Masquerade and Other Stories. Ins Engl. übers. u. mit einem Vorw. v. Susan Bernofsky (teilweise mitübers. v. Tom Whalen) u. mit einer Einl. v. William H. Gass. Baltimore u. London: Johns Hopkins University Press 1990.
The Robber. Ins Engl. übers. u. eingel. v. Susan Bernofsky. Lincoln u. London: Nebraska University Press 2000.
Speaking to the Rose [Kurzprosasammlung]. Ins Engl. übers. u. eingel. v. Christopher Middleton. Lincoln u. London: Nebraska University Press 2005.
The Assistant. Ins Engl. übers. u. mit einem Nachw. v. Susan Bernofsky. New York: New Directions 2007.

Anthologien:

Robert Walser Rediscovered: Stories, Fairy Tale Plays and Critical Responses. Hg. mit einer Einl. v. Mark Harman. Hanover: New England University Press 1985.
Robert Walser-Sondernummer, *The Review of Contemporary Fiction* 1992 (XII, 1). Hg. v. Susan Bernofsky u. Tom Whalen.

Marion Graf (Schaffhausen)
Robert Walser im französischen Sprachraum

Vor zwölf Jahren berichteten Alena Vacek und Catherine Sauvat an der Walser-Tagung in Lausanne über Robert Walsers Rezeption im frankophonen Raum. Damals hatte sich, vor allem mit dem Erscheinen des ›Räuber‹-Romans (für Gallimard von Jean Launay übersetzt), dem neuesten von rund zehn ins Französische übertragenen Werken dieses Autors, der Name Robert Walser bei den anspruchsvolleren Lesern etabliert.

Vacek und Sauvat referierten über die ersten Etappen von Walsers ›Eroberung von Paris‹, die 1960 mit Marthe Roberts Übersetzung von *Jakob von Gunten* eingesetzt hatte. Die erste größere Walser-Welle fand in Frankreich Ende der achtziger Jahre statt, als Walsers Romane bei Gallimard übersetzt und publiziert wurden. 1989 erschienen zudem Carl Seeligs *Spaziergänge mit Robert Walser* auf Französisch und Catherine Sauvats Biografie *Robert Walser.*[18]

Alena Vacek warnte jedoch vor der Zukunft:

> La France possède-t-elle la force de cohésion nécessaire pour soutenir cet écrivain alémanique ou bien en a-t-elle exploité les richesses par le biais, avant tout, de ses romans? Quoi qu'il en soit, la réception francophone de l'œuvre de Robert Walser se trouve aujourd'hui [...] dans une période charnière de son histoire.[19]

---

18 Vgl. Seelig: *Promenades avec Robert Walser* u. Sauvat: *Robert Walser.*
19 Utz: *Wärmende Fremde,* S. 171.

In der Tat: Nach 1994, angesichts der editorischen Herausforderung, die die Fülle der kurzen Prosastücke bedeutete, stockte die Publikation bei Gallimard, und es wurden nur noch zwei Bände ediert, 1999 und 2005.

Die nächste Etappe in Walsers Rezeption setzte erst fünf Jahre später ein, diesmal, wie zu Helmut Kossodos Zeiten, in Genf, bei einem kleinen Verlagshaus: den Editions Zoé. Eine Verlegerin, ein Literaturwissenschaftler und eine Übersetzerin haben sich hier um Walser zusammengefunden und bauen gemeinsam an seiner Rezeption im französischen Sprachraum. Der Verlagskatalog weist heute bereits zwölf Walser-Titel auf. 1999 wird für Walsers Kurzprosa die Reihe »Proses brèves« lanciert. Die preisgünstige Reihe »MiniZoé« scheint außerdem wie prädestiniert, die Verbreitung von kurzen, insbesondere dramatischen Texten zu begünstigen.

Inzwischen gehören einige Walserwerke dieser Reihe zum festen Theaterrepertoire. 2001 erschien in Frankreich die sehr beachtete Monografie von Peter Utz in der Übersetzung von Colette Kowalski unter dem Titel *Robert Walser. Danser dans les marges*. Zwei Jahre später konnten die Leser eine größere Auswahl von Prosa aus dem Bleistiftgebiet entdecken, ergänzt von einem Bildband über das Phänomen der Mikrografie, mit Faksimiles und vollständiger Übersetzung einiger Mikrogrammblätter. Das Erscheinen der Mikrogramme wurde in der französischen Schweiz als »événement« und »apothéose«[20] gefeiert.

Danser dans les marges und die Mikrogramme haben in Frankreich das Interesse an Walser erneut geweckt und bei vielen Lesern zu einer (neuen) Lektüre von Walser geführt. Es häufen sich die Walser-Beiträge sowohl in der Tages- als auch in der spezialisierten Presse. Das *Magazine Littéraire* widmete Walser im April 2003 ein achtseitiges Dossier, mit einem längeren *Entretien* mit Peter Utz, die Zeitschrift *Europe* gab eine Walser-Nummer heraus, der Radiosender France Culture sendete im August 2004 eine vierstündige Sendung über ihn (von Christine Lecerf und Jean-Claude Loiseau). Im Théâtre de la Colline, einer Hochburg avantgardistischen Theaters in Paris, fand zum Erscheinen der Mikrogramme ein Walser-Abend statt, und in Lyon, in der Villa Gillet, tanzten und spielten die Marionnetten von Emilie Valentin zu Texten Walsers.

In der neueren Rezeption wird Walser in seiner Leichtigkeit und Gegensätzlichkeit endlich auch im französischsprachigen Raum erkannt:

> On a souvent l'impression qu'il se lance dans l'écriture comme il part en promenade, d'un pas décidé. D'emblée son ton est juste, l'allure trouvée. La phrase avance par associations d'idées et comme mue par une sorte d'allégresse. Un tempo, une fluidité, un léger décalage, et souvent quelque chose de folâtrement joueur[ ],

so schreibt Richard Blin in seiner Rezension von *Vie de Poète*, *Petits Textes poétiques* und *Retour dans la neige*.[21] Die biografische Annäherung durch die Brille Benjamins und Seeligs weicht einer mehr auf den Text fokussierten Betrachtung.

---

20 Wilfred Schiltknecht in der Tageszeitung *Le Temps*, 25. 1. 2003.
21 In *Le Matricule des anges* N° 77, octobre 2006.

Heute warten im frankophonen Sprachraum gespannte Leser und Buchhändler auf jede neue Walser-Publikation. Gerade das Jubiläumsjahr 2006 zeigt deutlich anhand mehrerer Veranstaltungen in Paris, Genf und Lausanne (und im Frühling 2007 in Bordeaux), dass Walser gerade jüngere Leser in ihrer spezifischen Befindlichkeit anspricht.

Das 50. Todesjahr des Dichters wird auch durch Radiosendungen gewürdigt. Bei France Culture ist die erste Januarwoche 2007 zu einer ›Walser-Woche‹ mit Live-Sendungen, Lesungen, und einer fünfstündigen von Alain Veinstein moderierten Sendung angewachsen. Radio Suisse Romande widmete der hochkarätigen und von der Öffentlichkeit viel beachteten Ausstellung der Mikrogramme, die im Herbst 2006 im von Mario Botta erbauten Genfer Martin Bodmer Museum gezeigt wurde, eine eigene Sendung. Der leichte, geheimnisvolle Tanz der Mikrogramme schrieb sich mit großer Selbstverständlichkeit in jene Tradition ein, die dieser Tempel des Schrifttums glanzvoll dokumentiert. Die Ausstellung war ein Publikumserfolg und wurde in den wichtigsten welschen und französischen Medien rezensiert.

Während Peter Utz 1998 die frühe Aufnahme Walsers in Frankreich noch vor allem als Folge seiner zur Legende tendierenden Biografie sah, aber auch auf die – immer noch sehr lebendige – Faszination für seine Theatralik hinwies[22], traf bald ein, was Catherine Sauvat 1994 voraussah[23]: Walser ist zu einem Modeautor geworden.

Heute aber häufen sich die Zeichen, dass im Land von Barthes, Derrida und Blanchot die (kleineren) Prosastücke, das heißt gerade die schwierigeren Texte in ihrer Rätselhaftigkeit und stillen Lebendigkeit gelesen und geschätzt werden: Im letzten Quartal 2006 wurden 4 500 Exemplare von *Retour dans la neige* in der neuen Taschenbuchausgabe (Points Seuil) verkauft. Die 400-seitige Ausgabe der französischen Mikrogramme war innert drei Jahren vergriffen und liegt als Neuauflage vor.

Bücher von Robert Walser in französischer Übersetzung (chronologisch)

L'Institut Benjamenta: Jakob von Gunten. Ins Franz. übers. v. Marthe Robert. Paris: Grasset 1960.
L'Homme à tout faire [Der Gehülfe]. Ins Franz. übers. v. Walter Weideli. Lausanne: Le Livre du mois 1970. [Weitere Aufl. Lausanne: L'Âge d'Homme 1974 u. 2000.]
Les Enfants Tanner. Ins Franz. übers. v. Jean Launay. Paris: Gallimard 1985.
Le Commis [Der Gehülfe]. Ins Franz. übers. v. Bernard Lortholary. Gallimard 1985.
La Promenade [Der Spaziergang]. Ins Franz. übers. v. Bernard Lortholary. Paris: Gallimard 1987.
Blanche-Neige [Schneewittchen]. Ins Franz. übers. v. Claude Mouchard u. Hans Hartje. Paris: Nouveau Commerce 1987.

---

22 Vgl. Graf: *L'écrivain et son traducteur*, S. 193–198.
23 Vgl. Utz: *Wärmende Fremde*, S. 180.

La Rose [Die Rose]. Ins Franz. übers. v. Bernard Lortholary. Paris: Gallimard 1988.

Félix [Felix-Szenen]. Ins Franz. übers. v. Gilbert Musy. Genf: Zoé 1989 (MiniZoé).

Le Brigand [›Räuber‹-Roman]. Ins Franz. übers. v. Jean Launay. Paris: Gallimard 1994.

Sur quelques-uns et sur lui-même. Ins Franz. übers. v. Jean-Claude Schneider. Paris: Gallimard 1994.

Rêveries et autres petites proses. Ins Franz. übers. v. Julien Hervier. Nantes: Le Passeur 1996.

Retour dans la neige. Proses brèves, I. Ins Franz. übers. v. Golnaz Houchidar. Genf: Zoé 1999 [2. Aufl. Paris: Points Poche 2006].

L'Étang [Der Teich]. Ins Franz. übers. v. Gilbert Musy. Genf: Zoé 1999 (MiniZoé).

La Dame blanche et autres petites proses. Ins Franz. übers. v. Antonin Moeri. Plombières-lès-Dijon: Ulysse Fin de siècle 1999.

Les Rédactions de Fritz Kocher, Histoires et Petits Essais [Fritz Kochers Aufsätze, Geschichten, Aufsätze]. Ins Franz. übers. v. Jean Launay. Paris: Gallimard 1999.

Marie. Ins Franz. übers. v. Jean Launay. Monaco: Le Rocher 1999.

Cigogne et porc-épic. Ins Franz. übers. v. Marion Graf. Genf: Zoé 2000 (MiniZoé).

Porcelaine. Ins Franz. übers. v. Marion Graf. Genf: Zoé 2000 (MiniZoé).

Nouvelles du jour. Proses brèves, II. Ins Franz. übers. v. Marion Graf. Genf: Zoé 2000.

Le Territoire du crayon. Proses des microgrammes [Aus dem Bleistiftgebiet]. Ins Franz. übers. v. Marion Graf. Genf: Zoé 2003.

L'Homme qui ne remarquait rien. Ins Franz. übers. v. Marion Graf; ill. v. Käthi Bhend. Genf: La Joie de Lire 2004.

Robert Walser, l'écriture miniature. Ins Franz. übers. v. Marion Graf. Genf: Zoé 2004.

Seeland [Seeland, inkl. Der Spaziergang]. Ins Franz. übers. v. Marion Graf. Genf: Zoé 2005.

Petits textes poétiques [Kleine Dichtungen]. Ins Franz. übers. v. Nicole Taubes. Paris: Gallimard 2005.

Histoires d'images [Vor Bildern]. Ins Franz. übers. v. von Marion Graf. Genf: Zoé 2006.

Cendrillon [Aschenbrödel]. Ins Franz. übers. v. Anne Longuet Marx. Genf: Zoé 2006 (MiniZoé).

Fuminari Niimoto (Tokio)
Robert Walser im japanischen Sprachraum

Im Vergleich zu den europäischen Sprachräumen nimmt sich die Walser-Rezeption in Japan noch bescheiden aus. Sie setzte erst Anfang der siebziger Jahre ein, als *Ovation, Spaziergang (1)* und *Kleist in Thun* in zwei Anthologien deutscher Erzählungen aufgenommen wurden.

Das Interesse der Leser in Japan richtete sich damals noch nicht ganz auf Walser selbst, sondern man wollte in ihm eher einen Vorgänger Franz Kafkas oder einen eigenwilligen Kleist-Leser sehen. Diese Tendenz zeigt sich noch 1979 beim Erscheinen der Übersetzung von *Jakob von Gunten*. Der Tagebuch-Roman wurde neben Kafkas *Der Prozeß, Die Verwandlung* und *In der Strafkolonie* in einem Band der 88-

bändigen *Anthologie der Weltliteratur* aufgenommen. Im Nachwort wurde Walser ausdrücklich »Franz Kafkas Lieblingsautor« genannt und somit die geistige Verwandtschaft der beiden Autoren unterstrichen.

Erwähnenswert ist auch, dass schon zu jener Zeit *Der Spaziergang* (1977) in eine Anthologie zur Schweizer Literatur aufgenommen wurde und damit bereits der Zugang zum spazierenden Dichter ermöglicht wurde.

Mit der Publikation *Robert Walsers kleine Welt* (1989) von Iiyoshi Mitsuo tritt die Walser-Rezeption in Japan in die zweite Phase. Diese Ausgabe unterscheidet sich von den vorangegangenen einerseits dadurch, dass sich der Übersetzer ausschließlich auf Walsers Prosastücke konzentriert, darunter die Texte *Brentano (1)*, *Büchners Flucht, Hölderlin, Kleist in Thun, Lenau (1), Paganini, Ballonfahrt* und *Tiergarten.*

Iiyoshi, der sich schon in den achtziger Jahren als Celan-Übersetzer einen Namen gemacht hatte, machte in diesem Buch mit seiner liebevoll einfühlsamen Sprache Walsers zarte nuancenreiche Künstlerporträts im Japanischen genießbar. Andererseits vermittelte das Buch dem Leser in Japan ein bestimmtes Bild von Walser, nämlich das eines psychisch kranken Dichters: Auf dem Buchumschlag wird der im Schnee liegende tote Walser abgebildet, und das Buch enthält auch die Übersetzung von Jürg Amanns *Verirren oder Das plötzliche Schweigen des Robert Walser.*

In der zweiten, revidierten und erweiterten Ausgabe seiner Walser-Übersetzung *Robert Walsers Gedichte und Prosa* (2003) hat Iiyoshi Amanns Text weggelassen und stattdessen Prosastücke und Gedichte, die von Karl Walsers Bildern und Radierungen begleitet sind, neu hinzugenommen. Im Nachwort gibt er auch Auskunft über die Beziehung der Brüder. Mit den beiden den Dichter pointiert porträtierenden Ausgaben wurde Walser einer breiteren Leserschaft in Japan zugänglich.

1998 erschien meine eigene Übersetzung von *Schneewittchen*, die einerseits die Rhetorik, vor allem das Netzwerk der Schlüsselwörter im Ausgangstext strikt beachtet, andererseits mit Hilfe der der japanischen Dichtkunst eigenen Metrik einen bestimmten Rhythmus im Zieltext inszeniert, oszilieren zwischen der Befremdung der eigenen Sprache gegenüber und der Domestizierung eines fremden Texts. Damit wurde zumindest eine mögliche Linie der Übersetzungsstrategie aufgezeigt, um sich Walsers nicht leicht zu fassenden Sprache anzunähern und ihn in die weit entfernte japanische Sprachlandschaft zu ›verpflanzen‹.

Bücher von Robert Walser in japanischer Übersetzung (chronologisch)

Sanpo [Spaziergang (1)], Hakushu Kassai [Ovation]. Ins Japan. übers. v. Takumi Maruyama. In: Suehiro Tanemura (Hg.): *Gendai doitsu gensô shôsetsu (Phantastische Erzählungen der modernen deutschen Literatur).* Tokio: Hakusuisha 1970, S. 46–50.

Thun no Kleist [Kleist in Thun]. Ins Japan. übers. v. Yoshihiko Shiroyama. In: Jiro Kawamura (Hg.): *Doitsu Tanpen 24 (24 Deutsche Erzählungen).* Tokio: Shûeisha 1971, S. 195–202.

Sanpo [Der Spaziergang]. Ins Japan. übers. v. Masaru Watanabe. In: Gesellschaft für Schweizer Literatur (Hg.): *Suisu 20 Seiki tanpen shû (Schweizer Erzählungen des 20. Jahrhunderts)*. Tokio: Waseda-University-Verlag 1977 (Literatur aus der Schweiz; 2), S. 35–98.

Jakob von Gunten [Jakob von Gunten]. Ins Japan. übers. v. Yoshirô Fujikawa. In: *Kafka/Walser*. Tokio: Shûeisha 1979 (Kollektion der Weltliteratur; 74), S. 265–385.

Der Greifensee, Die Landschaft (1), Das Ende der Welt, Denke daran, Haarschneiden. Ins Japan. übers. v. Kôko Tanooka. In: Yoshio Dohi (Hg.): *Zürich, Yokan no jyûjiro [Zürich. Kreuzung der Ahnung]*. Tokio: Kokusho–Kankôkai 1987 (Jahrhundertwende in den deutschsprachigen Ländern; 5), S. 64–66, u. S. 304–312.

Mitsuo, Iiyoshi: *Robert Walser no chisana sekai (Robert Walsers kleine Welt)*. Tokio 1989.

Shirayukihime [Schneewittchen]. Ins Japan. übers. v. Fuminari Niimoto. In: Yoshiaki Sirasaki (Hg.): *Suisu Bungaku sannin shû (Drei Autoren der modernen Schweizer Literatur)*. Kyoto: Kôrosha 1998, S. 3–89.

Shirayukihime [Schneewittchen]. Ins Japan. übers. v. Yoshio Kôshina. In: Gesellschaft für die Literatur des 20. Jahrhunderts (Hg.): *Labyrinth, Märchen*. Tokio: Sojusha 1999 (Literary Space, Nr. 4), S. 60–95.

Mitsuo, Iiyoshi: *Robert Walser no shi to sanbun (Robert Walsers Gedichte und Prosa)*. Tokio 2003.

Teresa Vinardell Puig (Barcelona)
Robert Walser im spanischen Sprachraum

Was die Übersetzungen von Werken Robert Walsers ins Spanische betrifft, kann man wohl das Jahr 1996 als eine Art ›Wende‹ bezeichnen: Von diesem Datum an, als die spanische Übertragung des *Spaziergangs* erschien, findet man in den spanischen und lateinamerikanischen Buchhandlungen praktisch jedes Jahr ein neues oder neuaufgelegtes Walser-Buch.

Nicht, dass Walser bis dahin ein Unbekannter gewesen wäre – von 1974 bis 1996 waren immerhin fünf Werke von ihm übersetzt worden –, erst seit dem Erscheinungsdatum des *Spaziergangs* auf Spanisch aber begannen Verlage und die literarische Öffentlichkeit sich intensiver für die Werke dieses Autors zu interessieren.

Kehren wir aber zunächst einmal zurück zu den Anfängen der spanischen Walser-Rezeption. 1974 erschien eine erste, wohl indirekt über die italienische Übersetzung vermittelte Fassung des *Jakob von Gunten*[24], die die Schriftsteller Juan García Hortelano und Carlos Barral zeichneten, letzterer unter dem Pseudonym C. B. Agesta. Sie wurde von Walter Benjamins Walser-Essay und einem Nachwort Roberto Calassos begleitet.

---

24 So die Vermutung der Übersetzerin Violeta Pérez; vgl. Pérez: *Robert Walser en Espagne*, S. 200.

Vor 1996, als Walser mit dem *Spaziergang* in der Übertragung Carlos Forteas beim Spanisch sprechenden Publikum der Durchbruch gelang, hatte Juan José del Solar schon 1982 seine Übertragung des *Gehülfen*, 1984 des *Jakob von Gunten*, 1985 der *Geschwister Tanner* und 1990 von *Dichterleben* und *Geschichten* (zusammen in einem Band) veröffentlicht. Zu diesem Zeitpunkt waren die Schwierigkeiten oder gewisse Zeichen des Misstrauens, auf die Walsers Texte im Spanien der siebziger Jahre gestoßen waren[25], längst vergessen.

1997 erschienen auf Spanisch in einem Band Walsers *Gedichte* und das Dramolett *Schneewittchen*. 1998 revidierte Juan José del Solar seine Übersetzung des *Jakob von Gunten*, die nun im Verlag Siruela als Taschenbuch publiziert wurde, und veröffentlichte dort auch seine Fassung von *Die Rose*. Ebenfalls 1998 wurden *Fritz Kochers Aufsätze* ins Spanische übersetzt; 1999 dann erschien in Buenos Aires eine von Helena Graciela Cisneros verfasste argentinische Fassung des Textes.[26]

Inzwischen hatte Siruela die Walser-Rechte gekauft und verlegte 2000 außer Seeligs *Wanderungen mit Robert Walser*[27] die damals schon vergriffene Übersetzung der *Geschwister Tanner* neu, die 1985 bei einem anderen Verlag (Alfaguara) erschienen war. Neuauflagen unternahm man 2001 auch mit dem *Gehülfen* und 2003 mit *Jakob von Gunten*, die jetzt wie Walsers übrige Titel in die Hardcover-Reihe *Libros del tiempo* übernommen wurden.[28] 2003 erschien dort die von Volker Michels herausgegebene Anthologie *Liebesgeschichten* und 2004 Juan de Sola Llovets Übersetzung des ›*Räuber*‹-Romans. Ein Jahr später kam seine Übersetzung des ersten Bandes der Mikrogramme heraus (in Zusammenarbeit mit María Condor).

Ebenfalls 2005 erschien bei Siruela *La habitación del poeta*, eine Anthologie mit Texten aus dem Nachlass, die Bernhard Echte 2003 unter dem Titel *Feuer. Unbekannte Texte aus drei Jahrzehnten* herausgegeben hatte. 2006 kam in Spanien die Übersetzung des zweiten Bandes der Mikrogramme in die Buchhandlungen.

Walser-Texte sind auch auf Katalanisch und Baskisch zu lesen. 2005 veröffentlichte Edorta Matauko beim Verlag Erin *Jakob von Gunten: egunkari bat*, die bisher einzige baskische Übersetzung eines Walser-Werks. Vom Interesse im Baskenland zeugt auch die Tatsache, dass vom 4. bis zum 6. April 2006 in San Sebastian Walser zu Ehren eine Vortrags- und Lesungsreihe unter dem Motto »El calor de la nieve« [Die Wärme des Schnees] stattfand.[29]

Ramon Monton eröffnete 1999 die Reihe der katalanischen Übertragungen Walsers mit seiner Fassung der *Geschwister Tanner*. Ebenfalls 1999 wurde auf Kata-

---

25 Pérez erwähnt auch »problèmes de droits et d'autorisation de la Carl Seelig Stiftung«, die in Spanien zur Rücknahme der ersten Übersetzung des *Jakob von Gunten* führten, und eine abschätzige Bemerkung des Literaturkritikers Domingo Pérez Minik über die deutschsprachige Literatur der Moderne; vgl. ebd., S. 200f.
26 Rezensiert von Barrella: *Composiciones*.
27 Seelig: *Paseos con Robert Walser*; rezensiert von Bach: *Siruela*.
28 Vanesa Guerra beklagt sich über die für argentinische Leser fast unerschwinglichen Preise der Bände dieser Reihe; vgl. Guerra: *Robert Walser*, S. 13.
29 Siehe dazu Hinweise in den beiden baskischen Tageszeitungen *Gara* und *Deia*: Anonymus: *Jornadas sobre Robert Walser* u. Lopetegui: *Koldo Mitxelena*.

lanisch *Jakob von Gunten* veröffentlicht und ein Jahr darauf *Fritz Kochers Aufsätze*. 2005 erschien als illustriertes Kinderbuch auch Walsers Geschichte *Einer, der nichts merkte*.[30]

In den letzten Jahren ist Walsers Rezeption in Spanien und Lateinamerika entschieden von Enrique Vila-Matas beeinflusst worden. 2000 publizierte er *Bartleby y compañía*, eine fiktive Fußnotenansammlung, in der er Überlegungen zu einer ganzen Reihe von Vertretern der so genannten ›Literatur der Verweigerung‹ festgehalten hat.[31] Walser wird dort zu einer Art Zwillingsbruder des Verweigerers *par excellence* Bartleby stilisiert, der literarischen Figur Herman Melvilles. Vila-Matas greift zugegebenermaßen auf eine Parallele zurück, die Roberto Calasso in dem eingangs genannten Nachwort angedeutet hatte.[32] Auf diesen zurechtgebogenen Walser wird Vila-Matas in späteren Werken, in *El mal de Montano* und vor allem in *Doctor Pasavento*, immer wieder zurückkommen.[33] *Bartleby*, *Montano* und *Pasavento* bilden eine Trilogie, in der Vila-Matas über den Wunsch und die Schwierigkeit reflektiert, niemand zu sein.

Dass ein Autor einen anderen fiktionalisiert und den eigenen Zwecken dienstbar macht, ist nicht neu. Bemerkenswert scheint mir aber die Sichtbarkeit, die Vila-Matas' Trilogie und publizistische Tätigkeit Walser verliehen haben.[34] Paradoxerweise ist Walser dabei vor allem als Verschwindender sichtbar geworden.

Aber nicht nur als Verschwindender und Verweigerer. Bei Kritikern und Rezensenten gilt Walser zum Beispiel auch als ›minoritärer‹ »Schriftsteller des Fremden und der feinen Unterschiede«[35], als begabter »Dichter«, dessen Prosa sich durch

---

30   Es ist ein Teil von *Lampe, Papier und Handschuhe*, aus der Sammlung *Kleine Prosa* (1917); vgl. SW 5, 156f. (für den Hinweis danke ich Marion Graf).

31   Vila-Matas: *Bartleby y compañía*, S. 12 [*Bartleby & Co.*, S. 10]; vgl. hierzu Pauls: *Menos* u. Occhiuzzi: *Vila-Matas*.

32   Vgl. Calasso: *El sueño del calígrafo*, in: Walser: *Jakob von Gunten. Un diario*, S. 131–152. Dieser Aufsatz ist auch in Calasso: *Cuarenta y nueve escalones*, S. 59–78, zu lesen. Vila-Matas bezieht sich in *Bartleby y compañía* u. a. auch auf Roberto Moretti (vgl. ebd., S. 15), der angeblich in *Instituto Pierre Menard* den Roman *Jakob von Gunten* geistreich parodiert habe, auf Juan Rodolfo Wilcock, einen argentinischen Schriftsteller, der selber bartlebysche Züge gezeigt und in einem Interview seine Vorliebe für Walser ausgedrückt habe (vgl. ebd., S. 29), auf Gilles Deleuze: *Bartleby* (vgl. ebd., S. 70), auf Giorgio Agamben: *Bartleby* (vgl. ebd., S. 168) und auf António Guerreiro, der im schlechten Gewissen der Schriftsteller beim Schreiben den einzigen Weg für literarische Authentizität sehe (vgl. ebd., S. 169).

33   Vgl. Vila-Matas: *Montano*; ders.: *Pasavento*; Vila-Matas hatte Walser schon in einem seiner frühesten Werke, *Historia abreviada de la literatura portátil*, erwähnt. Dort taucht der Schweizer als Schiffskapitän Missolonghi verkleidet auf (vgl. Vila-Matas: *Historia*, S. 101); vgl. auch de Sagarra: *Camaleón*.

34   Vila-Matas schreibt wöchentlich einen Artikel für die katalanische Ausgabe von *El País* und hat Walser dort oft erwähnt. Sich selber hat Vila-Matas zu einer Art Nachfolger Walsers in der Kunst des Flanierens und des Umherirrens stilisiert; vgl. Vila-Matas: *Editores* u. ders.: *Reise*.

35   Lopetegui: *Koldo Mitxelena*.

»Durchsichtigkeit, Humor und Zärtlichkeit«[36] auszeichne, als Vertreter einer so genannten ›Poetik des Spaziergangs‹, in der das Wort nach langem Umherirren überraschenderweise seinen eigentlichen Sinn tatsächlich doch finde.[37]

Ferner wird Walser einerseits als höflicher und dienstbereiter Mensch porträtiert, der beim Schreiben allerdings seine Höflichkeit nicht dazu benütze, um sich selber als Angehöriger einer Kaste von Privilegierten zu profilieren.[38] Andererseits wird seine »Frechheit«[39] unterstrichen, die Fähigkeit, Leser und Leserinnen mit Unvorhergesehenem zu verblüffen.

Man hat auch immer wieder seine Faszination fürs Allerkleinste betont[40], was für die fast permanente Ablenkung oder gar Verwirrung der Walserschen Erzählerfiguren sorge.[41] Es ist ferner die Rede vom Begabten, der nie eine Zeile korrigiert habe, vom Seichten, der auf Identität verzichte[42] und sich allmählich ins eigene Innere zurückziehe, von dem auf einmal Verstummenden, dem Visionären, der in jungen Jahren seinen eigenen Tod im Schnee vorausgesehen habe[43], von dem Bescheidenen und Dankbaren, der Erfolg von sich weise und so Glück auf Erden erreiche.[44]

In Spanien und Lateinamerika besteht wie anderswo eine klare Tendenz, den Autor Walser mit seinen Figuren zu verschmelzen, ganz besonders mit Jakob von Gunten.[45] Verkehrt Walser in seinen Texten den ehrgeizigen Streber, die vielleicht charakteristischste Gestalt im realistischen Roman des 19. Jahrhunderts[46], so wird in der spanischen und lateinamerikanischen Literaturkritik sehr oft diese Umkehrung auf ihn selber projiziert.

Walser-Bilder in Spanien und Lateinamerika unterscheiden sich nicht allzu sehr von den gängigen Walser-Mythen im deutschsprachigen Raum. Was wohl den

---

36 Conte: *Peces*, S. 4; vgl. auch Menchu Gutiérrez, die Organisatorin des baskischen Symposions über Walser, in Lopetegui: *Koldo Mitxelena*.
37 Valero: *Impresión*. Zu Walsers Poetik als eine des Spazierengehens vgl. auch Guerra: *Robert Walser*, S. 2 u. 9–12; Guerra bezieht sich hier u. a. auf Le Poulichet: *Artes*.
38 Martín Garzo: *Hombre*.
39 González-Posada erwähnt Walser in einem Artikel über die portugiesische Autorin Agustina Bessa-Luís. Sie halte Walser für einen Autor »der Purzelbäume, des Unvorhergesehenen, der Frechheit« (González-Posada: *Portuguesa*).
40 Vgl. etwa Saladrigas: *Ranuras*, S. 1.
41 Zu Walsers »Ästhetik der Verwirrung« siehe Izquierdo: *Prosa,* S. 3 u. Guelbenzu: *Rendijas,* S. 1.
42 Carrera: *Bandido*, S. 146–148.
43 Guerra: *Robert Walser*, S. 2; Guerra beruft sich auf Rábade Villar: *Muerte*.
44 Solano: *Mar*; vgl. auch Saladrigas: *Fuerza*, S. 2.
45 Rodolfo Modern geht so weit, die zweisilbigen Namen einiger Walser-Figuren (Simon Tanner, Joseph Marti etc.) als Beweis für Walsers Identifikation mit ihnen zu deuten: Ro-bert Wal-ser (vgl. Modern: *Libertad*, S. 138).
46 Vgl. Cano Gaviria: *Walser*, S. 29.

Unterschied ausmacht, ist, dass erstere kaum von anderen Texten dementiert werden, die sich mit Walsers Kontext und dessen ›Realien‹ befassen.[47]

Bezeichnend für die eher legendäre Ausstrahlung Walsers in Spanien und Lateinamerika ist die Tatsache, dass hier bisher – Walsers unverkennbarem Prestige zum Trotz und abgesehen von Seeligs *Wanderungen* – noch keine Biografie erschienen ist. Unter diesen Umständen ist es kaum möglich, dass die Spanisch sprechende Leserschaft etwas von jener Tradition erfährt, mit der sich Walser auseinandersetzt, etwa derjenigen des Feuilletons. Stattdessen unterstreicht man immer wieder sein Einzelgängertum[48] und ignoriert dabei das Epochale: Ein Schicksal, das Walser mit seinem berühmten und immer wieder genannten Verehrer Kafka zu teilen scheint.

Bücher von Robert Walser in spanischer Übersetzung (chronologisch)

Jakob von Gunten. Un diario. Ins Span. übers. v. C. B. Agesta [Pseudonym v. Carlos Barral] u. Juan García Hortelano. Barcelona: Barral Editores 1974 (Series de Rescate, Biblioteca de Rescate; 3).

El ayudante [Der Gehülfe]. Ins Span. übers. v. Juan José del Solar. Madrid: Alfaguara 1982 (Literatura Alfaguara; 94).

Jakob von Gunten. Ins Span. übers. v. Juan José del Solar. Madrid: Alfaguara 1983 [*recte:* 1984] (Literatura Alfaguara; 112).

Los hermanos Tanner [Geschwister Tanner]. Ins Span. übers. v. Juan José del Solar. Madrid: Alfaguara 1985 (Literatura Alfaguara; 169).

Vida de poeta [Geschichten; Poetenleben]. Ins Span. übers. v. Juan José del Solar. Madrid: Alfaguara 1990 (Alfaguara Literaturas; 288).

El paseo [Der Spaziergang]. Ins Span. übers. v. Carlos Fortea. Madrid: Siruela 1996 (Libros del tiempo; 86).

Poemas; seguido de: Blancanieves [Gedichte. Schneewittchen]. Ins Span. übers. u. mit einem Vorw. v. Carlos Ortega. Barcelona: Icaria 1997 (Icaria Poesía; 17).

La rosa [Die Rose]. Ins Span. übers. v. Juan José del Solar. Madrid: Siruela 1998 (Libros del tiempo; 96).

Los cuadernos de Fritz Kocher [Fritz Kochers Aufsätze]. Ins Span. übers. v. Violeta Pérez und Eduardo Gil Bera. Valencia: Pre-textos 1998 (Narrativa; 375). [Beinhaltet wie die Originalausgabe nebst *Fritz Kochers Aufsätze* auch *Der Commis, Ein Maler* u. *Der Wald.*]

Jakob von Gunten. Ins Span. übers. v. Juan José del Solar. Madrid: Siruela 1998 (Siruela/ Bolsillo; 37). [Revid. Fassung der Übers. v. 1984.]

---

47 Ausnahmen hierzu wären u. a. die Argentinier Nicolás Gelormini (vgl. Gelormini: *Ciudades*, S. 4f.), der auf Peter Utzs Thesen eingeht, und Juan José Saer (vgl. Saer: *Microgramas*), der Werner Morlangs Hypothese referiert, dass Art und Format des Papiers, auf dem Walser die Mikrogramme schrieb, den Schreibprozess auslöse. Die Übersetzung von Siegfried Unselds *Der Autor und sein Verleger* scheint mir in dieser Hinsicht auch wichtig.

48 Ein gutes Beispiel hierfür für ist Vila-Matas: *Gloria*, S. 1. Vila-Matas beruft sich hier auf Agambens Aufsatz *Genius* (in: Agamben: *Profanierungen*).

Las composiciones de Fritz Kocher. Ins Argentin. übers. v. Helena Graciela Cisneros. Mit einem Vorw. v. Hermann Hesse u. einem Nachw. v. Guillermo Piro. Buenos Aires: Eudeba 1999 (Biblioteca Bodoni; 30). [Beinhaltet wie die Originalausgabe nebst *Fritz Kochers Aufsätze* auch *Der Commis, Ein Maler* u. *Der Wald.*]

Los hermanos Tanner [Geschwister Tanner]. Ins Span. übers. v. Juan José del Solar. Madrid: Siruela 2000 (Libros del tiempo; 119).

El ayudante [Der Gehülfe]. Ins Span. übers. v. Juan José del Solar. Madrid: Siruela 2001 (Libros del tiempo; 135).

Historias de amor [Liebesgeschichten]. Hg. u. mit einem Nachw. v. Volker Michels. Ins Span. übers. v. Juan de Sola Llovet [Juan José del Solar übersetzte *Simon, Marie, Manuel, El tío* und *La amada*]. Madrid: Siruela 2003 (Libros del tiempo; 159).

Jakob von Gunten. Ins Span. übers. v. Juan José del Solar. Madrid: Siruela 2003 (Libros del Tiempo; 160).

El bandido [Der Räuber]. Ins Span. übers. v. Juan de Sola Llovet. Madrid: Siruela 2004 (Libros del tiempo; 176).

Escrito a lápiz. Microgramas I (1924–1925) [Aus dem Bleistiftgebiet, Bd. 1]. Hg. v. Bernhard Echte u. Werner Morlang. Ins Span. übers. v. Juan de Sola Llovet u. María Condor. Madrid: Siruela 2005 (Libros del tiempo; 217).

La habitación del poeta [Feuer. Unbekannte Texte aus drei Jahrzehnten]. Hg. u. mit einem Nachw. v. Bernhard Echte. Ins Span. übers. v. Juan de Sola Llovet. Madrid: Siruela 2005 (Libros del Tiempo; 197).

Escrito a lápiz. Microgramas II (1926–1927) [Aus dem Bleistiftgebiet Bd. 2]. Hg. v. Bernhard Echte u. Werner Morlang. Ins Span. übers. v. Rosa Pilar Blanco. Madrid: Siruela 2006 (Libros del tiempo; 239).

Bücher von Robert Walser in baskischer Übersetzung

Jakob von Gunten: egunkari bat. Ins Bask. übers. v. Edorta Matauko. Donostia: Erein 2005 (Narratiba saila).

Bücher von Robert Walser in katalanischer Übersetzung (chronologisch)

Els germans Tanner [Geschwister Tanner]. Ins Katalan. übers. v. Ramon Monton. Barcelona: Proa 1999 (A tot vent; 369).

Jakob von Gunten. Un dietari. Ins Katalan. übers. v. Teresa Vinardell. Barcelona: Quaderns Crema 1999 (Biblioteca mínima; 74).

El quadern de Fritz Kocher [Fritz Kochers Aufsätze]. Ins Katalan. übers. v. Teresa Vinardell. Barcelona: Quaderns Crema 2000 (Mínima minor; 87). [Enthält nur den Text *Fritz Kochers Aufsätze.*]

L'home que no s'adonava de res [Einer, der nichts merkte]. Ins Katalan. übers. v. Núria Font i Ferré. Illustr. v. Carmen Segovia. Barcelona: Cruïlla 2005 (El Vaixell de Vapor. Sèrie Blanca; 49).

LITERATURVERZEICHNIS

Siglenverzeichnis

Zitate aus den folgenden Walser-Ausgaben werden unter der Verwendung einer Sigle und unter Angabe der jeweiligen Bandnummer und der Seitenzahl direkt in Klammer im laufenden Text nachgewiesen:

AdB: *Aus dem Bleistiftgebiet*, 6 Bde. Hg. v. Bernhard Echte u. Werner Morlang. Frankfurt: Suhrkamp 1985–2000.

Br: *Briefe*. Hg. v. Jörg Schäfer unter Mitarb. v. Robert Mächler. Genf u. Hamburg: Kossodo 1975 (Das Gesamtwerk; XII, 2) (ebenfalls als Tb: Frankfurt: Suhrkamp 1979 [st; 488]).

GW: *Das Gesamtwerk*. Hg. v. Jochen Greven. Genf u. Hamburg: Kossodo 1966–1975.

GWJ: *Das Gesamtwerk*. Hg. v. Jochen Greven. Frankfurt: Suhrkamp 1978 (Jubiläumskassette).

SW: *Sämtliche Werke in Einzelausgaben*. Hg. v. Jochen Greven. Frankfurt: Suhrkamp 1985f. (seither einzelne Neuaufl.).

Bibliografie

Eine laufende Gesamtbibliografie zu Robert Walser findet sich unter <http://www.robertwalser.ch/pdf/bibliographie.pdf>; bibliografische Informationen bieten auch die *Mitteilungen der Robert Walser-Gesellschaft* [Zürich 1997ff.].

Quellen

Arne Laurin an Franz Blei, Literární archiv. Památník Národního Písemnictví, Fond: Arne Laurin, Prag.

Franz Blei an Arne Laurin, Literární archiv. Památník Národního Písemnictví, Fond: Arne Laurin, Prag.

Greven, Jochen: *Notiz über Gespräch mit Prof. med. et phil. Th. Spoerri, Bern (10. 6. 1968, nachmittags im Alten Lindenhofspital, Bern)*; 4 S. Typoskript, dat. 13. 6. 1968, Durchschlag im Robert Walser-Archiv, Zürich.

Hans Natonek an Arne Laurin, Literární archiv. Památník Národního Písemnictví, Fond: Arne Laurin, Prag.

Jochen Greven an Carl Seelig, 23. 10. 1958. Unveröffentlicht, Robert Walser-Archiv, Zürich.

Max Brod an Otakar Theer, Literární archiv. Památník Národního Písemnictví, Fond: Otakar Theer, Prag.

Otto Pick an Fráňa Šrámek, Literární archiv. Památník Národního Písemnictví, Fond: Fráňa Šrámek, Prag.

Robert Walser an Otto Pick, Literární archiv. Památník Národního Písemnictví, Fond: Arne Laurin, Prag.

Robert Walser an Paul Fechter, Frühjahr 1914. Unveröffentlicht, Robert Walser-Archiv, Zürich.

Walser, Robert: Mikrogramm 509/I, Robert Walser-Archiv, Zürich.

Walser, Robert: *Rathenau war von etwas melancholischem Gemüt.* Unveröffentl. Mikrogramm 480a/IV1480b/I, Robert Walser-Archiv, Zürich.

Theodor Spoerri an Hans Bänziger, 11. 1. 1955, 2 S. Typoskript, Kopie im Robert Walser-Archiv, Zürich.

Primärliteratur

Aristoteles: *Poetik.* Griech. u. dt. Übers. u. hg. v. Manfred Fuhrmann. Stuttgart: Reclam 1994 (RUB; 7828).

Bähler, A.[rnold]: *Biel und seine Umgebung in prähistorischer und frühgeschichtlicher Zeit. Mitteilungen aus dem Museum Schwab in Biel.* In: *Das Interessante Blatt,* 18. Jg., Nr. 15 vom 29. 7. 1916, S. 60, Nr. 16 vom 12. 8. 1916, S. 64, Nr. 17 vom 26. 8. 1916, S. 68, u. Nr. 18 vom 9. 9. 1916, S. 71f.

Ball, Hugo: *Die Flucht aus der Zeit* [1927]. Hg. u. mit einem Nachw. vers. v. Bernhard Echte. Zürich: Limmat 1992.

Barthes, Roland: *Die Körnung der Stimme. Interviews 1962–1980* [1981]. Aus dem Franz v. Agnès Bucaille-Euler, Birgit Spielmann u. Gerhard Mahlberg. Frankfurt: Suhrkamp 2002 (es; 2278).

Barthes, Roland: *Die Lust am Text* [1973]. Aus dem Franz. v. Traugott König. Frankfurt: Suhrkamp 1992 (bs; 378).

Barthes, Roland: *Von der Rede zum Schreiben.* In: ders.: *Die Körnung der Stimme. Interviews 1962–1980* [1981]. Aus dem Franz v. Agnès Bucaille-Euler, Birgit Spielmann u. Gerhard Mahlberg. Frankfurt: Suhrkamp 2002 (es; 2278), S. 9–13.

Benjamin, Walter: *Briefe.* Hg. u. mit Anm. vers. v. Gershom Scholem u. Theodor W. Adorno, 2 Bde. Frankfurt: Suhrkamp 1978 (es 930).

Benjamin, Walter: *Das Kunstwerk im Zeitalter seiner technischen Reproduzierbarkeit ›Erste Fassung‹.* In: ders.: *Gesammelte Schriften.* Unter Mitwirkung v. Theodor W. Adorno u. Gershom Scholem hg. v. Rolf Tiedemann u. Hermann Schweppenhäuser, Bd. I,2. Frankfurt: Suhrkamp 1974 (stw; 932), S. 431–469.

Benjamin, Walter: *Das Passagen-Werk.* In: ders.: *Gesammelte Schriften.* Unter Mitwirkung v. Theodor W. Adorno u. Gershom Scholem hg. v. Rolf Tiedemann u. Hermann Schweppenhäuser, Bd. V,1. Frankfurt: Suhrkamp 1974 (stw; 935).

Benjamin, Walter: *Die Aufgabe des Übersetzers.* In: ders.: *Gesammelte Schriften.* Unter Mitwirkung v. Theodor W. Adorno u. Gershom Scholem hg. v. Rolf Tiedemann u. Hermann Schweppenhäuser, Bd. IV,1. Frankfurt: Suhrkamp 1972, S. 9–21.

Benjamin, Walter: *Eduard Fuchs, der Sammler und der Historiker.* In: ders.: *Gesammelte Schriften.* Unter Mitwirkung v. Theodor W. Adorno u. Gershom Scholem hg. v. Rolf Tiedemann u. Hermann Schweppenhäuser, Bd. II,2. Frankfurt: Suhrkamp 1974 (stw; 932), S. 465–505.

Benjamin, Walter: *Gesammelte Briefe.* Hg. v. Christoph Gödde u. Henri Lonitz, Bde. III–VI. Frankfurt: Suhrkamp 1997–2000.

Benjamin, Walter: *Gesammelte Schriften.* Unter Mitwirkung v. Theodor W. Adorno u. Gershom Scholem hg. v. Rolf Tiedemann u. Hermann Schweppenhäuser. Frankfurt: Suhrkamp 1972–1989.

Benjamin, Walter: *Robert Walser.* In: *Das Tage-Buch* 10 (1929), Heft 39, 28. 9. 1929, S. 1609–1611.

Benjamin, Walter: *Robert Walser.* In: ders.: *Gesammelte Schriften.* Unter Mitwirkung v. Theodor W. Adorno u. Gershom Scholem hg. v. Rolf Tiedemann u. Hermann Schweppenhäuser, Bd. II,1. Frankfurt: Suhrkamp 1974 (stw; 932), S. 324–328.

Benjamin, Walter: *Robert Walser.* In: *Robert Walser* [1984]. Hg. v. Elsbeth Pulver u. Arthur Zimmermann, 4. Aufl. Bern: Zytglogge 1993 (Dossier Pro Helvetia), S. 33–35.

Benjamin, Walter: *Was ist das epische Theater? (2)* [1939]. In: ders.: *Gesammelte Schriften.* Unter Mitwirkung v. Theodor W. Adorno u. Gershom Scholem hg. v. Rolf Tiedemann u. Hermann Schweppenhäuser, Bd. II,2. Frankfurt: Suhrkamp 1977, S. 532–539.

Benn, Gottfried: *Künstlerische Prosa.* Hg. v. Holger Hof. Stuttgart: Klett-Cotta 2006.

Bierbaum, Otto Julius: *Die vernarrte Prinzeß. Ein Fabelspiel in drei Bildern.* München: Langen 1904.

Böni, Franz: *Robert Walser.* In: ders.: *Sagen aus dem Schächental. Stücke, Gedichte, Aufsätze, Erzählungen.* Zürich: Ammann 1982, S. 100–102.

Burckhardt, Jacob: *Werke. Kritische Gesamtausgabe.* Hg. v. der Jacob Burckhardt-Stiftung Basel. München u. Basel: Beck u. Schwabe 2000ff.

Canetti, Elias: *Die Provinz des Menschen. Aufzeichnungen 1942–1972.* München: Hanser 1973.

Dändliker, Karl: *Kleine Geschichte der Schweiz für Schule und Haus,* 2. Aufl. Zürich: Schulthess 1889.

Derrida, Jacques: *Geschlecht (Heidegger). Sexuelle Differenz, ontologische Differenz.* Hg. v. Peter Engelmann. Übers. v. Hans-Dieter Gondek. Wien: Passagen 1988 (Edition Passagen; 22).

Derrida, Jacques: *Positionen. Gespräche mit Henri Rouse, Julia Kristeva, Jean-Louis Hodabine, Guy Scarpetta.* Hg. v. Peter Engelmann. Übers. v. Dorothea Schmidt. Graz: Böhlau 1986 (Edition Passagen; 8).

Dichter lesen. Bd. 3: Vom Expressionismus in die Weimarer Republik. Hg. v. Reinhard Tgahrt. Marbach: Deutsche Schillergesellschaft 1995 (Marbacher Schriften; 38/39).

Dürrenmatt, Friedrich: *Der Auftrag oder Vom Beobachten des Beobachters der Beobachter. Novelle in vierundzwanzig Sätzen.* Zürich: Diogenes 1986.

Echte, Bernhard (Hg.): *Robert Walser: Unsere Stadt. Texte über Biel.* Wädenswil: Nimbus 2002.

Flusser, Vilém: *Gesten. Versuch einer Phänomenologie* [1991/1993]. Frankfurt: Fischer Taschenbuch Verlag 1997 (FW; 12241).

Freud, Sigmund: *Entwurf einer Psychologie.* In: ders.: *Texte aus den Jahren 1885 bis 1938.* Hg. v. Angela Richards, unter Mitw. v. Ilse Grubrich-Simitis. Frankfurt u. London: Fischer u. Imago 1987 (Gesammelte Werke; Nachtragsbd.), S. 375–488.

Freytag, Gustav: *Soll und Haben. Roman in sechs Büchern* [1855], 65. Aufl. Leipzig: Hirzel 1906.

Gerstäcker, Friedrich: *Streif- und Jagdzüge durch die Vereinigten Staaten Nordamerikas,* 9. Aufl. Berlin: Neufeld & Henius o. J.

Goethe, Johann Wolfgang: *Aus meinem Leben. Dichtung und Wahrheit.* In: ders.: *Werke. Hamburger Ausgabe in 14 Bänden.* Textkrit. durchges. u. komment. v. Erich Trunz. Frankfurt: Deutscher Taschenbuch Verlag 1998 (Bde. 9 u. 10; Autobiographische Schriften I u. II).

Goethe, Johann Wolfgang: *Gedichte 1800–1832.* Hg. v. Karl Eibl. Frankfurt: Deutscher Klassiker Verlag 1998.

Goethe, Johann Wolfgang: *West-östlicher Divan.* In: ders.: *Werke. Hamburger Ausgabe in 14 Bänden.* Textkrit. durchges. u. komment. v. Erich Trunz. Frankfurt: Deutscher Taschenbuch Verlag 1998 (Bd. 2; Gedichte und Epen II), S. 7–270.

Gotthelf, Jeremias: *Sämtliche Werke in vierundzwanzig Bänden.* Hg. v. Rudolf Hunziker u. Hans Bloesch. Bd. 4: *Wie Uli der Knecht glücklich wird. Eine Gabe für Dienstboten und Meisterleute.* Erlenbach u. Zürich: Rentsch 1921.

Gross, Victor: *Les Protohelvètes ou les premiers colons sur les bords des lacs de Bienne et Neuchâtel.* Berlin: Asher 1883.

Haas, Wolf: *Das Wetter vor 15 Jahren.* Hamburg: Hoffmann und Campe 2006.

Haas, Wolf: *Der Knochenmann.* Reinbek: Rowohlt 1997.

Handke, Peter: *Am Felsfenster morgens (und andere Ortszeiten 1982–1987).* Salzburg u. Wien: Residenz 1998.

Handke, Peter: *Phantasien der Wiederholung.* Frankfurt: Suhrkamp 1983.

Hebbel, Friedrich: *Maria Magdalene. Ein bürgerliches Trauerspiel in drei Akten* [1843]. In: ders: *Werke,* Bd. 1. Hg. v. Gerhard Fricke, Werner Keller u. Karl Pörnbacher. Darmstadt: Wissenschaftliche Buchgesellschaft 1963, S. 301–382.

Heierli, Jakob: *Urgeschichte der Schweiz.* Zürich: Müller 1901.

Hesse, Hermann: *Nürnberger Reise.* In: ders.: *Autobiographische Schriften I: Wanderung, Kurgast, Die Nürnberger Reise, Tagebücher.* Hg. v. Volker Michels. Frankfurt: Suhrkamp 2003 (Sämtliche Werke; 11), S. 129–182.

Hofmannsthal, Hugo von: *Die grüne Flöte. Ballettpantomime.* In: ders.: *Gesammelte Werke.* Hg. v. Bernd Schoeller, *Bd. Dramen VI: Ballette, Pantomimen, Bearbeitungen, Übersetzungen.* Frankfurt: Fischer 1979, S. 141–170.

Hofmannsthal, Hugo von: *Eine Monographie. »Friedrich Mitterwurzer« von Eugen Guglia*. In: ders.: *Gesammelte Werke*. Hg. v. Bernd Schoeller, Bd. *Reden und Aufsätze I: 1891–1913*. Frankfurt: Fischer 1979, S. 479–483.

Hofmannsthal, Hugo von: *Über die Pantomime*. In: ders.: *Gesammelte Werke*. Hg. v. Bernd Schoeller, Bd. *Reden und Aufsätze I: 1891–1913*. Frankfurt: Fischer 1979, S. 502–505.

Hofmannsthal, Hugo von: *Umrisse eines neuen Journalismus*. In: ders.: *Gesammelte Werke*. Hg. v. Bernd Schoeller, Bd. *Reden und Aufsätze I: 1891–1913*. Frankfurt: Fischer 1979, S. 378–381.

Hölderlin, Friedrich: *Werke und* Briefe. In 3 Bde. hg. v. Friedrich Beißner u. Jochen Schmidt. Frankfurt: Insel 1969.

Inserat. In: *Neue Zürcher Zeitung*, 123. Jg., Nr. 93, Freitag, 4. 4. 1902, Zweites Abendblatt.

Jean Paul: *Groenländische Prozesse oder Satirische Skizzen* [1783]. In: ders.: *Sämtliche Werke*. Hg. v. Norbert Miller, 3. Aufl., Abt. II: *Jugendwerke*, Bd. I. München: Hanser 1974, S. 507.

Jean Paul: *Sämtliche Werke*. Hg. v. Norbert Miller, 3. Aufl. München: Hanser 1970ff.

Joyce, James: *Ulysses*. The corrected text edited by Hans Walter Gabler with Wolfhard Steppe and Claus Melchior. With a new preface by Richard Ellmann. London: Penguin 1986.

Kafka, Franz: *Briefe an Milena* [1952]. Erw. u. neu geordn. Ausg. Hg. v. Jürgen Born u. Michael Müller. Frankfurt: Fischer 1983.

Kafka, Franz: *Závodníkům na uváženou*. In: *Tribuna*, 24. 12. 1922, č. 301, S. 8.

Kaiser, Georg: *Von morgens bis mitternachts. Stück in zwei Teilen* [1917]. In: ders.: *Werke*, Bd. 1. Hg. v. Walther Huder. Frankfurt u. a.: Propyläen 1971, S. 463–517.

Keller, Gottfried: *Die Leute von Seldwyla*. Frankfurt: Deutsche Klassiker Verlag 1989 (Sämtliche Werke; 4).

Klee, Paul: *Das bildnerische Denken*. Hg. v. Jürg Spiller. Basel u. Stuttgart: Schwabe 1956.

Klee, Paul: *Gedichte*. Hg v. Felix Klee. Zürich: Arche 1960 (Sammlung Horizont).

Klee, Paul: *Kunst – Lehre. Aufsätze, Vorträge, Rezensionen und Formlehre*. Hg. v. Günther Regel. Leipzig: Reclam 1991 (RB; 1064).

Klee, Paul: *Schöpferische Konfession*. In: ders.: *Kunst – Lehre. Aufsätze, Vorträge und Rezensionen und Formlehre*. Hg. v. Günther Regel. Leipzig: Reclam 1991 (RB; 1064), S. 60–65.

Klee, Paul: *Tagebücher 1898–1918*. Hg. v. der Paul-Klee-Stiftung, Kunstmuseum Bern. Bearb. v. Wolfgang Kersten. Textkritische Neuedition. Stuttgart u. Teufen: Hatje u. Niggli 1988.

Kraus, Karl: *Schriften*. Hg. v. Christian Wagenknecht. Frankfurt: Suhrkamp 1987.

Kurt Wolff. Briefwechsel eines Verlegers 1911–1963. Erg. Ausg. Hg. v. Bernhard Zeller u. Ellen Otten. Frankfurt: Fischer 1980 (FTb; 2248).

Lacan, Jacques: *Die Ethik der Psychoanalyse*. Weinheim: Quadriga 1996 (Das Seminar von Jacques Lacan; 7 [1959–1960]).

Meier, Gerhard u. Werner Morlang: *Das dunkle Fest des Lebens. Amrainer Gespräche.* Köln u. Basel: Bruckner & Thünker 1995 [neue, erw. Aufl.: Bern: Zytglogge 2007].

Meier, Gerhard: *Baur und Bindschädler. Roman.* Bern: Zytglogge 1987 (Werke; 3).

Meier, Gerhard: *Land der Winde.* Frankfurt: Suhrkamp 1990.

Meldung [in der Rubrik »Vom Rundfunk«]. In: *Frankfurter Zeitung*, Jg. 74, Nr. 614, 19. 8. 1929, Morgenblatt (Express-Ausgabe), S. 1.

Morgenstern, Christian: *Die Versammlung der Nägel.* In: ders.: *Episches und Dramatisches.* Hg. v. Reinhardt Habel u. Ernst Kretschmer. Stuttgart: Urachhaus 2002 (Werke und Briefe; 4), S. 41–44.

Morgenthaler, Ernst: *Ein Maler erzählt. Aufsätze, Reiseberichte, Briefe.* Mit einem Vorw. v. Hermann Hesse u. Zeichnungen des Verfassers. Zürich: Diogenes 1957.

Mörike, Eduard: *Am Walde.* In: ders.: *Sämtliche Werke*, Bd. I. Hg. v. Helmut Koopmann. Düsseldorf u. Zürich: Artemis u. Winkler 1997, S. 769.

Müller, Gustav Adolf: *Der Mensch der Höhlen- und Pfahlbautenzeit. Ein Handbuch für Lehrer und Lernende*, 2. Aufl. Bühl: Konkordia o. J. [1904].

Musil, Robert: *Gesammelte Werke in neun Bänden.* Hg. v. Adolf Frisé. Reinbek: Rowohlt 1978.

Musil, Robert: *Literat und Literatur. Randbemerkungen dazu* (1931). In: ders.: *Gesammelte Werke in neun Bänden.* Hg. v. Adolf Frisé, Bd. 8. Reinbek: Rowohlt 1978, S. 1203ff.

Nietzsche, Friedrich: *Freundesbriefe.* Ausgewählt v. Richard Oehler. Leipzig: Insel o. J.

Nietzsche, Friedrich: *Nach neuen Meeren.* In: ders.: *Sämtliche Werke.* Hg. v. Giorgio Colli u. Mazzino Montinari. München/Berlin u. New York: Deutscher Taschenbuch Verlag/de Gruyter 1967 (Kritische Studienausgabe in 15 Bänden), Bd. III, S. 649 (*Die fröhliche Wissenschaft*).

Nietzsche, Friedrich: *Sämtliche Werke. Kritische Studienausgabe in 15 Bänden.* Hg. v. Giorgio Colli u. Mazzino Montinari. München, Berlin u. New York: Deutscher Taschenbuch Verlag/de Gruyter 1980.

Nizon, Paul: *Stolz. Roman.* Frankfurt u. Zürich: Suhrkamp 1975.

Nizon, Paul: *Am Schreiben gehen. Frankfurter Vorlesungen.* Frankfurt: Suhrkamp 1985 (es; 1328).

Pinthus Kurt (Hg.): *Das Kinobuch. Kinostücke von Bermann, Hasenclever, Langer […]. Dokumentarische Neu-Ausgabe des ›Kinobuchs‹ von 1913/14.* Zürich: Arche 1963 (Sammlung Cinema; 4).

Platon: *Werke in acht Bänden.* Griech. u. dt. Hg. v. Gunther Eigler. Darmstadt: Wissenschaftliche Buchgesellschaft 1981.

Programmhinweis zu einer Radiosendung zu Robert Walser [in der Rubrik »Ausländische Sender«]. In: *Radio-Programm. Offizielles Organ der Radio-Genossenschaft Zürich*, 2. Jg., 21. 8. 1925, Nr. 34, S. 519.

Programmhinweis zu einer Radiosendung zu Robert Walser [in der Rubrik »Ausländische Sender«]. In: *Schweizerische Radio-Zeitung. Vereinigte Zeitschriften Radio-Programm und Radio-Zeitung. Programme in- und ausländischer Sendestationen*, 4. Jg., 16. 8. 1929, Nr. 33, S. VII.

Programmhinweis zu einer Radiosendung zu Robert Walser. In: *Der deutsche Rundfunk*, 3. Jg., 1925, Heft 33, S. 2214.

Programmhinweis zu einer Radiosendung zu Robert Walser. In: *Radio-Programm. Offizielles Organ der Radio-Genossenschaft Zürich*, 3. Jg., 5. 11. 1926, Nr. 45, S. II.

Programmhinweis zu einer Radiosendung zu Robert Walser. In: *Südwestdeutsche Rundfunk-Zeitung*, Jg. 1929, Nr. 32, 11. 8. 1929, S. 9.

Rabelais: *Œuvres complètes*. Ed. par Mireille Huchon. Paris: Gallimard 1994 (Pléiade).

Redaktioneller Kurzhinweis in der Vorschau auf »Die neue Woche«. In: *Radio-Programm. Offizielles Organ der Radio-Genossenschaft Zürich*, 3. Jg., 5. 11. 1926, Nr. 45, S. 771.

Reinerth, Hans: *Pfahlbauten am Bodensee*. Augsburg u. Stuttgart: Filser o. J. [1922].

Schraner, Ernst: *Die Höhlenmenschen. Lektionsskizzen für Geschichte im 3. Schuljahr*. In: Ernst Schneider (Hg.): *Beiträge zum Geschichtsunterricht in der Volksschule*. Bern: Suter 1916, S. 65–107.

Sebald, W. G.: *Schwindel. Gefühle*. Frankfurt: Eichborn 1990 (Die Andere Bibliothek; 63).

Seelig, Carl: *Paseos con Robert Walser [Wanderungen mit Robert Walser]*. Ins Span. übers. v. Carlos Fortea. Mit einem Nachw. v. Elio Fröhlich u. Bildern v. Carl Seelig. Madrid: Siruela 2000 (Libros del Tiempo; 120).

Seelig, Carl: *Promenades avec Robert Walser* [1989]. Ins Franz. übers. v. Bernard Kreiss, 2. Aufl. Paris: Rivages Poche 1992.

Seelig, Carl: *Wanderungen mit Robert Walser*. Neu hg. im Auftr. der Carl-Seelig-Stiftung u. mit einem Nachw. vers. v. Elio Fröhlich. Frankfurt: Suhrkamp 1977 (bs; 554).

Seelig, Carl: *Wanderungen mit Robert Walser*. St. Gallen: Tschudy 1957.

Segalen, Victor: *Die Ästhetik des Diversen. Versuch über den Exotismus*. Aus dem Franz. v. Uli Wittmann. Frankfurt: Fischer Taschenbuch Verlag 1994 (FTb; 10108).

Staub, J.[ohannes]: *Die Pfahlbauten in den Schweizer-Seen*. Fluntern bei Zürich: Selbstverlag 1864 (Volksschriften hg. v. der Schulsynode des Kantons Zürich; 1).

Tolstoi, Leo: *Krieg und Frieden*, 3. Bd. Übers. v. Erich Boehme. Berlin: Malik 1928.

Troeltsch, Ernst: *Der Historismus und seine Probleme. 1. Buch: Das logische Problem der Geschichtsphilosophie*. Tübingen: Mohr 1922 (Gesammelte Schriften; 3).

Vila-Matas, Enrique: *Bartleby y compañía*. Barcelona: Anagrama 2000 (Narrativas hispánicas; 279) [dt. Übers.: *Bartleby & Co. Roman*. Aus dem Span. v. Petra Strien. Zürich: Nagel & Kimche 2001].

Vila-Matas, Enrique: *Doctor Pasavento*. Barcelona: Anagrama 2005 (Narrativas hispánicas; 381).

Vila-Matas, Enrique: *Editores y ›flâneurs‹*. In: *El País*, 15. 5. 05.

Vila-Matas, Enrique: *El mal de Montano*. Barcelona: Anagrama 2002 (Narrativas hispánicas; 334).

Vila-Matas, Enrique: *Historia abreviada de la literatura portátil*. Barcelona: Anagrama 1985 (Narrativas hispánicas; 23) [dt. Übers.: *Dada aus dem Koffer. Die verkürzte Geschichte der tragbaren Literatur*. Aus dem Span. v. Orlando Grossegasse. München: Popa 1988].

Vila-Matas, Enrique: *La gloria solitaria*. In: *El País*, 6. 12. 05.

Virchow, Rudolf: *Préface*. In: Victor Gross: *Les Protohelvètes ou les premiers colons sur les bords des lacs de Bienne et Neuchâtel*. Berlin: Asher 1883, S. v–vii.

Walser, Robert: *Berlin gibt immer den Ton an*. *Kleine Prosa von und über Berlin*. Hg. u. mit einem Nachw. vers. v. Jochen Greven. Frankfurt u. Leipzig: Insel 2006 (it; 3212).

Walser, Robert: *Feuer. Unbekannte Prosa und Gedichte*. Hg. v. Bernhard Echte. Frankfurt: Suhrkamp 2003.

Walser, Robert: *Gärten und Pavillons*. In: *Sport im Bild*, Jg. 34, Nr. 16, 3. 8. 1928, S. 1174–1176.

Walser, Robert: *Große kleine Welt. Eine Auswahl*. Hg. v. Carl Seelig. Erlenbach u. Leipzig: Rentsch 1937.

Walser, Robert: *L'écriture miniature*. Textes de Peter Utz, Werner Morlang, Bernhard Echte. Trad. par Marion Graf. Genève: Zoé 2004.

Walser, Robert: *Mehlmann. Ein Märchen*. In: *Die Freistatt* 43 (1904), S. 856.

Walser, Robert: *Večer v divadle. Německy napsal Robert Walser. Přeložil Jaroslav Dohnal*. In: *Novina* 1 (1915/16), Nr. 1, 1. 10. 1915, S. 4f.; wieder in: *Tribuna* 17. 12. 1922.

Walser, Robert: *Vor Bildern. Geschichten und Gedichte*. Hg. u. mit einem Nachw. vers. v. Bernhard Echte. Frankfurt u. Leipzig: Insel 2006 (Insel-Bücherei; 1282).

Weber, Max: *Wissenschaft als Beruf* [1919]. Nachw. v. Friedrich Tenbruck. Stuttgart: Reclam 1995 (RUB; 9388).

Wedekind, Frank: *Der Mückenprinz. Parterre-Excentriques*. In: ders.: *Werke. Kritische Studienausgabe*, Bd. 3,1. Hg. v. Hartmut Vinçon. Darmstadt: Häusser 1994, S. 41–49.

Wieland, Christoph Martin: *Agathon*. In: ders.: *Werke*. Hg. v. Fritz Martini u. Werner Seiffert, Bd. 1. München: Hanser 1964.

Wochenendbeilage der *Neuen Zürcher Zeitung* zu Robert Walser, *Literatur und Kunst*, 27./28. 5. 2006, Nr. 147.

Zschokke, Matthias: *Maurice mit Huhn. Roman*. Zürich: Ammann 2006 (Meridiane; 90).

Sekundärliteratur

Ackermann, Gregor: *Walter Benjamin liest Robert Walser*. In: *Mitteilungen der Robert Walser-Gesellschaft*, Heft 14 (April 2007), S. 7–10.

A. E. [= Arthur Eloesser]: *Neue Bücher*. In: *Vossische Zeitung*, 22. 2. 1907, Nr. 89; erneut abgedruckt in: *Mitteilungen der Robert Walser-Gesellschaft*, Heft 12 (September 2005), S. 4–6.

Agamben, Giorgio: *Bartleby o della contingenza*. In: Gilles Deleuze u. Giorgio Agamben: *Bartleby, la formula della creazione*. Macerata: Quodlibet 1993, S. 47–92 [dt. Übers.: ders: *Bartleby oder die Kontingenz gefolgt von Die absolute Immanenz*. Berlin: Merve 1998 (Internationaler Merve Diskurs [IMV]; 214).

Agamben, Giorgio: *Kindheit und Geschichte. Zerstörung der Erfahrung und Ursprung der Geschichte*. Aus dem Italien. v. Davide Giuriato. Frankfurt: Suhrkamp 2004 (bs; 1379).

Agamben, Giorgio: *Profanierungen*, 2. Aufl. Aus dem Italien. v. Marianne Schneider. Frankfurt: Suhrkamp 2005 (es; 2407).

Alefeld, Yvonne-Patricia: *Göttliche Kinder. Die Kindheitsideologie in der Romantik.* Paderborn: Schöningh 1996.

Andres, Susanne: *Robert Walsers arabeskes Schreiben.* Diss. Universität Erlangen-Nürnberg. Göttingen: Cuvillier 1997.

Anger, Jenny: *Klees Unterricht in der Webereiwerkstatt des Bauhauses.* In: *Das Bauhaus webt.* Ausst. kat. Bauhaus-Archiv Berlin, 16. 9. 1998–31. 1. 1999, Stiftung Bauhaus Dessau, 20. 3.–25. 4. 1999, Nederlandes Textielmuseum Tilburg, 22. 5.– 5. 9. 1999, Kunstsammlungen zu Weimar, 26. 10. 1999–5. 2. 2000.

Anonym: *Literarischer Klub* [in der Rubrik: *Kleine Chronik*]. In: *Neue Zürcher Zeitung,* 145. Jg., 20. 3. 1922, Nr. 370, Abendblatt, S. 1f. [Besprechung der Lesung Robert Walsers vom 8. 3. 1922].

Anonym [Widmann]: *Lyrische Erstlinge.* In: Katharina Kerr (Hg.): *Über Robert Walser,* Bd. 1. Frankfurt: Suhrkamp 1978 (st; 483), S. 11.

Anonymus [Widmann]: *Schweizerische Dichter und österreichische Rezensenten.* In: *Sonntagsblatt des ›Bund‹,* Nr. 17, 28. 4. 1907, S. 135f.

Anonymus: *Jornadas sobre Robert Walser, en el Koldo Mitxelena.* In: *Gara,* 4. 4. 2006.

Anonymus: *Two German Novels.* In: *Times Literary Supplement,* 13. 8. 1908.

Anz, Thomas: *Kafka, der Krieg und das größte Theater der Welt.* In: Uwe Schneider u. Andreas Schumann (Hg.): *Krieg der Geister. Erster Weltkrieg und literarische Moderne.* Würzburg: Königshausen & Neumann 2000, S. 258–262.

Ariès, Philippe: *Geschichte der Kindheit.* Mit einem Vorw. v. Hartmut von Hentig. Aus dem Franz. v. Caroline Neubaur u. Karin Kersten. München u. Wien: Hanser 1975 (Hanser Anthropologie).

Assmann, Aleida u. Jan Assmann: *Schrift.* In: *Reallexikon der deutschen Literaturwissenschaft.* Neubearb. des Reallexikons der dt. Literaturgesch., gem. mit Georg Braungart, Harald Fricke, Klaus Grubmüller, Friedrich Vollhardt u. Klaus Weimar hg. v. Jan-Dirk Müller, Bd. III. Berlin u. New York: de Gruyter 2003, S. 393–399.

Astruc, Alexandre: *Naissance d'une nouvelle avant-garde. La Caméra-stylo* [1948]. In: *Du stylo à la caméra … Écrits 1942–1984.* Paris: L'Archipel 1992, S. 327.

Bach, Mauricio: *Siruela publica un retrato de Walser, el autor que pasó 27 años en un manicomio.* In: *La Vanguardia,* 13. 2. 2000.

Bachelard, Gaston: *Psychoanalyse des Feuers.* Dt. v. Simon Werle. München: Hanser 1985 (Edition Akzente).

Bachtin, Michail: *Die Ästhetik des Wortes.* Übers. v. Rainer Grübel u. Sabine Reese. Hg. v. Rainer Grübel. Frankfurt: Suhrkamp 1979 (es; 967).

Bachtin, Michail: *Rabelais und seine Welt. Volkskultur als Gegenkultur.* Übers. v. Gabriele Leupold. Hg. v. Renate Lachmann. Frankfurt: Suhrkamp 1987 (stw; 1187).

Barrella, Sandro: *Las composiciones de Fritz Kocher. Robert Walser.* In: *Clarín,* 19. 9. 1999.

Bäschlin, Nathalie, Béatrice Ilg u. Patrizia Zeppetella: *Paul Klees Malutensilien. Zu Werkspuren und Gemäldeoberfläche.* In: *Paul Klee. Die Sammlung Bürgi.* Hg. v. Stefan Frey u. Josef Helfenstein. Bern: Benteli 2000, S. 183–197.

Baumberger, Christa: *Resonanzraum Literatur. Polyphonie bei Friedrich Glauser*. München: Fink 2006.

Beckmann, Martin: *Das Märchen will's. Robert Walsers produktive Märchenrezeption.* In: Thomas Eicher (Hg.): *Märchen und Moderne. Fallbeispiele einer intertextuellen Relation.* Münster: Lit. 1996 (Literatur im Kontext; 2), S. 21–47.

Bendt, Jutta: *Die Bibliothek Glück. Vorstellung einer Wiener Sammlung.* Marbach: Deutsche Schillergesellschaft 1998.

Benn, Joachim: *Robert Walser.* In: Katharina Kerr (Hg.): *Über Robert Walser*, Bd. 1. Frankfurt: Suhrkamp 1978 (st; 483), S. 92–102.

Besprechung [in der Rubrik »Vom Rundfunk«] [der Radio-Sendung zu Robert Walser vom 20. 8. 1929 am Frankfurter Sender]. In: *Frankfurter Zeitung*, Jg. 74, Nr. 621, 21. 8. 1929, Abendblatt (Express-Ausgabe), S. 1.

Blank, Herbert: *In Walter Benjamins Bibliothek. Gelesene, zitierte, rezensierte Bücher und Zeitschriften in der Edition, in der Benjamin sie kannte und nutzte. Dokumentation einer verlorenen Bibliothek.* Teil I. Stuttgart: Antiquariat Herbert Blank 2006.

Blei, Franz u. Max Brod: *Circe und ihre Schweine. Eine klassische Legende mit Musik.* In: *Die Schaubühne* 4 (1908), Bd. 1, Nr. 6 vom 6. 2. 1908, S. 152–160.

Böhler, Michael: *Dichten aus der Peripherie des Schreibens. Theoretische Prolegomena zur Frage nach Robert Walsers kulturpolitischem Ort im deutschsprachigen Raum.* In: Peter Utz (Hg.): *Wärmende Fremde. Robert Walser und seine Übersetzer im Gespräch. Akten des Kolloquiums an der Universität Lausanne, Februar 1994.* Bern u. a.: Lang 1994 (Travaux du Centre de Traduction Litteraire; 25), S. 245–265.

Bolli, Thomas: *Inszeniertes Erzählen. Überlegungen zu Robert Walsers »Räuber«-Roman.* Bern: Francke 1991.

Borchmeyer, Dieter: *Robert Walsers Metatheater. Über die Dramolette und szenischen Prosastücke.* In: Paolo Chiarini u. Hans Dieter Zimmermann (Hg.): *»Immer dicht vor dem Sturze …«. Zum Werk Robert Walsers.* Frankfurt: Athenäum 1987, S. 129–143.

Brandstetter, Alois: *Robert Walsers Österreicher. Überlegungen zu Die Schlacht bei Sempach.* In: Katharina Kerr (Hg.): *Über Robert Walser*, Bd. 2. Frankfurt: Suhrkamp 1978 (st; 484), S. 45–50.

Brandstetter, Gabriele: *Anhaltende Bewegung. Nijinskys Sprung als Figur der Undarstellbarkeit.* In: *Hofmannsthal Jahrbuch zur europäischen Moderne* 9 (2001), S. 163–195.

Brandt, Jan: *Springende Fohlen. Die junge Generation um 1930 als Marketingkonzept.* In: Thomas Wegmann (Hg.): *Markt. Literarisch.* Bern: Lang 2005 (Publikationen zur Zeitschrift für Germanistik; 12), S. 151–169.

Brod, Max u. Franz Kafka: *Eine Freundschaft. Briefwechsel.* Hg. v. Malcom Pasley, 2 Bde. Frankfurt: Fischer 1989.

Brod, Max: *Kleine Prosa.* In: *Neue Rundschau* 24 (1913), S. 1043–1046.

Brod, Max: *Kommentar zu Robert Walser.* In: *Pan* 2 (1911), Nr. 2, S. 53–58; wieder in: ders.: *Über die Schönheit häßlicher Bilder. Ein Vademecum für Romantiker unserer Zeit.* Leipzig: Kurt Wolff 1913, S. 158–166.

Brod, Max: *Über die Schönheit häßlicher Bilder. Ein Vademecum für Romantiker unserer Zeit.* Leipzig: Kurt Wolff 1913.

Brod, Max: *Über Franz Kafka. Franz Kafka. Eine Biographie. Franz Kafkas Glauben und Lehre. Verzweiflung und Erlösung im Werk Franz Kafkas.* Frankfurt: Fischer 1966.

Bungartz, Christoph: *Zurückweichend Vorwärtsschreiten. Die Ironie in Robert Walsers Berner Prosa.* Bern u. Frankfurt: Lang 1988.

Butler, Judith: *Das Unbehagen der Geschlechter* [1990]. Aus dem Amerikan. v. Katharina Menke. Frankfurt: Suhrkamp 1991 (es; 1722).

Cadot, Michel: *Robert Walser liest Stendhal.* In: Paolo Chiarini u. Hans Dieter Zimmerman (Hg.): *»Immer dicht vor dem Sturze ...« Zum Werk Robert Walsers.* Frankfurt: Athenäum 1987, S. 199–209.

Calasso, Roberto: *El sueño del calígrafo.* In: ders.: *Los cuarenta y nueve escalones.* Aus dem Italien. v. Joaquín Jordá. Barcelona: Anagrama 1994 (Argumentos; 155), S. 59–78 [dt. Übers.: ders.: *Die neunundvierzig Stufen. Essays.* Aus dem Italien. v. Joachim Schulte. München: Hanser 2005].

Calasso, Roberto: *K.* Aus dem Italienischen von Reimar Klein. München: Hanser 2006.

Cano Gaviria, Ricardo: *Walser o las virtudes ocultas de la ironía.* In: *La Vanguardia*, 1. 5. 1986, S. 29.

Carrera, Pilar: *El bandido y Robert Walser.* In: *Revista de Occidente* (277, Juni 2004), S. 140–148.

Cassirer, Ernst: *Philosophie der symbolischen Formen*, Teil 1: *Die Sprache.* Darmstadt: Wissenschaftliche Buchgesellschaft 1985.

Claudel, Paul: *Watteau. L'Indifférent.* In: *L'œil écoute.* Paris: Gallimard 1946, S. 153.

Conte, Rafael: *Los peces en la arena del lenguaje.* In: *El País*, 12. 12. 85, Beilage *Libros*, S. 4f.

Curtius, Ernst Robert: *Lateinische Literatur und europäisches Mittelalter* [1948], 11. Aufl. Tübingen u. Basel: Francke 1993.

de Sagarra, Joan: *El extraño camaleón.* In: *La Vanguardia*, 19. 5. 2005.

Deleuze, Gilles u. Félix Guattari: *Anti-Ödipus. Kapitalismus und Schizophrenie, I* [1972]. Übers. v. Bernd Schwips. Frankfurt: Suhrkamp 1974.

Deleuze, Gilles u. Félix Guattari: *Kafka. Für eine kleine Literatur* [1975]. Aus dem Franz. übers. v. Burkhart Kroeber. Frankfurt: Suhrkamp 1976 (es; 807).

Deleuze, Gilles: *Bartleby oder die Formel.* Aus dem Franz. v. Bernhard Dieckmann. Berlin: Merve 1994 (IMD; 182).

Deleuze, Gilles: *Vorwort zur italienischen Ausgabe von »Tausend Plateaus«* [1987]. In: ders.: *Schizophrenie und Gesellschaft. Texte und Gespräche von 1975 bis 1995.* Hg. v. Daniel Lapoujade. Aus d. Franz. v. Eva Moldenhauer. Frankfurt: Suhrkamp 2005, S. 294–297.

Deleuze, Gilles: *Was die Stimme dem Text bringt ...* [1987]. In: ders.: *Schizophrenie und Gesellschaft. Texte und Gespräche von 1975 bis 1995.* Hg. v. Daniel Lapoujade. Aus d. Franz. v. Eva Moldenhauer. Frankfurt: Suhrkamp 2005, S. 309f.

Derivière, Philippe: *Paul Nizon – Das Leben am Werk. Ein Essay* [2000]. Aus dem Franz. v. Erich Wolfgang Skwara. Frankfurt: Suhrkamp 2003 (es; 2258).

Die Brüder Karl und Robert Walser. Maler und Dichter. Hg. v. Bernhard Echte u. Andreas Meier. Stäfa: Rothenhäusler 1990.

Echte, Bernhard (Hg.): *Robert Walser: Unsere Stadt. Texte über Biel.* Wädenswil: Nimbus 2002.

Echte, Bernhard: *»Hölderlin'sche Schicksalsfortsetzungen«. Vortrag an der Jahrestagung der Robert Walser-Gesellschaf, 27. 10. 2001,* zit. nach: <www.robertwalser.ch>.

Echte, Bernhard: *Dieses graziöse Vorüberhuschen der Bedeutungen. Robert Walser und das Kino.* In: *Ausstattung.* Basel u. Frankfurt: Stroemfeld 1994 (CINEMA; 40), S. 153–162.

Ehrich-Haefeli, Verena: *»Gaukler sein wäre schön«. »Fritz Kochers Aufsätze« – ein Modell subversiver Anpassung bei Robert Walser.* In: Wolfram Malte Fues u. Wolfram Mauser (Hg.): *Verbergendes Enthüllen. Zu Theorie und Kunst dichterischen Verkleidens. Festschrift für Martin Stern.* Würzburg: Königshausen & Neumann 1995, S. 329–344.

Evans, Tamara S.: *Robert Walser: Writing Painting.* In: dies. (Hg.): *Robert Walser and the Visual Arts.* New York: The Graduate School and University Center, The City University of New York 1996 (Pro Helvetia Swiss Lectureship; 9).

Evans, Tamara S.: *Robert Walsers Moderne.* Bern u. Stuttgart: Francke 1989.

F. B. [= Franz Blei]: *Von Büchern.* In: *Die Opale* 1/1,2 (1907), S. 213f.

Finder, Martin [= Felix Salten]: *Geschwister Tanner.* In: *Die Zeit,* Nr. 1616, 24. 3. 1907.

Fontana, Oskar Maurus: *Zeugen des Daseins.* In: *Der Tag,* 22. 4. 1928.

Fröhlich, Elio u. Peter Hamm (Hg.): *Robert Walser. Leben und Werk in Daten und Bildern.* Frankfurt: Insel 1980 (it; 264).

Fuchs, Annette: *Dramaturgie des Narrentums. Das Komische in der Prosa Robert Walsers.* München: Fink 1993 (Theorie und Geschichte der Literatur und der schönen Künste, Reihe C: Ästhetik, Kunst und Literatur in der Geschichte der Neuzeit; 10).

Gabrisch, Anne: *Robert Walser und Franz Blei. Oder vom Elend des literarischen Betriebs. Vortrag an der Jahrestagung der Robert Walser-Gesellschaft 1999,* zit. nach: <www.robertwalser.ch>.

Gees, Marion: *Robert Walsers galante Damen. Fragmente einer Sprache der höfischen Geste.* In: Heinz Ludwig Arnold (Hg.): *Robert Walser,* 4. Aufl. (Neufassung). München: text + kritik 2004 (text + kritik; 12/12a), S. 142–154.

Gees, Marion: *Schauspiel auf Papier. Gebärde und Maskierung in der Prosa Robert Walsers.* Berlin: Erich Schmidt 2001 (Philologische Studien und Quellen; 168).

Gelormini, Nicolás: *Ciudades de la imaginación.* In: *Radar,* 1. 5. 06.

Girardi, Claudia: *Pierrotdichtungen im deutschen Sprachraum um 1900.* In: Florian Krobb u. Sabine Strümper-Krobb (Hg.): *Literaturvermittlung um 1900. Fallstudien zu Wegen ins deutschsprachige kulturelle System.* Amsterdam u. New York: Rodopi 2001 (Internationale Forschungen zur allgemeinen und vergleichenden Literaturwissenschaft), S. 93–111.

Giuriato, Davide: *Mikrographien. Zu einer Poetologie des Schreibens in Walter Benjamins Kindheitserinnerungen.* München: Fink 2006 (Zur Genealogie des Schreibens; 5).

Glaesmer, Jürgen: *Paul Klee. Die farbigen Werke im Kunstmuseum Bern. Gemälde, farbige Hinterglasbilder und Plastiken.* Bern: Kornfeld 1976 (Sammlungskataloge des Berner Kunstmuseums: Paul Klee; 1).

Glück, Franz: *Über Robert Walser.* In: *Wiener Zeitung,* 16. 12. 1937.

González-Posada, Juan: *Una portuguesa vital*. In: *La Vanguardia*, 23. 6. 2004.

Gößling, Andreas: *Ein lächelndes Spiel. Kommentar zu Robert Walsers »Geschwister Tanner« mit einem Anhang unveröffentlichter Manuskriptvarianten des Romans*. Würzburg: Königshausen & Neumann 1991.

Göttert, Karl-Heinz: *Geschichte der Stimme*. München: Fink 1998.

Greven, Jochen: »*... den Blick anzublicken, ins Anschauen zu schauen«. Beobachtung und Selbstreferenz bei Robert Walser*. In: *Runa, Revista portuguesa de estudos germanisticos* 21 (1, 1994). Lisboa: Universidade Catolica Portuguesa 1994, S. 7–29.

Greven, Jochen: *Figuren des Widerspruchs. Zeit- und Kulturkritik im Werk Robert Walsers*. In: Katharina Kerr (Hg.): *Über Robert Walser*, Bd. 2. Frankfurt: Suhrkamp 1978 (st; 484), S. 164–193.

Greven, Jochen: *Robert Walser und Christian Morgenstern. Zur Entstehungsgeschichte von Walsers frühen Romanen*. In: Heinz Ludwig Arnold (Hg.): *Robert Walser*, 3. Aufl. München: text + kritik 1978 (text + kritik; 12/12a), S. 42–52 [auch in: Katharina Kerr (Hg.): *Über Robert Walser*, Bd. 2. Frankfurt 1978 (st; 484), S. 255–268].

Greven, Jochen: *Robert Walser, Siegfried Jacobsohn und »Die Schaubühne«, Referat an der Jahrestagung der Robert Walser-Gesellschaft*, München, 26. 6. 2004, zit. nach: <www.robertwalser.ch>.

Greven, Jochen: *Robert Walser. Ein Außenseiter wird zum Klassiker. Abenteuer einer Wiederentdeckung*. Lengwil: Libelle 2003.

Greven, Jochen: *Robert Walsers Schaffen in seiner quantitativen zeitlichen Entwicklung und in der Materialität seiner Überlieferung*. In: *TEXT. Kritische Beiträge* (9, 2004), S. 129–147.

Groddeck, Wolfram: *Gedichte auf der Kippe. Zu Robert Walsers Mikrogrammblatt 62*. In: Davide Giuriato u. Stephan Kammer (Hg.): *Bilder der Handschrift. Die graphische Dimension der Literatur*. Frankfurt u. Basel: Stroemfeld 2006 (Nexus; 71), S. 239–268.

Groddeck, Wolfram: *Robert Walser und das Fantasieren. Zur Niederschrift der »Geschwister Tanner«*. In: Heinz Ludwig Arnold (Hg.): *Robert Walser*, 4. Aufl. (Neufassung). München: text + kritik 2004 (text + kritik; 12/12a), S. 55–68.

Groddeck, Wolfram: *Schrift und Textkritik. Vorläufige Überlegungen zu einem Editionsproblem in Robert Walsers Mikrogrammen am Modell der »Bleistiftskizze«*. In: *Textkritik/Editing Literature. MLN German Issue*, April 2002, vol. 117, S. 544–559.

Groddeck, Wolfram: *Zum Projekt der neuen, kritischen Robert Walser-Ausgabe*. In: *TEXT. Kritische Beiträge Nr. 10. Text Werk*. Im Auftrag des Instituts für Textkritik hg. v. Roland Reuß, Wolfram Groddeck u. Walter Morgenthaler. Frankfurt: Stroemfeld u. Roter Stern 2005, S. 105–114 [auch in: *Mitteilungen der Robert Walser-Gesellschaft* 12 (2005), S. 10–16].

Gronau, Peter: *Robert Walser im Garten der Stile. Jugendstil versus Rokoko*. In: Heinz Ludwig Arnold (Hg.): *Robert Walser*, 4. Aufl. (Neufassung). München: text + kritik 2004 (text + kritik; 12/12a), S. 130–141.

Große deutsche Aufsatzschule für den Schul- und Selbstunterricht. Bearb. v. W. Übelsacker, 12. Aufl. Berlin: August Schultze 1910.

Guelbenzu, José María: *Rendijas de la conciencia*. In: *El País*, 3. 4. 2004.

Guerra, Vanesa: *Robert Walser o los manotazos del instante*. In: *Letralia* 118, S. 13.

Haas, Willy: »*Freundliches Erleben*« *(Zu den Gedichten von Otto Pick, Axel Juncker 1912)*. In: *Prager Tagblatt*, 7. 4. 1912, S. 36.

Hammer, Gerd: *Momente des Kindlichen im Werk Robert Walsers*. Frankfurt u. Griedel: Afra 1989.

Hartog, François: *Régimes d'historicité. Présentisme et expérience du temps.* Paris: Seuil 2003 (La librairie du XXIe siècle).

Hedinger, Markus, Roger Müller Farguell u. Reto Sorg: *Am Leitfaden des Grotesken. Zur Einleitung.* In: dies. (Hg.): *Das Groteske.* Freiburg: Academic Press Fribourg 2005 (Colloquium Helveticum; 35/2004), S. 11–18.

Hedinger, Markus, Roger Müller Farguell u. Reto Sorg (Hg.): *Das Groteske.* Freiburg: Academic Press Fribourg 2005 (Colloquium Helveticum; 35/2004).

Heffernan, Valerie: *Provocation from the Periphery. Robert Walser Re-examined.* Würzburg: Königshausen & Neumann 2007.

Hinz, Klaus-Michael u. Thomas Horst (Hg.): *Robert Walser.* Frankfurt: Suhrkamp 1991 (st; 2104).

Hinz, Klaus-Michael: *Wo die bösen Kinder wohnen. Robert Walsers Melancholie. Mit einer Fußnote zu Kafkas Spielsachen.* In: ders. u. Thomas Horst (Hg.): *Robert Walser.* Frankfurt: Suhrkamp 1991 (st; 2104), S. 310–322.

Hofmann, Marit: *Die wohlwollende Provokation. Robert Walsers Bemühungen um den Leser in der späten Kurzprosa.* In: *Weimarer Beiträge* 3 (1996), S. 449–458.

Holona, Marian: *Zur Sozialethik in Robert Walsers Kleinprosa. Mediocritas – oder die Aufhebung des Rollenspiels.* In: Klaus-Michael Hinz u. Thomas Horst (Hg.): *Robert Walser.* Frankfurt: Suhrkamp 1991 (st; 2104), S. 152–168.

Hörisch, Jochen: *Das Sein der Zeichen und die Zeichen des Seins.* In: Jacques Derrida: *Die Stimme und das Phänomen. Ein Essay über das Problem des Zeichens in der Philosophie Husserls* [1967]. Aus dem Franz. übersetzt u. mit einem Vorw. vers. v. Jochen Hörisch. Frankfurt: Suhrkamp 1979 (es; 945), S. 7–50.

Huber, Peter: »*Dem Dichterunstern gänzlich verfallen*«. *Robert Walsers Kleist.* In: Dieter Borchmeyer (Hg.): *Robert Walser und die moderne Poetik.* Frankfurt: Suhrkamp 1999 (es; 2107), S. 140–166.

Hübner, Andrea: *Ei! welcher Sinn liegt im Unsinn. Robert Walsers Umgang mit Märchen und Trivialliteratur.* Tübingen: Stauffenburg 1995 (Stauffenburg Colloquium; 36).

Ifkovits, Kurt (Hg.): *Hermann Bahr – Jaroslav Kvapil. Briefe, Texte, Dokumente.* Unter Mitarb. v. Hana Blahová. Basel u. a.: Lang 2007 [im Druck].

Izquierdo, Lluís: *La prosa impulsiva de un suizo doméstico.* In: *El País*, 9. 9. 1984, Beilage *Libros*, S. 3.

Jäger, Christian u. Erhard Schütz: *Städtebilder zwischen Literatur und Journalismus. Wien, Berlin und das Feuilleton der Weimarer Republik.* Wiesbaden: Deutscher Universitätsverlag 1999.

Janko, Rosemarie von: [Rezension zu] *Große kleine Welt.* In: *Neues Wiener Tagblatt*, 1. 1. 1938.

Jurt, Joseph: »*Une manière absolue de voir les choses*«. *Flaubert ou l'art pur*. In: Daniel Jacob, Thomas Krefeld u. Wulf Oesterreicher (Hg.): *Sprache, Bewußtsein, Stil. Theoretische und historische Perspektiven*. Tübingen: Narr 2005, S. 197–215.

Kammer, Stephan: *Figurationen und Gesten des Schreibens. Zur Ästhetik der Produktion in Robert Walsers Prosa der Berner Zeit*, Tübingen: Niemeyer 2003 (Hermaea. Germanistische Forschungen; N. F. 102).

Kammer, Stephan: *Poetologie der Lektüre – Lektüre der Poetologie: Robert Walsers »Kindliche Rache. Ein Miniaturroman«*. In: *Text & Kontext. Zeitschrift für germanistische Literaturforschung in Skandinavien* (Sonderband: Robert Walser. Hg. v. Christian Benne, 2007) [im Druck].

Kassner, Rudolf: *Hebbel* [1906]. In: ders.: *Sämtliche Werke*, Bd. 2. Hg. v. Ernst Zinn. Pfullingen: Neske 1974, S. 153–175.

Kassner, Rudolf: *Hebbel* [1923]. In: ders.: *Essays*. Leipzig: Insel 1923, S. 96–115.

Kerr, Katharina (Hg.): *Über Robert Walser*, 3 Bde. Frankfurt: Suhrkamp 1978f. (st; 483, 484 u. 556).

Kießling-Sonntag, Jochem: *Gestalten der Stille. Untersuchungen zur Prosa Robert Walsers*. Bielefeld: Aisthesis 1997.

Kisch, E.[gon] E.[rvín]: *Kavárna »Kandelábr«*. In: *Rudé květy* 13 (1913/14), č. 1, S. 11–15.

Kisch, Egon Ervín: *Drohotín Podravič*. In: *Rudé květy* 13 (1913/14), S. 342–344 u. 346.

Kisch, Egon Ervín: *Zakázané letáky*. In: *Rudé květy* 13 (1913/14), S. 379f.

Kleihues, Alexandra: *Der Dialog als Form. Analysen zu Shaftesbury, Diderot, Madame d'Épinay und Voltaire*. Würzburg: Königshausen & Neumann 2002.

Köhn, Eckhardt: *Straßenrausch. Flanerie und kleine Form. Versuch zur Literaturgeschichte des Flaneurs von 1830–1933*. Berlin: Das Arsenal 1989.

Köpplová, Barbara u. Kurt Krolop (Hg.): *Robert Musil. Briefe nach Prag*. Reinbek 1971.

Köpplová, Barbara: *Die Kulturrubrik der »Prager Presse« in den Jahren 1921–1924*. In: *brücken. Germanistisches Jahrbuch DDR–ČSSR* 1987/88, S. 72–83.

Köpplová, Barbara: *Prager Presse. Založení listu a jeho kulturně politická úloha v letech 1921–1925*, Prag 1986.

Korrodi, Eduard: *Ein Dichter-Abend. Robert Walser und Karl Stamm*. In: Katharina Kerr (Hg.): *Über Robert Walser*, Bd. 1. Frankfurt: Suhrkamp 1978 (st; 483), S. 115–117 [ursprünglich in *Neue Zürcher Zeitung*, 10. 11. 1920, Nr. 1848].

Korrodi, Eduard: *Walser über Walser*. In: *Eduard Korrodi. Ausgewählte Feuilletons*. Hg. v. Helen Münch-Küng, Bern u. a.: Haupt 1995 (Schweizer Texte, Neue Folge; 4), S. 108f. [ursprünglich in *Neue Zürcher Zeitung*, 28. 1. 1925, Nr. 145].

Koselleck, Reinhart: *Vergangene Zukunft. Zur Semantik geschichtlicher Zeiten*. Frankfurt: Suhrkamp 1989 (stw; 757).

Kubka, František: *Augenzeuge meiner Zeit. Begegnungen mit Augenzeugen aus Ost und West*. Praha: Artia 1964.

Laurin, Arne: *Umělecký průmysl slova*. In: *Právo lidu*, 13. 8. 1913, č. 221, S. 1–2.

Le Poulichet, Sylvie: *El arte de vivir en peligro. Del desamparo a la creación.* Buenos Aires: Nueva Visión 1998.

Lehmann, Hans-Thies: *Postdramatisches Theater: Essay.* Frankfurt: Verlag der Autoren 1999.

Lengauer, Hubert: *Das Wiener Feuilleton nach 1848.* In: Kai Kauffmann u. Erhard Schütz (Hg.): *Die lange Geschichte der kleinen Form. Beiträge zur Feuilletonforschung.* Berlin: Weidler 2000, S. 102–121.

Lengauer, Hubert: *Hofmannsthals journalistische Anfänge und das Feuilleton des späten 19. Jahrhunderts.* In: *Hofmannsthal und das Theater. Die Vorträge des Hofmannsthal Symposiums Wien 1979.* Hg. v. Wolfram Mauser. Wien: Halosar o. J. (Hofmannsthal Forschungen), S. 125–139.

Lethen, Helmut: *Aufstieg und Niedergang des ›Apparats‹.* In: Reto Sorg u. Stefan Bodo Würffel (Hg.): *Gott und Götze in der Literatur der Moderne.* München: Fink 1999, S. 101–116.

Lienhard, Ralf (Hg.): *Der Kreis der »Individualität«. Willy Storrer im Briefwechsel mit Oskar Schlemmer, Hermann Hesse, Robert Walser und anderen.* Bern: Haupt 2003 (Schweizer Texte; 21).

Lopetegui, A.: *El Koldo Mitxelena acoge entre hoy y el miércoles una cita con Robert Walser, el »escritor de lo extraño«.* In: *Deia,* 4. 4. 2006.

Lyotard, Jean-François: *Kindheitslektüren.* Hg. v. Peter Engelmann. Aus dem Franz. v. Ronal Vouillié. Wien: Passagen 1995 (Editon Passagen; 41).

Mächler, Robert: *Das Leben Robert Walsers. Eine dokumentarische Biographie* [1966]. Frankfurt: Suhrkamp 1976 (st; 321).

Mächler, Robert: *Ein Friedensfreund. Robert Walser als braver Soldat.* In: ders.: *Robert Walser der Unenträtselte. Aufsätze aus vier Jahrzehnten.* Hg. v. Werner Morlang. Zürich u. München: Pendo 1999, S. 120–126.

Marešová, Eva: *Otto Pick und Otokar Březina.* In: *brücken. Germanistisches Jahrbuch DDR–ČSSR* 1987/88, S. 87–95.

Marešová, Eva: *Otto Pick. Život a dílo. Vědecká rada filozofické fakulty UK Praha,* Prag 1981.

Marešová, Eva: *Otto Picks dichterisches Schaffen.* In: *brücken. Germanistisches Jahrbuch DDR–ČSSR* 1986/87, S. 60–71.

Martín Garzo, Gustavo: *El hombre de la maleta.* In: *El País,* 17. 5. 98.

Melchinger, Siegfried: *Nachwort.* In: Luigi Pirandello: *Sechs Personen suchen einen Autor.* Aus dem Ital. übertr. v. Georg Richert. Stuttgart: Reclam 1967, S. 99–112.

Meyer, E. Y.: *Sympathie für einen Versager. Gedanken eines Nachgeborenen über einen Dichter namens Robert Walser.* In: Katharina Kerr (Hg.): *Über Robert Walser,* Bd. 2. Frankfurt: Suhrkamp 1978 (st; 484), S. 51–58.

Middleton, Christopher: *A Parenthesis to the discussion of Robert Walser's Schizophrenia.* In: Mark Harman (Hg.): *Robert Walser rediscovered.* Hannover u. London: University Press of New England 1985, S. 190–194.

Middleton, Christopher: *The Picture of Nobody. Some Remarks on Robert Walser with a note on Walser and Kafka.* In: *Revue des langues vivantes* 1958 (24), S. 404–428.

Middleton, Christopher: *Translation as a Species of Mime*. In: Susan Bernofsky u. Tom Whalen (Hg.): *Review of Contemporary Fiction* 1992 (12, 1), S. 50–56.

Modern, Rodolfo: *La libertad paradójica de Robert Walser*. In: *Revista de Occidente* (244, Sept. 2001), S. 135–145.

Morlang, Werner: *Melusine unter dem Fadenzähler*. In: *NZZ Folio* (1991), Nr. 10, S. 96.

Morlang, Werner: *Gelegenheits- oder Verlegenheitslyrik. Anmerkungen zu den späten Gedichten Robert Walsers*. In: Klaus-Michael Hinz u. Thomas Horst (Hg.): *Robert Walser*. Frankfurt: Suhrkamp 1991 (st; 2104), S. 115–133.

Morlang, Werner: *Im Tarnzauber der Mikrografie*. In: *du*, Okt. 2002, H. 730, S. 58–61.

Morlang, Werner: *Melusines Hinterlassenschaft. Zur Demystifikation und Remystifikation von Robert Walsers Mikrographie*. In: *runa* 21 (1994), S. 81–99.

Mühlegger, Christiane: *»Pierrot s'agite et Tout le mène«. Metamorphosen einer Lachfigur. Jules Laforgue und die Pierrotfigur im Zeichen der Philosophie des Unbewußten Eduard von Hartmanns*. Frankfurt: Lang 2000 (Europäische Hochschulschriften: Reihe 30, Theater-, Film- und Fernsehwissenschaften; 80).

Nezdařil, Ladislav: *Česká poezie v německých překladech*. Prag: Academia 1985.

Nix, Angelika: *Das Kind des Jahrhunderts im Jahrhundert des Kindes*. Freiburg: Rombach 2002.

Occhiuzzi, Dorian: *Enrique Vila-Matas y Robert Walser*. In: *Quimera* (267, Feb. 2006), S. 40–46.

Okuda, Osamu: *Paul Klee: Buchhaltung, Werkbezeichnung und Werkprozess*. In: *Radical Art History. Internationale Anthologie – Subject: O. K. Werckmeister*. Hg. v. Wolfgang Kersten. Zürich: ZIP 1997, S. 374–397.

Ong, Walter J.: *Oralität und Literalität. Die Technologisierung des Wortes* [1982]. Aus dem Amerikan. v. Wolfgang Schömel. Opladen: Westdeutscher Verlag 1987.

Paech, Joachim: *Literatur und Film*, 2., überarb. Aufl. Stuttgart u. Weimar: Metzler 1997 (SM; 235).

Panofsky, Walter: *Die Geburt des Films. Ein Stück Kulturgeschichte*. Würzburg: Triltsch 1940.

Pauls, Alan: *Menos que cero*. In: *Radar*, 5. 3. 2000.

Pelletier, Nicole: *»Walsereien« in Prag. Zu einigen Gemeinsamkeiten zwischen Robert Walser und Franz Kafka*. In: Klaus-Michael Hinz u. Thomas Horst (Hg.): *Robert Walser*. Frankfurt: Suhrkamp 1991 (st; 2104), S. 276–291.

Pérez, Violeta: *Robert Walser en Espagne*. In: Peter Utz (Hg.), *Wärmende Fremde. Robert Walser und seine Übersetzer im Gespräch. Akten des Kolloquiums an der Universität Lausanne, Februar 1994*. Bern u. a.: Lang 1994 (Travaux du Centre de Traduction Litteraire; 25), S. 199–203.

Pestalozzi, Karl: *Nachprüfungen einer Vorliebe. Kafkas Beziehung zum Werk Robert Walsers*. In: *Akzente* 13 (1966), S. 322–344; wieder in: Katharina Kerr (Hg.): *Über Robert Walser*, Bd. 2. Frankfurt 1978 (st; 484), S. 94–114.

Pfahlbaufieber. Von Antiquaren, Pfahlbaufischern, Altertümerhändlern und Pfahlbaumythen. Beiträge zu »150 Jahre Pfahlbauforschung in der Schweiz«. Hg. v. der Antiquarischen Gesellschaft in Zürich, Zürich: Chronos 2004 (Mitteilungen der Antiquarischen Gesellschaft in Zürich; 71).

Pfister, Manfred: *Das Drama. Theorie und Analyse*, 5., durchges. u. erg. Aufl. München: Fink 1988 (UTB; 580).

Pick, Otto: *Německý dopis*. In: *Pokroková revue* 9 (1912/13), S. 43–49, u. S. 94–97.

Pick, Otto: *Z moderní prózy německé*. In: *Novina* 5 (1911/12), S. 374f.

Polgar, Alfred: *Das Wiener Feuilleton* (1906). In: ders.: *Sperrsitz*. Hg. u. mit einem Nachw. v. Ulrich Weinzierl. Wien: Löcker 1980, S. 33–37 [auch in: ders.: *Kleine Schriften*, Bd. 4, S. 200–205].

Polgar, Alfred: *Robert Walsers »Große kleine Welt«*. In: ders.: *Kleine Schriften*, Bd. 4: *Literatur*. Hg. v. Marcel Reich-Ranicki in Zusammenarb. mit Ulrich Weinzierl. Reinbek: Rowohlt 1984, S. 86–89.

Prolog vor dem Film. Nachdenken über ein neues Medium 1909–1914. Hg. u. komm. v. Jörg Schweinitz. Leipzig: Reclam 1992.

R. I. K. [= Rudolf Jeremias Kreutz]: [Rezension zu] *Große kleine Welt*. In: *Neue Freie Presse*, 1938.

Rábade Villar, María do Cebreiro: *La muerte por la nieve. Una aproximación a la poética expresionista de Robert Walser*. In: *C de Crítica. Revista digital de cinema*, 2000.

Rabenalt, Peter: *Filmdramaturgie*, 4. Aufl. Berlin: Vistas 2004.

Rasch, Wolfdietrich: *Tanz als Lebenssymbol im Drama um 1900*. In: ders.: *Zur deutschen Literatur seit der Jahrhundertwende. Gesammelte Aufsätze*. Stuttgart: Metzler 1967, S. 58–77.

Regel, Günther: *Das Phänomen Paul Klee*. In: *Paul Klee: Kunst – Lehre. Aufsätze, Vorträge und Rezensionen und Formlehre*. Hg. v. Günther Regel. Leipzig: Reclam 1991, S. 5–34.

Reibnitz, Barbara von: *»Komma überschreibt Punkt«. Anfangen und Nicht-Aufhörenkönnen in Robert Walsers Romanerstling »Geschwister Tanner«*, Vortrag vom 16. 11. 2006 im Rahmen der Tagung *Anfangen zu schreiben* am Schweizerischen Literaturarchiv in Bern [im Druck].

Robert Walser [1984]. Hg. v. Elsbeth Pulver u. Arthur Zimmermann, 4. Aufl. Bern: Zytglogge 1993 (Dossier Pro Helvetia).

Rodewald, Dierk: *Robert Walsers Prosa. Versuch einer Strukturanalyse*. Bad Homburg: Gehlen 1970.

Rodewald, Dierk: *Sprechen als Doppelspiel. Überlegungen zu Robert Walsers Berner Prosa*. In: *Der Deutschunterricht* 23 (1971), Beih. 1, S. 71–92.

Roser, Dieter: *Fingierte Mündlichkeit und reine Schrift. Zur Sprachproblematik in Robert Walsers späten Texten*. Würzburg: Königshausen & Neumann 1994 (Epistemata, Reihe Literaturwissenschaft; 133).

Rothe, Arnold: *Der literarische Titel. Formen, Funktionen, Geschichte*. Frankfurt: Klostermann 1986.

Rothemann, Sabine: *Der Gang des Gehens und Schreibens. Zum Problem der Wahrnehmung und Welterfahrung bei Robert Walser*. In: *Die literarische Moderne in Europa*.

Hg. v. Hans Joachim Piechotta, Ralph-Rainer Wuthenow u. Sabine Rothemann. Opladen: Westdeutscher Verlag 1994, S. 474–502.

Rousseau, Jean-Jacques: *Emil oder Über die Erziehung*. Paderborn: Schöningh 1998.

Saer, Juan José: *Los microgramas de Robert Walser*. In: *El País*, 7. 12. 2002.

Saladrigas, Robert: *La fuerza amatoria de Robert Walser*. In: *La Vanguardia*, 30. 7. 2003.

Saladrigas, Robert: *Por las ranuras de la vida*. In: *La Vanguardia*, 10. 8. 2005.

Sauvat, Catherine: *Robert Walser* [1989], 2., überarb. Aufl. Monaco: Editions du Rocher 2002.

Sauvat, Catherine: *Traduction et réception de l'œuvre de Robert Walser en France*. In: dies.: *Robert Walser* [1989], 2., überarb. Aufl. Monaco: Editions du Rocher 2002, S. 177–180.

Schaak, Martina: *»Das Theater, ein Traum«. Robert Walsers Welt als gestaltete Bühne*. Berlin: Wissenschaftlicher Verlag 2000.

Schafroth, Heinz: *Seeland kann überall sein. Oder: Warum es anderswo noch türkischer zugehen kann als in der Türkei. Über Robert Walsers zweite Bieler Zeit (1913–1920) und die (so genannte) Bieler Prosa*. In: Heinz Ludwig Arnold (Hg.): *Robert Walser*, 4. Aufl. (Neufassung). München: text + kritik 2004 (text + kritik; 12/12a), S. 83–94.

Schibli, Emil: *Die Vorlesung. Kleiner Beitrag zu einer Biographie Robert Walsers*. In: Katharina Kerr (Hg.): *Über Robert Walser*, Bd. 1. Frankfurt: Suhrkamp 1978 (st; 483), S. 174–178.

Schindler, Stephan K.: *Das Subjekt als Kind. Die Erfindung der Kindheit im Roman des 18. Jahrhunderts*. Berlin: Schmidt 1994.

Schlagl, Alfred: *Paul Klee-Ausstellung*. In: *Plauener Sonntags-Anzeiger*, 3. 4. 1927 [Staatsgalerie Stuttgart: Archiv Will Grohmann].

Schneider, Uwe u. Andreas Schumann (Hg.): *Krieg der Geister. Erster Weltkrieg und literarische Moderne*. Würzburg: Königshausen & Neumann 2000.

Schriftsteller vor dem Mikrophon. Autorenauftritte im Rundfunk der Weimarer Republik 1924–1932. Eine Dokumentation. Hg. v. Deutschen Rundfunkarchiv, zusammengestellt u. bearb. v. Theresia Wittenbrink, Berlin: Verlag für Berlin-Brandenburg 2006 (Veröffentlichungen des Deutschen Rundfunkarchivs; 36).

Schumann, Andreas: *»Macht mir aber viel Freude«. Hugo von Hofmannsthals Publizistik während des ersten Weltkriegs*. In: Uwe Schneider u. Andreas Schumann (Hg.): *Krieg der Geister. Erster Weltkrieg und literarische Moderne*. Würzburg: Königshausen & Neumann 2000, S. 141–151.

Schweinitz, Anna-Franziska von: *Höfische Repräsentation als Einladung zur Lüge*. In: Oliver Hochadel u. Ursula Kocher (Hg.): *Lügen und Betrügen. Das Falsche in der Geschichte von der Antike bis zur Moderne*. Köln u. a.: Böhlau 2000, S. 81–93.

Siegrist, Christoph: *Vom Glück des Unglücks: Robert Walsers Bieler und Berner Zeit*. In: Klaus-Michael Hinz u. Thomas Horst (Hg.): *Robert Walser*. Frankfurt: Suhrkamp 1991 (st; 2104), S. 56–69.

Simmel, Georg: *Die Großstädte und das Geistesleben*. In: ders.: *Das Individuum und die Freiheit. Essais*. Berlin: Wagenbach 1984, S. 192–204.

Solano, Francisco: *Un mar de estímulos*. In: *El País*, 21. 6. 2003.

Sontag, Susan: *Walser's Voice*. In: Christopher Middleton (Hg.): *Selected Stories of Robert Walser*. New York: Farrar, Straus and Giroux 1982, S. vii–ix.

Sontag, Susan: *Walsers Stimme*. Übers. v. Werner Morlang. In: *Robert Walser* [1984]. Hg. v. Elsbeth Pulver u. Arthur Zimmermann, 4. Aufl. Bern: Zytglogge 1993 (Dossier Pro Helvetia), S. 76–78.

Sorg, Reto u. Osamu Okuda: *»Die satirische Muse« – Hans Bloesch, Paul Klee und das Editionsprojekt »Der Musterbürger«*. Zürich: zip 2005 (Klee-Studien; 2).

Sorg, Reto: *»Die Totalität stellt die Fragen, und jedesmal antwortet das Fragment …«* *Begründung, Zerfall und Auferstehung der romantischen Erzähl-Idee*. In: ders. u. Stefan Bodo Würffel (Hg.): *Totalität und Zerfall im Kunstwerk der Moderne*. München: Fink 2006, S. 49–66.

Sorg, Reto: *Gestaltwandel der Götzen. Technikkult und Primitivismus in der Literatur des frühen 20. Jahrhunderts*. In: ders. u. Stefan Bodo Würffel (Hg.): *Gott und Götze in der Literatur der Moderne*. München: Fink 1999, S. 59–77.

Sorg, Reto u. Stefan Bodo Würffel (Hg.): *Gott und Götze in der Literatur der Moderne*. München: Fink 1999.

Sorg, Reto: *Groteske*. In: *Reallexikon der deutschen Literaturwissenschaft*, Bd. 1. Hg. v. Klaus Weimar u. a. Berlin u. New York: de Gruyter 1997, S. 748–751.

Sorg, Reto: *»Ich war es nicht und war's doch«. Walter Benjamin liest aus Werken Robert Walsers – eine Entdeckung*. In: *Neue Zürcher Zeitung*, 16./17. 12. 2006, Nr. 293 (Wochenendbeilage *Literatur und Kunst*), S. 65f.

Sorg, Reto: *Kleine Literatur, großer Markt. Die ›Schweizer Literatur‹ zwischen schweizerischem und gesamtdeutschem Markt*. In: Thomas Wegmann (Hg.): *Markt: literarisch*. Bern u. a.: Lang 2005 (Publikationen zur Zeitschrift für Germanistik, Neue Folge; 12), S. 209–228.

Sorg, Reto u. Stefan Bodo Würffel (Hg.): *Totalität und Zerfall im Kunstwerk der Moderne*. München: Fink 2006.

Söring, Jürgen: *Innovation durch Inversion: zur poetischen Methode in Robert Walsers ›verkehrter‹ Welt*. In: Maria Moog-Grünewald: *Das Neue. Eine Denkfigur der Moderne*. Heidelberg: Winter 2002, S. 265–277.

Sprünglin, Matthias: *Neue Funde. Dornröschen*. In: *Mitteilungen der Robert Walser-Gesellschaft* 13 (2006), S. 8–12.

Stephens, Anthony: *Das »Gleiche tägliche Entsetzen« und die Stimme des Dichters. Rainer Maria Rilke 1914–1918*. In: Uwe Schneider u. Andreas Schumann (Hg.): *Krieg der Geister. Erster Weltkrieg und literarische Moderne*. Würzburg: Königshausen & Neumann 2000, S. 158–169.

Stoessl, Otto: *Ludwig Speidel*. In: *Fackel* 197 (1906), S. 1–8.

Szondi, Peter: *Theorie des modernen Dramas (1880–1950)* [1965], 24. Aufl. Frankfurt: Suhrkamp 1994 (es; 27).

Trakl, Georg: *De profundis*. In: *Tribuna*, 15. 4. 1923, S. 9.

Ungern-Sternberg, Christoph v.: *Willy Haas 1891–1973. »Ein grosser Regisseur der Literatur«* [Diss. Humboldt-Universität zu Berlin]. München: text + kritik 2007.

Unglaub, Erich: *Robert Walser und die Tradition der italienischen Novelle*. In: *Oxford German Studies* 14 (1983), S. 54–72.

Unseld, Siegfried: *El autor y su editor*. Aus dem Dt. v. Genoveva u. Antón Dieterich. Madrid: Taurus 1985 (Ensayistas; 252).

Utz, Peter: *Anders gesagt – autrement dit – in other words. Übersetzt gelesen: Hoffmann, Fontane, Kafka, Musil*. München: Hanser 2007 (Edition Akzente).

Utz, Peter: *Der Schwerkraft spotten. Spuren von Motiv und Metapher des Tanzes im Werk Robert Walsers*. In: *Jahrbuch der deutschen Schillergesellschaft* 28 (1984), S. 384–406.

Utz, Peter: *Die Kalligrafie des »Idioten«*. In: Heinz Ludwig Arnold (Hg.): *Robert Walser*, 4. Aufl. (Neufassung). München: text + kritik 2004 (text + kritik; 12/12a), S. 106–119.

Utz, Peter: *Jeux et enjeux d'une légende. Les itinéraires de Robert Walser en France*. In: Marion Graf (Hg.): *L'Ecrivain et son traducteur en Suisse et en Europe*. Genève: Zoé 1998, S. 193–198.

Utz, Peter: *Robert Walsers »Jakob von Gunten« – eine »Null«-Stelle der deutschen Literatur*. In: *Deutsche Vierteljahrsschrift* 74 (3, 2000), S. 488–512.

Utz, Peter: *Tanz auf den Rändern. Robert Walsers »Jetztzeitstil«*. Frankfurt: Suhrkamp 1998.

Utz, Peter (Hg.): *Wärmende Fremde. Robert Walser und seine Übersetzer im Gespräch. Akten des Kolloquiums an der Universität Lausanne, Februar 1994*. Bern u. a.: Lang 1994 (Travaux du Centre de Traduction Litteraire; 25).

Vacek, Alena: *Réception romande de Robert Walser*. In: Peter Utz (Hg.): *Wärmende Fremde. Robert Walser und seine Übersetzer im Gespräch. Akten des Kolloquiums an der Universität Lausanne, Februar 1994*. Bern u. a.: Lang 1994 (Travaux du Centre de Traduction Litteraire; 25), S. 165–175.

Valero, Vicente: *Impresión y vacío*. In: *La Vanguardia*, 20. 8. 2003.

Vašičková, Yvonne: *Otto Pick und Fráňa Šrámek*. In: *brücken. Germanistisches Jahrbuch DDR–ČSSR* 1986/87, S. 53–59.

Vogel, Marianne: *Zwischen Wort und Bild. Das schriftliche Werk Paul Klees und die Rolle der Sprache in seinem Denken und in seiner Kunst*. München: Scaneg 1992.

Vogt, Adolf Max: *Le Corbusier, der edle Wilde. Zur Archäologie der Moderne*, Braunschweig u. Wiesbaden: Vieweg 1996.

Vogt, Tobias: *Untitled. Zur Karriere unbetitelter Kunst in der jüngsten Moderne*. Paderborn: Fink 2006.

von Franz, Marie-Louise: *Der ewige Jüngling. Der Puer Aeternus und der kreative Genius im Erwachsenen*. München: Kösel 1987.

von Matt, Peter: *Das Wilde und die Ordnung. Zur deutschen Literatur*. München: Hanser 2007.

Wais, Kurt: *Symbiose der Künste. Forschungsgrundlagen zur Wechselbeziehung zwischen Dichtung, Bild- und Tonkunst*. In: *Literatur und bildende Kunst. Ein Handbuch zur Theorie und Praxis eines komparistischen Grenzgebietes*. Stuttgart: Kohlhammer 1936.

Walzel, Oskar: *Wechselseitige Erhellung der Künste*. Berlin: Reuther 1917.

Weinzierl, Ulrich: *Carl Seelig, Schriftsteller*. Wien u. München: Löcker 1982.

Weithase, Irmgard: *Zur Geschichte der gesprochenen deutschen Sprache*. 2 Bde. Tübingen: Niemeyer 1961.

Wellbery, David E.: *Kunst – Zeugung – Geburt. Überlegungen zu einer anthropologischen Grundfigur.* In: Christian Begemann u. David E. Wellbery (Hg.): *Kunst – Zeugung – Geburt. Theorien und Metaphern ästhetischer Produktion in der Neuzeit.* Freiburg: Rombach 2002 (Litterae; 82), S. 9–36.

Wied, Alexander: *Markt- und Küchenstilleben.* In: *Das Flämische Stilleben 1550–1680. Eine Ausstellung der Kulturstiftung Ruhr Essen und des Kunsthistorischen Museum Wien.* Kulturstiftung Ruhr, Villa Hügel Essen, 1. September – 8. Dezember 2002. Lingen: Luca 2002, S. 160–195.

Willems, Gottfried: *Anschaulichkeit. Zu Theorie und Geschichte der Wort-Bild-Beziehungen und des literarischen Darstellungsstils.* Tübingen: Niemeyer 1989 (Studien zur deutschen Literatur; 103).

Lexika und Wörterbücher

Adelung, Johann Christoph: *Grammatisch-kritisches Wörterbuch der Hochdeutschen Mundart, mit beständiger Vergleichung der übrigen Mundarten, besonders der Oberdeutschen,* 4 Bde. Leipzig 1793/1801.

Bernd C. Sucher (Hg.): *dtv-Lexikon Theater.* Berlin: Directmedia 2002 (Digitale Bibliothek; 64).

Grimm, Jacob u. Wilhelm Grimm: *Deutsches Wörterbuch* [1854–1960]. Nachdr. in 33 Bde. München: Deutscher Taschenbuch Verlag 1984 (dtv; 5945).

Lexikon České Literatury. Osobnosti, díla, institue. Prag: Academia (1985ff.) [bisher 4 Bde.].

AUTORENREGISTER

Recte gesetzte Seitenzahlen beziehen sich auf den Haupttext, kursive auf die Fußnoten. Die Literaturverzeichnisse, insbesondere diejenigen im letzten Beitrag *Walser Übersetzen* sind nicht erfasst.

Ackeret, Flora 204
Ackermann, Gregor 11, *12*, *61*, 72, *72*, 73
Adelung, Johann Christoph 130
Aepli, Josiane 13
Agamben, Giorgio *125*, *131f.*, *298*, *300*
Agesta, C. B. [d. i. Carlos Barral] 296
Aichinger, Ilse 105
Alefeld, Yvonne-Patricia *126*
Altenberg, Peter 103
Amann, Jürg 295
Andres, Susanne *270*
Anger, Jenny *273*
Anker, Albert 123
Anz, Thomas 90, *92*
Apollinaire, Guillaume 47
Ariés, Philippe *127*
Aristoteles 216, *216*, *258*, 261
Arndt, Walter 290
Ashbery, John 290
Assmann, Aleida 62, *63*
Assmann, Jan 62, *63*
Astruc, Alexandre 253, *253*
Avery, George 290

Bach, Johann Sebastian 269
Bach, Mauricio *297*
Bachelard, Gaston 79
Bachtin, Michail 196, *196*, 202
Bähler, Arnold *189*
Bahr, Hermann 110, 117, *117*
Bakunin, Michail 179, 180
Ball, Hugo 212
Balzac, Honoré de 46, *254*
Bänninger, Hans *72*
Bänziger, Hans 203

Barella, Sandro *297*
Barral, Carlos 296
Barthes, Roland 63f., *74*, 79, 267, 293
Bäschlin, Nathalie *268*, *273*
Bassermann, Albert 235, *235*
Bassermann, Else 235
Bataille, Georges *125*
Baumberger, Christa *65*
Beer-Hofmann, Richard 223
Begemann, Christian *134*
Bendt, Jutta *103*
Beneš, Edvard 116
Benjamin, Walter 11, 13, *65*, *65*, 72ff., *72*, *73*, 80f., 98, 103, *103*, *128*, 198, 213, *215*, 232, 245, 268, 286, 292, 296
Benn, Gottfried 20, 21
Benn, Joachim 266, *266*
Bernhard, Thomas 104
Bernofsky, Susan 277, 278, *278*, 281, 286, 287, 289–291
Bessa-Luís, Agustina 299
Bhabha, Homi 290
Bibel 76, 250
Bie, Oscar 53, 90
Bierbaum, Otto Julius 107, 228
Blahová, Hana *107*
Blanchot, Maurice 293
Blank, Herbert *73*
Blei, Franz 100, 103, 109ff., *109*, *111*, 113f., *117ff.*, *117ff.*, *123*, 167, 223, 244, *265*
Blin, Richard 292
Bloesch, Hans 265, *267*
Bodmer, Hans 67f., *71*
Bodmer, Martin 293

Boehme, Erich 252
Böhler, Michael 277
Bolli, Thomas 277
Böni, Franz 248
Borchmeyer, Dieter 229, 229, 231, 237
Botta, Mario 293
Brahm, Otto 235
Brandstetter, Alois 98
Brandt, Jan 66
Brecht, Bertolt 25f., 28, 105, 167, 230
Breitbach, Therese 58, 70, 123, 246
Brentano, Clemens 161, 244, 295
Březina, Otokar 107, 110
Brod, Max 104, 107, 109ff., 109ff., 260f., 261
Bucheli, Roman 61, 69
Büchner, Georg 71, 244, 245, 270, 295
Bungartz, Christoph 277
Burckhardt, Jacob 191
Burger, Hermann 278
Butler, Judith 241, 290

Cadot, Michel 150
Calasso, Roberto 202, 296, 298, 298
Campendonck, Heinrich 266
Canetti, Elias 247
Cano Gaviria, Ricardo 299
Čapek, Josef 110
Čapek, Karel 110
Cardinal, Agnes 290
Carrera, Pilar 299
Cassirer, Bruno 108, 143, 146, 149, 149, 265, 265
Cassirer, Ernst 266
Cassirer, Paul 205
Celan, Paul 295
Cervantes, Miguel de 245
Chaplin, Charlie 254
Charvát, Radovan 124
Cisneros, Helena Graciela 297
Claudel, Paul 286
Coetzee, J. M. 13, 289
Condor, María 297
Conte, Rafael 299

Coogan, Jackie 254
Curtius, Ernst Robert 134

Dändliker, Karl 189
De Amicis, Edmondo 245
Dehmel, Richard 50
Deleuze, Gilles 63, 85, 87f., 88, 91, 94, 126, 298
Derrida, Jacques 25f., 63, 139, 262, 267f., 293
Deuber, Walo 11, 49, 253–264
Diderot, Denis 236
Dilthey, Wilhelm 138
Döblin, Alfred 260
Dohnal, Jaroslav 113, 115, 115
Dostojewski, Fjodor Michailowitsch 58, 125, 126, 246
Duchamp, Marcel 81
Dürrenmatt, Friedrich 66, 248

Echte, Bernhard 49, 61, 118, 123, 160, 165, 177, 182, 185, 186, 197, 203–214, 261, 297
Edschmid, Kasimir 167
Ehrenstein, Alfred 113
Eichendorff, Joseph Freiherr von 108
Eisenstein, Sergej 262, 263
Ejchenbaum, Boris 263
Eloesser, Arthur 205
Ernst, Paul 107
Escher, Georg 107
Evans, Tamara S. 260, 262, 264, 266

Fechter, Paul 57
Finder, Martin [d. i. Felix Salten] 97
Flaubert, Gustave 45f., 45, 111, 246f.
Flusser, Vilém 61
Fontana, Oskar Maurus 102
Forteas, Carlos 297
Foucault, Michel 25
Franz, Marie-Louise 130
Freud, Sigmund 63, 80, 207
Freytag, Gustav 38f.
Friedländer, Salomon 53

Frisch, Max 248
Fröhlich, Elio 168
Früh, Eckhart *104*
Fuchs, Annette *199*, *277*
Fuchs, Eduard *80*
Fučíková, Jitka 124

Gabrisch, Anne 107, 117
Gass, William H. 289f.
Gaugin, Paul 47
Gees, Marion 83–96, *219*, 229, *230*,
   235, *235*
George, Stefan 67, 90, 103, 268
Gerstäcker, Friedrich 218, *218*, 220f.
Gide, André *278*
Gigerl, Margit *141*, 159–176
Gisi, Lucas Marco *61*, 187–194
Giuriato, Davide 125–132, *128*, *135*,
   138
Glaesemer, Jürgen 272
Glauser, Friedrich *65*
Glück, Franz 103f., *103*
Glück, Gustav 103
Goethe, Johann Wolfgang *23*, 25, 37f.,
   42, 62f., 245, 246, *254*
Goncourt, Edmond de 111
Goncourt, Jules de 111
González-Posada, Juan *299*
Gößling, Andreas *141*
Göttert, Karl-Heinz *65*
Gotthelf, Jeremias 38f., *41*, 61f., *62*, 64,
   66, 71, 74
Graf, Marion 277, 278, *278*, 282, 284,
   285, 287, 291–294, *298*
Greven, Jeanette 165
Greven, Jochen 12, 75, 84, 87, *103*,
   109, 141, *141*, *143*, *144*, 146, *146*,
   148, 159, 162, 163ff., *163*, *165*, 168,
   177–186, *187*, *195*, 203f., *203*, *234*,
   256, 279
Grimm, Jacob 129, *130*, 134, 267
Grimm, Wilhelm 129, *130*, 134, 267
Grimmelshausen, Hans Jakob Christoffel
   von 37

Groddeck, Wolfram 12, 13, *61*, 69, 126,
   126, 141–158, *141*, *234*
Gronau, Peter *218f.*, *220*
Gross, Victor 189
Guattari, Félix *63*, 85, 87f. 88, 91, 94,
   126
Guelbenzu, José María *299*
Guerra, Vanesa *297*, *299*
Guerreiro, António *298*
Gutiérrez, Menchu *299*

Haas, Willy *56*, 109, *109*, *110*, 111, *124*
Haas, Wolf 98
Habel, Reinhardt *143*, *149*
Hammer, Gerd *126*
Hamsun, Knut 20, 109
Handke, Peter 105, 232
Harden, Maximilian 102, 205
Harman, Mark 290
Hartog, François 192
Hasenclever, Walter 115, 261
Hebbel, Friedrich *230*, 231ff., *233*, *235*,
   236, *236*
Heffernan, Valerie *236*, 237–242, *238*,
   290
Heierli, Jakob *189*
Heine, Heinrich 101
Herben, Jan *113*
Herder, Johann Gottfried *63*, 109
Hermand, Jost *266*
Hesse, Hermann 67, 68, 90, *92*, *149*
Heymel, Alfred Walter 110
Hinz, Klaus-Michael *125*, *126*, 135
Hlaváč, Bedřich *114*, 115, 124
Hofer, Karl 224
Hoffmann, E. T. A. 38, *259*
Hofmann, Michael 289
Hofmannsthal, Hugo von 90, 92, 101,
   103, 228
Hölderlin, Friedrich 47, *47*, 105, *118*,
   123, 295
Holona, Marian 220
Homer 53
Hortelano, Juan García 296

Huber, Peter *229*
Hugenberg, Alfred 167, *167*

Ibsen, Henrik 58, 233, 235
Ifkovits, Kurt 107–124, *117*, 224
Ilg, Béatrice *268*, *273*
Izquierdo, Lluís *299*

Janowitz, Franz 111
Jarry, Alfred 47
Jean Paul 20, 49, 58, *58*
Jelinek, Elfriede 13, 105, 232
Jesenská, Milena 115
Joyce, James 244, 248, 262
Jünger, Ernst 92
Jurt, Joseph *45*

Kafka, Franz 13, 36, 39, 45, 85, *85*,
    87f., *90*, 91, *91*, 92, 94, 104, 107,
    109ff., *109*, *110*, *113*, 115, *115*, 116,
    116, *126*, *202*, 289, 294f., 300
Kaiser, Georg 234
Kammer, Stephan 133–140, *135*, *138*
Kandinsky, Wassily 272
Kant, Immanuel 58
Kassner, Rudolf 111, 233, 234
Keller, Ferdinand 189
Keller, Gottfried 38, 43, *43*, 46
Kerr, Alfred 204, 208
Kerr, Katharina 97, 165, *244*, *245*
Keys, Ellen *128*
Kießling-Sonntag, Jochem *245*
Kisch, Egon Erwin 113, *113*
Klee, Paul 59, *128*, 265ff., *265ff.*, 289
Kleihues, Alexandra 229–236, *236*
Kleist, Heinrich von 9, 45, 105, 229,
    229, 232, 244f., *277*, *278*, 294f.
Köhn, Eckhardt *198*
Köpplová, Barbara *107*, *117*, *118*
Korrodi, Eduard 68, 69, 121
Kosatík, Pavel *107*
Koselleck, Reinhart 191
Kossodo, Helmut 166, 292
Kostrbová, Lucie *107*

Kowalski, Colette 292
Kraus, Karl 65, 98, 100, 101, 103
Kreutz, Rudolf Jeremias *104*
Krolop, Kurt *107*
Kronauer, Brigitte 12, 15–24
Kubka, František *113*
Kürnberger, Ferdinand 101
Kvapil, Jaroslav *117*

Lacan, Jacques 80
Langer, František 110
Lasker-Schüler, Else 261
Launay, Jean 291
Laurin, Arne 111ff., *113*, *118*, *119ff.*,
    124, 163
Le Corbusier *189*
Le Poulichet, Sylvie *299*
Lecerf, Christine 292
Lehmann, Hans-Thies *230*, *232*
Lenau, Nikolaus 295
Lengauer, Hubert 101, *101*
Lenz, Jakob Michael Reinhold 244
Lessing, Gotthold Ephraim 235, 266
Leucht, Robert 223–228
Lichnowsky, Mechthilde 205
Lienhard, Ralf *54*
Loiseau, Jean-Claude 292
Loop, Jan *61*, 195–202
Lopate, Phillip 290
Lopetegui, A. *297*, *299*
Lumière, Auguste 255
Lumière, Louis Jean 255
Lustig, Arnošt [d. i. Arne Laurin] 112
Lyotard, Jean-François *126*

Mächler, Robert 68, 72, *193*, *243*, *254*
Mann, Heinrich 107, 111, 167
Mann, Thomas 39, 43f., *90*, *90*, 107
Marcuse, Herbert 207
Marešová, Eva *107*, *110*
Martín Garzo, Gustavo *299*
Masaryk, Tomáš Garrigue 112, 115,
    115, 117
Matauko, Edorta *297*

Maupassant, Guy de 52, 182
Meienberg, Niklaus 248
Meier, Gerhard 243, 248–252, *250*
Meier, Peter 249
Melchinger, Siegfried *232*
Méliès, Georges *259*
Melville, Herman 298
Mermet, Frida 15, 61, 67, 69, 70, 92,
    92, *119*, *120*, *121*, 160f., 162, 164,
    165, 184
Meyer, Conrad Ferdinand 161
Meyer, E. Y. 248
Michels, Volker 297
Middleton, Christopher *130*, 277, 278,
    278, 289
Mitsuo, Iiyoshi 295
Modern, Rodolfo *299*
Monton, Ramon 297
Moretti, Roberto *298*
Morgenstern, Christian 13, 77, *77*, *141*,
    143f., *143f.*, 146, *146*, 149, 151,
    265, *265*
Mörike, Eduard *16*
Morlang, Werner *54*, 119, 122, *125f.*,
    165, *177*, *182*, *185*, 186, 243–252,
    248, *250*, *300*
Moser, Bernhard 70
Mozart, Wolfgang Amadeus 17
Müller, Gustav Adolf *189*
Müller, Heiner *230*
Muschg, Walter *70f.*
Musil, Robert 13, 57, *107*, 113f., 115ff.,
    116, *117*, *118*, *119*, 167

Natonek, Hans 116, 118, *119*
Nezdařil, Ladislav *110*
Nietzsche, Friedrich 15, 21, 22, 44, 192,
    207
Niimoto, Fuminari 277, 278, *278*, 283,
    285, 288, 294f.
Nijinski, Waslaw 225
Nix, Angelika *128*
Novalis [d. i. Friedrich von Hardenberg]
    38, 244, *267*

Occhiuzzi, Dorian *298*
Okuda, Osamu *61*, *267*, 271, 272
Ong, Walter J. *74*
Osterwalder, Sonja 215–222
Ovid 134

Paech, Joachim *254*, 262f.
Paganini, Niccolò *295*
Panofsky, Walter *254*
Pauls, Alan *298*
Pedretti, Erica 278
Pelletier, Nicole *107*
Pérez Minik, Domingo 297
Pérez, Violeta 296, 297
Peroutka, Ferdinand *107*
Pestalozzi, Karl *107*
Pfister, Manfred *230*
Picasso, Pablo 47
Pick, Otto *107*, 109ff., *109ff.*, 113ff.,
    113f., 117, 119ff., 123f., *123f.*, 163
Pinthus, Kurt 261, *261*
Pirandelo, Luigi 232
Platon 133, *133f.*, 135, 138
Polgar, Alfred 100ff.
Politzer, Heinz 104
Procházka, Arnošt *109*
Proust, Marcel 249, 250
Puschkin, Alexander Sergejewitsch 246,
    247

Raabe, Wilhelm 19f.
Rábade Villar, María do Cebreiro *299*
Rabelais, François 49, 196
Rabenalt, Peter *261*
Rakusa, Ilma 27
Rathenau, Walther 46, 101f., 205
Regel, Günther *269*
Reibnitz, Barbara von 12, *61*, 69, 141,
    141, 159–176
Reinerth, Hans *189*
Remarque, Erich Maria 167, *167*
Rentsch, Eugen 162
Rilke, Rainer Maria 90, 91, 103, 110
Robert, Marthe 291

Rodewald, Dierk *131*, *215*
Rodin, Auguste 195, 197
Roser, Dieter *64*, *215*
Rothe, Arnold *49*, *58*
Rousseau, Henri 47
Rousseau, Jean-Jacques 58, 127f., *128*,
   192, 207
Rychner, Max 54, 120, *120*, *121*, 122,
   177, *177*, 249
Rychtarsow, Matthias [d. i. Robert
   Musil] 119, *119*
Sagarra, Joan de *298*
Saladrigas, Robert *299*

Šalda, F. X. 107, 110, 124
Salten, Felix 97, 98, 260
Satie, Erik 250
Sauvat, Catherine 291, 293
Schaak, Martina *237*
Schaer-Ris, Adolf *70*
Schäfer, Jörg 141, 163, 164f.
Schäfer, Otomar 123, *123*
Schäfer, Wilhelm 94
Schafroth, Heinz 88
Schibli, Emil 67, *68*
Schiller, Friedrich 215
Schiltknecht, Wilfred *292*
Schindler, Stephan K. *126*, *127*,
   128
Schlagl, Alfred *273*
Schlegel, Friedrich 270
Schmidt, Arno 15, 246
Schneider, Uwe *90*
Schnitzler, Arthur 104, 223
Scholem, Gershom *73*
Schraner, Ernst *189*
Schuller, Marianne 75–82
Schumann, Andreas *90*
Schwartz, Lynn Sharon *290*
Schweinitz, Anna-Franziska *220*
Schweinitz, Jörg *261*
Schwerin, Kerstin Gräfin von 265–
   276
Sebald, W. G. 245

Seelig, Carl 74, 99, 102ff., 117, 119,
   120, 142, 149, *149*, 162ff., 168, 173,
   203, 265, *265*, 277, *277*, 289, 291,
   292, 297, *297*, 300
Seewald, Richard *266*
Siegrist, Christoph 92, *215*
Simmel, Georg 199f.
Simon, Claude 248, 250
Skladanowsky, Max 255
Sola Llovets, Juan de *297*
Solano, Francisco *299*
Solar, Juan José del *297*
Sontag, Susan 265, 289
Sorg, Reto *12*, *13*, 61–74, *61*, *65*, *66*,
   68, *202*, *267*
Söring, Jürgen *195*
Speidel, Ludwig 100, 101
Spitzer, Daniel 101
Spoerri, Theodor 203f.
Sprünglin, Matthias *61*, *69*, *166*
Šrámek, Fráňa *107*, 110, *110*, *111*, 114,
   117, *119*
Staub, Johannes *190*
Steffen, Albert 245
Stendhal 149ff., *150*, *151*, 246f.
Stephens, Anthony *91*
Stifter, Adalbert 38
Stoessl, Otto 100
Storrer, Willy 54
Strindberg, August 233
Stromšík, Jiří 124
Szondi, Peter 232f.

Tgahrt, Reinhard *66*
Theer, Otokar 111
Thiess, Frank 167
Tolstoi, Leo 246, 250, 251f.
Trakl, Georg 110, *115*
Troeltsch, Ernst 191
Trog, Hans 68, 74
Tschechow, Anton 233
Tschuppik, Karl 114
Tucholsky, Kurt 260

Ungern-Sternberg, Christoph von *56*, *109*
Unglaub, Erich *187*
Utz, Peter 13, *44f.*, 49–60, *52*, *53*, *61*, *64*, *65*, *75*, 90, *98*, *98*, *125*, *132*, 229, *229*, *230*, *255*, *264*, *264*, *277*, *284*, 292, 293, *293*, *300*

Vacek, Alena 291
Valentin, Emilie 292
Valero, Vicente *299*
van Gogh, Vincent 197, *197*
Vašíčková, Yvonne *107*
Vila-Matas, Enrique 298, *298*, *300*
Vinardell Puig, Teresa 277, 279, *279*, 283f., 286, 287, 288, 296–301
Virchow, Rudolf 190
Vogt, Adolf Max *189*
Vogt, Tobias *59*
Voltaire *267*
von Matt, Peter 35–48, *38*, *192*

Wagenbach, Klaus 88
Wagner, Karl 13, 97–106, *234*
Wais, Kurt *266*
Walser, Fanny 70, *92*, 163
Walser, Karl 77, 260, *262*, *264*, *265*, *266*, *266*, *295*

Walser, Lisa 61, 161, *162*, 164, 243
Walter, Otto F. 43
Wassermann, Jakob 111
Watteau, Jean Antoine 10, 277, 279–288, *286*
Weber Henking, Irene 13, 277–301
Weber, Max 66
Wedekind, Frank 245
Weinzierl, Ulrich 102
Weithase, Irmgard *65*
Wellbery, David E. *134*
Werfel, Franz 110f., 113, 121
Whalen, Tom 289
Widmann, Joseph Viktor 97, 99, 103f., 244, *254*, 265
Wied, Alexander *197*
Wieland, Christoph Martin 37f., 93, 165
Wiggli, Oscar *250*
Wilcock, Juan Rodolfo *298*
Willems, Gottfried *266*
Wolff, Kurt *58*, 110f., 112, 120, 265

Zeppetella, Patrizia *268*, *273*
Zola, Emile *254*
Zölßmann, Regina 61, *71*
Zschokke, Matthias 12, 25–34